Karl-Ernst Sommerfeldt / Günter Starke
Einführung in die Grammatik der deutschen Gegenwartssprache

Karl-Ernst Sommerfeldt / Günter Starke

Einführung in die Grammatik der deutschen Gegenwartssprache

3., neu bearbeitete Auflage
unter Mitwirkung von Werner Hackel

Max Niemeyer Verlag
Tübingen 1998

Die Deutsche Bibliothek – CIP-Einheitsaufnahme

Sommerfeldt, Karl-Ernst:
Einführung in die Grammatik der deutschen Gegenwartssprache / Karl-Ernst Sommerfeldt ; Günter Starke. – 3., neu bearb. Aufl. / unter Mitwirkung von Werner Hackel. – Tübingen : Niemeyer, 1998

ISBN 3-484-73001-3

© Max Niemeyer Verlag GmbH & Co. KG, Tübingen 1998
Das Werk einschließlich aller seiner Teile ist urheberrechtlich geschützt. Jede Verwertung außerhalb der engen Grenzen des Urheberrechtsgesetzes ist ohne Zustimmung des Verlages unzulässig und strafbar. Das gilt insbesondere für Vervielfältigungen, Übersetzungen, Mikroverfilmungen und die Einspeicherung und Verarbeitung in elektronischen Systemen.
Printed in Germany.
Satz: Johanna Boy, Regensburg
Druck und Buchbinder: AZ Druck und Datentechnik, Kempten

Vorwort zur dritten Auflage

Die „Einführung in die Grammatik" hat sich – ebenso wie ihre Vorgängerin, die „Einführung in die Grammatik und Orthographie der deutschen Gegenwartssprache" (1981) – vor allem im Germanistikstudium, im Sprachunterricht und in der Fortbildung bewährt.

Die hier vorgelegte 3. Auflage wurde von Karl-Ernst Sommerfeldt und Günter Starke – unter Mitarbeit von Werner Hackel – durchgesehen und bearbeitet.

An den Grundpositionen der 1. Auflage (1988) – Beachtung der Einheit von sprachlich-kommunikativer Tätigkeit und Sprachpotential, Berücksichtigung der Funktion sprachlicher Mittel in der Kommunikation, Einbeziehung orthographischer Probleme (auf dem jeweils neuesten Stand), Auswahl und Aufbereitung des Stoffes bei Orientierung auf das Germanistikstudium und die Lehrerfortbildung – halten wir unverändert fest. Größere Beachtung schenken wir in dieser Auflage der Ebene des Textes (4. Kapitel).

Die Grundlage dieser Textfassung bildet die 1. Auflage, an der außer den drei o.g. Bearbeitern Renate Baudusch (3., Regeln der Interpunktion), Werner Hofrichter (2.2.5., 2.3.5., 2.5.6), Helga Meier (3.5.) und Ernst Pfeffer (2.2.) mitgewirkt haben. Die Verantwortung für diese 3. Auflage tragen jedoch einzig die drei Bearbeiter.

Wir danken allen, die am Zustandekommen dieses Buches beteiligt sind, auch dem Max Niemeyer Verlag und dessen Lektorin, Frau Birgitta Zeller.

Wir hoffen, daß diese „Einführung" den Erwartungen aller Interessenten gerecht wird und zur vertieften Kenntnis der deutschen Sprache der Gegenwart sowie zur Hebung der Sprachkultur beiträgt.

Güstrow/Lauchhammer, im Juni 1997   Karl-Ernst Sommerfeldt
                                                     Günter Starke

Inhaltsverzeichnis

Vorwort

1. Grundlagen der Grammatik 1

1.1. Das Sprachsystem – seine Ebenen und deren Einheiten 1
    1.1.1. Zum Wesen des sprachlichen Zeichens 1
    1.1.2. Die sprachlichen Ebenen 2
    1.1.3. Zum Begriff der Norm 15

1.2. Zum Aufbau syntaktischer Konstruktionen 16
    1.2.1. Zum Verhältnis zwischen lexisch-semantischen und
          grammatisch-semantischen Beziehungen 16
    1.2.2. Bedeutung und Valenz der Autosemantika 18

1.3. Funktional-semantische Felder 24
    1.3.1. Zum Wesen funktional-semantischer Felder 24
    1.3.2. Lexikalische Felder 26
    1.3.3. Grammatisch-lexikalische Felder 27

1.4. Sprachwissenschaftliche Arbeitsverfahren 29
    1.4.1. Vorbemerkungen 29
    1.4.2. Wortstellungstransformation oder Permutation 30
    1.4.3. Substitution 32
    1.4.4. Elimination 34
    1.4.5. Adjunktion 35
    1.4.6. Passivtransformation und ihre Umkehrung 35
    1.4.7. Nominalisierungstransformation und ihre Umkehrung 36
    1.4.8. Wortgruppentransformation und ihre Umkehrung 37
    1.4.9. Konjunktions- und Einbettungstransformation
          und deren Umkehrung 37

2. Grammatik des Wortes 39

2.1. Wortarten und ihre Klassifikation 39
    2.1.1. Gegenstand der Morphologie 39

2.1.2.	Wesen der Wortarten und deren Klassifikationskriterien	40
2.1.3.	Überblick über einige Wortartsysteme	44
2.1.3.1.	Traditionelles Wortartsystem und seine Problematik	45
2.1.3.2.	Wortartsystem bei ADMONI	46
2.1.3.3.	Wortartsystem bei HELBIG / BUSCHA	47
2.1.3.4.	Wortartsystem bei FLÄMIG	48
2.1.3.5.	Wortartsystem bei ERBEN	49
2.1.3.6.	Wortartsystem der DUDEN-GRAMMATIK	50
2.2.	Verb	52
2.2.1.	Wesen des Verbs	52
2.2.2.	Klassifikation der Verben	53
2.2.2.1.	Tätigkeitsverben, Vorgangsverben, Zustandsverben	53
2.2.2.2.	Valenzklassen des Verbs	54
2.2.2.3.	Aktionsarten des Verbs	55
2.2.2.4.	Vollverben, Hilfsverben, Funktionsverben	56
2.2.2.5.	Rektion der Verben	57
2.2.2.6.	Transitive und intransitive Verben	58
2.2.2.7.	Reflexive Verben	59
2.2.3.	Konjugation	60
2.2.3.1.	Konjugationsarten	60
2.2.3.2.	Finite und infinite Verbformen	63
2.2.4.	Kategorien des Verbs	65
2.2.4.1.	Person und Numerus	65
2.2.4.2.	Tempus und Temporalität	65
2.2.4.3.	Modus und Modalität	73
2.2.4.4.	Genus verbi	80
2.2.5.	Zur Orthographie des Verbs	88
2.3.	Substantiv und Artikel	90
2.3.1.	Wesen des Substantivs	90
2.3.2.	Klassifikation der Substantive	92
2.3.3.	Kategorien des Substantivs	94
2.3.3.1.	Genus	94
2.3.3.2.	Numerus	96
2.3.3.3.	Kasus	98
2.3.4.	Artikel	109
2.3.4.1.	Bedeutung und formale Merkmale des Artikels	109
2.3.4.2.	Form des Artikels	109
2.3.4.3.	Funktionen des Artikels	110
2.3.5.	Zur Orthographie des Substantivs	113
2.4.	Pronomen	116
2.4.1.	Wesen des Pronomens	116

	2.4.2.	Klassifikation der Pronomen	117

- 2.4.2. Klassifikation der Pronomen 117
- 2.4.2.1. Personalpronomen 117
- 2.4.2.2. Possessivpronomen 119
- 2.4.2.3. Demonstrativpronomen 120
- 2.4.2.4. Relativpronomen 120
- 2.4.2.5. Interrogativpronomen 121
- 2.4.2.6. Indefinitpronomen 122

2.5. Adjektiv 123
- 2.5.1. Wesen des Adjektivs 123
- 2.5.2. Klassifikation der Adjektive 123
- 2.5.2.1. Lexisch-semantische Subklassen 123
- 2.5.2.2. Syntaktisch-morphologische Subklassen 125
- 2.5.2.3. Valenzklassen 127
- 2.5.3. Deklination 128
- 2.5.3.1. Starke Deklination 129
- 2.5.3.2. Schwache Deklination 130
- 2.5.3.3. Einige Besonderheiten und die Deklination der substantivierten Adjektive 130
- 2.5.4. Komparation und andere Mittel der Graduierung 132
- 2.5.4.1. Form und Bedeutung der Komparationsstufen 132
- 2.5.4.2. Zur Graduierung durch andere sprachliche Mittel 134
- 2.5.5. Zahladjektive 135
- 2.5.6. Zur Orthographie des Adjektivs 136

2.6. Adverb 137

2.7. Modalwort 139

2.8. Partikel 141

2.9. Präposition 142
- 2.9.1. Wesen der Präposition 142
- 2.9.2. Rektion 144
- 2.9.3. Probleme des Gebrauchs und Entwicklungstendenzen 146

2.10. Konjunktion 146
- 2.10.1. Wesen der Konjunktion 146
- 2.10.2. Probleme des Gebrauchs 148

2.11. Interjektion 149

3. Grammatik des Satzes 150

3.1. Syntaktische Beziehungen und Beziehungsmittel 150
    3.1.1. Gegenstand der Syntax 150
    3.1.2. Arten syntaktischer Beziehungen 151
    3.1.3. Sprachliche Mittel zum Ausdruck syntaktischer Beziehungen 153

3.2. Satz 158
    3.2.1. Wesen des Satzes 158
    3.2.1.1. Merkmale des Satzes 158
    3.2.1.2. Zur Formseite des Satzes 161
    3.2.1.3. Zur Bedeutungsseite des Satzes 168
    3.2.2. Satzarten 176

3.3. Wortgruppen und Satzglieder 180
    3.3.1. Wortgruppen 180
    3.3.1.1. Wesen und Arten der Wortgruppen 180
    3.3.1.2. Verbale Wortgruppen 185
    3.3.1.3. Substantivische Wortgruppen 189
    3.3.1.4. Adjektivische Wortgruppen 198
    3.3.2. Satzglieder 202
    3.3.2.1. Ausgewählte Fragen der Satzgliedlehre 202
    3.3.2.2. Möglichkeiten der Gliederung von Sätzen 203
    3.3.2.3. Merkmale von Satzgliedern 207
    3.3.2.4. Zur Form der Satzglieder 208
    3.3.2.5. Zur Typologie der Satzglieder (Satzgliedarten) 209
    3.3.2.6. Zur semantischen Subklassifizierung der Adverbialbestimmungen 213
    3.3.2.7. Attribute (Satzgliedteile) 225

3.4. Zusammengesetzter und zusammengezogener Satz 229
    3.4.1. Koordination 229
    3.4.2. Subordination 234
    3.4.2.1. Traditionelle Einteilungskriterien 234
    3.4.2.2. Typen syntaktisch-semantischer Beziehungen 236
    3.4.3. Mehrfach zusammengesetzter Satz 242

3.5. Wortstellung – Satzgliedstellung 244
    3.5.1. Wesen der Satzgliedstellung 244
    3.5.2. Faktoren der Satzgliedstellung 246
    3.5.2.1. Strukturtyp 246
    3.5.2.2. Rahmenkonstruktion 246
    3.5.2.3. Valenzbindung 252

3.5.2.4.	Satzgliedwert	253
3.5.2.5.	Rhythmus	254
3.5.2.6.	Mitteilungswert (einschließlich Determinierungsgrad)	254

4. Grammatik des Textes 260

4.1. Zur Herausbildung der Textlinguistik 260

4.2. Zum Gegenstand der Textlinguistik 261

4.3. Allgemeingültige Bedingungen der Textbildung 264

4.4. Texte in kommunikationstheoretisch-pragmatischer Sicht 265
    4.4.1. Sprachfunktionen und Textfunktionen 266
    4.4.2. Textproduktion und Textrezeption 267
    4.4.3. Wissensbestände von Textautoren und Textrezipienten 268
    4.4.4. Textthema 270

4.5. Probleme der Texttypologie und der Textmodellierung 271

4.6. Ausgewählte Typen der thematischen Progression 273

4.7. Aspekte der Satz- und Textverflechtung 275
    4.7.1. Verflechtungsrichtung 275
    4.7.2. Verflechtungsabstand 276
    4.7.3. Isotopie- oder Topikketten 276
    4.7.4. Vertextungstypen und Konnektoren 277
    4.7.5. Indikatoren 279
    4.7.6. Analyse der Textverflechtung in einem Kleintext 282
    4.7.7. Übersicht über einige wichtige Verflechtungsmittel 284

Verzeichnis der Abkürzungen 285

Literaturverzeichnis 286

Sachregister 298

1. Grundlagen der Grammatik

„Grammatik" ist ein mehrdeutiges Wort. So hat P. EISENBERG (1995, 23) „Grammatik als Sprachwissen, Grammatik als Sprachsystem, Grammatik als Sprachtheorie und schließlich Grammatik als Beschreibung der Regularitäten natürlicher Sprachen" unterschieden. Wenn auch die ersten drei Auffassungen der Grammatik im Folgenden stets mitbeteiligt sind, ist dieses Buch in erster Linie eine Beschreibung der spezifischen Regularitäten der deutschen Sprache der Gegenwart. Demgemäß soll Grammatik in funktionaler Sicht verstanden werden als „geordnete Gesamtheit der Mittel und Muster einer Sprache, Lexeme als Einheiten des Wortschatzes zu kommunikativ funktionierenden Äußerungen (in Sätzen und Texten) zu kombinieren und dabei zu flektieren, sowie als wissenschaftliches Abbild dieses sprachlichen Subsystems" (STARKE 1986, 34).

1.1. Das Sprachsystem – seine Ebenen und deren Einheiten

1.1.1. Zum Wesen des sprachlichen Zeichens

Bei der sprachlichen Kommunikation geht es um den Austausch von Gedanken, Gefühlen und Absichten zwischen Menschen in der Hülle sprachlicher Zeichen. Einfach gesagt, sind Zeichen „Einheiten, in denen Laute/Lautfolgen bzw. ihre schriftlichen Entsprechungen mit Bedeutungen = Inhalten verknüpft sind" (KÜRSCHNER 1993, 11). Sprachliche Zeichen „existieren im Bewußtsein der Angehörigen von Sprachgemeinschaften als Wissen darüber, welche Zeichenkörper welchen Sachverhalten in welchen kommunikativen Situationen zuzuordnen sind" (SCHIPPAN 1992, 74).

Unter den Sprachwissenschaftlern existieren im wesentlichen zwei Betrachtungsweisen. Die einen vertreten die unilaterale Zeichenauffassung, sehen als Zeichen nur das Materielle, die anderen die bilaterale Zeichenauffassung. Bei ihnen besteht das Zeichen aus der Verknüpfung von Zeichenkörper und Abbild, während die Vertreter der unilateralen Auffassung die Bedeutung nicht leugnen, sie aber nicht zum Zeichen zählen. Für einzelne Wissenschaftsgebiete ist die unilaterale, für andere die bilaterale Auffassung von Vorteil. Für unsere Belange, die auch psychologische, historische, soziologische Gesichtspunkte einbeziehen und auf die Schulpraxis gerichtet sind, empfiehlt sich die bilaterale Zeichenauffassung (vgl. KLICHE/MICHEL/SOMMERFELDT 1996, 188f.).

Die Zeichenproblematik wird weiter diskutiert. Die einen verstehen unter Zeichen solche (bilateralen) Einheiten, „minimale, isolierbare, kombinierbare, im Gedächtnis speicherbare und aus dem Gedächtnis reproduzierbare Einheiten" (SUCHSLAND 1984, 5), also Morpheme und Lexeme. Bei (freien) Wortgruppen, Sätzen und Texten würde man dann von komplexen Zeichen oder Zeichenkombinationen sprechen (vgl. WOTJAK 1983, 577f.). Andere Wissenschaftler haben diesen ursprünglichen Zeichenbegriff ausgeweitet, ihn auch auf syntaktische Konstruktionen angewandt. Dabei ist auch den Vertretern dieser Meinung klar, daß Wort und Satz nicht in gleicher Weise Zeichen sind. So bezeichnet MOSKALSKAJA die Wörter als einfache Zeichen oder Teilzeichen, den Satz als komplexes oder globales Zeichen (vgl. MOSKALSKAJA 1978, 15). Problematisch wird die weite Zeichenauffassung jedoch in dem Fall, daß man den Terminus **System** auch auf die syntaktischen Konstruktionen (Wortgruppe, Satz, Text) anwendet. Dann wäre die Sprache auch ein System von Sätzen und Texten. Das entspricht aber nicht der ursprünglichen Vorstellung vom Sprachsystem als Zeichensystem (vgl. DT. SPRACHE 1983, 86). Es empfiehlt sich daher, als Zeichen nur die Morpheme und Lexeme zu betrachten, syntaktische Konstruktionen dagegen als komplexe Zeichen oder als Zeichenkombinationen (vgl. FLÄMIG 1991, 34).

1.1.2. Die sprachlichen Ebenen

Traditionsgemäß ist mit „System" das Sprachsystem gemeint. Man geht vielfach von folgenden Voraussetzungen aus:
1. Das kommunikative Inventar sprachlicher Mittel bildet ein System, das sich wiederum in Teilsysteme gliedern läßt. „Das Allgemeine, Regelhafte im Aufbau von Inhalten und von Lautformen sowie in ihrer gegenseitigen Zuordnung ... nennen wir das Sprachsystem." (FLÄMIG 1991, 30)
2. Sein Systemcharakter grenzt das kommunikative Inventar ab vom konkreten kommunikativen Ereignis, vom Text, der folglich keine Systembildung zulasse. (Vgl. SPIEWOK 1989, 23)

SPIEWOK hat überzeugend nachgewiesen, daß es bedenklich ist, „den Systembegriff dem kommunikativen Inventar zu reservieren" (SPIEWOK 1989, 36). Er hat sich u.a. mit dem Aufbau von Texten beschäftigt. Der Text sei nicht oberflächlich als sprachlich-linear zu produzierendes und sprachlich-linear zu rezipierendes Phänomen aufzufassen. Der Text werde vom Autor konstruiert, er sei Ausdruck einer komplexen Denkstruktur. SPIEWOK kommt – es geht uns hier lediglich um die Systemhaftigkeit – zu folgendem Ergebnis: „Es bleibt die Tatsache, daß sich der Gesamttext (oder Makrotext) aus Teiltexten (aus hierarchisch geordneten Textemen 1. bis nten Grades) aufbaut und daß sich folgerichtig der Gehalts- bzw. Sinnkern des Gesamttextes – sein Thema – in einer hierarchisch gestuften Folge von Subthemen 1. bis nten Grades entfaltet. Diese Tatsache führt zu der Schlußfolgerung, daß bei texttheoretischer Modellbildung notwendig der Systembegriff verwendet werden muß, da das Objekt Text durch eine Summe von funktionell kompatiblen Elementen repräsentiert wird, die – in Schichten geordnet und durch Beziehungen wie Zusammenhänge miteinander verbunden – in ihrem ganzheitlichen Zusammenwirken eine übergeordnete Funktion realisieren." (SPIEWOK 1989, 35f.)

Wir setzen diese Bemerkungen zum Systembegriff an den Anfang, um zu dokumentieren, daß sprachliches Instrumentarium und das Resultat sprachlicher Tätigkeit gleichermaßen über Systemhaftigkeit verfügen, wenn es zwischen den beiden Arten von Systemhaftigkeit auch Unterschiede gibt.

Wir wenden uns nun ausschließlich dem sprachlichen Instrumentarium zu, den bilateralen Ebenen des Sprachsystems. Wir bauen auf Grundsätzen der Prager Linguistik auf. DANEŠ begründet das Vorgehen folgendermaßen: „Unsere Auffassung der Stratifikation des Sprachsystems geht vor allem von folgenden Tatsachen aus:
(1) der hierarchisch abgestuften inneren Komplexität der bilateralen Zeichen;
(2) dem funktionalen Charakter der Sprache, der sich nicht nur in ihren äußeren Funktionen zeigt, sondern auch in dem inneren funktionalen Aufbau des sprachlichen Zeichensystems (in den inneren Funktionen, die die Einheiten der verschiedenen Ebenen beim Aufbau des Sprachsystems haben);
(3) dem Umstand, daß jedes Modell notwendig eine Vereinfachung und Idealisierung der empirischen Gegebenheiten darstellt und daher so weit modifizierbar sein sollte, daß es die ‚nicht-idealen' Züge der Sprache (ihre Vagheit, ihre nichtstatische Natur) berücksichtigt." (DANEŠ 1982, 160)

Auf dieser Grundlage haben NERIUS / SCHARNHORST ein Ebenenmodell aufgestellt, das in seinen Grundzügen in den letzten Jahren zur Grundlage einer Reihe von Lehrbüchern geworden ist (vgl. THEORETISCHE PROBLEME DER DEUTSCHEN ORTHOGRAPHIE 1980; EINFÜHRUNG IN DIE GRAMMATIK UND ORTHOGRAPHIE DER DEUTSCHEN GEGENWARTSSPRACHE 1981; DEUTSCHE ORTHOGRAPHIE 1987; EINFÜHRUNG IN DIE GRAMMATIK 1988/1992).

Die Elemente der sprachlichen Ebenen sind bilateraler Natur, sie bestehen aus Form und Bedeutung. Unter **Form** verstehen wir generell alle Erscheinungen im sprachlichen Bereich, die kommunikative Effekte hervorbringen. Die Formative, ihre physikalischen Werte, sind objektiv meßbar und können durch entsprechende Meßgeräte registriert werden. Formative erzeugen im Bewußtsein Abbilder von sich selbst. **Bedeutungen** sind an Formative gebundene Bewußtseinskomplexe von einem hohen Behaltens- und Reproduktionswert. Sie sind geprägt durch mentale Prozesse wie Vergleichen, Differenzieren, Selektieren, Inferieren, Verketten und Verdichten, durch die sich menschliche Konzeptbildung von möglichen Welten erklären läßt (vgl. GANSEL 1997, 100). Daher verfügen Bedeutungen über dynamische und für Modifizierungen offene Strukturen. Sie sind gesellschaftlich herausgebildete, kommunikativ geformte, durchschnittliche Wissenskomponenten des Sprachsystems. Sie existieren jedoch in individuell gespeicherten Kenntnissystemen, die das Individuum in der sprachlich-kommunikativen Tätigkeit erlernt, erwirbt, reproduziert, die den Sprachgebrauch und das Sprachverstehen regeln (vgl. SCHIPPAN 1992, 131).

Die beiden Seiten der sprachlichen Zeichen konstituieren Ebenen:

Bedeutungsseite: semantische Ebene
Formseite: { phonologische Ebene
graphische Ebene

Alle Ebenen bestehen aus einer Gesamtheit von Elementen, die zueinander in Beziehungen (Relationen) stehen, also eine Struktur bilden. Jede Ebene hat somit ihre spezielle Struktur. Ebenso hat jede Ebene spezielle Aufgaben innerhalb des Systems.

Das kleinste Element der semantischen Ebene ist das Sem / Bedeutungselement. Seme verbinden sich zu Morphembedeutungen und Lexembedeutungen (Sememen). Auch die syntaktischen Bedeutungen können als Komplexe von Semen aufgefaßt werden.

Die invarianten Unterscheidungen innerhalb des Lautkontinuums bilden die phonologische Ebene. Das kleinste Element der phonologischen Ebene ist das distinktive phonologische Merkmal. Bündel distinktiver Merkmale bilden Phoneme, d.h. kleinste bedeutungsunterscheidende Einheiten (*Haus – Maus*).

Die graphische Ebene hat die Aufgabe, invariante Unterscheidungen innerhalb des Schreibfeldes bereitzustellen, um so die semantische Ebene innerhalb und außerhalb des Bewußtseins speicherbar und mittels optisch wahrnehmbarer Mittel kommunizierbar zu machen. Die graphische Ebene steht in einem Wechselverhältnis zur phonologischen Ebene. Dabei besteht zwischen den Unterscheidungen der phonologischen und der graphischen Ebene eine mehr oder weniger ausgeprägte Parallelität. Das kleinste Element der graphischen Ebene ist das distinktive graphische Merkmal (z.B. Strich, Kreis). Bündel distinktiver graphischer Merkmale bilden Buchstaben. Buchstaben und Phoneme stehen in Wechselwirkung. Oft entspricht ein Buchstabe einem Phonem. Aber in manchen Fällen entsprechen einem Buchstaben mehrere verschiedene Phoneme oder eine Phonemfolge (z.B. ⟨x⟩ ↔ /k/ + /s/). Umgekehrt entsprechen einem Phonem mitunter mehrere verschiedene Buchstaben oder eine Buchstabenfolge (z.B. /ʃ/ ↔ (sch)). Buchstaben und Buchstabenfolgen in ihrer Beziehung zu Phonemen und Phonemfolgen werden auch Grapheme / Graphemfolgen genannt.

Wir gehen in diesem Buch von Ebenen bilateraler Zeichen aus. Es ergeben sich die

morphematische Ebene
lexikalische / lexematische Ebene
syntaktische Ebene
textuale Ebene.

Die Ebenen und deren Einheiten sollen zunächst im Überblick dargestellt werden.
Als Grundlage für die generellen Beziehungen zwischen den Ebenen sehen wir – den Auffassungen der Prager Linguistik folgend – die sogenannte „Kon-

struktionsfunktion" an. Das bedeutet für die bilateralen Ebenen, daß die Einheiten der jeweils niedrigeren Ebene die Aufgabe haben, die der nächsthöheren Ebene zu „konstruieren"; die Einheiten der höheren Ebene werden also aus Einheiten der niedrigeren gebildet, und diese können nach ihren möglichen Aufgaben innerhalb der höheren Ebene klassifiziert werden.

Die morphematische Ebene wird durch elementare sprachliche Zeichen gebildet, die auf den höheren Ebenen – miteinander kombiniert – verschiedene Aufgaben erfüllen. Das Morphem ist die kleinste bedeutungstragende Einheit der Sprache.

Die lexikalische Ebene besteht aus relativ selbständigen, isolierten sprachlichen Zeichen. Zu den Lexemen gehören außer den Wörtern (bestehend aus einem Morphem oder einem Komplex von Morphemen) auch feste Wortgruppen, die Phraseologismen.

Auf der syntaktischen Ebene werden die Einheiten der lexikalischen Ebene zueinander in Beziehung gesetzt sowie die niederen Einheiten der syntaktischen Ebene zu höheren Einheiten verbunden. Die Haupteinheiten der syntaktischen Ebene sind Wortgruppe und Satz. Im Gegensatz zu den festen Wortgruppen handelt es sich hier um freie Wortgruppen.

Auf der textualen Ebene haben wir es mit Ergebnissen kommunikativer Handlungen / Textemen zu tun. (Vgl. MOSKALSKAJA 1981, 167ff.).

Wir gehen nun auf die Einheiten der morphematischen, lexikalischen, syntaktischen und textualen Ebene ausführlicher ein. Die lautliche Morphemform kann mit der Silbe, die graphische mit dem graphischen Wortsegment zusammenfallen. Zwischen der lautlichen und der graphischen Morphemform besteht weitgehend Parallelität. Jedoch gehen nicht mit allen Abwandlungen, die die lautliche Morphemform innerhalb des Paradigmas durchmacht, entsprechende graphische Abwandlungen einher.

Auf der Morphemebene unterscheiden wir drei Arten von Morphemen: Basis-/Grund-/Stammorpheme, Wortbildungs- und Flexionsmorpheme. Bei den Stamm- und den Wortbildungsmorphemen handelt es sich um lexikalische, bei den Flexionsmorphemen um grammatische Zeichen. Mit W. SCHMIDT unterscheiden wir auf der Morphemebene folgende Arten von Bedeutung:

a) die dingliche oder stoffliche Bedeutung (des Stammorphems, bei zusammengesetzten Wörtern: der Stammorpheme),
b) die Ableitungsbedeutung (der Wortbildungsmorpheme),
c) die grammatische Bedeutung der formbildenden oder grammatischen Morpheme.

(Vgl. DUDEN-GRAMMATIK 1995, 404; SACHWÖRTERBUCH 1989, 149; KLICHE/MICHEL/SOMMERFELDT 1996, 154).

Wir bringen zunächst ein Beispiel.

In der Wortform *Erfahrungen* sind

> *–fahr–*   – Basis-/Stamm-/Grundmorphem
> *er-, -ung*   – wortbildende Morpheme
> *–en*   – grammatisches Morphem (Plural).

Stamm- und Wortbildungsmorpheme konstituieren die lexikalische Bedeutung, grammatische Elemente die grammatische Bedeutung. Wir betonen bereits an dieser Stelle, daß Morpheme keine selbständigen Bedeutungsträger sind. Lexikalische Bedeutungen werden erst auf der lexikalischen, grammatische Bedeutungen auf der syntaktischen Ebene faßbar.

Wortbildungsmorpheme „nehmen insofern eine besondere Stellung ein, als sie einmal die stoffliche Bedeutung des Stammorphems kategorial-grammatisch formen und zum anderen die Grundlage bilden, auf der die grammatischen Bedeutungen der formbildenden Morpheme aufgestockt werden" (W. SCHMIDT 1967, 22).

Wir erläutern das Verhältnis von lexikalischen Zeichen/Bedeutungen und grammatischen Zeichen/Bedeutungen zunächst an folgendem Satz:

> *Der jüngste Sohn meines Nachbarn wohnt in Berlin.*

Das lexikalische Zeichen *Nachbar* benennt, das grammatische Zeichen *n* gibt Genus, Numerus und Kasus an und stellt so die Beziehung zum übergeordneten Substantiv *Sohn* her.

Die grammatischen Zeichen *es (mein), n (Nachbar)* und *t (wohn)* sind lexikalischen Zeichen beigefügt.

Das grammatische Zeichen *t* kann nicht nur beim Verb *wohnen*, sondern bei allen deutschen Verben (außer Modalverben) zur Kennzeichnung der 3. Person Singular Präsens Indikativ Aktiv stehen.

Die lexikalische Bedeutung des Wortes „ist der Bewußtseinskomplex, den die Sprachteilhaber aufgrund ihres Spracherwerbs mit der Zeichenform verbinden und bei Nennung des Wortes gedanklich (kognitiv) reproduzieren" (KLICHE/MICHEL/SOMMERFELDT 1996, 127). (Vgl. Flämig 1991, 338)

„Unter der grammatischen Bedeutung versteht man die Widerspiegelung einer allgemeinen Beziehung (oder Eigenschaft) der objektiven Realität im Bewußtsein der Angehörigen einer Sprachgemeinschaft, die traditionell mit dem Zusammenwirken mehrerer verschiedener Lautkomplexe verbunden ist" (HÄNEL 1975, 70).

Lexikalische und grammatische Zeichen können Beziehungen ausdrücken, die aber unterschiedlicher Art sind.

Lexikalische Zeichen bezeichnen Beziehungen zwischen Wortbedeutungen:

> *Junge* – schreiben – *Brief.*
> *Sohn* – ähnlich – *Vater.*

Bei den grammatischen Beziehungen kann es sich um unterschiedliche Beziehungen handeln:
- zwischen Gegenständen und Merkmalen der objektiven Realität:
  Die Wand (Gegenstand) *ist hoch* (Merkmal).
  Der Junge (Gegenstand) *zeichnet* (Merkmal).
- zwischen Sachverhalten:
  Der Junge besteigt den Zug, denn er fährt nach Hause.
- zwischen Sachverhalt und Sprecher (Sprechereinstellung):
  Hoffentlich / sicher / natürlich *kann er die Aufgabe lösen.*

(SOMMERFELDT 1982; vgl. GRAMMATISCH-SEMANTISCHE FELDER 1984, 10ff.)

Die Kinder gehen jetzt zur Schule.

Im Verb *gehen* hat das (lexikalische) Morphem *geh* die Aufgabe, die Tätigkeit zu benennen, während das (grammatische) Morphem *en* u.a. die Zeit und den Geltungsgrad (Modalität) angibt. Im Wort *Kinder* hat *Kind* die benennende Funktion, das grammatische Morphem *er* gibt einen Hinweis auf Genus (Neutrum), Numerus (Plural) und Kasus (Nominativ).

Im Einzelfall sind lexikalische und grammatische Zeichen schwer voneinander abzugrenzen. (Vgl. die Zuordnung von Artikel, Präposition und Konjunktion). Einige Hinweise sollen daher genügen.

- Bei der lexikalischen Bedeutung geht es um die Widerspiegelung von Gegebenheiten, bei der grammatischen Bedeutung um die Widerspiegelung von Beziehungen und Eigenschaften.
- Grammatische Elemente treten zu lexikalischen hinzu, besitzen also einen akzessorischen Charakter. Durch die Verwendung grammatischer Mittel entstehen größere sprachliche Einheiten (Wortgruppen, Sätze, Texte).
- Die lexikalische Bedeutung ist in der Regel an ein bestimmtes lexikalisches Formativ gebunden.
  Grammatische Bedeutungen haben ganze Klassen sprachlicher Einheiten, z.B. Wortarten, Sätze.

Lexikalischen und grammatischen Bedeutungen ist gemeinsam:

- Beide stellen Verallgemeinerungen / Abstraktionen dar, beide haben einen überindividuellen Charakter.
- Beide sind „Strukturen von kleineren Elementen" (LORENZ / WOTJAK 1977, 150).

Auch grammatische Bedeutungen lassen sich in Seme zerlegen. ŠENDEL'S findet z.B. beim verallgemeinernden Präsens die Seme ‚abstrahierte Zeit' und ‚Zustand':

„*Der (= ein) Mensch ist selten allein*" (ŠENDEL'S 1970, 57).

Beim imperativischen Präsens erkennt man die Seme ‚Aufforderung' und ‚präsentisch-futurische Perspektive':

„Wolzow, Sie übernehmen den Trupp!" (ŠENDEL'S 1970, 58)

Grammatische Bedeutungen unterscheiden sich von lexikalischen Bedeutungen u.a. in folgender Weise:

- Grammatische Bedeutungen sind weniger konkret als lexikalische. So werden grammatische Morpheme auf lexikalische Zeichen „aufgeschichtet" und treten zu ganzen Klassen von Wörtern: Das Morphem *st* ist bei fast allen deutschen Verben Kennzeichen der 2. Person Singular Präsens.
- Grammatische Bedeutungen (und ihre Träger) bilden eine finite Klasse, „während die der lexikalischen Bedeutungen potentiell infinit ist" (LORENZ/ WOTJAK 1977, 152).

Wir weisen noch einmal darauf hin, daß die grammatischen Bedeutungen meist erst in syntaktischen Konstruktionen sichtbar werden und daß grammatische Bedeutungen nicht nur – wie wir noch zeigen werden – durch grammatische Morpheme zustande kommen (vgl. FLÄMIG 1991, 385f.).

Es erscheint an dieser Stelle sinnvoll, zu den Termini „grammatisches Mittel" und „grammatische Kategorie" Stellung zu nehmen, weil an ihrer Kennzeichnung vor allem grammatische Morpheme beteiligt sind.

Grammatische Mittel sind eine Klasse von grammatischen Zeichen mit gleicher grammatischer Bedeutung und Gemeinsamkeiten der Struktur. Die grammatischen Mittel sind Subklassen von Klassen höherer Ordnung, den grammatischen Kategorien.

Grammatische Kategorie:	Tempus	Modus	Kasus
Grammatische Mittel:	Präsens	Indikativ	Nominativ
	Perfekt	Konjunktiv	Genitiv

Die **lexikalische Ebene** besteht aus Lexemen. Das Lexem ist „das kleinste relativ selbständige bedeutungstragende Element, das im Sprachgebrauch frei reproduzierbar ist" (DT. SPRACHE 1983, 276). Zu den Lexemen gehören Wörter und „weitere Elemente der Lexik – als Ganzheiten gespeicherte, idiomatisierte, frei reproduzierbare und als Ganzheiten kombinierbare Bezeichnungs- und Bedeutungseinheiten unterschiedlicher Typen" (ebd.), wie Wortpaare, feste Verbalverbindungen, feste Nominalverbindungen, völlig idiomatisierte Einheiten. Diese Einheiten der lexikalischen Ebene besitzen (in der Regel) eine lexikalische und eine grammatische Bedeutung, die natürlich erst in syntaktischen Konstruktionen zum Tragen kommen.

Zentrales Element der lexikalischen Ebene ist das Wort, das Träger einer lexikalischen Bedeutung ist. Nur diese Wörter haben wir hier im Auge.

„Das *Wort* ist der kleinste selbständige, potentiell isolierbare Redeteil, der als Einheit des phonetischen [und graphischen, K.-E.S.] und grammatischen Baues und des Inhalts charakterisiert ist und sowohl hinsichtlich seines Lautkörpers als auch seiner Bedeutung mit den übrigen Einheiten der Sprache in Beziehung steht." (W. Schmidt 1967, 13). Auch das Wort ist eine Einheit aus Form und Bedeutung. Es unterscheidet sich vom Morphem dadurch, daß es der kleinste selbständige Bedeutungsträger ist. Zur Wortform gehören die Strukturelemente des Wortes (Morpheme, Silben, Buchstabenverbindungen), aber auch intonatorische Mittel wie der Wortakzent (*dámit – damít*). – Das Wort besitzt eine lexikalische Bedeutung. Besonders problematisch ist die Antwort auf die Frage, was zur lexikalischen Bedeutung gehört. Es stehen sich eine weite und eine enge Bedeutungsauffassung gegenüber. In der weiten Bedeutungsauffassung werden denotative (begriffliche) und konnotative Bedeutungskomponenten unterschieden. Schippan nennt folgende Arten von Konnotationen:

– sozial-fachliche Konnotationen: „legen den sachlich-fachlichen Verwendungs- und damit Geltungsbereich fest" (Terminus med.) (Schippan 1983 a, 273)
– soziale Konnotationen: kennzeichnen die Zugehörigkeit zu einem bestimmten Gruppenwortschatz (Kind, Jugend)
– historische Konnotationen: ordnen in einen bestimmten Zeitraum ein (archaisch, Neubildung)
– situativ-emotionale Konnotationen: markieren die emotionale Einstellung (zärtlich, scheltend-herabmindernd, ironisch)
– kommunikativ-funktionale Konnotationen (offiziell-förmlich, vulgär, salopp...)
– staatlich-politische Einordnung (Schweiz, BRD, Österreich) (vgl. Schippan 1992, 155ff.).

Schippan und andere rechnen diese Konnotationen zur Bedeutung. Es werden u.a. folgende Gründe dafür angegeben:

– Alle „mit dem und durch das Formativ vermittelten Bewußtseinsinhalte, Informationen" sind als Bedeutung aufzufassen (Schippan 1980, 51).
„In den Wortbedeutungen überlagern sich Abbilder des Denotats und Abbilder der sprachlichen Handlungen" (ebd.).
Man muß verschiedene Bedeutungsarten unterscheiden und das Wortzeichen als polyfunktional (multilateral) auffassen.
– „Es wird vorgeschlagen, die denotative Bedeutung als verallgemeinertes, gesellschaftlich verfestigtes, auf ein Formativ bezogenes Abbild der bezeichneten Klasse von Objekten zu bestimmen, in das [...] auch Seme der Stellungnahme, der Wertung, eingehen. Sie ist zu unterscheiden von der ‚kommunikativen' (‚konnotativen') Bedeutung, die als traditionell mit dem Formativ verbundenes, verallgemeinertes Abbild der kommunikativen Verwendung des Wortes, der Redehandlung bestimmt wird" (Schippan 1980, 59; vgl. Schippan 1992, 144ff.).

Dagegen vertreten Viehweger, Ludwig u.a. die enge Bedeutungsauffassung. Sie sind der Meinung, daß solche „pragmatische Faktoren einen grundsätzlich anderen Charakter haben als semantische Merkmale" (LUDWIG 1983, 39). (Das bestreiten die Vertreter der weiten Auffassung keineswegs.) Die Bedeutung ist *Teil* des Zeichens, ist an das Formativ gebunden und bildet mit diesem Formativ das Zeichen. „Die denotative Bedeutung wird [...] in der semantischen Komponente des Sprachsystems erfaßt, wobei die Grammatik den denotativen Bedeutungen (Semstrukturen) Laut-(Graphem-)Strukturen zuordnet (und umgekehrt)" (PROBLEME DER SEMANTISCHEN ANALYSE 1977, 102). Nun sind an ein Zeichen weitere Bewußtseinsinhalte gebunden, die „die Einordnung des betreffenden Zeichens in ein Normensystem der sozialen Verwendungsweisen sprachlicher Mittel" betreffen (PROBLEME DER SEMANTISCHEN ANALYSE 1977, 101). Diese Bewußtseinsinhalte werden als konnotative Potenz bezeichnet. „Die konnotative Potenz kommt [...] den bilateralen, d.h. aus Formativ und denotativer Bedeutung (Semstruktur) bestehenden Zeichen zu" (PROBLEME DER SEMANTISCHEN ANALYSE 1977, 102). Es empfiehlt sich also, den Bedeutungsbegriff eng zu fassen, eben weil

– es sich bei der denotativen Bedeutung und den Konnotationen um unterschiedliche Arten von Bewußtseinselementen handelt,
– die Semantik dem Formativ, die Konnotation jedoch dem ganzen Zeichen zugeordnet ist,
– eine enge Bedeutungsauffassung – wie wir noch zeigen werden – besser geeignet ist, die lexikalische Wortbedeutung zu den Bedeutungen syntaktischer Konstruktionen in Beziehung zu setzen,
– „der Bedeutungsbegriff handhabbarer und nicht zuletzt damit lehrbarer wird" (LUDWIG 1978, 260; vgl. auch ŠENDEL'S 1985).

Auf der syntaktischen und der textualen Ebene werden Einheiten der lexikalischen Ebene zueinander in Beziehung gesetzt. Es entstehen Wortgruppen, Sätze und Texte. Die konkret geäußerten Wortgruppen, Sätze und Texte sind nicht Einheiten des Systems, daher auch nicht im engen Sinne Zeichen, weil sie nicht im Gedächtnis gespeichert und nicht zu speichern sind. Diese Konstruktionen besitzen also einen Doppelcharakter, den wir an Hand des Satzes verdeutlichen. Genaueres findet man in den speziellen Teilen zu Wortgruppe, Satz und Text.

Der Doppelcharakter des Satzes, Element des Sprachsystems und Element der Rede zu sein, soll zunächst durch zwei Zitate verdeutlicht werden: „Eine gewisse Einigkeit besteht heute darin, daß der Begriff ‚Satz' mindestens in zweierlei Hinsicht zu relativieren ist: einerseits gehört der Satz als ‚phonetisch und graphisch dokumentiertes Ereignis' zu den ‚Äußerungen'; andererseits ist der Satz extrakommunikativ als Gegenstand der Grammatik ein mehrschichtiges Konstrukt." (GREULE o.J., 97)

Der Satz „wird in neueren Arbeiten als abstrakte Entität, als kontextunabhängige Einheit des Sprachsystems betrachtet, die ein Schema oder Muster für kleinste, potentiell selbständige Äußerungen darstellt [...], die als je aktuelle, strukturell und inhaltlich relativ abgeschlossene Einheiten des Textes oder der Rede dem Sprachgebrauch bzw. der *parole* angehören." (LEWANDOWSKI 1990, 887)

Wenn das Sprachsystem die Einheiten für Äußerungen bereitstellt, dann muß es auch Mittel zur Konstituierung der konkreten Satzäußerung enthalten. Das können nicht nur Lexikoneinheiten sein. Lexikoneinheiten eröffnen aufgrund ihrer Valenz Konfigurationen. Sie werden also zueinander in Beziehung gesetzt. Das geschieht im Rahmen verschiedener Muster. Und diese Muster syntaktischer Konstruktionen sind Systemeinheiten, bestimmte Satzmuster. „Die abstrakten Strukturen, die den tatsächlichen Äußerungen, der Parole, zugrunde liegen, bezeichnen wir als Satzmuster." (Wahrig/Ludewig 1980, 199)

„Sätze werden nach verhältnismäßig wenigen Mustern aufgebaut; diese Muster können als Komplexe von bestimmten invarianten Eigenschaften abstrahiert werden, so daß [...] Satzmodelle Abstraktionen von individuellen Merkmalen konkreter Sätze darstellen." (Korhonen 1977, 21)

Bei den invarianten Merkmalen, die zur Aufstellung von Satzmodellen führen, kann man grob zwei Arten unterscheiden, formale und inhaltliche. „Die elementaren Einheiten der Ebene E_n werden nach bestimmten Mustern und/oder Regeln aus den Einheiten der Ebene E_{n-1} konstruiert, wobei es sich sowohl um formale als auch um semantische Muster und Regeln handelt (z.B. gibt es auf der syntaktischen Ebene formale und semantische Satz- und Satzfügemuster wie auch Erweiterungs- und Koordinationsregeln)." (Daneš 1982, 166f.) Auf diese formalen und semantischen Muster/Modelle von Wortgruppen, Sätzen und Texten werden wir später genauer eingehen. Zunächst setzen wir unseren Überblick fort.

Auf der **syntaktischen** Ebene haben wir es mit unterschiedlichen Konstruktionen zu tun.

Wir verstehen unter einer **Wortgruppe** ein Satzglied, das aus wenigstens zwei autosemantischen Wörtern besteht. Zwischen den beiden Wörtern besteht das Verhältnis der Über-/Unterordnung. Wir haben also nur binäre Wortgruppen im Auge, die nach der Art des regierenden Wortes, des Kerns, klassifiziert werden. Wir betrachten folgende:

- Substantivgruppen: *die rote Nelke*
  der Stolz des Schülers auf das gute Zeugnis
- Verbale Wortgruppen (Kern Infinitiv bzw. Partizip):
  (Der Vater forderte den Sohn auf), schnellstens die Hausaufgaben zu erledigen.
  (der) die Hausaufgaben erledigende (Junge)
  (die Hausaufgabe), vom Jungen gerade erledigt
- Adjektivgruppen: *(der) auf das Zeugnis stolze (Junge)*

(Vgl. Kliche/Michel/Sommerfeldt 1996, 187f.)

Hinsichtlich ihres Inhalts unterscheiden sich Wortgruppen prinzipiell von Lexemen und Sätzen:

- Wortgruppen sind als syntaktische Konstruktionen komplexe Zeichen bzw. Zeichenkombinationen, haben Form und Bedeutung.
- Wortgruppen als Teile von Sätzen spiegeln Sachverhalte bzw. Teile von Sachverhalten wider.

Sie verfügen jedoch nicht wie der Satz über aktuelle Prädikativität (Einordnung in die Zeit), Modalität (Stellungnahme zum Geltungsgrad), Intention / Funktion, haben jedoch als kommunikative Einheiten bestimmte kommunikative / situative Bedeutungselemente.

So bezeichnet die Masse der Substantivgruppen einen Sachverhalt:

- Angabe von Eigenschaftsträger und Eigenschaft:

    das dicke Buch

- Angabe von Relation und Relationspartnern:

    der Stolz des Jungen auf das Zeugnis
    der Aufenthalt des Staatsmannes in der Hauptstadt.

(Vgl. J. E. Schmidt 1993)

Auf der anderen Seite stehen Adjektiv-, Infinitiv- und Partizipialgruppen, in deren Semantik nur Teile von Sachverhalten, nur Merkmale widergespiegelt werden. Der Eigenschaftsträger bzw. ein Relationspartner befindet sich außerhalb der Wortgruppe. Auch hier muß zwischen Eigenschaften und Relationen unterschieden werden:

- Eigenschaften: *(der) sehr süße (Wein)*
    (die) längst abgelaufene (Frist)
- Relationen: *(der) an Briefmarken interessierte (Junge)*
    (der) ein Lied singende (Künstler)
    (das) von vielen gelesene (Buch)

(Vgl. Eisenberg 1994, 373ff.; Sachwörterbuch 1989, 276ff.; J. E. Schmidt 1993, 145ff.).

Unter kommunikativen Bedeutungselementen verstehen wir Seme syntaktischer Konstruktionen, die sich aus der Kommunikationssituation und der Einstellung von Sprecher/Schreiber ergeben, u.a. die Modalität des Geltungsgrades, die Gliederung der Information nach dem Mitteilungswert, lokale bzw. temporale Einordnung (vgl. Grundzüge 1984, 92, 96–105). Über diese Bedeutungselemente verfügen Wortgruppen in unterschiedlichem Grade.

Da Wortgruppen keine selbständigen kommunikativen Einheiten sind, verfügen sie im Prinzip nicht über die Kategorien Prädikativität und Modalität. Zum Teil können sie jedoch Angaben der zeitlichen Einordnung und des Geltungsgrades enthalten. Das betrifft vor allem Substantivgruppen:

die längst *erledigte Hausaufgabe*
eine vielleicht / vermutlich / keinesfalls *richtige Antwort*

Dabei richten sich Angaben der Modalität immer auf das Verhältnis Kernwort – abhängiges Wort. – Auch die Glieder einer Wortgruppe können – in begrenztem Rahmen – nach der Bekanntheit und dem Mitteilungswert geordnet werden:

das ihm vom Vater überreichte Geschenk
das vom Lehrer dem Schüler überreichte Zeugnis
die Fahrt des Mannes nach Rostock
seine Fahrt nach Rostock

Schließlich können auch Wortgruppen über Konnotationen verfügen. Auf jeden Fall trifft das auf die von SCHIPPAN als kommunikativ-funktional bezeichneten zu:

der Hut des Vaters
Vaters Hut
dem Vater sein Hut

Die kleinste selbständige kommunikative Einheit ist die sprachliche Äußerung, die aus Sätzen besteht (vgl. dazu 3.2.1.). Wenn wir von einem selbständigen Satz reden, meinen wir im Sinne ADMONIS den Ganzsatz. Er ist durch seine Abgeschlossenheit gekennzeichnet. Ganzsätze können einfache Sätze, Satzverbindungen und Satzgefüge sein (vgl. ADMONI 1986, 253ff.). Zur Formseite des Satzes gehören neben phonetischer / graphischer Gestalt auch Struktureigenschaften wie die Stellung der finiten Verbform, die Erscheinung des verbal-prädikativen Rahmens, schließlich intonatorische Besonderheiten und auch Abhängigkeitsverhältnisse. – Über die Inhaltsseite des Satzes gibt es unterschiedliche Auffassungen.

Ist beim Lexem der Bezugspunkt in der objektiven Realität das Ding im weiten Sinn (wir sprechen auch von der nominativen Funktion des Wortes), so ist es beim Satz der Sachverhalt. Generell können wir, da der Satz die kleinste selbständige kommunikative Einheit darstellt, im Rahmen der Satzsemantik zwei Arten von Bedeutung unterscheiden: „der propositionale Gehalt ist verbunden mit der Funktion des Satzes, Abbild eines Sachverhalts der Wirklichkeit zu sein, der zweite Aspekt betrifft die Funktion des Satzes im Rahmen von sprachlichen Handlungen" (DANEŠ/VIEHWEGER 1978, 1f.). Wir unterscheiden daher zwischen denotativer (propositionaler) und kommunikativer / situativer Bedeutung. Die denotative Bedeutung wird durch die Proposition gebildet. „Die Proposition (oder genauer die Kernproposition) ist [...] für uns eine Prädikatstruktur mit semantisch spezifizierten Partizipanten" (DANEŠ 1978, 2). Man kann auch sagen: Die Proposition „bildet die semantische Invariante der verschiedenen sprachlichen Möglichkeiten der Bezugnahme auf Sachverhalte" (ZIMMERMANN 1978, 144).

So handelt es sich in den Sätzen bzw. der Wortgruppe:

Die Kinder lesen den Roman.
Wurde der Roman von den Kindern gelesen?
die den Roman lesenden Kinder

um die Proposition:

Kinder – lesen – Roman

(vgl. KLICHE/MICHEL/SOMMERFELDT 1996, 168).

Zur Gesamtsemantik des Satzes gehören weitere semantische Elemente, die wir als kommunikative Semantik bezeichnen. So spricht MÜHLNER „von zusätzlichen Bedeutungskomponenten, die modaler, expressiver und emotionaler Art sein können" (MÜHLNER 1974, 1123). PASCH unterscheidet bei der semantischen Gliederung von Sätzen den propositionalen Gehalt und die Sprechereinstellung (vgl. PASCH 1983, 263ff.).

Es gibt keine Einheitlichkeit, was zur kommunikativen Bedeutung zu rechnen ist. Wir verstehen darunter vor allem

– die Modalität als obligatorische Komponente (vgl. SKIBITZKI 1985),
– die örtliche und zeitliche Einordnung (Lokalität, Temporalität / Prädikativität),
– die Thema-Rhema-Gliederung (bekannt/unbekannt, wichtig/weniger wichtig).

Der Satz verfügt über eine weitere Besonderheit gegenüber den bisher behandelten bilateralen Einheiten. Da er die kleinste selbständige kommunikative Einheit ist, verfolgt der Sprecher/Schreiber mit jedem ausgesprochenen oder geschriebenen Satz eine bestimmte Absicht. Auch unter Intention kann man Verschiedenes verstehen, z.T. abhängig davon, ob der Satz ein Text oder nur der Teil eines Textes ist.

Auf der textualen Ebene haben wir es auch mit den beiden Seiten Form und Bedeutung zu tun. Da der Text aus Sätzen besteht, wird die Formseite des Textes zunächst einmal aus den Formelementen der Sätze gebildet. Eine besondere Rolle spielen hier Fragen der Textkomposition. Dabei gibt es die Komposition des Makrotextes und die des Mikrotextes, des Absatzes (vgl. MOSKALSKAJA 1981, 168). Auch die Semantik des Textes baut auf der der Sätze auf. „Gilt es auf der Ebene der satzsemantischen Repräsentation die Prädikat-Argument-Struktur zu erschließen, so handelt es sich bei der textsemantischen Repräsentation vor allem darum, das System der logisch-semantischen Relationen zwischen den Elementaraussagen bloßzulegen, die die inhaltliche Struktur der Gesamtaussage prägen" (ebd.).

Bei der Charakterisierung der Einheiten der einzelnen sprachlichen Ebenen sollte u.a. deutlich werden:

– daß die Einheiten der einzelnen Ebenen über bestimmte Besonderheiten verfügen.

Diese Besonderheiten hängen damit zusammen, inwieweit die Einheiten selbständige Bedeutungsträger sind oder nicht, ob sie lediglich an der Erzielung einer Funktion beteiligt sind oder ob sie selbst eine haben.
- daß bei den kommunikativen Einheiten (Wortgruppe, Satz, Text) Elemente verschiedener Ebenen zusammenwirken.

Das bezieht sich vorrangig auf das Zusammenwirken lexikalischer und grammatischer Erscheinungen, aber auch auf die Rolle phonetischer und graphischer Elemente.

Daraus ergibt sich, daß die Arten der Elemente des Sprachsystems nicht isoliert betrachtet werden können, sondern integrativ, in ihrem Zusammenwirken.

An dieser Stelle sollen zwei Termini erwähnt werden, die in diesem Buch eine Rolle spielen. Sprachliche Erscheinungen/Mittel verfügen über die Merkmale jener Klasse, zu der sie gehören, in unterschiedlichem Grade. Wir wollen das an einer Wortart demonstrieren. Die Adjektive der deutschen Sprache können in einer Kurzform (nicht deklinierbar) und in einer Langform (deklinierbar) auftreten, sie fungieren im Satz als Prädikativum, adverbiale Bestimmung und als Attribut und sie sind komparierbar. Jene Adjektive, die über alle diese Merkmale verfügen, gehören zum **Zentrum** der Wortart Adjektiv. Jene Wörter, die nicht über alle Merkmale verfügen, bilden die **Peripherie**, z.B. die nur prädikativ verwendeten (*feind, freund*), die nicht über eine Kurzform verfügenden (*belletristisch*) und die nicht komparierbaren (*philosophisch, tot*) (vgl. HELLER/SCHARNHORST 1983; SCHARNHORST 1993).

1.1.3. Zum Begriff der Norm

Zu Grundproblemen einer Grammatiktheorie gehört auch das Verhältnis von System, Norm und Usus.

Das Sprachsystem erfaßt „eine in sich organisierte Gesamtheit von Elementen, die durch feste Beziehungen miteinander verbunden sind, also eine Struktur bilden. [...] Die **Norm** bezieht sich auf die Tatsache, daß unter den Elementen und Relationen, die für das System in Frage kommen, bestimmte Elemente und Relationen ausgewählt und als verbindlich angesehen werden" (NERIUS 1979, 50). Die sprachliche Norm „entsteht in der Regel auf der Grundlage des praktischen Sprachgebrauchs (Usus), der sich historisch herausgebildet hat (gegebene N.). Die s.N. kann aber auch durch bevollmächtigte Institutionen festgelegt werden (gesetzte N., besonders in der Orthographie) [...]. Es werden unterschieden:

(1) Sprachsystemnormen, die sich auf solche sprachlichen Erscheinungen beziehen wie ↑ Konjugation, ↑ Deklination, ↑ Rektion, (↑ Beziehung, syntaktische) u.a.

(2) Kommunikative Normen, mit denen bestimmte Muster der sprachlich-kommunikativen Tätigkeit erfaßt werden wie Anrede- und Grußformulierungen u.a." (SACHWÖRTERBUCH 1989, 159f.; vgl. KLICHE/MICHEL/SOMMERFELDT 1996, 173).

Normen „beziehen sich auf alle Beschreibungsebenen (phonologische, syntaktische und pragmatische N.), sind relativ stabil, unterliegen aber auch ziemlichem Wandel." (HOMBERGER 1989, 87)

Da es mehrere Existenzformen der Sprache gibt, haben wir es auch mit mehreren Normen und Subnormen zu tun, z.B. der Norm der Literatursprache, der der Umgangssprache und der der Mundart.

Da sich die Sprache generell entwickelt, verändert sich auch die Norm. Diese Entwicklung wird in den Beschreibungen der Sprache nicht immer sofort registriert. Es kann also zwischen der tatsächlichen und der in Grammatiken, Wörterbüchern usw. kodifizierten Norm zu Widersprüchen kommen, wenn man auch weitgehende Übereinstimmung anstreben sollte. Daher kann man auch nicht unbesehen alle Vorschriften der Sprachausbildung zugrunde legen. Sonst besteht die Gefahr, daß die Entwicklung der Sprache negiert, an alten Traditionen festgehalten und ein Sprachgebrauch vermittelt wird, der der bestehenden Sprachwirklichkeit nicht mehr entspricht. Wir vertreten also eine Normauffassung, die auf die Erfüllung der kommunikativen Funktion der Sprache gerichtet ist.

1.2. Zum Aufbau syntaktischer Konstruktionen

In diesem Abschnitt wollen wir zeigen, wie sich die Bedeutung syntaktischer Konstruktionen aufbaut. Wir wollen damit das Verhältnis von Lexik und Grammatik verdeutlichen, zeigen, wie wir das Zusammenwirken lexikalischer und grammatischer Erscheinungen in einer syntaktischen Konstruktion sehen.

1.2.1. Zum Verhältnis zwischen lexisch-semantischen und grammatisch-semantischen Beziehungen

Wenn wir sprachliche Texte erzeugen und aufnehmen, so kann man diesen Prozeß allgemein durch folgende Formel charakterisieren: „von den inhaltlichen Bewußtseinselementen zu den Redetexten und von den Redetexten zu den inhaltlichen Bewußtseinselementen" (KAZNELSON 1974, 147). Der Prozeß des Denkens und Sprechens umfaßt verschiedene Operationen und wird durch viele Faktoren bestimmt, wie Zweck der Äußerung, Situation, Strategie. Die Semantik einer syntaktischen Konstruktion entsteht durch die Vereinigung von Lexemen, denn die Lexeme werden in einer bestimmten Weise zusammengefügt.

Lexeme lassen sich in verschiedener Weise verknüpfen. So ergeben sich für die Lexeme *Junge, müde* und *lernen* folgende Möglichkeiten:

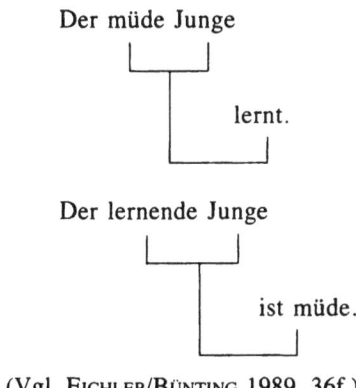

(Vgl. EICHLER/BÜNTING 1989, 36f.)

Man muß speziell beim Aufbau der Bedeutung des Satzes verschiedene „Schichten" unterscheiden. Der Satz besteht aus Wörtern/Lexemen mit einer lexikalischen Bedeutung (1. „Schicht"). In diesen Bedeutungen sind bereits bestimmte Beziehungen zu anderen Lexemen angelegt. Dem Satz liegen also diese lexisch-semantischen Beziehungen zwischen den Lexemen zugrunde. „Bedeutungen als mehr oder minder direkte begriffliche Abbildungen von Wirklichkeitsausschnitten spiegeln neben anderen Eigenschaften auch die Beziehungen zwischen den Wirklichkeitserscheinungen wider. Es handelt sich um Beziehungen zu Klassen von potentiellen Relationspartnern, die als Leerstellen (LS) konstitutive Bestandteile der Bedeutung sind [...]" (BONDZIO 1980, 135f.; vgl. VON POLENZ 1985, 101ff.; BONDZIO 1993).

So ergeben sich auf Grund der lexikalischen Semantik von *geben* Beziehungen zu Bezeichnungen für einen Täter, einen Adressaten und den Gegenstand, der vom Täter dem Adressaten übergeben wird. Die lexisch-semantische Variante ‚wert' des Adjektivs *würdig* schließt Beziehungen zu einem Eigenschaftsträger und dem Gegenstand bzw. der Erscheinung ein, deren der Eigenschaftsträger würdig ist.

Diese lexisch-semantischen Beziehungen sind im tatsächlichen konkreten Satz von den im engeren Sinne grammatisch-semantischen Beziehungen überlagert (2.◻„Schicht").

Lexisch-semantische und grammatisch-semantische Beziehungen sind aber nicht deckungsgleich und müssen getrennt betrachtet werden. Das um so mehr, als für dieselbe lexisch-semantische Struktur mehrere grammatische Strukturen zur Verfügung stehen können. So können die lexisch-semantischen Beziehungen zwischen *geben, Mutter, Junge, Apfel* – vorausgesetzt, daß die Mutter der Täter ist, – folgendermaßen realisiert werden:

Satz/Aktiv: *Die Mutter gibt dem Jungen einen Apfel.*
Satz/Passiv: *Dem Jungen wird von der Mutter ein Apfel gegeben.*
Wortgruppe/Infinitiv: Der Vater bittet die Mutter, *dem Jungen einen Apfel zu geben.*
Wortgruppe/Partizip: *die dem Jungen einen Apfel gebende Mutter*

Da das Adjektiv mehrere Satzgliedrollen einnehmen kann, ergeben sich auch hier unterschiedliche Realisierungsmöglichkeiten:

Prädikativ: *Der Physiker ist der Auszeichnung würdig.*
Attribut: *der der Auszeichnung würdige Physiker*

Die (lexisch-)semantisch vom Adjektiv determinierten „Partner" stehen in unterschiedlichen grammatischen Beziehungen zum Adjektiv.

Prädikativ:

- Bezeichnung des Eigenschaftsträgers als Subjekt dem Prädikat zugeordnet
- „Bereichsangabe" dem Prädikat untergeordnet

Attribut:

- Bezeichnung des Eigenschaftsträgers als Bestimmungswort dem Adjektiv übergeordnet
- „Bereichsangabe" dem Adjektiv untergeordnet
  Lexisch-semantische und grammatisch-semantische Beziehungen decken sich nicht.

Schließlich muß auch die dritte „Schicht" beachtet werden, die kommunikative. Hier erfolgt die Gliederung der syntaktischen Konstruktion auf Grund ihrer Einbettung in einen Kontext und in Abhängigkeit von den Absichten des S/S. Diese dritte Seite wird hier nicht weiter betrachtet.

Aus dem bisher Angeführten ergibt sich, daß die lexikalische Semantik der Wörter den Ausgangspunkt und die Grundlage für die Untersuchung der Semantik syntaktischer Konstruktionen bilden muß (vgl. HELBIG 1982a, 10ff.; KORHONEN 1977, 98ff.; VON POLENZ 1988, 102; SOMMERFELDT 1991; SOMMERFELDT/SCHREIBER 1996).

1.2.2. Bedeutung und Valenz der Autosemantika

Wie oben schon angedeutet, ergibt sich die Fähigkeit der Lexeme, Beziehungen zu anderen Lexemen herzustellen, aus ihrer Semantik, aus ihren semantischen Merkmalen / Elementen / Semen / semantischen Prädikaten (vgl. GRUNDZÜGE 1984, 74; Bondzio 1993).

Wir verwenden den Terminus Sem und verstehen darunter ein intersubjektives, seiner Natur nach überindividuelles, gesellschaftlich objektiviertes und einem Formativ zugeordnetes Bedeutungselement (vgl. LORENZ/WOTJAK 1977, 286) oder, einfacher gesagt, die kleinste Bedeutungseinheit (vgl. GRUNDZÜGE 1984, 74ff.; SPIEWOK 1980).

„Einstellige Prädikate entsprechen Eigenschaften von Gegenständen. So dürften z.B. die semantischen Prädikate, die in den Bedeutungen von Wörtern wie *grün, blond, husten, schlafen* ... usw. enthalten sind, einstellig sein[...]. Mehrstellige semantische Prädikate bilden Beziehungen zwischen Gegenständen ab. In den Bedeutungen von Wörtern wie z.B. *ähnlich, tragen, verkaufen* ... gibt es jeweils mindestens ein mehrstelliges semantisches Prädikat [...]" (GRUNDZÜGE 1984, 76; vgl. VON POLENZ 1985, 102ff.).

Wir nennen die Fähigkeit der Wörter, auf Grund ihrer Semantik Beziehungen zu anderen Wörtern herzustellen, **Valenz**. Valenz wird verstanden „als die mit einer Bedeutungseinheit – wir haben dabei die Wortbedeutung im Auge – gegebene Existenz von Beziehungen, die als Abbilder von außersprachlichen Beziehungen aufgefaßt werden [...]" (BONDZIO 1974, 42).

Wir meinen, daß – zumindest bei den Autosemantika Verb, Adjektiv und Substantiv – die Semanalyse und die Valenzuntersuchung zur Grundlage der Beschreibung gemacht werden müssen. Die Psychologie hat nachgewiesen, daß semantische Kerne Grundeinheiten des Langzeitgedächtnisses bilden. Die elementaren Bedeutungseigenschaften des Gedächtnisses finden „nicht nur durch die isolierte Worteintragung, sondern auch als Verbindung zwischen verschiedenen Wortklassen ihren Niederschlag" (KLIX 1976, 36).

Bei der Analyse der lexikalischen Bedeutung von Lexemen unterscheiden wir Kernseme und Kontextseme. Kernseme sind „Beschreibungseinheiten für kleinere und kleinste Einheiten der Bedeutungen (sowohl der Langue als auch der Parole)", die sich „aus der Zerlegung realer sprachlicher Einheiten ableiten lassen" (SCHIPPAN 1992, 182). Wir geben hier einem analytischen Konzept der Bedeutungsbeschreibung den Vorzug (vgl. SCHIPPAN 1992, 181ff.).

Es gibt verschiedene Möglichkeiten, solche Kernseme zu finden, u.a. mit Umschreibungen (Paraphrasen) (vgl. SCHIPPAN 1992, 181ff.):

heimisch   Variante: ‚A ist in B gewöhnlich ansässig'

böse   Variante: ‚A ist gegenüber B feindlich gesinnt'

Schon in den Kernsemen müssen Angaben enthalten sein, die die Verbindung zu den Kontextsemen herstellen. Bei den genannten Adjektiven sind sie durch A bzw. B gekennzeichnet.

Unter **Kontextsemen** versteht man die Semantik der sich mit dem Lexem verbindenden Kontextpartner. Die semantische Beschaffenheit dieser Partner ergibt sich aus den Kernsemen. Die betreffende lexisch-semantische Variante und ihre Kontextpartner müssen semantisch verträglich (kompatibel) sein. Manche Sprachwissenschaftler sprechen in diesem Zusammenhang von (logisch-)semantischer Valenz des Lexems. PASCH (1977, 37f.) ist dagegen der Auffassung, daß diese Angaben mit zur Semantik des Lexems gehören, eben als seine Kontextseme, und daß die Annahme einer (logisch-)semantischen Valenz überflüssig sei. Diese Kontextseme/-elemente können in zweifacher Weise charakterisiert werden. Einmal kann man ihre lexikalische Semantik angeben (semantisch-denotative Charakterisierung), zum anderen die „Art der semantischen Beziehungen" (PASCH 1977, 14) zwischen den Kontextpartnern und dem betreffenden Lexem (semantisch-funktionelle Charakterisierung).

Zur semantisch-denotativen Charakterisierung liegt u.a. ein von Helbig/Schenkel entwickeltes System metasprachlicher Symbole vor, z.B.

+ Anim — belebtes Wesen
Hum — menschliches Wesen
− Anim — unbelebtes Wesen
Abstr — Abstraktbezeichnung

Für die semantisch-funktionelle Charakterisierung der Kontextseme gibt es erst Ansätze.

Agens — Der Sportler *springt*.
Patiens — *Er wirft* den Speer.
Lokativ — *Meine Tante wohnt* in Berlin.
Adressat — *Der Junge hilft* der Mutter.
(Vgl. HELBIG/BUSCHA 1994, 635)

SOMMERFELDT nennt u.a. folgende für das Adjektiv typische Kontextseme:

Maß — *Das Paket ist* 3 kg *schwer*.
Bereich (in dem sich ein Merkmal zeigt) —
    Der Junge ist geschickt im Basteln.
    Er ist zur Abreise *bereit*.
(Vgl. SOMMERFELDT 1981 b, 21f.)

Unter syntaktischer Valenz versteht man „eine Abhängigkeitsbeziehung" (GRUNDZÜGE 1984, 124) zwischen einem Kernelement (im Satz das Prädikat, in der Wortgruppe übergeordnetes Element) und abhängigen Elementen, die nach morphologischer Gestalt und Satzgliedrolle charakterisiert werden.

geben — 3wertiges Verb
    Aktanten (Aktivsatz): Substantive im Nominativ, Dativ, Akkusativ; Subjekt, Dativobjekt, Akkusativobjekt
    Natürlich können die Aktanten auch durch andere Formen (u.a. Pronomen, Nebensatz) ausgedrückt werden.
müde — (als Prädikativum)
Var. 1 — ‚schlafbedürftig'
    1wertiges Adjektiv
    Aktant: Substantiv im Nominativ; Subjekt
    Der Junge *ist müde.*

Var. 2 – ‚überdrüssig'
2wertiges Adjektiv
Aktanten: Substantive im Nominativ und Genitiv;
Subjekt und Genitivobjekt
Der Junge *ist* des Wartens *müde*.

Aus dem bisher Gesagten geht hervor, daß die Valenz der Verben und Adjektive, aber auch z.T. die der Substantive, wenn sie als Prädikate bzw. Teile von Prädikaten gebraucht sind, den Satz in gewisser Weise determiniert. Aber auch Wortgruppen, z.B. Substantivgruppen, Adjektivgruppen und infinite Verbalgruppen, werden durch die Valenz ihrer Kernglieder beeinflußt (vgl. JUERGENS 1993).
   Im folgenden haben wir die determinierende Rolle der Prädikate im Auge.
   Man kann die vom Prädikat abhängenden Satzglieder also in valenzabhängige Aktanten und freie Angaben einteilen:

Der Mann wohnt seit Jahren in Berlin.

Das Verb *wohnen* verlangt (Semem ‚seinen ständigen Aufenthalt haben') 2 Aktanten, Zustandsträger und Ortsbezeichnung.
Die Zeitangabe *seit Jahren* ist eine freie Angabe.
Die Aktanten können obligatorisch oder fakultativ stehen. Wir sehen von bestimmten Kontextbedingungen ab (vgl. PASCH 1977, 20ff.).

Obligatorische Aktanten können

– überhaupt nicht weggelassen werden, ohne daß der Satz ungrammatisch wird:

Die Familie *verzehrt* eine Ente.

Beide Aktanten des Verbs *verzehren* sind obligatorisch.

– nicht weggelassen werden, weil in einem solchen Fall eine andere Bedeutung des Valenzträgers aktualisiert würde.

Der Käufer ist des Wartens *müde*.

Fakultative Aktanten können im isolierten Satz weggelassen werden, ohne daß sich die Semantik des Valenzträgers ändert oder der Satz ungrammatisch wird:

Der Vater wartet (auf seinen Sohn).
Wir essen (Entenbraten).

Wir bringen die Beschreibung der Semantik und der Valenz je eines Verbs und eines Adjektivs:
Als Beispiel wählen wir das Verb *aufessen* in der Bedeutung
‚X nimmt Y vollständig zu sich' (Kernseme):

aufessen – 2wertig: *Der Junge ißt das Stück Kuchen auf.*

Semantik der Kontextpartner (**semantische Valenz**)

1. Kontextpartner
   semantisch-denotativ: Hum (menschliches Wesen)
   semantisch-funktionell: Agens (Täter)
2. Kontextpartner
   semantisch-denotativ: – Anim/Nahrungs- und Genußmittel
   semantisch-funktionell: Patiens

Syntaktische Valenz

1. Aktant
   morphologische Gestalt: Substantiv im Nominativ
   Satzgliedrolle/Aktivsatz: Subjekt
2. Aktant
   morphologische Gestalt: Substantiv im Akkusativ
   Satzgliedrolle/Aktivsatz: Objekt

Als zweites Beispiel verwenden wir das Adjektiv *groß* als Bezeichnung der physischen Ausdehnung schlechthin (vgl. SOMMERFELDT/SCHREIBER 1983 a, 251).

groß – 2wertig: *Der Junge ist 1,60 m groß.*

Semantik der Kontextpartner (**semantische Valenz**)

1. Kontextpartner
   semantisch-denotativ: Anim (Lebewesen)
   semantisch-funktionell: Merkmalsträger
2. Kontextpartner
   semantisch-denotativ: Abstr (Maßbezeichnung)
   semantisch-funktionell: Maß

Syntaktische Valenz

1. Aktant
   morphologische Gestalt: Substantiv im Nominativ
   Satzgliedrolle: Subjekt
2. Aktant
   morphologische Gestalt: Substantiv im Akkusativ (mit Zahlbezeichnung)
   Satzgliedrolle: Adverbialbestimmung

In den letzten Jahren hat sich auch in der Semantikforschung und in der Valenztheorie eine stärkere Orientierung auf die Kommunikation durchgesetzt. Nicht nur WELKE ist zu folgender Überzeugung gelangt: „Wenn Sprache ein Instrument der Kommunikation ist, dann wäre es grotesk, ihre Struktur ohne Bezug auf die kommunikative Funktion verstehen zu wollen. Grammatische Restriktionen, syntaktische Regeln, stilistische Transformationen existieren nicht, weil sie durch den genetischen Code der Organismen vorgegeben sind. Sie existieren, weil sie ganz spezifischen kommunikativen Funktionen dienen." (WELKE 1990, 157) Diese Tendenz zur Kommunikation zeigt sich u.a. in Arbeiten zur pragmatischen Valenz und zur kognitiven Psychologie. Schon vor einigen Jahren hat HELBIG auf 4 Aspekte einer pragmatischen Valenz verwiesen und dabei festgestellt: „Es gibt tatsächlich Glieder [...], die aus kommunikativen Gründen notwendig sind (textgrammatisch und/oder kommunikativ obligatorisch sind), die für die Verwendung von Sprache in der konkreten Kommunikation und damit auch für den FU (= Fremdsprachenunterricht] äußerst wesentlich sind, die jedoch nicht eo ipso zu den Valenzeigenschaften selbst gerechnet werden können." (HELBIG 1985, 154f.)

Die Valenztheorie ist in dieser Beziehung vor allem von WELKE, WOTJAK und HELBIG weiterentwickelt worden, ohne daß sich diese Weiterentwicklung praktisch ausgewirkt hat (in Wörterbüchern oder Lehrmaterialien). WELKE siedelt das Pragmatische auch im Sprachsystem an. So versucht er Unterschiede in der Fakultativität mit starker und schwacher Präsupposition zu erklären: „Präsupponieren heißt voraussetzen, assertieren heißt behaupten. Wenn man in irgendeinem Zusammenhang von *fahren* spricht, so setzt man zwangsläufig voraus (präsupponiert man), daß es ein Ziel, eine Herkunft, einen Weg, ein Instrument und einen Gegenstand gibt. Für gewöhnlich (oder auch häufig) assertiert man (nennt man ausdrücklich und explizit) aber nur den Gegenstand des Fahrens und das Ziel. Wir können auch von **starker** und **schwacher Präsupposition** sprechen. Perspektivierte Ergänzungen (d.h. normalerweise assertierte Ergänzungen) sind stark präsupponiert, alle anderen sind schwach präsupponiert." (WELKE 1988, 61) Auf dieser Grundlage spricht WELKE dann von Grundvalenz, von Erweiterungen und von Reduktionen. Wichtig ist auch Welkes Erkenntnis, daß Verben grundsätzlich perspektiviert sind. Er ist der Meinung, daß „das Semantische sprachlich nur subjektiv gebrochen als Pragmatisch-Semantisches existiert. Die Perspektivierung von Verben ist zum einen abhängig von dem, was bei einem abgebildeten Tatbestand ontologisch überhaupt möglich ist. [...] Ferner muß der ontologisch vorgegebene Rahmen nicht immer ausgenutzt werden." (WELKE 1989, 5f.)

Es ist sicher, daß die Einbeziehung der Perspektiven die Valenzbeschreibung „kommunikationsnäher" werden läßt (vgl. GANSEL 1982; JUERGENS 1993).

Eine weitere Bereicherung der Valenztheorie bringen zweifellos die Erkenntnisse der kognitiven Psychologie von den Geschehenstypen/Frames/Scripts/Geschichten. Wenn wir die sprachliche Gestaltung einfacher und komplexer Geschehenstypen untersuchen, ergeben sich Zusammenstellungen sprachlicher Mittel nach kommunikativen Gesichtspunkten (vgl. WOTJAK 1988; HELBIG 1995).

In den Darlegungen dieses Kapitels sollte deutlich werden:
– Lexikalische und grammatische Erscheinungen sind nicht isoliert zu betrachten, sie wirken in syntaktischen Konstruktionen zusammen.
– Die Grundlage für die Satzsemantik bildet die lexikalische Semantik der Bestandteile des Satzes.

- Wir setzen bei der logisch-semantischen Valenz der Autosemantika an und berücksichtigen erst dann die syntaktische Valenz. Damit ist für uns der Inhalt das Primäre, die Form das Sekundäre.
- In Zukunft wird zu überlegen sein, wie auch in der Praxis (Wörterbücher, Lehrmaterialien) kommunikative Bedingungen stärker berücksichtigt werden können.

1.3. Funktional-semantische Felder

1.3.1. Zum Wesen funktional-semantischer Felder

Wir haben betont, daß das Sprachsystem Instrument der sprachlichen Kommunikation ist. Das bedeutet, daß es so beschrieben werden muß, daß seine Elemente und Klassen in eine funktional-kommunikative Sprachbeschreibung eingehen können (vgl. SOMMERFELDT 1985). Sprachliche Zeichen können – entsprechend ihren beiden Seiten – nach formalen und semantischen Kriterien klassifiziert werden.

Klassifizierungen nach der Form sind z.B.

- Wortfamilien/Wortsippen: *fahren, führen, Fahrer, Fahrt, Gefährt, Fähre, Fuhre, Fjord, fertig*

    Häufig lassen sich zwischen den Gliedern einer Wortfamilie keine semantischen Beziehungen mehr feststellen (vgl. SCHIPPAN 1992, 43f.).

- Wortgruppenmodelle, geprägt durch die Art und die Position der Elemente, z.B. von Substantivgruppen:
    - Adjektiv – Substantiv – Substantiv im Genitiv
    - Substantiv – Substantiv im Genitiv – Substantiv mit Präposition
- Satzmodelle verschiedener Art
    - nach der Position der finiten Verbform: Kernsatz (fin. Verb an zweiter Stelle), Stirnsatz (fin. Verb an erster Stelle), Spannsatz (fin. Verb an letzter Stelle)
    - Modelle nach der Art der sie bildenden Satzglieder:
        - Subjekt – Prädikat – Akkusativobjekt
        - Subjekt – Prädikat – Dativobjekt.

Sprachliche Mittel, die auf Grund semantischer Beziehungen zusammengefaßt werden, bilden sogenannte Felder. Unter einem Feld wird in der Linguistik Verschiedenartiges verstanden. „Der Grundgedanke der Feldtheorie besteht in der Annahme, daß zwischen sprachlichen Einheiten regelmäßige Beziehungen bestehen, durch die mehr als jeweils zwei Glieder [...] miteinander verbunden sind" (SCHIPPAN 1992, 218). (Vgl. LUTZEIER 1981, 1993)

Wir unterscheiden einfache und komplexe Felder. Bei den **einfachen** Feldern handelt es sich um sprachliche Mittel lexikalischer oder grammatischer Art. So können lexikalische Mittel entsprechend ihrer Semantik zu Wortfeldern geordnet werden. Diese Wortfelder umfassen Wörter einer Wortart. Man kann auch semantisch zusammengehörende Wörter unterschiedlicher Wortarten zu Feldern ordnen. Wir bringen zunächst für beide Arten Beispiele.

Wörter derselben Wortart: *laufen, rennen, wetzen, pesen*
Wörter unterschiedlicher Wortart: *fahren, Fahrt, erfahren.*
(Vgl. SOMMERFELDT/SCHREIBER 1996, FIEDLER 1991)

Auch grammatische Mittel bilden Felder. Wir verdeutlichen das an Hand einiger Attributfelder (vgl. SOMMERFELDT 1970, 570ff.). Man sieht daran, daß im Rahmen einer Substantivgruppe dieselbe semantische Beziehung durch unterschiedliche grammatische Konstruktionen ausgedrückt werden kann:

– Verhältnis Schöpfer – Werk:

   Goethes Werke, Werke von Goethe, Goethesche Werke, seine / dessen Werke

– Verhältnis Täter – Tätigkeit:

   Hilfe des Bruders, Hilfe von dem Bruder, brüderliche Hilfe, seine / dessen Hilfe

– Verhältnis Teil – Ganzes:

   Eingang des Hauses, Eingang von dem Haus, sein / dessen Eingang.
   (Vgl. SOMMERFELDT 1993, 29)

Im Gegensatz zu den einfachen Feldern stehen die **komplexen** (grammatisch-lexikalisch). Bei den komplexen Feldern ist keine Trennung in lexikalische und grammatische möglich. Die Notwendigkeit, sich mit funktional-semantischen Feldern zu beschäftigen und sie in den Unterricht auch der Schule einzubeziehen, sollen drei Feststellungen untermauern (vgl. CLAUS-SCHULZE, in: GRAMM.-SEMANT. FELDER 1984, 157ff.):

– Bestimmte Leistungen kommen in zunehmendem Maße dadurch zustande, daß mehrere sprachliche Mittel zusammenwirken (vgl. W. SCHMIDT 1977 b, 33).

– In vielen Fällen haben wir es bei der Realisierung grammatischer Bedeutungen mit grammatischen und lexikalischen Mitteln zu tun. Zuweilen ist das lexische Mittel entscheidend. Eine isolierte Betrachtung ist daher wenig sinnvoll. So wird die Bedeutung ‚zukünftiges Geschehen' des verbalen Mittels Präsens in den meisten Fällen erst durch eine temporale adverbiale Bestimmung aktualisiert:

   Mein Bruder fährt morgen *nach Berlin.*

- Zur sprachlichen Realisierung desselben Sachverhaltes der objektiven Realität stehen vielfach mehrere Möglichkeiten zur Verfügung, mehrere **fakultative Varianten**. Diese fakultativen Varianten spielen im Sprachgebrauch eine große Rolle, geht es doch letzten Endes darum, die Schüler zu befähigen, in bestimmten Situationen die optimale Variante auszuwählen.

Wir arbeiten also mit folgendem System von Feldern:

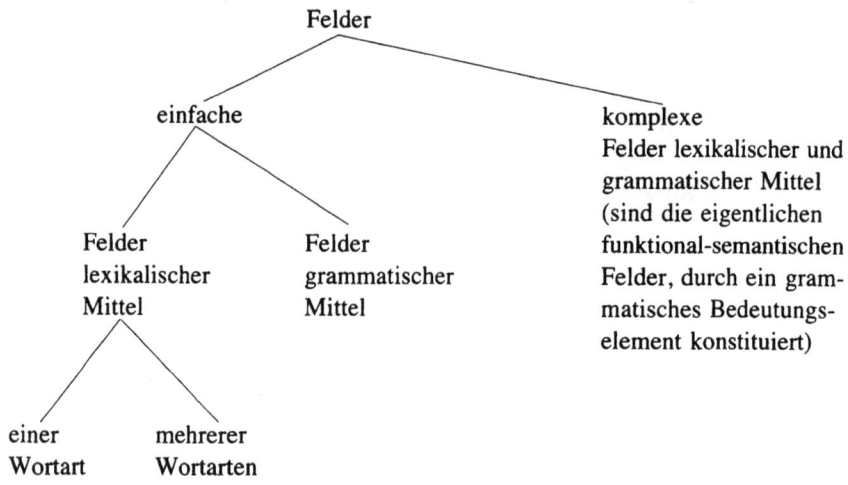

1.3.2. Lexikalische Felder

Wir bringen zunächst ein Beispiel für ein Feld von sprachlichen Mitteln, die derselben Wortart angehören. In diesem Buch geht es zwar vorrangig um grammatische Erscheinungen und nicht um lexikalische. Aber auch bei den lexikalischen Feldern gibt es Beziehungen zur Grammatik, u.a. in der Weise, daß sich die lexikalische Semantik des Wortes auf die grammatische Konstruktion auswirkt. Hier soll lediglich ein Feld beschrieben werden. Die Klassifizierung erfolgt mit Hilfe verschiedener Seme, mit Hilfe von Kern- und von Kontextsemen. Wir wählen als Beispiel die Verben des Produzierens, führen aber lediglich eine Auswahl vor.

1. ‚Resultate verschiedenen Aggregatzustandes': *produzieren, erzeugen, herstellen*
2. ‚Resultate festen Aggregatzustandes': *anfertigen, bauen, errichten, zusammenbauen, montieren*
3. ‚Resultate flüssigen Aggregatzustandes': *schmelzen, destillieren*
4. ‚Resultate gasförmigen Aggregatzustandes': *verdampfen*

(Vgl. HAPPE 1983).

Man könnte jetzt in einem nächsten Arbeitsschritt die Kontextpartner semantisch-denotativ und semantisch-funktionell beschreiben. Daran anschließen würde sich die Darstellung der syntaktischen Valenz. Bei dieser syntaktischen Valenz würde sich herausstellen, daß einige Verben in mehreren Satzstrukturen auftreten können. Die Unterschiede ergeben sich daraus, daß der zweite Valenzpartner einmal durch ein Substantiv im Akkusativ, zum anderen durch ein Substantiv mit Präposition realisiert werden kann:

Die Mutter strickt eine Jacke.
Die Mutter strickt an einer Jacke.

Die beiden Sätze unterscheiden sich semantisch in der Weise, daß im ersten Satz ein zielgerichtetes/vollendetes Geschehen, im zweiten ein dauerndes Geschehen bezeichnet wird (vgl. SCHUMACHER 1986, LUTZEIER 1981).

Wortfelder, deren Konstituenten mehreren Wortarten angehören, kann man zunächst danach einteilen, um welche Wortarten es sich handelt, in einem zweiten Schritt dann nach semantischen Feldern. Vor allem für den Deutsch lernenden Ausländer sind die grammatischen Konstruktionen von Bedeutung (*sich interessieren für, Interesse an*). Wir zeigen das an einigen Beispielen:

Adjektiv – Substantiv

– Bezeichnungen zwischenmenschlicher Beziehung:

treu / Treue, gehorsam / Gehorsam, feind / Feindschaft

– Bezeichnungen des Verhältnisses Mensch – Umwelt:

immun / Immunität, machtlos / Machtlosigkeit, ohnmächtig / Ohnmacht

Verb – Substantiv

– Ausdrücke der Tatsache, daß sich ein Lebewesen/Gegenstand in eine bestimmte Richtung bewegt:

fahren / Fahrt, reisen / Reise, fliegen / Flug, reiten / Ritt

– Ausdrücke der Tatsache, daß ein Lebewesen/Gegenstand ein Ziel erreicht:

landen / Landung, ankommen / Ankunft, einfallen / Einfall, eintreffen / Eintreffen

(Vgl. SOMMERFELDT/SCHREIBER 1996, FIEDLER 1991)

1.3.3. Grammatisch-lexikalische Felder

Oben ist bereits angedeutet worden, daß wir bei der Konstituierung solcher Felder von grammatischen Zeichen und deren Semen ausgehen. Man kann praktisch jedes Sem eines Semems zur semantischen Invariante eines Feldes machen. Das bestätigt auch G.F. MEIER (1976, 555):

„Sememe, die mehr als ein Noem zur Kombination verwenden, können demnach in mehrere Klassen eingehen. Alle diese Klassen können prinzipiell als Felder betrachtet werden."

Sememe des Tempus Futur I (vereinfachte Darstellung):

Semem	Sem	Feld
‚Zukunft'	‚nach dem Redemoment'	Feld der Temporalität
	‚nicht realisiert'	Feld der Modalität
‚Aufforderung'	‚Aufforderung'	Feld der Modalität
	‚Zukunft'	Feld der Temporalität
‚Vermutung'	‚Vermutung'	Feld der Modalität
	‚Gegenwart'	Feld der Temporalität

Zu einem grammatisch-lexikalischen Feld können grammatische (morphologische und syntaktische) und lexikalische Mittel gehören. Diese Mittel haben grammatische bzw. lexikalische Bedeutungen. Ein grammatisch-lexikalisches Makrofeld besteht aus Mikrofeldern 1., 2., 3. ... Grades. Für die Praxis erweist es sich als empfehlenswert, soweit das möglich ist, die sprachlichen Mittel nicht eines Makrofeldes insgesamt, sondern die der Mikrofelder detailliert zu beschreiben. Dabei sollte beachtet werden, daß sprachliche Mittel polysem sein können, ein solches Mittel also mehreren Feldern angehören, auch in den Feldern unterschiedliche Positionen einnehmen kann.

Wichtig ist weiterhin, daß sprachliche Mittel desselben Mikrofeldes zusammenwirken, daß sprachliche Mittel kompatibel oder inkompatibel sein können.

Das Sprachsystem besteht aus vielen solcher grammatisch-lexikalischer Felder, die zueinander in Beziehung stehen, teilweise einander überlagern. So gibt es in der deutschen Sprache enge Beziehungen zwischen dem Feld der Modalität und dem der Bejahung/Verneinung sowie dem Feld der Modalität und dem komparativen Feld.

Schließlich sei erwähnt, daß Felder sich entwickeln, daß also auch der historische Aspekt eine Rolle spielt.

Da grammatisch-lexikalische Felder durch Seme konstituiert werden, müssen wir von Arten grammatischer Bedeutungen ausgehen. Man arbeitet häufig mit zwei Gruppen:
- Bei der ersten Gruppe geht es um Widerspiegelungen von Erscheinungen der objektiven Realität. Sie wäre danach zu unterteilen, welche Erscheinung der Realität widergespiegelt wird: ein einzelnes Ding (Prozeß/Merkmal), eine Anzahl von Dingen, ein Sachverhalt, die Verbindung von Sachverhalten (u.a. Grund-Folge), die Rolle eines Dinges in einem Sachverhalt (Agens, Adressat ...).
- Bei der zweiten Gruppe geht es um Widerspiegelungen von situativen und kommunikativen Bezügen. Dazu gehören die Felder der Temporalität, der Personalität, der Modalität, die Kennzeichnung des Mitteilungswertes und des Zwecks einer Aussage.

(Vgl. GRAMM.-SEMANT. FELDER 1984, 19ff.).

Als zusammenfassendes Beispiel für ein grammatisch-lexikalisches Feld wählen wir das der Temporalität. Dieses Makrofeld läßt sich zunächst in zwei Mikrofelder 1. Grades unterteilen, in eines der absoluten Zeit (Mikrofelder 2. Grades: ‚vergangen', ‚gegenwärtig', ‚zukünftig', ‚zeitlos') und eines der relativen Zeit (Mikrofelder 2. Grades: ‚vorzeitig', ‚gleichzeitig', ‚nachzeitig').

Wir wenden uns einem Mikrofeld 2. Grades innerhalb des Mikrofeldes 1. Grades ‚absolute Zeit' zu. Dieses Mikrofeld ist gekennzeichnet durch die Seme ‚absolute Zeit', ‚zeitstufenbezogen', ‚zukünftig'.

Zu diesem Feld gehören u.a. folgende sprachliche Mittel:

Grammatische Mittel/Tempora

Futur I:	*Ich* werde *ins Kino* gehen.
Futur II:	*Bald* werde *ich es* geschafft haben.
Präsens:	*Heute* gehe *ich ins Kino*.
Perfekt:	*Bald* habe *ich es* geschafft.

Lexikalische Mittel

Adjektive:	*morgig, künftig*
Adverbien:	*morgen, bald*
Präpositionen:	*in, bis*
feste Wortverbindungen:	*in Kürze*

(Vgl. GRAMM.-SEMANT. FELDER 1984, 27)

Auf solche funktional-semantischen Felder werden wir in diesem Buche verweisen, um dadurch eine Beschreibung des Sprachsystems zu liefern, die für eine kommunikativ orientierte Sprachbeschreibung geeignet ist. Damit meinen wir nicht, daß eine solche funktional-semantische Sprachbeschreibung eine kommunikative ersetzen soll, sondern daß eine funktional-semantische Sprachbeschreibung die Voraussetzung für eine kommunikative darstellt.

1.4. Sprachwissenschaftliche Arbeitsverfahren

1.4.1. Vorbemerkungen

Zwischen den Elementen jeder Sprache bestehen syntagmatische (= horizontale, lineare) und paradigmatische (= vertikale) Beziehungen, durch die die Verwendungs- und Kombinationsmöglichkeiten jedes sprachlichen Mittels wesentlich mitbestimmt werden. Darüber hinaus bestehen hierarchische Strukturen (vgl. 1.2.). Diese sprachlichen Systembeziehungen ermöglichen auch die Anwendung wichtiger linguistischer Arbeitsverfahren (Ermittlungs- und Beweisverfahren), die sowohl zur Analyse als auch zur Synthese (Formulierung oder Umformulierung sprachlicher Äußerungen) dienen können. Diese Arbeitsverfahren werden auch als Transformationen (vgl. BUSSMANN 1990, 799ff.; LEWANDOWSKI 1990,

1192ff.; KLICHE/MICHEL/SOMMERFELDT 1996, 183), Tests oder Proben bezeichnet. Unter einer **Transformation** im weitesten Sinne des Wortes verstehen wir die Umformung (Umwandlung) einer gegebenen syntaktischen Konstruktion entsprechend bestimmten Regeln in eine neue syntaktische Konstruktion. Dabei sollen die gegebene und die umgeformte syntaktische Konstruktion einerseits in wesentlichen semantischen und formalen Merkmalen übereinstimmen und sich andererseits in anderen, durch die Umformungsregel determinierten Merkmalen voneinander unterscheiden. Deshalb ist es stets notwendig,

a) daß alle Transformationen an sinnvollen und normgerechten Konstruktionen vorgenommen werden und auch grammatisch korrekte Fügungen ergeben,
b) daß der kommunikative Effekt (die Funktion) der Ausgangskonstruktion mit demjenigen der umgeformten Konstruktion verglichen und Bedeutungsübereinstimmung festgestellt oder der Bedeutungs- und Funktionsunterschied genau registriert wird.

Allerdings führen diese Arbeitsverfahren nicht etwa „wie ein naturwissenschaftliches Experiment in jedem Moment der Analyse und bei jeder Wiederholung der Analyse zum gleichen Ergebnis ... Wir sehen heute sehr präzise, daß jede derartige Operation primär das (Text-)Verständnis des analysierenden Individuums und dessen Sprachgefühl widerspiegelt ..." (WOLF 1997, 138).

1.4.2. Wortstellungstransformation oder Permutation

Hierbei wird die Reihenfolge der einzelnen Glieder eines syntaktischen Ausdrucks, insbesondere eines Satzes, verändert. Man erkennt auf diese Weise, was gemeinsam umstellbar ist und was bei der Umstellung (Permutation) zusammenbleibt, Normgemäßheit vorausgesetzt:

Gestern / überreichte / mir / der Sportlehrer unserer Schule / im Schwimmbad an der Bismarckstraße / mein Schwimmzeugnis.

→ *Der Sportlehrer unserer Schule / überreichte / mir / gestern / im Schwimmbad an der Bismarckstraße / mein Schwimmzeugnis.*

→ *Mein Schwimmzeugnis / überreichte / mir / gestern ...*

→ *Mir / überreichte / gestern / der Sportlehrer ...*

Wert und Anwendungsmöglichkeiten

1. Unterscheidung zwischen nichtverbalem Satzglied (Subjekt, Objekt, Adverbialbestimmung, Prädikativum) und Gliedteil (Attribut) sowie zwischen Gliedsatz, Gliedteilsatz und weiterführendem Nebensatz

2. Herstellen der günstigsten Variante der Satzgliedfolge durch ihre Anpassung an den satzexternen Kontext (Satz- und Textverflechtung, vgl. 4.6.), Variation der Vorfeldbesetzung oder der Rahmenkonstruktion (vgl. 3.5.). Mit jeder Änderung der Satzgliedstellung innerhalb eines Satzes vollzieht sich meist auch eine Veränderung des kommunikativen Gewichts (des Mitteilungswerts) einzelner Satzglieder. (Vgl. 3.5.2.6.)

3. Aufhebung der Mehrdeutigkeit eines Satzes oder einer Wortgruppe

   Agathe freute sich auf die Schulentlassung, denn in Zukunft konnte sie ohne Behinderung der Mutter im Laden helfen. (Seghers)

   Eindeutigkeit gewährleistet folgende Permutation:

   ... denn in Zukunft konnte sie der Mutter ohne Behinderung im Laden helfen. (Dativobjekt)

4. Erkennen (und u.U.) Verändern des Strukturtyps des Satzes.

Grenzen des Permutationsverfahrens

1. Besteht das Prädikat aus mehreren Wortformen, dann können seine infiniten Bestandteile im Satz selbständig umgestellt werden (Emphase mit Anfangsbetonung).

   Versprechen / kann ich dir nicht, daß ich komme!

   Das Prädikat muß deshalb unabhängig von der Permutation bestimmt werden.

2. Bestimmte Ausdrucksbedürfnisse können einen Autor dazu veranlassen, das Vorfeld des Kernsatzes (vgl. 3.2.1.2.2.) mit mehr oder auch mit weniger als einem Satzglied zu besetzen:

   Vorerst / nur den privilegierten Beamten und Gelehrten in kurfürstlichen Diensten / zugänglich / war / die 1661 gegründete Kurfürstliche Bibliothek ... (Geschichte Berlins)

   Kobalt / ist / nur rund 10 Milligramm / im gesamten Organismus / enthalten. (Tageszeitung)

   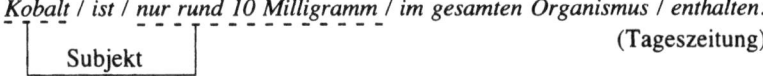

   → *Nur rund 10 Milligramm Kobalt / sind / im Organismus / enthalten.*

1.4.3. Substitution

Hierbei werden einzelne Elemente einer sprachlichen Äußerung durch andere, strukturell gleichartige (und unter Umständen auch bedeutungsähnliche) Elemente ersetzt, ohne daß dabei die syntaktische Umgebung dieser Elemente verändert wird und ohne daß ein grammatisch fehlerhafter Satz entsteht. Dabei kann zwischen **grammatischer** und **lexikalischer** Substitution unterschieden werden, je nachdem, ob ein grammatisches oder ein lexikalisches Mittel durch ein anderes, analoges ersetzt wird.

Beispiel für eine grammatische Substitution (Tempusformen)

Ich löste *die Aufgabe ohne Schwierigkeiten.* (Präteritum)
→ *Ich* löse *die Aufgabe ohne Schwierigkeiten.* (Präsens)
→ *Ich* habe *die Aufgabe ohne Schwierigkeiten gelöst.* (Perfekt)
→ *Ich* werde *die Aufgabe ohne Schwierigkeiten lösen.* (Futur I)

Beispiel für eine lexikalische Substitution

Subjekt	Verbform	Prädikativ
Der Lehrer	ist	zuverlässig.
Der Fachlehrer	bleibt	ruhig.
Der Pädagoge	wird	ungeduldig.
Der Diplomlehrer	gilt als	klug.

Jedes sprachliche Mittel der ersten Spalte kann mit jedem sprachlichen Mittel der zweiten und der dritten Spalte zu einem (Adjektiv-)Satz kombiniert werden, bzw. jedes Stellungsglied (Subjekt – Verbform – adjektivisches Prädikativ) des ersten Satzes kann durch ein gleichartiges Element der zweiten bis vierten Zeile substituiert (ausgetauscht) werden, was allerdings in jedem Falle mit einer Bedeutungsänderung des Satzes verbunden ist, jedoch unter Beibehaltung seiner formalsyntaktischen Struktur (Satzmuster bleibt unverändert) geschieht (vgl. KLICHE/MICHEL/SOMMERFELDT 1996, 132).

Wert und Anwendungsmöglichkeiten

1. Erkennen bestimmter Arten von Satzgliedern und Gliedsätzen

Sind die Sätze mit Hilfe der Permutation segmentiert worden, so können die einzelnen „Blöcke" (Stellungsglieder) mit Hilfe bestimmter „Minimalzeichen" (Pronomen oder Adverbien) identifiziert und klassifiziert werden. Eine besondere Art von Substitutionsverfahren ist die Satzgliedbestimmungsfrage; sie ist allerdings nur zuverlässig, wenn man mit dem vollständigen Satz nach dem jeweiligen Satzglied fragt (und nicht nur mit dem Fragewort) und wenn man die Mehrdeutigkeit mancher Fragewörter, z.B. *was?* (Nominativ oder Akkusativ), berücksichtigt.

Wir geben folgende Übersicht über Minimalzeichen (Substitute):

Subjekt: *er / sie / es; wer oder was?* + Kongruenz mit der finiten Verbform in Person und Numerus

Verändert man den Numerus des Subjekts, dann muß auch der Numerus der finiten Verbform entsprechend geändert werden (Kongruenz; S = Subjekt, fV = finite Verbform):

        fV S   fV   S

Das hat er *gesagt.* / *Das* haben sie *gesagt.*

Objekt: *ihn / sie / es; wen oder was?* = Akkusativobjekt
            ihm / ihr / ihnen; wem? = Dativobjekt
            seiner / ihrer; wessen? + finite Verbform = Genitivobjekt

Bei präpositionalen Objekten muß die vom Verb oder Adjektiv geforderte Präposition beibehalten werden; eine Personenbezeichnung muß durch das entsprechende Pronomen substituiert werden (*an wen?; zu wem?*). Eine präpositionale Fügung, die ein nichtpersönliches Substantiv enthält, muß durch ein Pronominaladverb substituiert werden (*an das Unglück denken / daran / woran?; dazu / wozu* usw.).

Adverbialbestimmungen, z.B. Standort, Lage: *hier, dort; wo?*
Richtung: *dorthin / dorther; von dort / von hier aus; wohin / woher?*
Zeitpunkt: *jetzt, damals; wann?*
Art und Weise (Qualität): *so, auf diese Weise; wie, auf welche Weise?*
Grund, Ursache (kausal); *darum, deshalb; warum, weshalb?*

2. Erkennen eines Kasus bei formaler Übereinstimmung von Dativ und Akkusativ oder von Nominativ und Akkusativ

   Sie haben sich *getroffen.* → *Er hat* ihn / sie *getroffen.* (Akk.)

   Gerhard *fiel die Lösung der Aufgabe schwer.* → Ihm *fiel die Lösung der Aufgabe schwer.* (Dat.)

   Er wartete eine Weile. → *Er wartete* einen Augenblick. (Akk.)

3. Echte und unechte reflexive Verben

Nur bei unechten reflexiven Verben kann das Reflexivpronomen durch ein Substantiv substituiert (oder mit einem Substantiv koordiniert) werden. Bei echten reflexiven Verben ist das nicht möglich. Das gleiche gilt für *es* als formales Subjekt oder Objekt.

   Er versteckt sich. → *Er versteckt* das Geschenk, Ostereier.

   Er schämt sich *vor den Eltern.* (Reflexivum nicht substituierbar)

4. Erfassen der spezifischen Bedeutung eines grammatischen Mittels im Vergleich mit einem bedeutungsähnlichen Mittel, z.B. bei Tempus- und Modusvarianten (grammatische Substitution):

   Die Laborantin teilte mir soeben mit, daß die Untersuchungsergebnisse fertig sind / fertig seien / fertig wären.
   | | | |
   (Indikativ / Konjunktiv I / Konjunktiv II)

5. Auswahl der gegenstands- und situationsadäquaten Ausdrucksvariante

   Jeder hat die Erlaubnis / Genehmigung / Lizenz / Freiheit / das Recht, öffentliche Bibliotheken / Büchereien kostenlos / unentgeltlich / umsonst / gratis *zu benutzen.*
   Goethes Werke / die Werke Goethes / die Werke von Goethe

1.4.4. Elimination

Hierbei werden syntaktisch entbehrliche Satzglieder und Gliedteile weggelassen (getilgt). Dadurch kann jeder Satz bis auf das syntaktisch-strukturelle Satzminimum, das auf das Prädikat (den zentralen Valenzträger) und die obligatorischen Aktanten beschränkt bleibt (vgl. 1.2.2.), reduziert werden. Eliminierbare (weglaßbare) Teile des Satzes können fakultative Aktanten oder freie Angaben sein.

Unter bestimmten kommunikativen Bedingungen führt die Elimination zu syntaktisch unvollständigen Sätzen, denen das Prädikat oder ein obligatorischer Aktant fehlt. Solche unvollständigen Sätze nennt man syntaktische Ellipsen (vgl. 3.2.1.2.1.).

   Maria half seit einiger Zeit täglich ein paar Stunden dem Bürgermeister Hundertmark im Gemeindebüro. (Viertel)
   → *Maria half (dem Bürgermeister).*

   (Vgl. KLICHE/MICHEL/SOMMERFELDT 1996, 186)

Wert und Anwendungsmöglichkeiten

1. Ermittlung der Satzminima auf der Grundlage der Anzahl und der Art der Satzglieder, die über das Prädikat hinaus zur Bildung einer sprachlichen Minimaläußerung notwendig sind (= Valenzträger + obligatorische Aktanten)
2. Stilistische Arbeit am Text, Überwindung störender Redundanz und unnötiger Wiederholung

   Mein Füller besteht aus zwei Teilen. Der eine Teil ist der Hauptteil, der andere ist die Kappe. Der Hauptteil ist eine Hülse. (Schüleraufsatz, Kl. 5; 3 Sätze – 22 Wörter)

   → *Mein Füller besteht aus zwei Teilen, der Hülse als Hauptteil und der Kappe.* (Ein Satz – 13 Wörter)

1.4.5. Adjunktion

Hierbei wird ein Satz durch Hinzufügen weiterer sprachlicher Elemente ausgebaut und erweitert. Es handelt sich also gewissermaßen um die methodische Umkehrung der Elimination (vgl. 1.4.4.).

Er wusch sich.
→ *Er wusch sich mit Gebirgswasser.*
→ *Er wusch sich draußen am Steintrog.*
→ *Er wusch sich mit klarem Gebirgswasser, draußen am Steintrog ...*
(G. Hauptmann, zit. nach JUNG 1988, 73)

Wert und Anwendungsmöglichkeiten

1. Experimentelle Ermittlung der Kombinierbarkeit und semantischen Vereinbarkeit (Kompatibilität) sprachlicher Mittel
2. Stilistische Arbeit am Text im Dienste der Zweckmäßigkeit und eindeutigen Verständlichkeit sprachlicher Äußerungen

1.4.6. Passivtransformation und ihre Umkehrung

Es handelt sich hierbei um den Wechsel zwischen Aktiv, Vorgangs- und Zustandspassiv.

Feuerwehrleute räumten nach dem Sturm einen umgestürzten Baum beiseite. (Aktiv)
→ *Ein umgestürzter Baum wurde nach dem Sturm (von Feuerwehrleuten) beiseite geräumt.* (Vorgangspassiv)
→ *Der umgestürzte Baum ist beiseite geräumt.* (Zustandspassiv)

Wert und Anwendungsmöglichkeiten

1. Feststellen, ob ein Verb im Sinnzusammenhang passivfähig ist
2. Überwindung der Mehrdeutigkeit einer syntaktischen Konstruktion
3. Zusammenstellen bedeutungsverwandter grammatischer Mittel
4. Ermitteln der zweckentsprechenden sprachlichen Ausdrucksvariante unter Berücksichtigung gesellschaftlich gültiger situationsabhängiger Anwendungsnormen sprachlicher Varianten

1.4.7. Nominalisierungstransformation und ihre Umkehrung

Hierbei handelt es sich einerseits um die Umformung einer verbalen Konstruktion (im Aktiv oder im Passiv) in eine substantivische Wortgruppe (Attributgruppe) und andererseits um die Verwandlung einer Substantivgruppe in einen Verbalsatz. (Dieses Verfahren wird als *Restitutionstransformation* bezeichnet.) In der Regel vollzieht sich dabei der Wechsel zwischen Satz und (komplexem) Satzglied und umgekehrt.

1. Nominalisierung eines Satzes

    Man fordert, daß Experimente, bei denen neue Arzneimittel an Tieren erprobt werden, vom Staat verboten werden.

    → *die Forderung des Verbots von Experimenten zur Erprobung neuer Arzneimittel an Tieren*

2. Restitution (Rekonstruktion des einer Nominalgruppe zugrunde liegenden Satzes)

    der Amtsantritt Ernst Reuters als Oberbürgermeister in Magdeburg im Jahre 1931 (Tageszeitung)

    → *Im Jahre 1931 trat Ernst Reuter in Magdeburg sein Amt als Oberbürgermeister an.*

Wert und Anwendungsmöglichkeiten

1. Erschließen der Bedeutungsbeziehungen zwischen Satzgliedern, Gliedkern und Attributen durch Restitutionstransformation

    das Haus des Nachbarn → *der Nachbar hat / besitzt ein Haus.*

Das Genitivattribut bezeichnet den Besitzer (possessiver Genitiv).

die Ankunft der Delegation → *die Delegation kommt an.*

Das Genitivattribut bezeichnet den Vorgangsträger.

2. Überwindung syntaktischer Mehrdeutigkeit (Polysyntaktizität)

    die Beobachtung des Studenten → *Der Student hat etwas beobachtet / jemand beobachtet den Studenten.* (Der Genitiv kann als Bezeichnung des Agens, des Handelnden, oder des Patiens, des Betroffenen, verstanden werden.)

3. Erfassen synonymischer syntaktischer Konstruktionen

4. Wechsel zwischen verbaler und substantivischer Ausdrucksweise im Dienste normgemäßer und zwecksentsprechender Textgestaltung.

1.4.8. Wortgruppentransformation und ihre Umkehrung

Darunter verstehen wir die Umformung eines zusammengesetzten oder abgeleiteten Wortes in eine Wortgruppe und umgekehrt.

Neugeborenen-Intensivpflegestation

→ *Station, in der Neugeborene intensiv gepflegt werden*

Wert und Anwendungsmöglichkeiten

1. Erschließen der morphologisch-semantischen Motivation, der Bedeutungsbeziehungen zwischen den Konstituenten einer Wortbildungskonstruktion. Ermitteln des Wortbildungstyps und der Art der Bildung (vgl. FLEISCHER 1983, 11ff.)
2. Grundform der Bedeutungsangabe (Paraphrase) bei motivierten Wortbildungskonstruktionen
3. Nachweis der Sprachökonomie bei Wortbildungskonstruktionen

1.4.9. Konjunktions- und Einbettungstransformation und deren Umkehrung

Entweder werden einfache Sätze zu zusammengesetzten Sätzen (Satzverbindung, Satzgefüge) oder zusammengezogenen Sätzen vereinigt. Oder es werden zusammengesetzte oder zusammengezogene Sätze in einfache Sätze aufgelöst. Bei der Bildung zusammengesetzter Sätze besteht oft die Möglichkeit der Wahl zwischen Koordination und Subordination der Sätze (Parataxe oder Hypotaxe), zwischen verbundener oder unverbundener Kombination sowie die Möglichkeit der Wahl zwischen bedeutungsverwandten Verknüpfungsmitteln. Bei der Entscheidung des Autors ist in jedem Falle die Kommunikationsabsicht ausschlaggebend, von der es u.a. abhängt, welche semantische Relation zwischen zwei Sachverhalten (z.B. eine temporale, instrumentale, kausale, konsekutive, adversative Beziehung) sprachlich signalisiert werden soll.

Jeder Mensch, der schöpferische Arbeit leisten will, muß den Weg nach vorwärts kennen, sonst gleicht er einem Blinden, der mühsam mit dem Krückstock den Weg sucht. (Periode)

→ *Jeder Mensch will schöpferische Arbeit leisten. Dazu muß er den Weg nach vorwärts kennen. Sonst gleicht er einem Blinden. Dieser sucht mühsam mit dem Krückstock den Weg.* (4 einfache Sätze)

Wert und Anwendungsmöglichkeiten

1. Sprachliche Kennzeichnung von für den Kommunikationszweck wesentlichen inhaltlichen Beziehungen zwischen zwei oder mehreren Sachverhalten in (mehrfach) zusammengesetzten Sätzen
2. Verfahren zur Erschließung semantischer Beziehungen zwischen Elementarsätzen in Texten und zusammengesetzten Sätzen
3. Überprüfen und eventuell Präzisieren oder Korrigieren eines mißlungenen zusammengesetzten Satzes

Wer Texte analysiert oder schriftliche Entwürfe überarbeitet und redigiert, wird oft mehrere der hier angeführten Arbeitsverfahren anwenden, um durch Formulierungsvergleiche zu einem treffenden Urteil über eine sprachliche Leistung oder zu einer optimal wirksamen Formulierungsvariante zu kommen. Ebenso sind diese Verfahren zum Erfassen oder Bewußtmachen von System- und Gebrauchseigenschaften sprachlicher Zeichen und Zeichenverbindungen zu nutzen.

2. Grammatik des Wortes

2.1. Wortarten und ihre Klassifikation

2.1.1. Gegenstand der Morphologie

Die Grammatik wird herkömmlich in Morphologie (griech. *morphe* ‚Gestalt', griech. *logos* ‚Lehre') und Syntax gegliedert (zur Problematik dieser Gliederung vgl. MOSKALSKAJA 1983, 39f.). Mit MOSKALSKAJA halten wir an dieser Gliederung fest und betrachten als Gegenstand der Morphologie:

„1. die Lehre von den Wortarten, ihrer Gliederung und ihren grammatischen Eigenschaften;
2. die Paradigmatik der Wortarten (die Lehre vom Formensystem flektierender Wortarten);
3. die Lehre von den grammatischen Kategorien flektierender Wortarten" (MOSKALSKAJA 1983, 40).
(Vgl. BERGENHOLTZ/MUGDAN 1979; EISENBERG 1994, 21f.)

„Das Wort gilt neben dem Satz als eine der Grundeinheiten der Sprache, die bei der Vermittlung zwischen Laut-/Schriftform und Bedeutung sprachlicher Äußerungen eine wesentliche Rolle spielen" (GRUNDZÜGE 1984, 458).

Die Definition des Wortes als des Gegenstandes der Morphologie (mit seinen lexikalischen Eigenschaften ist es gleichermaßen auch Gegenstand der Lexikologie) ist in der Linguistik sehr umstritten. Das liegt darin begründet, daß Wörter über vielfältige (phonologische, graphische, morphologische, syntaktische, lexikalisch-semantische) Eigenschaften verfügen, die eine Abgrenzung gegenüber anderen sprachlichen Einheiten (z.B. Wortgruppe) erschweren. Daraus resultieren Tendenzen, das Wort als sprachwissenschaftlichen Begriff aufzugeben und es durch andere Termini wie Lexem, lexikalische Einheit, Monem zu ersetzen oder zwischen phonologischem, graphischem, lexikalischem, grammatischem/syntaktischem Wort zu unterscheiden. Wir schließen uns denjenigen Sprachwissenschaftlern an, die die – durchaus problemhafte – **Einheit des Wortes** anerkennen, und definieren es als potentiell isolierbaren, kleinsten relativ selbständigen sprachlichen Bedeutungs- bzw. Funktionsträger, der als Graphemfolge/Buchstabenfolge durch Abstände von anderen Wörtern getrennt wird und der im Falle der Flektierbarkeit über verschiedene Wortformen (Flexionsformen) verfügt (vgl. W. SCHMIDT 1983, 13).

Im Folgenden untersuchen wir die Kriterien, nach denen Wörter klassifiziert werden.

2.1.2. Wesen der Wortarten und deren Klassifikationskriterien

Die meisten Wörter unserer Sprache lassen sich auch außerhalb der Rede bestimmten Form- und Funktionsklassen zuordnen, die wir als **Wortart** oder **Wortklasse** bezeichnen. Doch gibt es über diese sprachliche Grundkategorie nicht nur unterschiedliche, sondern auch strittige Auffassungen (vgl. STEPANOWA/ HELBIG 1978, 23ff.; MOSKALSKAJA 1983, 43ff.). Sie schlagen sich z.B. in der Tatsache nieder, daß für die deutsche Gegenwartssprache gleichzeitig verschiedene Wortartensysteme existieren, die sich nach Anzahl und Benennung der einzelnen Wortarten unterscheiden. Dies ist nur der äußere Ausdruck für die Uneinheitlichkeit der angewandten Einteilungskriterien. Wir gehen davon aus, daß die Masse der Wörter eine lexikalische Bedeutung hat, die von der **Wortartbedeutung** überlagert wird. Diese stellt ebenso wie die lexikalische eine verallgemeinerte Bedeutung dar, jedoch auf einer höheren Abstraktionsebene.

Betrachten wir einmal die folgenden Reihen von Wörtern:

Tisch, Schüler, Härte, Schlag, Spiel, Freude, Zahl;
zählen, fragen, härten, sich freuen, sitzen, schlagen;
groß, rot, schief, sanft, spaltbar, spielerisch.

Während sich die lexikalischen Bedeutungen dieser Substantive, Verben und Adjektive untereinander stark unterscheiden, werden sie wortartmäßig zu je einer Klasse zusammengefaßt auf Grund einer kategorialen Bedeutung, die die einzelnen lexikalischen Bedeutungen überlagert, ohne daß man den Zusammenhang beider übersehen kann. Für die drei Hauptwortarten Substantiv, Verb, Adjektiv – sie bilden die Masse der Wörter – läßt sich jene wie folgt bestimmen:

Wortart	kategoriale Bedeutung
Substantiv	‚Gegenstand'
Verb	‚Prozeß'
Adjektiv	‚Merkmal'

Solche kategorialen Bedeutungen widerspiegeln indirekt Gegebenheiten der objektiven Realität, doch können deren Erscheinungen in verschiedenen Wortarten ihre Widerspiegelung finden (vgl. *Härte, hart; Schlag, schlagen*).

Diese höchst abstrakten kategorialen Bedeutungen der genannten Wortarten enthalten bestimmte **kategoriale** Merkmale. Diese spiegeln sich wiederum mehr oder weniger adäquat in bestimmten Kategorien dieser Wortarten wider:

Wortart	kateg. Bedeutung	kateg. Merkmale	gramm. Kategorie
Substantiv (z.B. *Spiel*)	‚Gegenstand'	– mit gramm. Geschlecht versehen – zählbar – isolierbar – spezifizierbar – deklinierbar	Genus Numerus Kasus
Verb (z.B. *spielen*)	‚Prozeß'	– bindbar an Person – in der Zeit verlaufend – eine bestimmte Geltung ausdrückend	Person Tempus Modus
Adjektiv (z.B. *groß*)	‚Merkmal'	– unselbständig – graduierbar	 Komparation

Allerdings trifft die Gesamtheit der für eine Wortart charakteristischen grammatischen Merkmale meist nur für einen Kernbereich zu, an den sich eine Peripherie anschließt, deren Merkmalsstruktur nicht so vollständig ist (so ist z.B. nicht jedes Adjektiv komparierbar, nicht jedes Substantiv pluralfähig, nicht jedes Verb in allen drei Personen verwendbar).

Für die Wesensbestimmung der primär grammatischen Kategorie Wortart und erst recht für deren Klassifikation reicht die Feststellung einer kategorialen Bedeutung (s.o.) nicht aus. Diese ist für die genannten Hauptwortarten relativ leicht zu bestimmen, nicht jedoch für die anderen Wortarten (Adverb, Pronomen, Präposition usw.). Für diesen „Restbestand" könnte man bestenfalls als verallgemeinerte grammatische Bedeutung ‚Relation' angeben. Insofern ließe sich der gesamte Wortbestand in vier „Fundamentalkategorien" (vgl. W. SCHMIDT 1983, 47, 50) gliedern, die sämtlich indirekt ihren objektiven Bezugspunkt in der Realität haben (dort gibt es Gegenstände, Prozesse, Merkmale, Relationen).

Eine vollständige Charakteristik einer Wortart läßt sich jedoch nicht allein auf einer verallgemeinerten grammatischen Bedeutung aufbauen. Eine Wortart muß darüber hinaus auch durch bestimmte **formal-grammatische** Merkmale gekennzeichnet sein. Ein solches Zusammenwirken von Bedeutung und Form ist für das Funktionieren einer Wortart im sprachlichen Kommunikationsprozeß notwendig. Mit Recht stellt darum ACHMANOVA (1966, 511) für Wortarten die folgenden Faktoren als kennzeichnend heraus:

1. eine bestimmte Allgemeinbedeutung (= kategoriale Bedeutung),
2. Vorhandensein grammatischer Kategorien, die für diese Gruppe bzw. Klasse von Wörtern spezifisch sind,
3. Besonderheiten des syntaktischen Funktionierens (syntaktischer Fügungswert),
4. Vorhandensein bestimmter Typen der Formen- und Wortbildung.
(Vgl. HOMBERGER 1989, 160ff.)

Sehen wir einmal von den Spezifika der Wortbildung bei den einzelnen Wortarten ab, so erweisen sich für deren Gesamtcharakteristik die folgenden Elemente als wesentlich, die untereinander aufs engste verbunden sind:
– die kategoriale Bedeutung (Wortartbedeutung),
– die morphologische Prägung,
– der syntaktische Fügungswert.

Wir sind der Auffassung, daß für die Anerkennung einer Gruppe oder Klasse von Wörtern als Wortart das Vorhandensein einer kategorialen Bedeutung und gemeinsamer formal-grammatischer Merkmale unerläßlich ist. Deshalb können wir auch nicht die sogenannten Numeralien als selbständige Wortart anerkennen, da ihnen eine solche kategoriale Bedeutung und bestimmte einheitliche formal-grammatische Merkmale fehlen (vgl. *Million, ein Viertel, drei, zu viert, dreifach, der zweite /Brief/*). (Vgl. HOMBERGER 1989, 161)

Von den drei genannten wesentlichen Merkmalen, die eine Wortart kennzeichnen, halten wir die kategoriale Bedeutung für dominant, da die übrigen von ihr mehr oder weniger deutlich abhängen. So enthält das Verb das verallgemeinerte grammatische Bedeutungsmerkmal ‚Prozeßhaftigkeit', auf Grund dessen es maßgeblich den syntaktischen Aufbau des Satzes bestimmt. Das Verb tritt in finiter Gestalt stets in der syntaktischen Funktion des Prädikats auf und ist in dieser Rolle auch positionell festgelegt (vgl. Kernsatz, Stirnsatz, Spannsatz). Die vielfältigen Beziehungen, die das Verb im Satz realisiert, werden vor allem durch die reiche morphologische Veränderbarkeit (Konjugation) ermöglicht. (Vgl. EISENBERG 1994, 75ff.)

Da das Substantiv grammatisch-semantisch ‚Gegenständliches' bezeichnet, ist es syntaktisch dazu bestimmt, das wichtigste Aufbauglied des Satzes (neben dem Verb) zu sein, indem es die an einem Prozeß beteiligten ‚Größen' bezeichnet. Syntaktisch tritt es häufig auf als Subjekt und Objekt, aber auch als Adverbialbestimmung und Prädikativum. Diese verschiedenartigen syntaktischen Aufgaben werden vor allem mit Hilfe des Kasussystems (Deklination) realisiert. (Vgl. ERBEN 1983, 78ff.)

Auch das Adjektiv, dessen Wortbedeutung wir als ‚Merkmal' (im weitesten Sinne) bezeichnet haben, wird auf Grund dieser grammatischen Semantik syntaktisch zu den Wortarten Verb und Substantiv in eine enge Beziehung gesetzt und fungiert als Attribut, Prädikativum und Adverbialbestimmung. Zur Differenzierung dieser syntaktischen Leistungen dient wiederum das morphologische Formmittel Deklination. Die für diese Wortart spezifische Kategorie Komparation ergibt sich aus dem Wesen der verallgemeinerten Bedeutung ‚Merkmal', die prinzipiell eine semantische Graduierung zuläßt, obgleich hier im Einzelfall die konkrete lexikalische Semantik ausschlaggebend ist (vgl. *warm, wärmer, wärmste,* aber *rot, tot, rechteckig*). (Vgl. ERBEN 1983, 100ff.)

In der bisherigen Auseinandersetzung mit den Prinzipien einer wortartmäßigen Aufgliederung des Wortbestandes lassen sich im Grunde zwei Richtungen erkennen:

Einmal wird der Hauptmangel bisheriger Klassifikation darin gesehen, daß verschiedene, sich überkreuzende Prinzipien angewandt werden (‚heterogene Wortartklassifizierung'), also kein einheitliches Entscheidungskriterium angewandt wird, und konsequenterweise die Anwendung nur eines Kriteriums gefordert (‚homogene Wortartklassifizierung'); anderseits verteidigten und verteidigen Sprachwissenschaftler die Heranziehung verschiedener Kriterien (grammatisch-semantischer, morphologischer, syntaktischer) als ein Verfahren, das allein dem kompliziert-uneinheitlichen Charakter mancher Wortarten gerecht wird (vgl. MOSKALSKAJA 1983, 43ff.). Für die Belange unserer Schule ist in jedem Falle die Betonung des engen Zusammenhangs von Bedeutung und Form wesentlich, und wir schließen uns daher dem Grundsatz an, die Wortarten in komplexer Weise zu ermitteln und zu beschreiben.

Welche Klassifikationskriterien kommen im einzelnen in Frage?

1. Man kann die Wörter einteilen nach **semantischen** Gesichtspunkten, so z.B. nach einem gemeinsamen, objektiv bedingten Element ihrer lexikalischen Semantik. Beispielsweise wird die traditionelle Wortart „Numerale" gerechtfertigt allein durch die Sachbedeutung ‚Zahl'. Eine übergreifende kategoriale Bedeutung (und syntaktisch-morphologische Einheitlichkeit) kann dieser Gruppe nicht zugesprochen werden. Ähnliches gilt auch für die von ADMONI konstatierte Wortart Negation (vgl. ADMONI 1986, 157ff.), die allein auf der gemeinsamen Sachbedeutung ‚Verneinung' gegründet ist (*niemand, nichts, kein, nirgends, niemals, nicht, weder – noch* u.ä.). Man kann auch Wörter ausgliedern auf Grund bestimmter lexikalisch-semantischer Elemente, die eine Stellungnahme ausdrücken. Dieses Prinzip findet Anwendung bei der Festlegung der Wortarten Modalwort (*gewiß, natürlich, eigentlich, freilich, augenscheinlich, vielleicht, kaum, angeblich* u.ä.) und Partikel (*schon, bloß, besonders, doch, ja, gar, eben, nur* u.a.) durch ADMONI (1986, 209ff., 212f.). Und schließlich gibt es die Möglichkeit, Wörter zu klassifizieren nach ihrer kategorialen Bedeutung, die die lexikalische Semantik eines Wortes überlagert. Während die Wörter *Spiel, spielen* (Semem ‚frei gewähltes, nicht zweckbestimmtes Tun') auf der Grundlage des identischen Basismorphems die gleiche lexikalische Semantik aufweisen (beide Wörter bezeichnen eine bestimmte ‚Tätigkeit'), unterscheiden sie sich in ihrer verallgemeinerten Wortartbedeutung, d.h., einmal ist die genannte Tätigkeit sprachlich als ‚Gegenstand' geprägt (*Spiel*), im anderen Falle aber als ‚Prozeß' (*spielen*).

2. Man kann die Wörter einteilen nach ihren **morphologischen** Merkmalen. Dieses Kriterium führt zur Einteilung der Wörter danach, ob sie
   - deklinierbar (Substantive, Adjektive, Artikel, Pronomen),
   - konjugierbar (Verben),
   - komparierbar (Adjektive),
   - nicht flektierbar sind (Präpositionen, Konjunktionen, Adverbien).

   Da ein Teil unseres Wortschatzes morphologisch unveränderlich ist, kann das morphologische Prinzip für die weitere Unterteilung und Differenzierung dieser Teilmenge nicht benutzt werden.
3. Man kann die Wörter einteilen nach **syntaktischen** Gesichtspunkten. Das syntaktische Kriterium umfaßt dabei nicht nur die syntaktische Funktion der Wörter, sondern auch ihre Positionen und ihre Verteilung in der linearen Redekette (Distribution). Es wird hierbei also festgestellt, ob ein Wort satzwertig ist oder nicht, welche syntaktischen Rollen (Strukturwert) es im Beziehungsgefüge des Satzes ausübt, welche Positionen für eine Wortklasse charakteristisch sind, ob es spezielle syntaktische Merkmale besitzt, z.B. eine Kasusforderung stellt oder nicht, nebenordnend oder unterordnend wirkt.

Die genannten syntaktischen Kennzeichen reichen jedoch nicht in allen Fällen aus, um Unterschiede zwischen Wortarten zu erfassen. Manchmal machen erst Transformationen die hinter der linearen Redekette verborgenen unterschiedlichen Beziehungen sichtbar.

Da jedes Wort offen und/oder latent eine bestimmte syntaktische Charakteristik besitzt, lassen sich die Wörter nach dem syntaktischen Kriterium stark differenzieren (vgl. HELBIG/BUSCHA 1994).

2.1.3. Überblick über einige Wortartsysteme

Wir haben eingangs festgestellt, daß es für die deutsche Sprache keine einheitliche Klassifikation der Wortarten gibt (vgl. W. SCHMIDT 1983, 57ff.; SACHWÖRTERBUCH 1989, 273.)

Dennoch lassen sich in den einzelnen Wortartsystemen neben Unterschieden auch zahlreiche Übereinstimmungen konstatieren. Am wenigsten umstritten sind die Wortarten Verb und Substantiv, die beide die große Mehrheit unseres Wortbestandes ausmachen. Beim Adjektiv hat sich heute im Hinblick auf die deutsche Sprache die Auffassung verbreitet (im Gegensatz zu Russisch, Englisch, Französisch), daß das syntaktisch als Adverbialbestimmung fungierende Adjektiv wortartmäßig Adjektiv bleibt.

Uneinheitlichkeit besteht bei der Behandlung der sogenannten Numeralien, die zum einen als selbständige Wortart betrachtet werden auf Grund der gemeinsamen Sachbedeutung ‚Zahl' (so bei ADMONI 1986, 151ff.), zum anderen auf Grund ihres überwiegenden syntaktisch-morphologischen Verhaltens der Wortart Adjektiv zugewiesen werden (so bei HELBIG/BUSCHA 1994, 320ff.).

Große Unterschiede gibt es auch im Hinblick auf Gliederung und Zuordnung der Pronomen, Adverbien und Partikeln, auch des Artikels. Dieser wird z.B. bei JUNG (1988, 253f.) als Begleiter des Substantivs behandelt und auch im Rahmen dieser Wortart geführt, während er bei HELBIG/BUSCHA als besondere Art der Artikelwörter erscheint (vgl. 1994, 355ff.).

2.1.3.1. Traditionelles Wortartsystem und seine Problematik

Das traditionelle Wortartsystem der deutschen Sprache (Verb, Substantiv, Adjektiv, Adverb, Pronomen, Artikel, Numerale, Präposition, Konjunktion, Interjektion), das bis heute Grundlage des Muttersprachunterrichts ist, berücksichtigt verschiedene, qualitativ unterschiedliche Seiten und Merkmale der Wörter. All diese Wortarten haben bestimmte semantische Merkmale, wenngleich sie mittels unterschiedlicher Abstraktionen gewonnen werden; daneben werden ebenfalls morphologische und syntaktische Merkmale zur Bestimmung der Wortart benutzt. Letztlich handelt es sich dabei um Kriterien, die das Funktionieren der Wörter in der linearen Redekette bedingen. Die Verwendung des semantischen, des syntaktischen und des morphologischen Kriteriums ist so objektiv im Klassifizierungsgegenstand Wort begründet und damit auch legitim; die Problematik entsteht daraus, daß die genannten Kriterien uneinheitlich und inkonsequent angewandt werden. (Vgl. die Tendenz in der Sprachwissenschaft, mit jeweils einem bzw. zwei Kriterien eine Klassifikation des Wortbestandes aufzubauen.) Dennoch hat das traditionelle System sowohl inhaltlich (die Masse des Wortbestandes kann sicher gegliedert werden) als auch terminologisch (lateinische Bezeichnungen) bisher den Anforderungen der kommunikativen Praxis genügt, was nicht heißt, daß es keiner Verbesserung bedarf. (Vgl. hierzu auch den Einteilungsvorschlag von W. SCHMIDT 1983, 75f.) (Vgl. SACHWÖRTERBUCH 1989, 273)

Welche grundlegenden Seiten und Merkmale werden vom traditionellen System berücksichtigt?

Den **Substantiven**, **Adjektiven** und **Verben** liegt jeweils eine bestimmte begrifflich-kategoriale Widerspiegelung zugrunde, und sie haben auch ganz spezifische morphologische Kennzeichen und syntaktische Verwendungsweisen.

Der **Artikel** ist der typische Begleiter des Substantivs und dient in dieser Funktion zu dessen grammatischer Determinierung.

Die **Pronomen** sind zwar morphologisch und syntaktisch verschiedenartig, zeigen aber andererseits bestimmte Eigenarten, so daß die Zusammenfassung zu einer Gruppe gerechtfertigt ist. In Abhängigkeit von Kontext und Situation dienen sie vor allem dazu, Beziehungen zu kennzeichnen bzw. Personen, Sachen, ganze Sachverhalte zu vertreten bzw. darauf zu verweisen.

Die **Numeralien** bilden grammatisch überhaupt keine geschlossene Einheit; ihre Zusammenfassung als Wortart beruht lediglich auf dem abstrahierten Bedeutungsmerkmal ‚Zahl'. Sie werden in diesem Lehrbuch bei den Adjektiven und Pronomen behandelt.

Die **Adverbien** stehen nicht nur – wie die Benennung ausdrückt – bei Verben, sondern auch bei dem Adjektiv, dem Substantiv, dem Pronomen und bei einem anderen Adverb. Semantisch drückt das Adverb Lokales, Temporales, Modales und Kausales aus.

Präpositionen und **Konjunktionen** sind morphologisch unveränderlich und grenzen sich untereinander vor allem durch ihr syntaktisches Verhalten (vgl. Rektion), in zweiter Linie durch spezielle semantische Merkmale ab.

2.1.3.2. Wortartsystem bei Admoni

ADMONI mißt dem traditionellen System der Klassifikation der Wortarten „objektiven, wissenschaftlichen Wert" (1986, 69) bei und gibt als Begründung an, daß die eigenartige aspektmäßige Natur der sprachlichen Erscheinungen, ihre Feldstruktur, auch eine eigenartige, aspektmäßige Methodik bei ihrer Klassifizierung erfordere. Er verweist darauf, „daß einige Versuche, die man in der letzten Zeit unternommen hat, um die deutsche Grammatik im allgemeinen und das System der Redeteile insbesondere vollständig zu revidieren (z.B. GLINZ), zu solchen Ergebnissen geführt haben, die sich von dem traditionellen System nur in nebensächlichen, vor allem in äußerlichen Einteilungslinien unterscheiden" (ADMONI 1986, 70). Der Einteilung der Wortarten im einzelnen legt ADMONI „drei miteinander verbundene, aber nicht verschmelzende Hauptkriterien" (a.a.O., 71) zugrunde, und zwar:

1. den verallgemeinerten abstrahierten Bedeutungsgehalt,
2. die morphologische Struktur,
3. die syntaktische Funktion.

Zu 1. muß bemerkt werden, daß sich „verallgemeinerter abstrahierter Bedeutungsgehalt" nicht als identisch erweist mit dem, was wir unter „kategorialer Bedeutung" verstanden haben, da ADMONI zum ersten Begriff auch Elemente der lexikalischen Semantik in abstrahierter Gestalt (Zahl, Verneinung, Stellungnahme) hinzurechnet, die nicht wortartprägend sind.

ADMONI behält im Prinzip das traditionelle System der zehn Wortarten bei und ergänzt es durch drei weitere, nämlich Negation, Modalwort und Partikel.

Die Wortart **Negation** umfaßt Wörter von verschiedener morphologischer Struktur und syntaktischer Verwendung, sie wird allein durch ein gemeinsames abstrahiertes Element ihrer lexikalischen Semantik zusammengehalten, eben das der ‚Verneinung'. Formalgrammatische Kriterien lassen sich (vgl. Negationswörter wie *niemand, kein, nicht, keineswegs*) bei der Aufgabenstellung dieser Wortart nicht benutzen. Zur Kennzeichnung dieser Wortart bemerkt ADMONI: „Aber der ganz eigenartige Bedeutungsgehalt aller dieser Formen verbindet sie doch, wie es auch beim Pronomen der Fall ist, zu einer geschlossenen grammatischen Einheit. Es ist, wie das Pronomen, eine kommunikativ-grammatische Kategorie, aber die Verbindung mit dem Kommunikationsprozeß besteht hier darin, daß vermittels der Negation die Einstellung des Sprechenden zum Inhalt seiner Rede (in betreff der Realität dieses Inhalts) zum Ausdruck kommt" (1986, 158).

Die Wortarten Modalwort und Partikel gliedert ADMONI aus der traditionellen Wortart Adverb aus.

Als **Modalwörter** sind solche Wörter zu bezeichnen, „die den Inhalt einer syntaktischen Beziehung – und nicht nur der prädikativen Beziehung – modal einschätzen" (ADMONI 1986, 211). Damit geben sie keine auf der Widerspiegelung der objektiven Realität beruhenden Umstände an, sondern eine Einschätzung eines Sachverhalts aus der Sicht des Sprechers, vgl.:

Peter kommt vielleicht *nach Hause.*
Das ist sein vielleicht *bester Entschluß.*

Beispiele für weitere Modalwörter: *sicherlich, zweifellos, möglicherweise.*

Morphologisch, positionell und distributionell verhalten sich Modalwörter kaum anders als Adverbien, doch unterscheiden sie sich von diesen in ihren semantisch-syntaktischen Beziehungen. Modalwörter haben zwar eine Satzgliedposition, jedoch keinen Satzgliedwert, sie haben vielmehr **Satzwert**, d.h., sie stellen einen zu einem Wort kondensierten Einschätzungssatz dar, vgl.:

Er kommt sicherlich *übermorgen nach Hause.*
Es ist sicher, er kommt nach Hause.
Es ist (als sicher) anzunehmen, daß er nach Hause kommt.

Auch die **Partikeln** gleichen morphologisch den Adverbien; jene sind wie diese völlig unveränderlich; ihre Wortnatur charakterisiert ADMONI wie folgt: „Indem sie die einzelnen Wörter im Satz besonders hervorheben und identifizieren, tragen sie dazu bei, die Wirklichkeit der Äußerung oder einen ihrer Bestandteile zu betonen oder irgendwie zu modifizieren. Das macht die Partikeln den Modalwörtern verwandt. Aber die meisten Partikeln charakterisieren nicht eine Beziehung, sondern ein einzelnes Wort, und keines von ihnen nimmt eine selbständige Stelle im Satzbau ein" (1986, 212). Beispiele für Partikeln: *nur, sogar, bloß, sehr, mal, doch.*

2.1.3.3. Wortartsystem bei Helbig/Buscha

Ausgehend von FRIES (The Structure of English, London 1963, 65ff.), gründen HELBIG/BUSCHA die Klassifikation des Wortbestandes auf syntaktische Kriterien (vgl. HELBIG/BUSCHA 1994). Dazu zählen sie nicht nur die Position und Distribution in der linearen Redekette, sondern auch die in der syntaktischen Oberfläche nicht sichtbaren inneren (latenten) Strukturen, die mit Hilfe von Transformationen aufgedeckt werden. Die Anwendung des syntaktischen Kriteriums begründen die Verfasser damit, daß weder eine Wortarteinteilung nach semantischen Kriterien noch eine solche nach morphologischen Kriterien alle Wortarten umfassen könne, „weil zwar die Sprache im allgemeinen und die Sätze im besonderen, nicht aber alle Wortarten einen direkten Wirklichkeitsbezug aufweisen und auch nicht alle Wortarten eine Formveränderlichkeit zeigen. Umgekehrt müssen aber alle Wortarten bestimmte syntaktische Funktionen, d.h. bestimmte Stellenwerte im internen Relationsgefüge des Satzes haben" (HELBIG/BUSCHA 1994, 19). Jedoch betonen HELBIG/BUSCHA ausdrücklich: „Wenn das syntaktische Prinzip [...] gewählt wurde, bedeutet das natürlich keine Leugnung der morphologischen und semantischen Merkmale, im Gegenteil: ein Teil der Wortarten hat zusätzlich morphologische und semantische Kriterien [...]" (ebd.).

Bei der Anwendung des syntaktischen Kriteriums wird mit **Substitutionsrahmen** gearbeitet:

„(1) *Der ... arbeitet fleißig.*
(3) *Er sieht einen ... Arbeiter.*
(2) *Der Lehrer ... fleißig.*
(4) *Der Lehrer arbeitet ... .*

Nach dem Prinzip der Distribution kann in den Rahmen (1) nur ein Substantiv, in den Rahmen (2) nur ein Verb, in den Rahmen (3) nur ein Adjektiv, in den Rahmen (4) nur ein Adverb eingesetzt werden." (Ebd.)

Manche Unterschiede innerhalb einer Wortart lassen sich jedoch mit Hilfe solcher Rahmen nicht erklären, da sie in der syntaktischen Oberfläche nicht sichtbar werden, vgl.

(1) *Er trank den Tee* hastig.
(2) *Er trank den Tee* kalt.
(1) → *Er trank den Tee. Das Trinken war (geschah) hastig.*
(2) → *Er trank den Tee. Der Tee war (zu diesem Zeitpunkt) kalt.*

Bei (1) wird das Adjektiv syntaktisch als Adverbialbestimmung verwendet, bei (2) als „prädikatives Attribut" (vgl. hierzu PAUL 1954, 15). Während sich die beiden Adjektive semantisch, positionell und distributionell kaum unterscheiden, zeigen sie jedoch, wie der obige Transformationstest nachweist, Unterschiede im Hinblick auf ihren Stellenwert im internen Relationsgefüge des Satzes. Im Zuge der Anwendung des syntaktischen Kriteriums werden neben Substitutions- und Transformationstest auch Frage- und Stellungstest genutzt.

Bei der Subklassifikation einzelner Form- bzw. Funktionsklassen benutzen HELBIG/BUSCHA auch semantische Kriterien (vgl. z.B. Adverb, Modalwort, Partikel).

2.1.3.4. Wortartsystem bei Flämig

Wie bei HELBIG/BUSCHA erfolgt bei FLÄMIG die Klassifikation des Wortbestandes nach grammatischen Gesichtspunkten. Während jedoch jene das syntaktische Kriterium zugrunde legen, wendet dieser primär das morphologische Kriterium an (das Deutsche ist eine flektierende Sprache) und erst dann, wenn es nicht ausreicht (vgl. morphologisch unveränderliche Wörter), syntaktische Gesichtspunkte.

Es ergibt sich folgendes System, das FLÄMIG mit Hilfe eines Algorithmus so dargestellt hat:

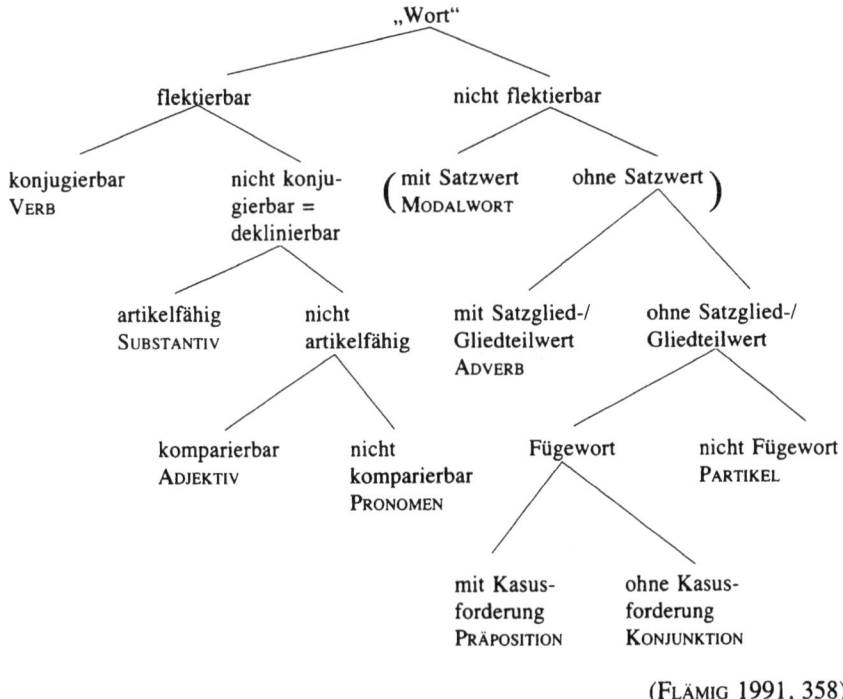

(FLÄMIG 1991, 358)

Abschließend sei zu dem Wortartenermittlungsverfahren von FLÄMIG noch vermerkt, daß es nur in den Kernbereichen der Wortarten funktioniert. So gibt es z.B. Adjektive, die nicht komparierbar sind, auch solche, die sich nicht deklinieren lassen (vgl. *rosa, futsch, quitt*). Probleme entstehen auch bei den Pronomen, die teilweise artikelfähig sind (*der eine – der andere; die übrigen*) oder die sich nicht alle deklinieren lassen (*vgl. man, etwas, nichts*).

2.1.3.5. Wortartsystem bei Erben

In vielen Grammatiken setzt man bei grammatischen (syntaktischen und morphologischen) Kriterien an und interpretiert die so gewonnenen Wortarten semantisch. Als Beispiele bringen wir die Klassifikationen von ERBEN und der DUDEN-GRAMMATIK.

Bei ERBEN finden wir das syntaktische Kriterium als Ausgangspunkt. Davon wird die Wort- und Formenbildung abgeleitet: „Jede Wortart hat bestimmte Rollen im Rahmen des Satzes sowie beim Aufbau der Rede zu übernehmen und ist für diese Funktionen mit bestimmten **Funktionskennzeichen** ausgestattet, mit einem Kreis charakteristischer (Flexions-)Formen oder doch wenigstens mit charakteristischen Stellungs- und Fügungsmöglichkeiten. Durch eine charakteristische **Form** (wort- oder formbildende Morpheme), **Position** und Art der **Kombi-**

nation (Umgebung, spezifische Gruppenbildung) wird ein Wort als Repräsentant einer bestimmten Wortart und Träger einer bestimmten syntaktischen Funktion (Satz-Rolle) gekennzeichnet und erkennbar." (ERBEN 1983, 38f.)

Dann erfolgt die semantische Charakterisierung: „Die Wortarten enthalten gleichsam eine ‚kategoriale Abbildung' der Welt, wenn sie auch nicht einfach ein sprachliches Korrelat der Seinsstruktur sind. Vielmehr sind sie Formen des geistig-sprachlichen Zugriffs [...], der Analyse und klassifizierenden Erfassung (Prägung) der (Sachwelt-)Phänomene." (ERBEN 1983, 39)

Auf diese Weise gewinnt ERBEN zunächst „die drei ‚höheren' Wortarten der deutschen Hochsprache" (ERBEN 1983, 41):

- Verb (Aussagewort) = Wortklasse mit Personalendungen,
- Substantiv (Nennwort) = Wortklasse mit Kasusendungen,
- Adjektiv–Adverb = Wortklasse mit Steigerungsmorphemen.

Ihnen stehen die „Dienstwörter" gegenüber:

- größenbezügliche Formwörter mit situationsbestimmtem Funktionswert (Pronomina und Pronominaladverbien),
- Fügewörter (Präpositionen, Konjunktionen, Konjunktionaladverbien),
- Satzadverbien (modale oder emotional-expressive Partikeln).

(Vgl. ERBEN 1983, 43f.)

2.1.3.6. Wortartsystem der Duden-Grammatik

In ähnlicher Weise geht die DUDEN-GRAMMATIK vor: „Auf Grund der unterschiedlichen Funktion im Satz und der damit eng verknüpften Formmerkmale, Anordnung und Beziehungen zueinander können verschiedene Klassen von Wörtern unterschieden werden, die sich auch semantisch voneinander abgrenzen lassen [...]" (DUDEN-GRAMMATIK 1995, 85)

Man arbeitet mit folgenden Wortarten, den Ausgangspunkt bildet das morphologische Kriterium:

„Die Flektierbaren ..." (A.a.O., 85f.)

Verb, Substantiv, Adjektiv, Artikel, Pronomen

„Die Unflektierbaren..." (A.a.O., 87)

Adverbien, Partikeln, Präpositionen, Konjunktionen

Hier und in anderen Werken wird darauf verwiesen, daß die Merkmale der Wortarten am Kernbestand der Klasse gewonnen wurden, daß also immer zwischen dem Kern und der Peripherie der Wortart zu unterscheiden ist.

Zusammenfassung

Aus dem Gesagten ist deutlich geworden, daß wir das bisherige System der Wortarten (trotz bestimmter Mängel und Inkonsequenzen) *im wesentlichen* beibehalten möchten. Für diese Entscheidung sprechen vor allem die folgenden Gründe:

1. Auch interlingual hat sich das bisherige System, auf der lateinischen Terminologie beruhend, behauptet, weil es klar und überschaubar ist, funktionalen und damit auch sprachpädagogischen Gesichtspunkten genügt.
2. Die Verwendung verschiedener Kriterien bei der Gliederung ist objektiv berechtigt und damit auch wissenschaftlich legitim.
3. Wie neuere Wortartsysteme für die deutsche Sprache zeigen, ist eine vollständige, bis ins Detail gehende Klassifikation nur nach einem Kriterium nicht möglich, wenngleich hier vor allem methodisch eine größere Einheitlichkeit, aber auch Differenziertheit erreicht werden kann.
4. Als grundlegend für den Muttersprachunterricht betrachten wir die Anwendung des semantischen Kriteriums, da sich daraus mehr oder weniger deutlich auch die formalgrammatischen Merkmale ableiten lassen.
   Die Anwendung semantischer Gesichtspunkte, vor allem auch für die Subklassifizierung, ist bei der kommunikativen Gerichtetheit des Muttersprachunterrichts unumgänglich.

Die Bejahung des bisherigen Systems bedeutet freilich nicht, daß wir es nicht in dem einen oder anderen Punkt für ergänzungs- bzw. verbesserungsfähig hielten. Zur Grundlage dieses Buches und damit für die Ausbildung der Muttersprachlehrer machen wir das folgende System:

1. Verb
2. Substantiv (einschließlich Artikel)
3. Pronomen
4. Adjektiv
5. Adverb
6. Modalwort
7. Partikel
8. Präposition
9. Konjunktion
10. Interjektion

2.2. Verb

2.2.1. Wesen des Verbs

Das Verb (lat. *verbum* ‚Wort'), die einzige konjugierbare Wortart, stellt Prozesse der objektiven Realität sprachlich vor allem in ihrer zeitlichen Einbettung dar. Das geschieht mittels der Konjugation im Satz durch die Verbindung des Verbstammes mit grammatischen Morphemen, auch mit Hilfsverben, wodurch bei den finiten Verbformen gleichzeitig eine kategoriale Einordnung nach Person, Numerus, Tempus, Modus, Genus verbi vorgenommen wird. Durch die Semantik des Verbstammes wird die Art des Geschehens oder Seins festgelegt, gleichzeitig bildet sie die Basis für die Verlaufsweise (Aktionsart) eines Prozesses und die Valenz eines verbalen Semems (vgl. GRUNDZÜGE 1984, 497). Etwa ein Viertel unseres Wortschatzes sind Verben.

Die Schlüsselstellung der Verbform im Satz ergibt sich deshalb sowohl aus ihrer lexikalischen Semantik als auch aus den durch grammatische Morpheme gebildeten Kategorien und äußert sich in folgenden Leistungen:

1. Sie legt als Prädikat des Satzes das Minimum an Aktanten (Satzgliedern) fest (Valenz).
2. Mit Hilfe des Tempus wird der dargestellte Sachverhalt zeitlich eingeordnet.
3. Im Modus drückt sich die Stellungnahme des S/S zum Geltungsgrad der Aussage aus.
4. Durch das Genus wird eine bestimmte „Blickrichtung" in bezug auf das Geschehen akzentuiert (agenszugewandt, agensabgewandt).
5. Durch seine (relativ) feste Position im Satz wird der Satz strukturiert, z.B. bei Zweitstellung des Finitums in Vorfeld – Mitte – Nachfeld gegliedert.
6. Grammatisch konstituiert das Verb gemeinsam mit dem Subjekt den Satz. Das findet seinen Ausdruck in der Kongruenz zwischen Subjekt und Prädikat in Person und Numerus.
7. Durch die Aktionsart wird die Verlaufsweise eines Geschehens bestimmt, die dauernd, vollzogen, begrenzt, unbegrenzt u.a.m. sein kann.

Diese Wesensmerkmale treffen in vollem Umfang auf den Kernbestand deutscher Verben zu. Die lexikalische Semantik schränkt bei einigen Peripheriegruppen die Formenbildung ein; z.B. können

– Witterungsverben in eigentlicher Bedeutung nur in der 3. Person Singular gebraucht werden (*es donnert, regnet, gewittert*),
– Verben des „unwillkürlichen Tuns" (z.B. *bluten, frieren, frösteln, gruseln, schaudern*) nicht im Imperativ gebraucht werden,
– Zustandsverben, auch wenn mit Akkusativ verbunden (z.B. *bekommen, enthalten, erhalten, haben, kriegen*), kein Passiv bilden,
– von bestimmten Verbsememen kein Perfekt und kein Plusquamperfekt gebildet werden: *es verspricht schön zu werden; es drohte zu regnen.*

Als peripher erweisen sich vor allem infinite Verbformen (vgl. 2.2.3.2.):

1. Der Infinitiv nähert sich mehr und mehr dem Substantiv (vgl. ADMONI 1986, 164):

    Er hofft zu genesen / auf Genesung. *Es ist wichtig*, diesen Auftrag auszuführen. / Die Ausführung dieses Auftrags *ist wichtig. Er singt gern, weil* s/Singen (zu singen/das Singen) *Spaß macht.*

2. Zur Peripherie des Verbs in der Übergangszone zum Adjektiv gehören die (echten) Partizipien (vgl. auch 2.5.2.2.):

    das schlafende *Kind, der* kommende *Herbst, der* von vielen verehrte *Schauspieler*

2.2.2. Klassifikation der Verben

Wir können die Verben nach semantischen, syntaktischen und morphologischen Gesichtspunkten klassifizieren (vgl. HELBIG/BUSCHA 1994, 34ff.).

Insbesondere die semantische Klassifikation läßt jedoch bis heute Einheitlichkeit vermissen.

2.2.2.1. Tätigkeitsverben, Vorgangsverben, Zustandsverben

Von ihrer verallgemeinerten lexikalischen Bedeutung her lassen sich die Verben in Bezeichnungen für Tätigkeiten, Vorgänge und Zustände einteilen. Eine besondere Gruppe bedeutungsschwacher Verben bilden die Funktionsverben.

Als **Tätigkeitsverben** bezeichnet man Verben, bei denen der verbale Prozeß von einem Agens ausgeht. Hierzu gehören vor allem die transitiven Verben, aber auch Verben mit anderen Objekten als dem Akkusativobjekt und solche ohne Objekt werden zu den Tätigkeitsverben gerechnet:

befragen, ermitteln, fordern, jagen, kaufen, leben, mitnehmen

Als **Vorgangsverben** bezeichnet man demgegenüber Verben, die Prozesse der "Veränderung in der Verfassung von Lebewesen und Nichtbelebten" (SCHENKEL 1976, 19) charakterisieren:

aufblühen, erröten, sich erkälten, verbluten

Als kleine Gruppe innerhalb der Vorgangsverben kann man die Witterungsverben ansehen.

Die **Witterungsverben** werden nur mit dem unpersönlichen *es* verbunden:

Es friert / schneit / taut.

Zustandsverben sind Verben, mit denen das Andauern eines Seins über eine längere Zeitdauer ausgedrückt wird. Zustand bedeutet nicht völlige Unveränderlichkeit nach objektiven Merkmalen:

bleiben, liegen, schlafen, stehen

Es kann Übergänge von einer Klasse in die andere geben: *Die Wunde heilt.* (Vorgang) *Der Arzt heilt die Wunde.* (Tätigkeit)

2.2.2.2. Valenzklassen des Verbs

Valenzklassen basieren auf Elementen der lexikalischen Bedeutung der Verbstämme, berücksichtigen aber auch syntaktische Merkmale. Valenzmäßig kann man die Verben danach einteilen,

a) wie viele Aktanten sie an sich binden,
b) ob es sich dabei um obligatorische oder fakultative Aktanten handelt,
c) wie diese Aktanten semantisch-denotativ und semantisch-funktionell charakterisiert sind,
d) welche syntaktische Rolle sie spielen bzw. welche morphologische Gestalt sie besitzen.

Unter Berücksichtigung von a), b) und d) lassen sich Valenzklassen aufstellen, die nach semantischen Gesichtspunkten weiter klassifiziert werden könnten:

1. Verben ohne Aktanten

    Es blitzt.

2. Verben mit einem obl. Aktanten (Subklasse $S_n - V$)

    Die Pflanze geht ein.

3. Verben mit einem obl. und einem fak. Aktanten (Subklasse $S_n - V - /S_a/$)

    Die Mutter kauft (Milch) ein.

4. Verben mit zwei obl. Aktanten (Subklasse $S_n - V - pS$)

    Der Dozent verweist auf das neueste Buch.

5. Verben mit zwei obl. und einem fak. Aktanten (Subklasse $S_n - V - /S_d/ - S_a$)

    Der Schüler beantwortet (dem Lehrer) die Fragen.

6. Verben mit drei obl. Aktanten (Subklasse $S_n - V - S_a - pS$)

    Der Polizist hindert den Einbrecher an der Flucht.

Die Sememe eines Verbs können unterschiedlichen Klassen angehören:

Der Besucher nennt seinen Namen. (2 obl. Aktanten)

Der Meister nennt seine Kollegin eine gute Facharbeiterin. (3 obl. Aktanten)

2.2.2.3. Aktionsarten des Verbs

Verben können auch die „**Verlaufsweise** und **Abstufung** des Geschehens" (HELBIG/BUSCHA 1994, 72) angeben, die Aktionsart. Die Differenzierung kann stärker zeitlich (Dauer, Anfang, Ende ...) oder stärker qualitativ (Veranlassung ...) erfolgen. Beide Verläufe greifen oft ineinander. Nach HELBIG/BUSCHA (1994, 72f.) unterscheiden wir folgende Gruppen von Aktionsarten:

– Verben der Dauer (durative, imperfektive Verben)
Sie bezeichnen den Verlauf ohne Begrenzung: *schlafen, leben*.
Zu den durativen Verben gehören auch solche der Wiederholung (iterative Verben: *flattern, tropfen*), der Intensität (*brüllen, sausen*) und der Verkleinerung (diminutive Verben: *tröpfeln, tänzeln*).

– Verben, die die Begrenzung eines Geschehens bzw. den Übergang von einem Geschehen zu einem anderen ausdrücken (perfektive Verben).
Bei diesen Verben lassen sich zeitliche und inhaltliche Differenzierungen in einigen Fällen trennen. Zeitliche Begrenzung drücken die ingressiven (Bezeichnung des Beginns: *aufblühen, loslaufen*) und die egressiven Verben (Bezeichnungen der Endphase: *verblühen, erjagen*) aus. Um eine qualitative Differenzierung handelt es sich bei den kausativen oder faktitiven Verben, „die ein Bewirken bzw. Veranlassen, ein Versetzen in einen neuen Zustand" bezeichnen (HELBIG/BUSCHA 1994, 73).

Außer diesen Gruppen gibt es weitere, von denen ich lediglich die mutativen Verben anführe, die einen Übergang von einem Zustand in einen anderen ohne zeitliche Begrenzung benennen (*rosten, reifen*). Es soll betont werden, daß in den Grammatiken unterschiedliche Klassifikationen existieren, daß die einzelnen Verbgruppen auch unterschiedlich zugeordnet werden (vgl. HELBIG/BUSCHA 1994, 72f.; SCHANEN 1995, 23f.). Für die Aktionsarten gibt es in der deutschen Sprache keine grammatische Kategorie des Verbs wie z.B. zum Ausdruck der Person und der Zeit. Die Aktionsart kann in verschiedener Weise gekennzeichnet werden. Wir führen einige Möglichkeiten an:

– Kennzeichnung durch die lexische Semantik des Verbs, wie es bei den oben angeführten Beispielen (u.a. *schlafen*) der Fall ist. In dieser Beziehung spielen die Mittel der Wortbildung, vor allem Suffixe und Präfixe, eine Rolle:

blühen – Dauer, *erblühen* – Beginn, *verblühen* – Ende
sitzen – Dauer, *setzen* – Bewirken
bitten – Dauer, *betteln* – Wiederholung

– Kennzeichnung durch zusätzliche lexikalische Mittel bzw. andere syntaktische Konstruktionen:

Er schwitzt. (Dauer) – *Er kommt ins Schwitzen.* (Beginn)
Die Rose verblüht. (Ende) – *Die Rose ist am Verblühen.* (Dauer)
Er arbeitet. (Dauer) – *Er arbeitet und arbeitet.* (Intensität)

Er hört auf zu arbeiten. (Ende) – *Er hört jeden Tag um 17 Uhr auf zu arbeiten.* (Wiederholung)

2.2.2.4. Vollverben, Hilfsverben, Funktionsverben

Als **Vollverben** bezeichnet man Verben, „die über eine unabgeschwächte Sachbedeutung verfügen" und ohne Unterstützung durch ein anderes Wort das Prädikat bilden können (W. Schmidt 1983, 200): *erhalten, fernsehen, finden, glauben, laufen, singen, warten.*

Hilfsverben sind folglich solche Verben, die – allgemein gesagt – eines weiteren Wortes bedürfen, um das Prädikat zu bilden. Dabei unterscheiden wir:

- **temporale** Hilfsverben
  Sie dienen zur Bildung der Tempora:
  haben, sein, werden
- **modale** Hilfsverben
  Sie modifizieren u.a. das Verhältnis zwischen dem Subjekt und dem Verbalvorgang in bezug auf Notwendigkeit, Willen, Möglichkeit, Wunsch, Fähigkeit und Ungewißheit:

    dürfen, mögen, müssen, sollen, wollen, können

Im Unterschied zu den Modalverben fordert *brauchen* in der Standardsprache den Infinitiv mit *zu*.

Die Verben *sein, werden, bleiben, scheinen* u.a. können als **Kopula** im Rahmen des nominalen Prädikats auftreten:

Er ist / war/ wird Lehrer.
Es ist / wird / bleibt kalt.

In anderen Untersuchungen wird nur *sein* als Prädikat aufgefaßt, wenn das Verb über eine identifizierende Bedeutung verfügt:

Mein Nachbar ist der Bürgermeister unserer Stadt.

Eine solche Auffassung führt zur Einführung eines besonderen Satzgliedes, des Prädikativs, außerhalb des Prädikats.

Die Verben *haben, sein* und *werden* können sowohl als Vollverben wie auch als Hilfsverben auftreten:

Er hat ein Haus. (Vollverb)   *Er hat gebadet.* (Hilfsverb)
Er ist in Berlin. (Vollverb)   *Er ist gelaufen.* (Hilfsverb)
Das wird schon. (Vollverb)   *Das wird geregelt.* (Hilfsverb)

Eine besondere Gruppe stellen die **Funktionsverben** dar. Sie sind Teile von Funktionsverbgefügen (auch **Streckformen** genannt). Diese bestehen aus einem

Substantiv und einem bedeutungsschwachen Funktionsverb (vgl. FLEISCHER 1982, 139ff.; SCHANEN 1995, 31):

einen Kuß geben – küssen; zur Aufführung bringen – aufführen

Funktionsverbgefüge erfüllen folgende Aufgaben:

- Sie variieren die Aktionsart („Verlaufsweise" / „Abstufung des Geschehens, das vom Verb bezeichnet wird"), dienen dazu, „den Vorgang zu perfektivieren oder zu punktualisieren" (HELBIG/BUSCHA 1994, 79f.):

    ängstigen – in Angst versetzen

- Sie können als Umschreibung des Passivs gebraucht werden.

    Die Maschine wurde vervollkommnet.
    Die Maschine erfuhr eine Vervollkommnung.

- Funktionsverb und Substantiv können den verbal-prädikativen Rahmen bilden. Während das entsprechende bedeutungstragende Verb in der Regel an zweiter Stelle steht, besteht bei den Funktionsverbgefügen generell die Möglichkeit, das bedeutungstragende Substantiv ans Ende des Satzes zu stellen.

    Der Handel entwickelt sich *gut.*
    Der Handel nimmt eine gute Entwicklung.
    (Vgl. HELBIG/BUSCHA 1994, 104).

Funktionsverbgefüge müssen von Phraseolexemen mit verbalen Bestandteilen unterschieden werden (vgl. FLEISCHER 1982, 141f.).

2.2.2.5. Rektion der Verben

Unter Rektion des Verbs versteht man die Kasusforderung des Verbs.

Akkusativ

Die Astronauten untersuchen die Sonnenflecken.

Es gibt sehr viele Verben mit Akkusativrektion.

Dativ

Das DRK dankt den Blutspendern.

Die Zahl der Verben mit Dativrektion ist nicht sehr groß.

Genitiv

Wir gedenken der Opfer des Nationalsozialismus.

Verben mit Genitivrektion sind in der Gegenwartssprache eine Resterscheinung. Sie werden vor allem schriftsprachlich gebraucht. Ihre Verwendung wirkt gehoben. Auch bei den heute noch verwendeten wenigen Verben mit Genitivrektion beobachten wir den Ersatz des Genitivs durch präpositionale Fügungen:

Sie spotteten seiner / über ihn.

Akkusativ + Dativ

Die Kinder schenkten der Mutter Blumen.

Unter den Verben, die mehrere Kasus nebeneinander fordern, ist diese Gruppe zahlenmäßig die stärkste.

Akkusativ + Akkusativ

Das kostet mich ein Lächeln.

Neben *kosten* wird *lehren* mit doppeltem Akkusativ gebraucht. Beide Verben werden auch mit Dativ + Akkusativ verwendet (vgl. WÖRTERBUCH DER SPRACH-SCHWIERIGKEITEN 1984, 307/317).

Die Verben *nennen, heißen, taufen, schelten* stehen ebenfalls mit doppeltem Akkusativ. Hierbei sind Akkusativobjekt und prädikativer Akkusativ kombiniert.

Sie nannten ihn Amigo.

Akkusativ + Genitiv

Sie klagten ihn des Verbrechens *an*.

Die Zahl dieser Verben ist gering. Wie die Verben, die nur den Genitiv fordern, wirken sie gehoben und werden teilweise durch präpositionale Fügungen ersetzt.

Der Schiedsrichter verwies den Spieler des Platzes / vom Platz.

Präpositionaler Kasus

Neben den Verben, die einen oder zwei reine Kasus fordern, gibt es eine große Gruppe von Verben, die mit einer Präposition verbunden sind, von der ein Substantiv abhängig ist:

Ich warte auf Jörg.

Häufig treten reine Kasus und präpositionale Kasus gemeinsam auf.

2.2.2.6. Transitive und intransitive Verben

Unter transitiven Verben versteht man Verben, die ein Objekt im Akkusativ verlangen, unabhängig davon, ob weitere obligatorische oder fakultative Ergänzungen gefordert werden. Es gehört zum Wesen der transitiven Verben, daß sie ein Passiv bilden, bei dem aus dem Akkusativobjekt des Aktivsatzes ein Subjekt des Passivsatzes wird. Alle übrigen Verben werden intransitiv genannt.

transitive Verben

bauen, beurteilen, geben, holen, nehmen

intransitive Verben

blühen, gedenken, gehen, helfen, kommen

Abhängig von ihrem aktualisierten Semem können viele Verben sowohl transitiv als auch intransitiv sein:

Der Zug fährt *nach Berlin.* (intransitiv)
Der LKW fährt *Zement zur Baustelle.* (transitiv)

2.2.2.7. Reflexive Verben

Die Mehrzahl aller Verben ist nichtreflexiv. **Reflexive Verben** treten obligatorisch mit einem Reflexivpronomen im Akkusativ oder Dativ auf.

Die Kinder freuen sich (Akkusativ), vgl.: *Ich freue* mich.
Er eignet sich (Dativ) *die Kenntnisse an,* vgl.: *Ich eigne* mir *Kenntnisse an.*

Reflexive Verben im engen Sinn sind solche Verben, die nur in Verbindung mit einem Reflexivpronomen gebraucht werden können (es können außerdem noch andere Ergänzungen hinzutreten). Bei ihnen ist das Reflexivpronomen ein freistehender, nicht weglaßbarer Bestandteil des Verbs, der keine gesonderte Bedeutung trägt:

sich aneignen, sich beeilen, sich befleißigen, sich besinnen

Daneben gibt es Verben, die sowohl reflexiv als auch nichtreflexiv gebraucht werden können:

Er erinnert sich/seinen Freund *an das Versprechen.*

Abhängig davon, ob ein Verb reflexiv oder nichtreflexiv gebraucht wird, kann es in der Bedeutung mehr oder weniger differieren:

kämmen – sich kämmen (polysem)
schicken – sich schicken (homonym)

Bemerkung: Die traditionelle Einteilung in „echte" und „unechte" reflexive Verben erfolgt nur unter syntaktischem Aspekt. Unter semantischem Aspekt sind die Verben, die reflexiv gebraucht werden können, eigentlich „echt" reflexiv, weil nur sie eine reflexive Beziehung zwischen Subjekt und Objekt herstellen, bei den traditionell „echten" gehört das Reflexivpronomen zum Verb, eine Identifizierung von Subjekt und Objekt ist nicht möglich (vgl. HELBIG/BUSCHA 1994, 65).

Neben den reflexiven Verben sind die **reziproken** Verben zu nennen. Bei solchen Verben liegt eine wechselseitige Beziehung vor, im Sinne von *einander*:

sich begegnen, sich beleidigen, sich grüßen, sich umarmen

Manche Verben können sowohl nichtreflexiv als auch reflexiv und reziprok gebraucht werden:

Wir gönnten ihm *den Urlaub.* (nichtreflexiv)
Der Unermüdliche gönnt sich *kaum eine Pause.* (reflexiv)
Sie gönnten sich/einander *den Urlaub.* (reziprok)

2.2.3. Konjugation

2.2.3.1. Konjugationsarten

Die Verben bilden ihre Formen nach unterschiedlichen Typen der Konjugation. Bisher wurde diese traditionell in starke, schwache und unregelmäßige Konjugation gegliedert. Die Bezeichnungen „stark/schwach" sagen freilich nichts über das Wesen dieser Typen aus. So könnte man besser der regelmäßigen Konjugation (= schwache Konjugation) die unregelmäßige (= starke und unregelmäßige Konjugation) gegenüberstellen (vgl. HELBIG/BUSCHA 1994, 35, so auch DUDEN-GRAMMATIK 1995, 113 ff./122ff.).

1. **Regelmäßige Konjugation**

Sie ist der Haupttyp der Bildung von Verben und der in der Gegenwartssprache allein produktive Typ. Die Bildungsweise ist einfach und also sprachökonomisch.
Merkmale:

a) gleichbleibender Stammvokal

beben – bebte – gebebt
holen – holte – geholt

b) Bildung der Formen des Präteritums und des Partizips II mit dem grammatischen Morphem -t-

Infinitiv: *malen*
Präteritum: *malte, maltest*
Partizip II: *gemalt*

Bei Verbalstämmen auf *d, t, m, n* tritt vor das Suffix *t* noch *e:*

atmete, badete, rettete; geatmet, gebadet, gerettet

2. **Unregelmäßige Konjugation**

Zu dieser Konjugation gehören heute noch etwa 160 Verben.
Merkmale:

a) Ablaut (regelmäßiger Wechsel des Stammvokals)

singen – sang – gesungen

b) Partizip II auf *-en*

gebunden – gebeten – getragen – gelaufen

Neben dem Ablaut treten auch noch andere (historisch ererbte) lautliche Veränderungen auf:

- Umlaut:

    grabe – gräbst – gräbt

- e/i-Wechsel:

    gebe – gibst – gibt

- Grammatischer Wechsel:

    ziehen – zog

Je nach den Ablautunterschieden in den drei Stammformen kann man drei Gruppen von starken Verben bilden:

a) Präsens, Präteritum und Partizip II haben jeweils einen anderen Stammvokal:

binden – band – gebunden
liegen – lag – gelegen

b) Präsens und Partizip II haben den gleichen Stammvokal, das Präteritum weicht davon ab:

fahren – fuhr – gefahren
kommen – kam – gekommen

c) Präteritum und Partizip II haben den gleichen Stammvokal, das Präsens weicht davon ab:

fliegen – flog – geflogen
schreiben – schrieb – geschrieben

3. Sonderheiten bei der Konjugation

Darunter fallen Verben, die über die erläuterten Formmerkmale hinaus Veränderungen bei der Bildung der Stammformen oder auch der Personalformen aufweisen. Solche Verben lassen sich, teilweise unter diachronischem Aspekt, in Gruppen zusammenfassen, u.a.

- sein

    Die Konjugationsformen gehen auf verschiedene Stämme zurück:

    bin / bist – ist / sind / seid – war / gewesen

- *gehen / stehen / tun*
  Diese Verben „haben nicht nur einen von den normalen Gruppen abweichenden Vokalwechsel, sondern zusätzlich einen Wechsel im Konsonantismus" (HELBIG/BUSCHA 1994, 40).

  stehen – stand – gestanden
  gehen – ging – gegangen

  Sonderheiten weisen auch die heutigen Modalverben (wie *können / dürfen*) und *wissen* auf; das sind außer *wollen* ehemalige Präteritopräsentien, bei denen
  a) das ursprüngliche Präsens verlorengegangen ist,
  b) die Formen des früheren Präteritums präsentische Bedeutung angenommen haben,
  c) danach das Präteritum wie bei schwachen Verben gebildet wird. (Vgl. METTKE 1983, 202.)

  Auch bei *denken* und *bringen* sind Merkmale der starken und der schwachen Konjugation verquickt. Bei *brennen, nennen, rennen, senden, wenden* ist das *e* im Infinitiv und Präsens ein Umlaut; dagegen ist der Stammvokal im Präteritum und Partizip II (*brannten, gebrannt*) nicht umgelautet (vgl. HELBIG/BUSCHA 1994, 41; METTKE 1983, 198).

4. Schwankungsfälle

In der Gegenwart gibt es Verben, deren Infinitivformen gleichlauten (Hononyme), die aber unterschiedliche Präteritalformen bilden:

bewegen –   *bewog – bewogen – ‚veranlassen'*
               bewegte – bewegt – ‚den Platz, die Lage verändern'
schaffen –   *schuf – geschaffen – ‚schöpferisch tätig sein'*
               schaffte – geschafft – ‚arbeiten', ‚bewältigen'
senden –   *sandte – gesandt – ‚schicken'*
               sendete – gesendet – ‚eine Sendung ausstrahlen'

Teilweise werden die Formen landschaftlich verschieden gebraucht. Oft ist mit dem Gebrauch der Formen ein stilistischer Unterschied verbunden, wobei die alten (starken) Formen häufig als gehoben empfunden werden:

melken – melkte / molk – gemelkt / gemolken
weben – webte / wob – gewebt / gewoben
dünken – dünkte / deuchte – gedünkt / gedeucht

Eine Übersicht über Schwankungsfälle gibt JUNG (1988, 177ff.).

2.2.3.2. *Finite und infinite Verbformen*

a) Die **finite Verbform** (verbum finitum/Personalform) bringt die Beziehung zum Subjekt zum Ausdruck. Sie trägt das grammatische Merkmal der Person und des Numerus, und Modus, Tempus und Genus verbi werden im Präsens Aktiv und im Präteritum Aktiv (synthetische Verbformen) ebenfalls an der finiten Verbform sichtbar.

ich schreibe – 1. Pers. Sg. Präs. Ind. Akt.
ich schriebe – 1. Pers. Sg. Prät. Konj. Akt.

Die übrigen Tempora und Genera verbi werden durch die Kombination finiter und infiniter Formen ausgedrückt (analytische Verbformen).

ich habe geschrieben – 1. Pers. Sg. Perf. Ind. Akt.

Konjugationstabellen

Indikativ (3. Pers. Sg.)

	Aktiv	Vorgangspassiv	Zustandspassiv
Präsens	schreibt	wird geschrieben	ist geschrieben
Prät.	schrieb	wurde geschrieben	war geschrieben
Perfekt	hat geschrieben/ ist gekommen	ist geschrieben worden	ist geschrieben gewesen
Plusqu.	hatte geschrieben/ war gekommen	war geschrieben worden	war geschrieben gewesen
Futur I	wird schreiben	wird geschrieben werden	wird geschrieben sein
Futur II	wird geschrieben haben	wird geschrieben worden sein	wird geschrieben gewesen sein

Konjunktiv

	Aktiv	Vorgangspassiv	Zustandspassiv
Präsens	(er) schreibe	werde geschrieben	sei geschrieben
Prät.	schriebe	würde geschrieben	wäre geschrieben
Perfekt	habe geschrieben/ sei gekommen	sei geschrieben worden	sei geschrieben gewesen
Plusqu.	hätte geschrieben/ wäre gekommen	wäre geschrieben worden	wäre geschrieben gewesen
Futur I	werde schreiben	werde geschrieben werden	werde geschrieben sein
Futur II	werde geschrieben haben	werde geschrieben worden sein	werde geschrieben gewesen sein

b) Die **infinite Verbform** (verbum infinitum/Nominalform) steht nicht in einem direkten Bezug zum Subjekt und drückt nicht Person, Numerus, Tempus und Modus aus.

Infinite Verbformen treten als Infinitive und Partizipien auf. Sie sind in der Lage, das Genus verbi auszudrücken. Infinite Verbformen können verbal oder nominal verwendet werden.

verbal:

    Er wird das Buch finden.   (Infinitiv I Aktiv als Teil des Prädikats)
    Er muß gelobt worden sein.   (Inf. II Vorgangspassiv als Teil des Prädikats)

nominal:

    das gefundene *Buch*   (Partizip II als Attribut)
    der Versuch zu springen   (Infinitiv als Attribut)

Wir unterscheiden folgende Infinitive und Partizipien:

	Beispiele	Verwendung
Infinitiv I		
Aktiv	öffnen	Er muß es öffnen.
Vorgangspassiv	geöffnet werden	Es muß (von ihm) geöffnet werden.
Zustandspassiv	geöffnet sein	Es muß geöffnet sein.
Infinitiv II		
Aktiv	geöffnet haben	Er muß es geöffnet haben.
Vorgangspassiv	geöffnet worden sein	Es muß geöffnet worden sein.
Zustandspassiv	geöffnet gewesen sein	Es muß (schon) geöffnet gewesen sein.
Partizip I	tragend	die tragende Säule
Partizip II	getragen	das getragene Kleid

Bei der Bildung der Tempusformen einiger Hilfsverben ergeben sich Besonderheiten. Auf einige soll hingewiesen werden:

– Bei temporalen und modalen Hilfsverben finden wir im Perfekt, Plusquamperfekt und Infinitiv II anstelle des Partizips II den sogenannten Ersatzinfinitiv; *werden* bildet das Partizip II ohne *ge:*

    Er hat nicht fahren dürfen.
    Die Anfrage war nicht beantwortet worden.

- „Wenn die Modalverben im Nebensatz in den zusammengesetzten Tempusformen vorkommen, steht die konjugierte Form von *haben* vor den Infinitiven des Voll- und Hilfsverbs" (HELBIG/BUSCHA 1994, 109):

   Er erklärte, warum er nicht habe *kommen können.*

2.2.4. Kategorien des Verbs

2.2.4.1. Person und Numerus

Person und Numerus des Verbs sind durch die Beziehung des Verbs zum Subjekt bedingt.

Die Personen des Verbs werden meist neutral als 1., 2., 3. Person bezeichnet, wobei mit der 1. Person ein Bezug auf die sprechende (*ich / wir*), mit der 2. Person ein Bezug auf die angesprochene (*du / ihr*) und mit der 3. Person ein Bezug auf eine besprochene (*er, sie, / es /, sie*) Größe zum Ausdruck gebracht wird. Nur bei der 1. und 2. Person handelt es sich notwendig um Menschen (abgesehen von Personifizierungen).

Die Numeri des Verbs sind Singular und Plural.

Die Personen und Numeri werden am Verb durch die Morpheme *-e, -(e)st, -(e)t, -en* oder durch das Nullmorphem ausgedrückt. Vgl. aber:

   rasen – du rast (statt: *ras + st*)
   reißen – du reißt (statt: *reiß + st*)
   reizen – du reizt (statt: *reiz + st*)

Alle Formen bis auf *-(e)st* sind homonym. Die Eindeutigkeit ist durch die Kongruenz mit dem Subjekt gesichert. Zu den drei Personen in Singular und Plural tritt die Höflichkeitsform. Sie entspricht der 3. Person Plural, ihre Bedeutung ist die der angesprochenen Person, wobei es keinen formalen Unterschied zwischen Singular und Plural gibt.

   Sie kommen doch mit?

Die Eindeutigkeit ist hier durch die Sprechsituation gesichert. Eine Sonderstellung nimmt der Imperativ ein. Seine Formen drücken neben der Imperativsemantik auch Person und Numerus aus. Kontext, Sprechmelodie und Situation realisieren zusammen mit dem morphematischen Aufbau des Wortes die Bedeutung.

2.2.4.2. Tempus und Temporalität

Das **Tempus** ist eine nur dem Verb eigene Kategorie. Das Tempus als (formale) Kategorie ist das wichtigste Mittel, um zeitliche Beziehungen (Temporalität) auszudrücken. Temporalität kann auch durch lexikalische Mittel, u.a. durch temporale adverbiale Bestimmungen und temporale Attribute, verdeutlicht werden.

Wir werden *nach Bulgarien* fahren.
Im nächsten Jahr fahren *wir nach Bulgarien*.
Der Urlaub im nächsten Jahr *führt uns nach Bulgarien*.

Wir unterscheiden 6 Tempora:
Präsens, Präteritum, Perfekt, Plusquamperfekt, Futur I und Futur II. Präsens und Präteritum bilden ihre Formen im Aktiv synthetisch:

Ich komme / sage; kam / sagte.

Die übrigen Tempora bilden ihre Formen analytisch mit *haben, sein, werden:*

Perf.	*ich bin gekommen / habe gesagt*
Plusqu.	*ich war gekommen / hatte gesagt*
Fut. I	*ich werde kommen / werde sagen*
Fut. II	*ich werde gekommen sein / werde gesagt haben*

In der Umgangssprache des Mittel- und Oberdeutschen wird oft eine Art „4./5. Vergangenheit" gebraucht: *Ich habe / hatte gefragt gehabt.* Sie entspricht aber nicht dem sprachlichen Standard.

Perfekt und Plusquamperfekt werden bei der Mehrzahl der Verben mit *haben* gebildet. Dieses Hilfsverb tritt auf bei:

1. allen transitiven Verben,
2. allen reflexiven und reflexiv gebrauchten Verben.
3. allen Modalverben,
4. allen unpersönlichen Verben,
5. einigen intransitiven Verben mit durativer Aktionsart (wie *sitzen, arbeiten, schlafen,* aber auch Verben wie *ziemen, klappen, beginnen*).

Analytische Formenbildung mit *sein* weisen auf

1. alle anderen intransitiven Verben,
2. vor allem Verben der Bewegung, die Ortsveränderungen angeben (*Wir sind durch den Wald gewandert.*),
3. die Verben *sein, bleiben, werden.*

Bei einigen Verben finden wir mit *haben* und *sein* gebildete Formen, je nachdem, ob jene transitiv oder intransitiv gebraucht werden (*Er hat den Wagen gefahren, er ist mit dem Wagen gefahren*) oder mit unterschiedlichen Sememen auftreten (*Er hat sein Wort gebrochen, das Rohr ist gebrochen*) (vgl. HELBIG/BUSCHA 1994, 137f.).

Insgesamt bemerken wir eine Entwicklung zum analytischen Sprachbau (Einsatz von Hilfswörtern bei der Konstituierung bestimmter Formen).

Die Tempora dienen in der Gegenwartssprache dazu, drei komplexe Bedeutungen zu realisieren: die absolute und die relative Zeitbedeutung, die Bedeutung der Modalität und der Aktionalität. Diese Bedeutungen lassen sich in Seme zerlegen. Es können temporale Seme (u.a. ‚vergangen', ‚zukünftig'), aktionale Seme (u.a. ‚vollzogen', ‚verlaufend') und Seme der Modalität (u.a. ‚vermutend', ‚auffordernd') auftreten. Zwischen den innerhalb einer Bedeutung auftretenden Semen bestehen hierarchische Beziehungen. Das dominierende Sem ist kennzeichnend für die Gesamtbedeutung, z.B.

1. *Ich* werde *(morgen) nach Berlin* fahren.
2. *Er* wird *krank* gewesen sein.

	Form	Bedeutung		
		temporal	modal	aktional
Beispiel 1:	Futur I	Seme: ‚zukünftig'	‚ausstehend'	‚verlaufend'
Beispiel 2:	Futur II	Seme: ‚vergangen'	‚vermutend'	‚abgeschlossen'

Im Beispiel 1 dominiert das temporale Sem ‚zukünftig', das Beispiel kann in ein grammatisch-semantisches Feld der absoluten Zeitbedeutung eingeordnet werden. Im Beispiel 2 dominiert das modale Sem ‚vermutend', es kann einem Feld der Modalität zugeordnet werden.

An der Realisierung von Bedeutungen der Modalität sind die Tempora Präsens, Futur I und II und Perfekt im Indikativ beteiligt.

1. Präsens

Durch Präsensformen kann eine Aufforderung ausgedrückt werden:

Ihr beteiligt *euch an der Pflege des Rasens!*

2. Futur I

Durch das Futur I kann eine Vermutung ausgedrückt werden. Je nach Kontext kann die Vermutung für die Gegenwart oder die Zukunft gelten:

Das Licht dort wird *vom Leuchtturm Arkona* kommen.
Am Nachmittag wird *die Sonne (sicher) wieder* scheinen.

Außerdem dient das Futur I auch als Ausdruck einer Aufforderung:

Du wirst *das* erledigen!

3. Futur II

Das Futur II drückt eine Vermutung über Geschehnisse aus, die als in der Vergangenheit abgeschlossen gelten:

Er wird *den Zug (wohl) nicht* erreicht haben.

Durch entsprechende Kontextelemente kann mit dem Futur II auch die Vermutung über ein in der Zukunft als abgeschlossen gedachtes Geschehen ausgedrückt werden:

Bis morgen früh *wird das Schiff den Hafen (wahrscheinlich) erreicht haben.*

Obgleich wir diese Bedeutungsmerkmale dem Verb zuordnen, sind es eigentlich Merkmale der Satzbedeutung, die mit Hilfe der Tempusformen und anderer Mittel realisiert werden (vgl. GRUNDZÜGE 1984, 507).

2.2.4.2.1. Die absolute Zeitbedeutung

Unter absoluter Zeitbedeutung verstehen wir die zeitliche Beziehung zwischen dem Redemoment (= Sprechzeit) und dem dargestellten Sachverhalt (= Aktzeit). Bei bestimmten Zeitangaben kann neben der Sprech- und der Aktzeit noch eine vermittelnde Zeitspanne, die Betrachtzeit, liegen (Gestern *hatte er die Reise schon seit drei Tagen beendet* – Angabe der Betrachtzeit durch *gestern*). „Die Explikation der Tempusbedeutungen mit Hilfe von Begriffen wie Aktzeit, Sprechzeit und Betrachtzeit geht auf die frühe zeitlogische Tempusanalyse von Hans Reichenbach (1947) zurück und wird [...] in vielen neueren linguistischen Arbeiten zum Tempus verwendet [...] Einer der Vorteile dieses Ansatzes ist, daß er den zeitreferentiellen Aspekt der Tempusbedeutung zu trennen erlaubt von anderen Aspekten, insbesondere dem modalen und der Aktionsarten." (EISENBERG 1994, 121) Hinsichtlich der Betrachtzeit hat der Sprecher die Möglichkeit, vom Moment des Redens/Schreibens aus ein Geschehen als gegenwärtig, vergangen oder zukünftig darzustellen.

An der Darstellung absoluter Zeitbedeutungen sind alle Tempora beteiligt.

1. Präsens

a) Aktuelles Präsens (Hauptbedeutung)
Das Präsens bezeichnet gegenwärtiges Geschehen. Es fällt mit dem Redemoment zusammen oder verläuft teilweise mit ihm gleichzeitig, wenn es bereits in der Vergangenheit begonnen hat und/oder noch in die Zukunft reicht. Weitere temporale Mittel können auftreten:

Die Kinder sehen (gerade / seit einer halben Stunde) *den Film Aschenbrödel.*

b) Futurisches Präsens
Das Präsens bezeichnet zukünftiges Geschehen. In dieser Bedeutung wird es weitaus häufiger gebraucht als das Futur I. Weitere temporale Mittel können der Eindeutigkeit dienen:

Wir treffen uns (um zwölf Uhr / morgens / am 3. Mai) *in Neustadt.*

c) Historisches oder dramatisches Präsens
Das Präsens bezeichnet vergangenes Geschehen. Zur Realisierung dieser Bedeutung sind meist weitere temporale Mittel notwendig:

1949 trifft *Thomas Mann in Weimar mit Johannes R. Becher* zusammen.

Wenn Ganzschriften, die Vergangenes ausdrücken, im Präsens geschrieben sind, sichert der Kulturkontext das Bedeutungsmerkmal ‚vergangen'.

d) Generelles Präsens

Das Präsens drückt Allgemeingültiges aus, das in keiner direkten zeitlichen Beziehung steht. Daher treten auch keine sprachlichen Elemente auf, die das Geschehen zeitlich einordnen:

> *Die Erde* bewegt sich *um die Sonne.*

Genaugenommen ist diese Gebrauchsweise nicht der absoluten Zeitbedeutung unterzuordnen, da hier nicht Temporalität, sondern Atemporalität auftritt.

2. Präteritum

Das Präteritum bezeichnet allgemein Vergangenes. Es wird vor allem bei der Darstellung zusammenhängender oder in der Vergangenheit aufeinander folgender Geschehnisse verwendet:

> *Die Nacht war windstill. Nicht ein einziges Blatt, nicht einer der benadelten Zweige* rührte sich. *Die Rinde war an der gegen Nordosten offenen Seite des Berghanges noch feucht ...* (Welskopf-Henrich)

Neben dieser Verwendung wird das Präteritum in literarischen Texten in der erlebten Rede angewendet, wobei eine **„Neutralisierung** der Vergangenheitsbedeutung" stattfindet. Hierbei kennzeichnet das Präteritum von Modalverben „die Rede und die Gedanken der Romanhelden, die diese auf die Gegenwart oder die Zukunft beziehen" (MOSKALSKAJA 1975, 101f.):

> *... je mehr man sich Paris näherte, um so schneller arbeiteten in Pierres Kopf die Gedanken. Die Firma, die er gründen wollte, mußte auch äußerlich repräsentieren.* (Feuchtwanger)

3. Perfekt

a) Darstellung von etwas Vergangenem (Hauptbedeutung)

Im Gegensatz zum Präteritum wird das Perfekt vor allem zur Darstellung abgeschlossener (vollzogener) Geschehnisse verwendet und wird nicht vordringlich wie das Präteritum zur Darstellung zusammenhängender Geschehnisse gebraucht. Außerdem unterscheidet es sich vom Präteritum durch den konstatierenden Charakter der Aussage. Das Perfekt kann auch Geschehnisse bezeichnen, die von der Vergangenheit bis in die Gegenwart reichen:

> *Ich* habe *mir (gestern) den neuen Roman* gekauft.
> *Wir* haben *uns (schon lange) auf deinen Besuch* gefreut.

b) Darstellung von etwas Zukünftigem

Das Perfekt stellt ein erwartetes, also zukünftiges Geschehen dar. Zur Realisierung der Bedeutung ‚zukünftig' sind weitere temporale Mittel notwendig. In dieser Bedeutung ersetzt das Perfekt in zunehmendem Maße das Futur II:

Morgen um diese Zeit / in einer Woche haben wir *die Prüfung schon* abgelegt.

4. Plusquamperfekt

Das Plusquamperfekt bezeichnet stets vergangenes Geschehen, das als abgeschlossen (vollzogen) dargestellt wird. Im Gegensatz zum Perfekt können mit dem Plusquamperfekt die Geschehnisse nicht als bis in die Gegenwart reichend dargestellt werden. Als absolutes Tempus kommt das Plusquamperfekt selten vor:

Die Gruppe hatte *einen Ausflug ins Isergebirge* geplant.

5. Futur I

Das Futur bezeichnet zukünftiges Geschehen. Weitere temporale Mittel können die zeitlichen Verhältnisse präzisieren, sind aber zur Realisierung der Bedeutung ‚zukünftig' nicht notwendig:

Annette wird (*ab September*) *in Bochum* studieren.

6. Futur II

Das Futur II wird in der Gegenwartssprache mit ganz geringen Ausnahmen nicht mehr zur Darstellung zeitlicher Beziehungen verwendet. Wenn es gebraucht wird, drückt es ein für die Zukunft als abgeschlossen geltendes Geschehen aus. Weitere temporale Mittel sind zur Realisierung der Bedeutung ‚zukünftig' obligatorisch, da sonst die modale Bedeutung gilt:

Am 20. August wird *die Expedition ihr Ziel* erreicht haben.

Vgl. dazu die Bedeutung der Modalität (Vermutung):

Die Expedition wird *ihr Ziel* erreicht haben.

Auf Grund ihrer Bedeutung stehen die Tempora in vielfältigen semantischen Beziehungen zueinander. Teilweise besteht die Möglichkeit, unterschiedliche Tempora zur Realisierung desselben zeitlichen Verhältnisses einzusetzen. Diese Tempora sind jedoch nicht willkürlich gegeneinander austauschbar. Die Austauschbarkeit wird begrenzt:

– durch Bedeutungsnuancierungen und damit verbundene Unterschiede in der Wirkung,
– durch den normativen Gebrauch in bestimmten Darstellungsarten und Genres.

Bedeutungsnuancierungen ergeben sich aus den Semen der Tempora selbst, besonders aus dem mit dem temporalen Sem verbundenen aktionalen Sem (Perfekt, Plusquamperfekt, Futur II – ‚abgeschlossen'/‚vollzogen'; Präsens, Präteritum, Futur I – ‚verlaufend'). Außerdem spielt die Sehweise des S/S eine Rolle. So kann der S/S ein vergangenes Geschehen durch die Verwendung des Präsens bewußt oder unbewußt vergegenwärtigen. „Das Tempus ist eine subjektiv-objektive Kategorie [...], es stellt das Geschehen aus der zeitlichen Perspektive des Sprechers dar, d.h. hinsichtlich der zeitlichen Stellung, die es in den Augen des Sprechers einnimmt" (W. SCHMIDT 1983, 200).

Zusammenfassend kann man die wichtigsten (nicht alle) temporalen, aktionalen und modalen Seme beim Gebrauch der einzelnen Tempora und ihrer Varianten in folgender Weise darstellen (vgl. auch KLUG, in: GRAMM.-SEMANT. FELDER 1984, 29):

	gegenwärtig	vergang.	zukünft.	Verlauf	Vollzug	ausstehd.	vermutend
akt. Präsens	+			+			
fut. Präs.			+	+		+	
histor. Präs.		+		+			
gener. Präs.				+			
Präterit.		+		+			
Perfekt		+			+		
fut. Perf.			+		+	+	
Plusquamp.		+			+		
Futur I			+	+		+	+
Futur II		+			+		+

Bei einer solchen schematischen Zusammenfassung wird natürlich nicht berücksichtigt, daß nicht alle Verben im Präsens, Präteritum und Futur I zur durativen Aktionsart gehören. Schließlich kann auch die **Atemporalität** (Allgemeingültigkeit) durch mehrere Tempora ausgedrückt werden (u.a. durch das Präsens und Futur I sowie seltener durch das Perfekt und Futur II).

2.2.4.2.2. Die relative Zeitbedeutung

Neben dem Ausdruck einer zeitlichen Beziehung zwischen dem Redemoment und dem dargestellten Geschehen können zeitliche Beziehungen zwischen zwei oder mehreren Geschehnissen ausgedrückt werden. Sachverhalte können durch selbständige Sätze, Nebensätze und Wortgruppen (Substantivgruppen, Infinitivgruppen, Partizipialgruppen) dargestellt werden. Also kann man zeitliche Beziehungen zwischen Sätzen (Satzfolgen), innerhalb von Satzgefügen zwischen Haupt- und Nebensatz und innerhalb eines Satzes, z.B. zwischen dem Prädikatsgeschehen und einem Wortgruppengeschehen, unterscheiden. Am Ausdruck dieser (relativen) zeitlichen Bedeutungen sind ebenfalls unterschiedliche sprachliche Mittel beteiligt (vgl. KLUG, in: GRAMM.-SEMANT. FELDER 1984, 36f.). Eine besondere Rolle spielen die lexikalischen Mittel. Wir konzentrieren uns hier jedoch auf die Tempora und untersuchen ihre relative Zeitbedeutung (Gleichzeitigkeit, Vorzeitigkeit, Nachzeitigkeit). Die Rolle der Tempora bei der Darstellung dieser Zeitverhältnisse ist gering, nur bei der Realisierung der Bedeutung ‚Vorzeitigkeit' führen die Tempora Eindeutigkeit herbei. Die zeitlichen Verhältnisse werden vor allem durch Konjunktionen und Adverbien verdeutlicht. Wir konzentrieren uns auf die Zeitverhältnisse zwischen Haupt- und Nebensatz, betrachten das Verhältnis des Nebensatzgeschehens im Verhältnis zum Hauptsatzgeschehen.

1. **Gleichzeitigkeit**
Gleichzeitigkeit wird durch gleiche Tempora und durch Konjunktionen (besonders *während*) ausgedrückt:

> *Wir* besichtigten *das Museum*, während / als *es* regnete.

2. **Nachzeitigkeit** (Nebensatzgeschehen nach Hauptsatzgeschehen)
Bei Nachzeitigkeit stehen im Haupt- und Nebensatz meist gleiche Tempora; es kann aber auch das Präsens bzw. Präteritum im Nebensatz stehen, wenn das Perfekt bzw. Plusquamperfekt im Hauptsatz gebraucht wird. Konjunktionen führen Eindeutigkeit herbei:

> *Er* erreichte *sein Ziel*, ehe *die Sonne* unterging.
> *Er* hatte *sein Ziel* erreicht, ehe *die Sonne* unterging.

3. **Vorzeitigkeit** (Nebensatzgeschehen vor Hauptsatzgeschehen)
Beim Ausdruck der Vorzeitigkeit gibt es relativ stabile Regeln für den Gebrauch der Tempora im Haupt- und im Nebensatz. Wenn im Hauptsatz das Präsens oder das Futur I als absolutes Tempus steht, steht im Nebensatz in der Regel das Perfekt als relatives Tempus:

> *Wenn ich das Buch* gefunden habe, gebe *ich es dir sofort* zurück / werde *ich es dir sofort* zurückgeben.

Vereinzelt findet sich das Futur II als relatives Tempus im Nebensatz, bezogen auf einen Hauptsatz mit Futur I.

Wenn im Hauptsatz das Präteritum steht, steht im Nebensatz das Plusquamperfekt als relatives Tempus:

> *Nachdem der Angler drei Stunden geduldig* gewartet hatte, fing *er eine schmackhafte Forelle.*

Im Gegensatz zum Ausdruck der Nachzeitigkeit kann die Vorzeitigkeit allein durch die Tempora – z.B. in Relativsätzen – ausgedrückt werden:

> *Auf dem Alexanderplatz* trafen *wir die beiden Touristen, denen wir im Tierpark* begegnet waren.

Neben den Hauptmöglichkeiten, die Vorzeitigkeit ausdrücken, treffen wir in der Gegenwartssprache auch die Zuordnung des Präteritums und des Plusquamperfekts zum Präsens und des Perfekts zum Präteritum an. Dieser Gebrauch wird u.a. dadurch begünstigt, daß die zeitlichen Beziehungen auf Grund der Bedeutung der Konjunktionen oder des Kontextes unmißverständlich sind.

Wie oben angedeutet, gibt es mehrere Möglichkeiten, relative Zeitverhältnisse sprachlich auszudrücken. Auf eine andere Art der „Wahl" durch den Sprecher soll hingewiesen werden.

Der S/S kann gleiche Sachverhaltskomplexe je nach Betrachtung unter dem Aspekt der Vorzeitigkeit oder Nachzeitigkeit darstellen:

Nachdem der Wärter den Käfig gesäubert hatte, gab er *den Tieren Futter.*
Der Wärter säuberte *den Käfig, bevor er den Tieren Futter* gab.

Abschließend bringen wir eine Zusammenstellung lexischer Mittel, die Zeitverhältnisse zwischen Sachverhalten verdeutlichen helfen. Eine ausführliche Darstellung des grammatisch-semantischen Feldes der Temporalität findet sich bei KLUG (GRAMM.-SEMANT. FELDER 1984, 26ff.).

	Innerhalb der Satzverbindungen oder bei aufeinanderfolgenden Sätzen	Im Satzgefüge
	Adverbien und Adjektive	subordinierende Konjunktionen
Gleichzeitigkeit	*gerade, dabei, gleichzeitig*	*während, als, indessen, solange*
Nachzeitigkeit	*dann, danach, darauf später, bald, nachher*	*bevor, ehe, bis*
Vorzeitigkeit	*vorher*	*nachdem, als, wenn, sobald, seit(dem)*

Ergänzt wird dieses Feld synonymischer Mittel durch den Gebrauch von Präpositionen im Zusammenhang mit meist deverbalen Substantiven:

Während *des Gewitters* ...
Vor *der Rückkehr* ...
Nach *dem Besuch* ... (Vgl. auch *3.3.2.6.*, 2.)

2.2.4.3. Modus und Modalität

Der **Modus** ist als morphologische Kategorie des Verbs das wichtigste sprachliche Mittel zum Ausdruck der **Modalität**. „Modalität ist eine funktional-semantische Kategorie, die durch das hierarchisch geordnete Zusammenwirken morphologischer, syntaktisch-konstruktiver, intonatorischer und lexikalischer Mittel zum Ausdruck bringt, ob der in der Äußerung sprachlich fixierte Bewußtseinsinhalt des Sprechenden als mit der Wirklichkeit übereinstimmend bezeichnet wird oder nicht. Aus diesen beiden Möglichkeiten der sprachlich fixierten Bezugsetzung des Äußerungsinhaltes zur Wirklichkeit ergeben sich die zwei Grundmodalitäten des Satzes: Wirklichkeit und Nichtwirklichkeit.

Der in der Äußerung sprachlich fixierte Bewußtseinsinhalt konstituiert sich aus Ergebnissen der Erkenntnistätigkeit, des Kommunikationszieles und der -absicht sowie gegebenenfalls aus primär subjektiven Wertungskomponenten der Ergebnisse der Erkenntnistätigkeit. Diese subjektiven Wertungskomponenten können aus rationalen und/oder emotionalen Beweggründen resultieren" (KÜHNL 1977, 101).

Mit seiner subjektiven Stellungnahme drückt der S/S – innerhalb der o.g. Grundmodalitäten Wirklichkeit und Nichtwirklichkeit – Gewißheit, Ungewißheit, Vermutung, Bedingtheit, Notwendigkeit, Forderung, Möglichkeit oder Unmöglichkeit eines Geschehens aus (vgl. SKIBITZKI 1984, 13).

Solche unterschiedlichen Modalitäten werden nicht nur mit Hilfe der Modi des Verbs, sondern auch durch die Semantik anderer sprachlicher Mittel objektiviert: Modalverben, Modalwörter, Modalwendungen (z.B. *in der Tat, aller Wahrscheinlichkeit nach, meines Erachtens*), Partikeln, Adjektive, Satzkonstruktionen und Intonationselemente. Diese Ausdrucksmittel lassen sich zu einem Modalitätsfeld zusammenfassen (vgl. H. MEIER, in: GRAMM.-SEMANT. FELDER 1984, 38ff.).

Im Folgenden beschränken wir uns primär auf die drei Modi Indikativ, Konjunktiv und Imperativ als Kernmittel der Modalität.

2.2.4.3.1. Indikativ

Der Indikativ ist die Grundform der Modi, der „Modus der Setzung [...], der [...] einen Sachverhalt als gegeben darstellt" (W. SCHMIDT 1983 b, 233). Er bezeichnet nicht nur das tatsächlich Gegebene (1), sondern drückt auch Vorgestelltes (2) und zu Verwirklichendes (3) aus.

(1) *Wasser* gefriert *bei null Grad.* (Naturgesetzlich reales Geschehen)
(2) *Wenn du dich* beeilst (beeiltest), kommst (kämst) *du noch zurecht.*
(3) *Du* gibst *mir doch bitte das Buch?*

2.2.4.3.2. Konjunktiv

Die Semantik des Konjunktivs läßt sich aus der Opposition (siehe obiges Beispiel 2) gegenüber dem Indikativ erfassen. Während mit dem Indikativ ein Geschehen meist als wirklich gedacht dargestellt wird, dient der Konjunktiv dazu, ein Geschehen als vermittelt, nicht oder noch nicht wirklich im weitesten Sinne zu kennzeichnen. Bei der weiteren Differenzierung seiner Bedeutung ergeben sich Beziehungen sowohl zum Indikativ als auch zum Imperativ.

1. Zur Form des Konjunktivs

Von der Form her unterscheiden wir den Konjunktiv, der vom Präsensstamm gebildet wird (Konjunktiv I), und den Konjunktiv, der vom Präteritalstamm gebildet wird (Konjunktiv II). Beide Konjunktive werden auch durch bestimmte dominierende Bedeutungsmerkmale und Gebrauchsweisen zusammengehalten.

a) Konjunktiv I

Präsens: *er* suche / werde *gesucht*
Perfekt: *er* habe *gesucht* / sei *gesucht worden*

Futur I: *er* werde *suchen* / werde *gesucht werden*
Futur II: *er* werde *gesucht haben* / werde *gesucht worden sein*

In allen Endungen des Konjunktiv I steht ein -*e*. Außerdem tritt bei Verben, die im Indikativ den Vokalwechsel *e* – *i* haben, im Konjunktiv I dieser Wechsel nicht auf (vgl. 2.2.3.2., Tabelle):

Person: *ich*   *du*   *er*
Indikativ: *gebe*   *gibst*   *gibt*
Konjunktiv I: *gebe*   *gebest*   *gebe*

b) Konjunktiv II

Präteritum: *er* suchte / würde *gesucht* (schwaches Verb)
                     er trüge / würde *getragen* (starkes Verb)
Plusquamperfekt: *er* hätte *gesucht* / wäre *gesucht worden*

Im Präteritum unterscheidet sich die Form des Konjunktivs im Aktiv bei regelmäßigen Verben nicht von der des Indikativs. Bei unregelmäßigen Verben mit umlautfähigem Stammvokal tritt durchgängig Umlaut auf. Außerdem ist der Konjunktiv durch das grammatische Morphem – *e* in allen Personen gekennzeichnet:

mit Umlaut: *er gäbe, höbe, käme, könnte, läse, müßte, sähe, täte, wäre*
ohne Umlaut: *er bliebe, liefe, schliefe, ginge.*

Zum Gebrauch von *würde* (vgl. H. MEIER 1985, 65ff.):
In der Gegenwart wird statt der Formen des Konjunktivs II sehr häufig *würde* mit Infinitiv (Konditional) verwendet, vor allem für den Konjunktiv des Präteritums. Diese Umschreibung ist nicht zu verwechseln mit dem regulären Konjunktiv von *werden* oder dem Vorgangspassiv:

> *Wenn es doch bald Sommer* würde! (Konjunktiv Prät. Akt.)
> *Wir könnten euch das Fahrrad leihen, wenn es* gebraucht würde. (Konjunktiv Prät. Pass.)

Im letztgenannten Fall ist *würde* als Konjunktiv II zu einer Passivform obligatorisch.
Fakultativ ist *würde* bei undeutlichen und ungebräuchlichen Konjunktivformen:

(1) Die Form des Konj. II ist nicht deutlich von der des Konj. I unterschieden:
    Wenn ich meine Brille bei mir hätte, würde *ich jetzt lesen.*
    Würde lesen steht statt *läse,* das sich nicht deutlich von *lese* (Konj. I und Indik. Präs.) unterscheidet.
(2) Der Konj. II stimmt formal mit dem Indikativ überein. Dies trifft auf alle schwachen Verben im Präteritum zu:
    Wenn sie doch warten würde! (statt: *Wenn sie doch* wartete!)

(3) Verschiedene Formen starker Verben werden als ungebräuchlich oder ungewöhnlich empfunden, vgl.:
Wenn ich mehr Energie hätte, würde ich jeden Tag um 6.30 Uhr aufstehen.
Würde aufstehen wird den Formen *stünde / stände auf* vorgezogen.

Im mündlichen Sprachgebrauch werden heute Konjunktiv-II-Formen starker Verben (besonders wenn zwei Formen nebeneinander existieren) als geziert und altertümlich empfunden und darum gemieden (vgl. *gewönne / gewänne, stürbe / stärbe, schriee*).
Im schriftlichen Gebrauch können sie mitunter gehobene Stilfärbung erzeugen.

2. Zur Anwendung der Konjunktive

Konjunktiv I und Konjunktiv II haben jeweils bevorzugte Anwendungsbereiche: „die indirekte Rede in ihrer unterschiedlichen Strukturierung (Konj. I/II) und das Konditionalgefüge oder Sätze mit mehr oder weniger zusammengefaßter oder nur vorausgesetzter Bedingung" (GRUNDZÜGE 1984, 534). Häufiger finden sich die Konjunktive noch in Komparativsätzen mit *als / als ob* (Konj. I/II). Generell sind Überschneidungen und synonymischer Gebrauch der Konjunktive verbreitet.

Nachfolgend skizzieren wir zu jeder Grundform des Konjunktivs wesentliche Gebrauchsweisen.

Konjunktiv I

a) Indirekte Rede

Hier gilt in der Standardsprache der Konjunktiv I als Norm für die neutrale Wiedergabe:

Der Berliner Wetterdienst teilte mit, daß mit einem Andauern des klaren Frostwetters zu rechnen sei.

Daneben können der Indikativ und der Konjunktiv II verwendet werden. Dabei muß beachtet werden, ob es sich um einen mündlichen oder schriftlichen Text handelt und ob durch den Modusgebrauch semantische oder stilistische Unterschiede entstehen. Der Konjunktiv I steht in der Regel fakultativ, wenn die mittelbare Wiedergabe angekündigt ist, aber obligatorisch, wenn dies nicht geschieht.

Gerhard sagte mir, daß er komme / kommt / käme. *Dies* sei *sein fester Entschluß.*

Im letzten Satz ist der Konjunktiv I obligatorisch (möglich ist auch der Konjunktiv II).

Der Indikativ wird normgerecht vor allem angewendet, wenn sich der Autor mit dem Inhalt des Gesagten identifiziert:

Das Betonwerk wird planmäßig fertig, teilte das Unternehmen mit. (Tageszeitung)

In der mündlichen Umgangssprache wird allgemein der Indikativ verwendet, wenn es sich um neutrale Wiedergabe fremder Rede handelt. Um die Rede deutlicher als ‚vermittelt' zu kennzeichnen, wird die Redeeinleitung häufiger als in der schriftlichen Rede wiederholt. Der Konjunktiv I wird hier selten verwendet. In schriftlichen Texten wie in der mündlichen Rede wird der Konjunktiv II gebraucht, um sich vom Inhalt der fremden Äußerung oder Überlegung deutlich zu distanzieren:

> *Es gibt Fotografen, die behaupten, ein Bild in Farbe* wäre *realistischer als in Schwarzweiß, weil es mehr Information* enthielte.

Bei formaler Übereinstimmung zwischen Konjunktiv I und Indikativ wird der Konjunktiv II als Ersatz für den Konjunktiv I eingesetzt, ohne daß damit eine Distanzierung ausgedrückt wird:

> *Sie schrieben, daß sie sich schon lange auf den Besuch gefreut* hätten (statt haben).

b) Voluntativer Konjunktiv

Der Konjunktiv I drückt hier Wünsche/Absichten, Ratschläge, Empfehlungen aus. In dieser – standardsprachlichen – Verwendung wirkt der Konjunktiv I fast durchweg gehoben, z.T. ist sein Gebrauch heute veraltet (meist Ersetzung durch Indikativ):

> *Er* sei *von nun an pünktlich!*
> *Man* nehme *250 g Mehl, 5 Eier ...* (veraltet)
> *Man* konstruiere *ein Dreieck, dessen Seiten ...* (fachsprachlich)
> *Er hielt einen LKW an, damit ihn dieser in die Stadt* zurückbringe / zurückbringt.
> *Es* lebe *die Freiheit!*

c) Ausdruck eines Vergleichs

Konjunktiv I steht in Komparativsätzen mit *als (ob)* in schwacher Opposition zu Konjunktiv II und Indikativ (Bedeutungsunterschiede sind mitunter kaum erkennbar), vgl.:

> *Mir war, als ob es geklingelt* habe / hätte / hat.

Konjunktiv II

a) Irreales Konditionalgefüge

Dies ist der wichtigste Anwendungsbereich des Konjunktivs II, durch den mehr oder weniger deutlich Bezogenheit auf eine unerfüllte / unerfüllbare (irreale) Bedingung signalisiert wird. In dieser Funktion steht er im Haupt- und im Nebensatz, ein Ersatz durch Konjunktiv I ist ausgeschlossen. Konjunktiv II ist hier obligatorisch, weil er als einziges Mittel nichtwirkliches bedingtes und bedingendes Geschehen deutlich ausdrückt, vgl.

> *Wenn Schnee* fiele, könnten wir *rodeln.*
> *Wenn Schnee* fällt, können wir *rodeln.*
> *Wenn Schnee* gefallen wäre, hätten *wir* rodeln können.

Wird der Konjunktiv des Präteritums verwendet (s. erstes Beispiel), gilt der gedachte Bedingungszusammenhang für die Gegenwart und die Zukunft. Damit ist potentiell Realisierbarkeit gegeben.

Bei Verwendung des Plusquamperfekts werden Bedingung und Bedingtes auf die Vergangenheit bezogen und als nicht mehr realisierbar dargestellt (s. drittes Beispiel).

Auch außerhalb des Konditionalgefüges können Bedingungszusammenhänge ausgedrückt werden, wobei andere sprachliche Mittel oder der außersprachliche Kontext an der Aktualisierung der hypothetischen Bedeutung beteiligt sind:

> *Ein anderer an deiner Stelle* hätte *schneller* gehandelt.
> *Wenn ein anderer an deiner Stelle* gewesen wäre, hätte er ...
> *Wie hätte ich mich darüber* gefreut! (zu ergänzen z.B.: *wenn ich euch ge-troffen hätte.*)
> *Beinahe* (= wenn der Fahrer nicht rechtzeitig gebremst hätte) wäre *es an der Kreuzung zu einem Verkehrsunfall* gekommen.
> *Diese Aufgabe* könnte stimmen. (wenn sich meine jetzige Durchsicht als richtig erwiese)

Der Grad der Bezogenheit auf eine unerfüllte / unerfüllbare Bedingung kann – vor allem bei formelhaftem Gebrauch – stark abgeschwächt sein:

> Hätten *Sie die Freundlichkeit, mir zu erklären* ... (Bitte)
> *Was* hätten *Sie sonst noch gern* gekauft? (unverbindliche Frage)

b) Indirekte Rede

Der Konjunktiv II tritt hier in Opposition zu Konjunktiv I auf und kann (in Abhängigkeit von Kontext und Situation) distanzierend wirken:

> *Gerhard sagte mir heute, sein Freund* wäre (sei / ist) *krank. Er* habe (hätte) *einen Unfall* erlitten. – *Mein Kollege behauptet, La Paz* wäre *die Hauptstadt von Peru.*

c) Ausdruck eines gedachten (meistens irrealen) Vergleichs oder einer Folge:

> *Es schien so, als* hätte (habe) *er ihn gesehen.*
> *Ihm war, als* liefe *er in glühenden Pantoffeln.*

Doch ist auch hier Ersetzung durch Konjunktiv I (auch Indikativ) – mitunter ohne nennenswerten Bedeutungsunterschied – möglich:

Das Wetter ist zu schön, als daß man zu Hause bleiben könnte / kann.
Er strengte sich so an, daß er das Ziel hätte erreichen können.

3. Konjunktiv und Zeitbedeutung

Wie unsere Darlegungen und die Beispiele gezeigt haben, besitzen die Tempusformen im Konjunktiv nicht die gleichen temporalen Bedeutungen wie die entsprechenden Formen im Indikativ. Im Konjunktiv wird durch die Oppositionen Präsens – Perfekt und Präteritum – Plusquamperfekt zwischen ‚Verlauf‘ und ‚Abschluß‘ des dargestellten Geschehens unterschieden, damit können mittelbar auch temporale Charakteristika verbunden sein, vgl.:

Wenn doch meine Freundin zu mir käme (Bezug auf Zukunft) / gekommen wäre (Bezug auf Vergangenheit)!
Er sagt / sagte / wird sagen, er sei / wäre *sich völlig sicher.* (Gleichzeitigkeit gegenüber der Zeitstufe des übergeordneten Hauptsatzverbs)
Er sagt / sagte / wird sagen, er sei / wäre *sich völlig sicher* gewesen. (Vorzeitigkeit)
Er sagt / sagte / wird sagen, er werde / würde *die Sache schon* regeln. (Nachzeitigkeit)

2.2.4.3.3. Imperativ

1. Form

Es gibt unterschiedliche Mittel zur Kennzeichnung einer Aufforderung. Mit dem Imperativ wird eine Aufforderung ausgedrückt, die an eine oder mehrere Personen gerichtet ist. Die Form des Imperativs wird vom Präsensstamm der Verben nur in der 2. Person Singular und Plural gebildet:

    schwaches Verb: *sag(e) / sagt!*
    starkes Verb: *komm(e) / kommt!, gib / gebt!*

Bei den schwachen Verben ist die Bildung des Singulars mit *-e* die vorherrschende Form, aus rhythmischen Gründen werden aber auch häufig Formen ohne *-e* gebraucht. Bei den starken Verben ist die Form ohne *-e* die ältere und auch noch heute bevorzugte. Bei Verben mit *e-i*-Wechsel muß die Singularform mit *-i-* gebildet werden:

    brich, hilf, iß, nimm, lies, sprich!

In der Umgangssprache werden mehr und mehr die Formen mit *-i-* durch solche mit *-e-* abgelöst. Auch schriftsprachlich kommen solche historisch korrekten Formen wie *ficht, flicht, milk* kaum noch vor.

2. Bedeutung

Von den drei Modi ist der Imperativ am stärksten an eine bestimmte Situation gebunden. Er setzt das Vorhandensein eines oder mehrerer Partner voraus, von dem / denen der Sprecher erwarten kann, daß sie das Geforderte vollziehen.

Anwendungsbereich, Situation und sprachlicher Kontext entscheiden letztlich, ob es sich dabei um Bitte, Rat, Mahnung, Wunsch, Befehl usw. handelt. Aus dem Wesen des Imperativs resultiert, daß er in der Regel das temporale Sem ‚zukunftsbezogen' enthält. Für diese große Vielfalt an Aufforderungsvarianten stehen außer dem Imperativ eine Fülle anderer Sprachmittel (grammatische, lexikalische, phonetische) zur Verfügung, die man zu einem Feld der Aufforderung zusammenfassen kann (vgl. dazu H. MEIER, in: GRAMM.-SEMANT. FELDER 1984, 53ff.). Nachfolgend eine Auswahl von Realisierungsmöglichkeiten:

- Modus Indikativ : *Du stehst jetzt auf!*
- Präs., Fut. I : *Du stehst sofort auf! Du wirst jetzt aufstehen!*
- Vorgangspassiv (eingliedrig) : *Jetzt wird aufgestanden!*
- Infinitiv I Aktiv : *Aufstehen!*
- Partizip II : *Aufgestanden!*
- Elliptischer Satz : *Marsch, auf!*
- Selbständiger Nebensatz : *Daß du jetzt aufstehst!*
- Bestimmte Verben : *Du sollst jetzt aufstehen! Ich fordere dich auf / verlange von dir aufzustehen.*
- Konstruktionen mit *haben* oder *sein* + *zu* + Infinitiv : *Er hat zu kommen! Er ist zu benachrichtigen!*
- Gerundivkonstruktion : *das zu lesende Buch*

2.2.4.4. Genus verbi

Das Genus verbi ist eine grammatische Kategorie, die sich in zwei grammatischen Mitteln realisiert: dem Aktiv und dem Passiv; bei letzterem werden zwei Arten unterschieden: Vorgangspassiv = Passiv mit *werden,* Zustandspassiv = Passiv mit *sein.*

Das Buch wurde herausgegeben.
Das Buch ist herausgegeben.

Während alle Verben im Aktiv auftreten können, ist Passivbildung nur etwa bei 50 % aller Verben möglich (zu Bildungsbeschränkungen vgl. HELBIG/BUSCHA 1994, 170ff. u. 181ff.). Den Kernbestand der passivfähigen Verben bilden jene transitiven Verben, die semantisch **agensbewirkte, übergreifende Handlungen** bezeichnen (aber auch einige intransitive Verben sind passivfähig).

Das Wesen des Genus verbi läßt sich am besten erfassen, wenn im Sprachanwendungsfall beide Genusformen in Opposition zueinander stehen und alternativ vom S/S eingesetzt werden können. Eine solche Opposition ist regelhaft dann gegeben, wenn dem Satz eine Agens-Patiens-Relation zugrunde liegt, die durch drei semantische Größen gekennzeichnet ist:

einen	Prozeß	(Tätigkeit, zielgerichtet),
ein	Agens	(Täter, Bewirker, Quelle einer Handlung)
und ein	Patiens	(Auftreffpunkt einer Handlung, passivischer Pol der Tätigkeitsrelation).

Aktiv: *Haie haben den Menschen schon immer fasziniert.*
Vorgangspassiv: *Menschen sind von Haien schon immer fasziniert worden.*
Zustandspassiv: *Der Mensch ist von Haien schon immer fasziniert gewesen.*
(Killer in Gefahr)
Agensangaben sind im Zustandspassiv selten.

Aktiv und Vorgangspassiv drücken denotativ-semantisch den gleichen objektiven Sachverhalt („agensbewirkte Handlung') aus, unterscheiden sich jedoch hinsichtlich der Blickrichtung des S/S (subjektives Moment) auf das Geschehen. Dabei fungiert das Aktiv als die **agenszugewandte** Art der Darstellung, was sich strukturell darin äußert, daß die Nennung des Agens obligatorisch ist (grammatisch erscheint es als Subjekt). Das Vorgangspassiv ist eine **agensabgewandte** Art der Darstellung, bei der die Nennung des Agens zwar möglich (grammatisch realisiert als präpositionales Objekt), strukturell jedoch fakultativ ist. Noch stärker agensabgewandt ist das Zustandspassiv, das keinen Prozeß ausdrückt (deshalb auch keine Synonymie gegenüber Aktiv und Vorgangspassiv), sondern regelhaft einen **Zustand** als Resultat einer vorausgegangenen Handlung.

Die Passivtransformation eines Aktiv-Satzes bewirkt einen grammatischen Rollentausch, der sich vereinfacht so darstellt:

	Agens	Prozeß	Patiens
Aktiv:	Nominativsubjekt	Verb	Akkusativobjekt
Passiv:	Nominativsubjekt	Verb	Präpositionalobjekt (fakult.)

Die Konverse Aktiv-Passiv bewirkt also erhebliche Veränderungen der Satzstruktur (Passivformen sind stets analytisch, Rahmenbildung).
Abstrahierend zeigt das Genus verbi die folgenden Leistungsmerkmale.

	prozessual	agenszugewandt
Aktiv	+	+
Vorgangspassiv	+	–
Zustandspassiv	–	–

2.2.4.4.1. Aktiv

Das Aktiv ist das Grundgenus, mit dem im Grunde alle möglichen Sachverhaltsabbildungen sprachlich realisiert werden können:

Der Arzt untersucht *den Patienten.*
Die Schafe grasen.
Das Laub fällt.
Der Motor vibriert.

Aktive Verbformen werden auch dann verwendet, wenn Merkmale von Gegenständen angegeben werden.

Der Wald ist *groß.*
Das Haus hat *vier Etagen.*
Die Familie besitzt *zwei Autos.*

Aktive Verbformen treten auch in Sätzen ohne Subjekt auf:

Mir ist *kalt.*
Mich schwindelt.

Wie die Beispiele zeigen, drücken formal „aktivische" Sätze durchaus nicht immer semantisch ‚Aktivität' aus, sondern nur diejenigen, die Tätigkeitsrelationen bezeichnen.

Für die große Mehrheit aller Sätze ist das Aktiv kennzeichnend. Wenn von ihm abgewichen wird, sollte es motiviert geschehen.

2.2.4.4.2. Passiv

Vorgangs- und Zustandspassiv weisen Gemeinsamkeiten der Bildung auf (identisches Bildungselement beider Passivarten ist das Partizip II). Üblich ist die Unterscheidung von drei Konstruktionsweisen, und zwar

a) der zweigliedrigen Konstruktion
Sie realisiert von der Tätigkeitsrelation nur die Tätigkeit (passivische Verbform) und das Patiens; es ergeben sich je nach transitiven und intransitiven Verben Unterschiede:

	trans. V.	intrans. V.
Vorgangs-passiv	Die Klasse *wird gelobt.* Nominativsubjekt	Der Klasse *wird geholfen.* Dativobj.
		Des Verstorbenen *wurde gedacht.* Genitivobj.
		An die Prüfung *wird erinnert.* Präpos. Obj.
Zustands-passiv	Die Klasse *ist schon informiert.*	Der Klasse *ist geholfen* usw.

Diese Konstruktionsweise ist am häufigsten anzutreffen, bringt sie doch das Wesen des Passivs als Mittel der agensabgewandten Darstellung am klarsten zum Ausdruck.

b) der dreigliedrigen Konstruktion
Sie enthält außer der passivischen Verbform und dem Patiens noch das Agens, wird dagegen relativ selten verwendet:

Vorgangspassiv	Die Klasse *wird* vom Lehrer *gelobt*.	Der Klasse *wird* vom Lehrer *geholfen*.
Zustandspassiv	Die Klasse *ist* vom Lehrer *gelobt*.	Der Klasse *ist* vom Lehrer *geholfen*.

Die Agensergänzung wird im Passiv als Satzglied den präpositionalen Objekten zugeordnet. In der Mehrzahl der Fälle (75 %) wird sie mit der Präposition *von* angeschlossen, zu etwa 25 % wird die Präposition *durch* gebraucht.
Nach *von* folgen vorherrschend Personenbezeichnungen:

Der Vortrag wurde von *einem Physiker gehalten.*

Nach *durch* stehen vor allem Abstrakta:

Die malerische Landschaft wurde durch *ein Erdbeben verwüstet.*

Beide Präpositionen können aber auch ohne Bedeutungsunterschiede, also gegeneinander austauschbar, verwendet werden. Neben *von* und *durch* können gelegentlich andere Präpositionen zur Agensbezeichnung verwendet werden, wobei semantische und stilistische Differenzierungen zu bemerken sind:

zwischen: Auch zwischen *Tieren werden Informationen ausgetauscht.*
unter: *Dieser Meinungsstreit wird* unter *Fachleuten geführt.*
seitens: *Eine eindeutige Klärung der Frage wird* seitens *der Regierung konsequent gefordert.*

Nach *zwischen* und *unter* muß die Agensgröße im Plural erscheinen.

c) der eingliedrigen Konstruktion
Sie wird von intransitiven und transitiven Verben gebildet und enthält weder Agens noch Patiens.

Vorgangspassiv: *Es* wird *fröhlich* gesungen. *Fröhlich* wird gesungen. – *Gestern* wurde *viel* getanzt.
Zustandspassiv: *Heute* ist geöffnet. – *So* ist *es* gedacht.

Die eingliedrige Konstruktion wird besonders dazu verwendet, eine Generalisierung oder Unbestimmtheit der Aussage zu erzielen, die mit einer Betonung des Prozesses oder des Zustandes einhergeht. Mitunter wird diese Konstruktion im Sinne einer Aufforderung gebraucht:

Hier wird *nicht* gebadet!
Jetzt wird *aber* geschlafen!

Zu der problematischen Unterscheidung eines ‚persönlichen' und ‚unpersönlichen' Passivs vgl. STARKE 1985a, 63ff.

HELBIG/BUSCHA unterscheiden noch eine viergliedrige Passivkonstruktion (vgl. 1994, 163), bei der zu den Gliedern Agens, Patiens und passivische Verbform noch ein weiterer Kasus hinzukommt (Dativ, Genitiv oder Präpositionalkasus).

Die aus *werden* + Partizip II gebildete passivische Verbform bezeichnet meist etwas Prozessuales:

> *Der Strauß* wird gebunden.
> *Das Essen* wird zubereitet.

Vom Vorgangspassiv ist die mit *werden* gebildete allgemeine Zustandsform (vgl. HELBIG/BUSCHA 1994, 179–181) zu unterscheiden:

> *Der Garten* wird *durch eine Ligusterhecke* begrenzt.
> *Das Forsthaus* wird/ist *rings von Tannenwald* umgeben.

In diesen Fällen ist auch synonymische Ersetzung von *werden* durch *sein* möglich (s.o.).

Vor allem bei Verben, die ‚agensbewirkte Handlungen' bezeichnen, bietet das Vorgangspassiv eine wichtige Möglichkeit, einen objektiv gleichen Sachverhalt ohne Agensangabe darzustellen. Dies ist angebracht bzw. angemessen dann, wenn das Agens unbekannt, unbestimmt, nicht wichtig ist oder sich von selbst versteht. Doch liegt die stärkste synonymische Beziehung zwischen dem Aktiv und dem dreigliedrigen Vorgangspassiv vor. Da das Passiv von Natur aus agensabgewandt ist, wird die Agensnennung (prinzipiell ist sie möglich) nicht erwartet. Erfolgt sie dennoch, so ist damit – in Abhängigkeit von Kontext und Situation – eine mehr oder weniger deutliche Hervorhebung der Agensgröße verbunden, die größer sein kann als im Aktivsatz, bei dem die Agensnennung obligatorisch ist:

> *(Kant leitete die Periode der klassischen deutschen Philosophie ein.)*
> *Die Periode der klassischen deutschen Philosophie wurde von Kant eingeleitet.*

Daneben kann die dreigliedrige Konstruktion auch zum engeren Sinnanschluß an Vorhergehendes beitragen, ferner die Beibehaltung des Subjekts (im Wechsel mit dem Aktiv) über mehrere Teilsätze ermöglichen.

Mitunter kann auch mit Hilfe der dreigliedrigen Konstruktion bei Gleichheit der Kasusformen Eindeutigkeit erzielt werden:

> *Die Mutter liebt die Tochter.* (doppeldeutig)
> *Die Mutter wird von der Tochter geliebt.*
> *Die Tochter wird von der Mutter geliebt.*

Das Zustandspassiv wird gebildet aus den Tempusformen des Hilfsverbs *sein* + Partizip II eines Vollverbs.

In der Sprachwirklichkeit tritt das Zustandspassiv vor allem im Präsens und Präteritum auf, selten im Perfekt und Plusquamperfekt und im Futur I und II nur in modaler Bedeutung.

Vom Zustandspassiv ist das Zustandsreflexiv zu unterscheiden (vgl. HELBIG/ BUSCHA 1994, 177f.):

Gerhard ist verliebt. (*Er* hat sich verliebt.)

Der Konstruktion liegt das Verb *sich verlieben* zugrunde. Ähnlich verhält es sich mit Formen wie:

Sie sind versammelt, *er* ist *damit* beschäftigt.

Die aus *sein* + Partizip II gebildete passivische Verbform bezeichnet überwiegend einen Zustand. Dadurch unterscheidet sie sich deutlich vom Vorgangspassiv und meist auch vom Aktiv. In den übrigen Merkmalen – Beziehung von Agens und Patiens zum Verb – stimmt sie mit dem Vorgangspassiv überein. Dabei handelt es sich um die Bezeichnung von Zuständen, die Ergebnisse von Handlungen sind:

Die Schränke waren *zu einer Trennwand* zusammengeschoben.
Das Land war *durch Dezentralisation* geschwächt.

Die Zugehörigkeit des Gefüges *sein* + Partizip II zum Verbalparadigma ist allerdings umstritten. Damit wird auch das Zustandspassiv in Frage gestellt. Mehrere russische Grammatiker interpretieren dieses Gefüge als syntaktische Wortfügung aus kopulativem Verb + Prädikativum, da ihm das Merkmal der Ganzheit fehle. Zumindest sind verschiedene Abstufungen zwischen prozessual-resultativer (passivähnlicher) und rein qualitativer Semantik festzustellen. Fügungen wie

Meine Freundin war *von meinem Geschenk* entzückt *und sehr* gerührt.

werden als qualitative Charakteristik (und damit als nominales Prädikat) empfunden (vgl. MOSKALSKAJA 1983, 137). Damit verwandt ist die Zustandsform, die Zustände benennt, denen keine Handlung vorausgeht und die daher auch nicht als deren Resultat angesehen werden können. Dies ist besonders der Fall bei Verben, deren Semantik auch im Aktiv nichts direkt Prozessuales enthält:

Ringsum sind *die Berge von Wäldern* bedeckt.
Ringsum bedecken *Wälder die Berge*.

Zustandsform und Aktiv drücken gleichermaßen etwas Beständiges aus.

Im Zusammenhang mit dem Konjunktiv I kann das Passiv mit *sein* verwendet werden, ohne daß ein Zustand bezeichnet wird.

Es sei *hier* bemerkt / angemerkt ... (vgl. *Es* soll *hier* bemerkt werden ...)
Es sei *darauf* hingewiesen / *aufmerksam* gemacht ...

Hier liegt standardisierter Gebrauch vor (oft in wissenschaftlichen Texten).

Ebenfalls nichts Zuständliches kommt in Sätzen mit modaler Komponente zum Ausdruck, die im mündlichen Sprachgebrauch zu finden sind:
> *Jetzt* ist *aber genug* herumgetollt!

2.2.4.4.3. Passivsynonyme
(Feld agensabgewandter Darstellung)

Neben der Möglichkeit, gleiche Sachverhalte entweder durch Aktiv- oder durch Passivkonstruktionen wiederzugeben, gibt es eine Reihe von Konstruktionen, die zum Vorgangspassiv in paradigmatischen Beziehungen stehen (vgl. KLUG, in: GRAMM.-SEMANT. FELDER 1984, 75ff.). Die beiden Merkmale, die das Vorgangspassiv vom Aktiv unterscheiden, sind die Möglichkeiten,

– das Patiens syntaktisch als Subjekt zu verwenden,
– das Agens nicht zu nennen.

Diese beiden Merkmale – entweder beide zusammen oder auch nur eines der Merkmale – können auch durch bestimmte Konstruktionen erreicht werden, die keine passive Verbform, sondern eine aktive Verbform enthalten. Sie haben neben den mit dem Passiv übereinstimmenden Merkmalen auch differenzierende Merkmale, die zu einer besonderen Wirkung beitragen.

1. Synonyme des Vorgangspassivs ohne modale Nuancierung

a) Konstruktionen mit reflexiven Verben bei nichtpersonalem Subjekt
   Sie treten als Synonyme der zweigliedrigen Konstruktion auf.
   > *Die Tür* öffnet sich *vor ihm.* (... wird geöffnet.)

Die Synonymie beruht darauf, daß erstens der Täter nicht genannt wird und zweitens das Subjekt nicht das Agens bezeichnet. Der Unterschied zur Passivkonstruktion besteht vor allem darin, daß das Geschehen als agensunabhängig dargestellt wird.

b) Funktionsverbgefüge (Verb + Nomen actionis)
   Funktionsverbgefüge treten als Synonyme zur zweigliedrigen Konstruktion auf.
   > *Dieser Terminus* findet *überall* Anwendung (= wird *überall* angewendet).
   > *Das neue Stück* gelangte zur Uraufführung (= wurde uraufgeführt).

c) *bekommen, erhalten, kriegen* + Partizip II (Adressaten- oder Rezipientenpassiv)
   > *Sie* erhält / bekommt / kriegt *das Buch* ausgehändigt. (= Ihr wird das Buch ausgehändigt.)

Diese Konstruktion ermöglicht es, den Adressaten einer Handlung, der sonst als Dativobjekt auftritt, durch das Subjekt des Satzes zu bezeichnen. Ursprünglich besonders in der Umgangssprache verbreitet, wird diese Fügung heute auch schon als standardsprachlich anerkannt. Gegenüber der Passivkonstruktion mit dem Dativobjekt ist sie sprachökonomischer.

d) Die unbestimmt-persönliche Konstruktion mit dem Indefinitpronomen *man* ist als Passivsynonym umstritten. Sie ist in vielen Fällen durch Passivkonstruktionen substituierbar:

> Man *hat die Kirche wiederaufgebaut.* (*Die Kirche* wurde wiederaufgebaut.) Man *applaudierte.* (*Es* wurde applaudiert.)

Dennoch muß man beachten, daß *man* bei Tätigkeitsverben das (immer persönliche) Agens repräsentiert; es bleibt allerdings unspezifiziert, ist auch häufig verallgemeinert. Überdies können Sätze mit *man* auch mit nicht passivfähigen Verben gebildet werden.

2. Synonyme des Vorgangspassivs mit modaler Nuancierung

a) Konstruktionen mit *sein* + *zu* + Infinitiv
Sie treten als Synonyme zu allen Passivkonstruktionen auf. Sie enthalten stets ein modales Element, das durch den Kontext als *können / möglich sein* oder *müssen / sollen* konkretisiert wird.

> *Beide Fragen* sind *vom Prüfling* zu beantworten. (... müssen vom Prüfling beantwortet werden.)
> *Dieser Mann* war *nicht* zu besiegen. (... konnte nicht besiegt werden.)

Diese Konstruktionen werden durch solche mit *bleiben, gehen, stehen* ergänzt, die ebenfalls ein modales Sem enthalten:

> *Der Erfolg* bleibt abzuwarten. (... muß abgewartet werden.)
> *Die Tür* geht *nicht* zu schließen. (... kann nicht geschlossen werden.)
> *Das* steht zu befürchten. (... muß befürchtet werden.)

Allen Konstruktionen mit *sein, bleiben, gehen* und *stehen* ist eigen, daß die Art der Modalität durch die Semantik dieser Verben modifiziert wird (etwa durch das Sem ‚kontinuativ' bei *bleiben*).
Auch die Konstruktion mit *es gibt* kann Passivsynonym sein.

> *Dort* gibt es *Bemerkenswertes* zu sehen. (... kann gesehen werden.)

b) Konstruktionen mit *lassen* (Bedeutung ‚können') + *sich* + Infinitiv
Sie treten als Synonyme zu allen Passivkonstruktionen auf.

> *Die Tiere* lassen sich *nicht von den Kindern* festhalten. (... können nicht festgehalten werden.)
> *Das Fenster* läßt sich *öffnen*. (... kann geöffnet werden.)

c) Adjektivische Wortbildungskonstruktionen auf *-bar, -lich, -haft, -abel*
In Adjektiven auf *-bar, -lich, -haft* und *-abel* kann passivische Bedeutung enthalten sein.

dehn*bar*	–	‚kann gedehnt werden'
beweg*lich*	–	‚kann bewegt werden'
glaub*haft*	–	‚kann geglaubt werden'
praktik*abel*	–	‚kann praktiziert werden'

Fast immer tritt *-bar* in passivischer Bedeutung auf. Bei *-lich* und *-haft* ist die passivische Bedeutung auf bestimmte Verbstämme eingeschränkt.

3. Synonyme des Zustandspassivs

Sie entstehen dadurch, daß statt *sein* die Verben *bleiben, (er)scheinen* und *stehen* gebraucht werden.

Der Platz bleibt reserviert. (... ist reserviert.)
Der Freund scheint gefunden. (... ist – wie es scheint – gefunden.)
An der Tafel steht *der neue Text* geschrieben. (... ist der neue Text geschrieben.)

Diese Verben modifizieren die Satzsemantik aktional (z.B. durch das Sem ‚kontinuativ' bei *bleiben*) oder modal (z.B. bei *scheinen* durch das Sem ‚hypothetisch').

2.2.5. Zur Orthographie des Verbs

Bei der Schreibung des Verbs und seiner Formen bereitet die Getrennt- und Zusammenschreibung besondere Schwierigkeiten.

Bei dieser Art der Schreibung „wird davon ausgegangen, daß die getrennte Schreibung der Wörter der Normalfall und daher allein die Zusammenschreibung regelungsbedürftig ist. Soweit dies möglich ist, werden zu den Regeln formale Kriterien aufgeführt, mit deren Hilfe sich entscheiden läßt, ob man im betreffenden Fall getrennt oder ob man zusammenschreibt. So wird zum Beispiel stets zusammengeschrieben, wenn der erste oder zweite Bestandteil in dieser Form als selbständiges Wort nicht vorkommt ... So wird zum Beispiel stets getrennt geschrieben, wenn der erste oder zweite Bestandteil erweitert ist ..." (DUDEN 1996, 872).

Wir konzentrieren uns auf einige Fälle der Getrennt- und Zusammenschreibung bei Verben.

1. „Substantive, Adjektive oder Partikeln können mit Verben untrennbare Zusammensetzungen bilden. Man schreibt sie stets zusammen." (DUDEN 1996, 873)

    Substantiv + Verb

    handhaben, maßregeln, wehklagen, wetteifern

Adjektiv + Verb

frohlocken, liebäugeln, vollbringen, weissagen

Partikeln wie **durch/hinter/über** + Verb (mit Betonung der zweiten Bestandteile)

übersetzen, hintergehen, wiederholen, umfahren

2. „Partikeln, Adjektive oder Substantive können mit Verben trennbare Zusammensetzungen bilden. Man schreibt sie nur im Infinitiv, im Partizip I und im Partizip II sowie im Nebensatz bei Endstellung des Verbs zusammen." (DUDEN 1996, 873)

Partikeln wie **entlang/überein/zwischen** + Verb

davonlaufen, hindurchkriechen, innehalten, loslassen, übereinstimmen

Adverb/Adjektiv + Verb

- Der erste Bestandteil kommt als selbständiges Wort nicht vor:
feilbieten, weismachen, kundgeben
- Der erste Bestandteil ist weder erweiterbar noch steigerbar:
hochrechnen, wahrsagen, schwarzarbeiten, totschlagen

Substantiv + Verb mit folgenden ersten Bestandteilen, u.a. **heim/irre/preis/stand**

preisgeben, standhalten, wettmachen, irreleiten, heimleuchten

Von besonderer Bedeutung sind die Fälle der Getrenntschreibung. Wir führen einige wichtige Gruppen an:

- (zusammengesetztes) Adverb + Verb

beiseite legen, auseinander gehen, abseits stellen, zugute halten

- (erweiterbares oder steigerbares) Adjektiv + Verb

langsam arbeiten, schwer nehmen, gut gehen, leicht fallen, nahe bringen

- Partizip + Verb

gefangen nehmen, verloren gehen, getrennt schreiben

- Substantiv + Verb

Angst haben, Eis laufen, Not leiden, Rad fahren, Ski laufen

- Verb (Infinitiv) + Verb

sitzen bleiben, spazieren gehen (vgl. DUDEN 1996, 873ff.)

3. „Verbindungen mit **sein** gelten nicht als Zusammensetzung. Dementsprechend schreibt man stets getrennt." (DUDEN 1996, 875)

da sein, pleite sein, vorhanden sein, zufrieden sein, zumute sein.

2.3. Substantiv und Artikel

2.3.1. Wesen des Substantivs

Substantive (von lat. *substantivus* ‚selbständig, für sich selbst bestehen könnend') ermöglichen die gegenständliche sprachliche Darstellung aller Dinge, Prozesse, Beziehungen und Eigenschaften. Etwa 60 % aller deutschen Wörter sind Substantive.

Grammatisch sind Substantive dadurch gekennzeichnet, daß sie flektierbar (durch Kasus- und Pluralbildung) und artikelfähig sind, sie können jede Satzgliedrolle mit Ausnahme der des verbalen Prädikats übernehmen. Das gibt ihnen große Beweglichkeit im Satz:

>Der Lehrer *übt seinen Beruf mit Freude aus*. (Subjekt)
>*Er ist* Lehrer. (Prädikativum)
>*Sein Beruf erfüllt* den Lehrer *mit Freude*. (Objekt)
>*Der Beruf* des Lehrers *befriedigt ihn*. (Attribut)

Trotz der grammatischen Kennzeichnung bereitet das Erkennen von Substantiven im Einzelfall Schwierigkeiten (vgl. Regeln der Groß- und Kleinschreibung). Das ergibt sich einerseits aus der Tatsache, daß die Grenzen zwischen dem Substantiv und den anderen Wortarten fließend sind (Substantive wechseln häufig in andere Wortarten über, vgl.: *ernst nehmen – Ernst machen, Pleite machen – pleite sein*), andererseits daraus, daß fast jedes Wort einer anderen Wortart substantiviert werden kann (*gestern und heute – das Gestern, das Heute*).

Die Identifizierung eines Wortes als Substantiv kann deshalb nicht nur durch isolierte Anwendung einzelner grammatischer Kriterien erfolgen, sondern muß in der Regel mit Hilfe mehrerer Kriterien vorgenommen werden. Durch die folgenden wird das Substantiv meist eindeutig von anderen Wortarten unterschieden:

– durch die Wortartbedeutung, indem Substantive die Gegenständlichkeit ausdrücken,
– durch die Deklinierbarkeit (die morphologischen Kategorien Genus, Kasus, Numerus),
– durch die Fähigkeit, Artikel bei sich zu haben,
– durch die Attribuierbarkeit (z.B. als Kern einer substantivischen Gruppe).

Als Kern einer Nominalgruppe vermag das Substantiv (vor allem als Verbalsubstantiv) ganze Aussagen in Wortgruppenform zu verdichten (*die Erhöhung der Arbeitsproduktivität durch die Stahlwerker*).

Das Substantiv besitzt die Fähigkeit, nicht nur den einzelnen Gegenstand, sondern die ganze Klasse bzw. Gattung zu bezeichnen:

>Gold *ist ein Edelmetall*. – Angabe der Gattung/Klasse
>Das Gold dieses Leuchters *ist echt*.– Angabe des Einzelnen

Dasselbe Substantiv kann also in der generalisierenden und in der individualisierten Bedeutung auftreten. Mit Hilfe des Kontextes, bei Verwendung verschiedener grammatischer Mittel, erkennen wir, um welche Bedeutung es sich handelt. Substantive besitzen als Autosemantika denotative Bedeutung und viele deshalb Valenz. Bestimmte Attribute bilden deren Valenzpartner.

Auf Grund ihrer lexikalischen Semantik (Kernseme) sind Substantive nur mit bestimmten Partnern verbindbar.

* *Die gutgelaunte Mauer singt.*

Dieser Satz ist zwar grammatisch richtig konstruiert, aber semantisch nicht korrekt und deshalb normalsprachlich nicht zu verwenden.

Auch bei Substantiven gibt es einige Peripheriegruppen, bei denen die Semantik die Nachbarschaft anderer Wortklassen erkennen läßt und die Formenbildung oder Fügungsweise eingeschränkt ist:

1. Peripheriegruppe: Substantiv – Verb

a) Merkmale ‚Gegenstand', ‚Prozeß' (mit entsprechender Verbvalenz), ‚Dauer/Verlauf':

das Schreien der Verletzten
das Verputzen der Häuser durch die Maurer

Häufig wird bei 2wertigen Substantiven dieser Art nur das Patiens realisiert:

das Knüpfen von Teppichen
das Bedauern der grundlosen Heftigkeit

Es herrschen der bestimmte Artikel bzw. der Nullartikel vor. Da es sich um allgemeine Tätigkeits-, Vorgangs- und Zustandsbegriffe handelt, sind diese Substantive nicht pluralfähig.

Eine Sondergruppe bilden jene Substantive, die das Sem ‚iterativ' und z.T. ein pejoratives Sem enthalten:

die ständige Rennerei der Jungen auf dem Fußballplatz
das Geschrei der Zuschauer

Auch diese Substantive sind gewöhnlich nicht pluralfähig.

b) Merkmale ‚Gegenstand', ‚Prozeß' (mit entsprechender Verbvalenz), ‚Abschluß' (vereinzelt)

die Behandlung der Patienten durch das Personal
die Belieferung der Geschäfte durch die Firma

In der Regel sind diese Substantive nicht pluralfähig. Einige stehen an der Grenze zu den Resultatsbezeichnungen (*Belieferung*). Meistens findet sich hier nur der bestimmte bzw. der Nullartikel.

die Ausarbeitung der Rede durch ...
* *eine Ausarbeitung der Rede durch ...*

c) Merkmale ‚Gegenstand', ‚Resultat' (mit entsprechender Substantivvalenz), ‚zählbar'
Die Abgrenzung von der Gruppe (b) ist nicht immer einfach:

> *b): Die Beratung der Vorlage durch die Abteilungsleiter*
> Es dominiert das Sem ‚Prozeß'.
>
> *c): die Beratung des Direktors mit den Abteilungsleitern*
> Es wird das Resultat bezeichnet.

Die Substantive der Gruppe (c) sind pluralfähig; sie können Bekanntes wie Unbekanntes ausdrücken, was sich im Gebrauch des Artikels zeigt:

> *die/eine Beratung des Direktors ...*
> *die Beratungen/Beratungen des Direktors ...*

2. Peripheriegruppe: Substantiv – Adjektiv

a) Merkmale ‚Gegenstand', ‚Merkmal' (mit entsprechender Adjektivvalenz), nicht pluralfähig

> *die Kühnheit / Sturheit des Nachbarn*
> *das Blau / Rot der Tapete*

Sie treten vorwiegend mit dem bestimmten Artikel auf.

b) Merkmale ‚Gegenstand', ‚Prozeß', ‚abgeschlossen' (mit entsprechender Substantivvalenz), ‚zählbar'

> *die Dummheiten / Albernheiten / Frechheiten der Schüler*

3. Peripheriegruppe: Substantiv – Präposition

Hierzu zählen Substantive, die zwar noch groß geschrieben werden und daher zu den Substantiven gezählt werden, die aber bereits die Aufgaben von Präpositionen erfüllen (vgl. 2.9.1.):

> *an Hand, auf Grund, in Anbetracht, auf Kosten*

Manche werden bereits wie Präpositionen geschrieben und sind dann aus dem Bestand der Substantive ausgeschieden:

> *anhand, anstelle, infolge, inmitten, zugunsten*

2.3.2. Klassifikation der Substantive

Bei der Klassifikation der Substantive gehen wir von dem semantischen Merkmal dieser Wortart aus, das man mit ‚Gegenständlichkeit' bezeichnen kann.

Semantische Subklassen unterscheiden sich auch durch morphologische Merkmale, „was eine objektive Basis für die entsprechende Einteilung liefert" (vgl. STEPANOWA/HELBIG 1978, 97). Wir übernehmen die Seme und die semantischen Subklassen von STEPANOWA:

„1) das kategoriale Sem der Gegenständlichkeit;
2) die subkategorialen (lexikalisch-grammatischen) Seme der 1. Stufe:
Seme der Eigennamen, der Gattungsnamen
3) die subkategorialen (lexikalisch-grammatischen) Seme der 2. Stufe:
die Seme der Konkretheit und der Abstraktheit
4) die subkategorialen (lexikalisch-grammatischen) Seme der 3. Stufe:
Seme der Individualität und Zählbarkeit, der Unikalität, der Stofflichkeit
5) die subkategorialen (lexikalisch-grammatischen) Seme der 4. Stufe:
Seme der Belebtheit/Unbelebtheit." (A.a.O., 98)

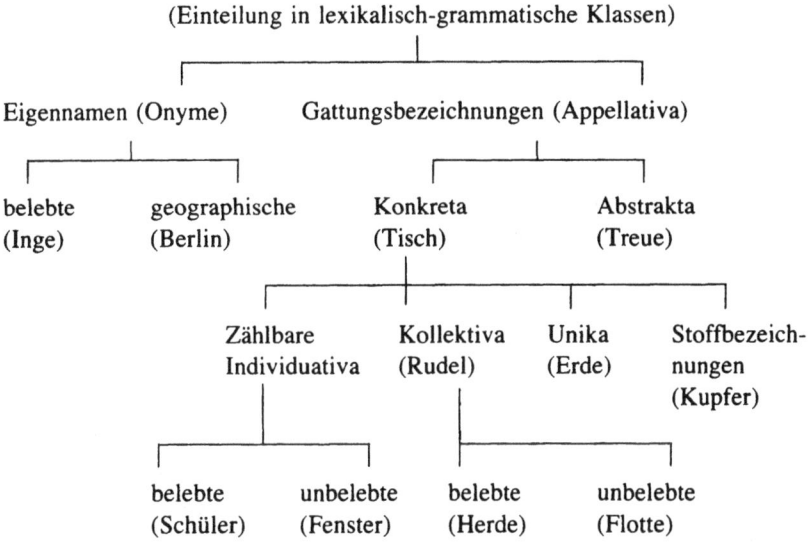

(Vgl. JUNG 1988, 241; STEPANOWA/HELBIG 1978, 98; EWALD 1992.)

Im folgenden weisen wir auf einige morphologische Besonderheiten hin, die sich aus der jeweiligen Klassenzugehörigkeit ergeben:

1. Eigennamen: Beschränkung im Artikelgebrauch, z.T. Abweichungen in der Flexion, z.B. kein Dativ-*e*, meist nicht pluralfähig
2. Gattungsbezeichnungen: morphologisch vielfältig
2.1. Konkreta: morphologisch vielfältig
2.2. Unika: Gebrauch nur im Singular, Beschränkungen im Artikelgebrauch
2.3. Stoffbezeichnungen: nicht zählbar, Beschränkung im Artikelgebrauch
2.4. Abstrakta: größtenteils nicht zählbar, Beschränkung im Artikelgebrauch

Da Substantive wie die meisten Autosemantika die Fähigkeit besitzen, Aktanten zu binden, kann man Substantive auch in Valenzklassen gliedern (vgl. SOMMERFELDT/SCHREIBER 1983a, 13f.). Vor allem jene abstrakten Substantive verfügen über eine klar faßbare Valenz, die von Verben und Adjektiven abgeleitet sind und die Valenz der Verben bzw. Adjektive in den substantivischen Bereich hinübernehmen:

– Tätigkeitsbezeichnungen können ein- und mehrwertig sein:

>*das Schreiben der Kinder*
>*die Verlesung der Resolution durch den Versammlungsleiter*

– Vorgangsbezeichnungen sind häufig einwertig:

>*der Beginn der Veranstaltung*
>*der Verlauf des Spiels*

– Zustandsbezeichnungen sind ein- oder zweiwertig:

>*der Aufenthalt des Direktors in Paris*

– Eigenschaftsbezeichnungen können ein- und mehrwertig sein:

>*die Breite des Flusses*
>*der Stolz des Schülers auf seine Leistung*en

2.3.3. Kategorien des Substantivs

2.3.3.1. Genus

Das Genus (das grammatische Geschlecht) „ist ein klassifizierendes Merkmal, das alle Substantive in die drei Klassen der Maskulina, Feminina und Neutra gliedert" (MOSKALSKAJA 1983, 147). Ob das grammatische Geschlecht auf das natürliche Geschlecht (Sexus) zurückgeht, ist nicht geklärt. Beide stimmen heute lediglich bei einigen Sachgruppen überein, z.B. bei Bezeichnungen für Menschen und Tiere:

>die *Frau* – der *Mann* (aber: das *Weib*)
>die *Kuh* – der *Stier*

Sichere Zuordnung zu einem bestimmten Genus erlauben jedoch einige Wortbildungsmorpheme, z.B.

>*-ung: Meinung, Zeitung* (feminin)
>*-er: Bohrer, Staubsauger* (maskulin)

In diesem Zusammenhang stellt die Movierung ein Problem dar: Nicht zu allen männlichen Personenbezeichnungen sind Feminina üblich, vgl. *Film-, Fernsehstar, Vormund, Präses*. Zuweilen wird auch auf das movierte Substantiv verzichtet: „*Bürgermeister Anna*" (Schauspiel von F. Wolf). Heute nimmt die Zahl movierter Berufsbezeichnungen und Anredeformen ständig zu, und sie sollten auch stets kommunikativ adäquat verwendet werden (vgl. HACKEL 1995, 45).

Die Verteilung der Substantive auf die drei Genera erscheint uns in der Sprache der Gegenwart oft unmotiviert, das Genus hat aber wichtige grammatische Aufgaben zu erfüllen:

1. Verdeutlichung von Beziehungen im Satz:

– Herstellung der Kongruenz zwischen adjektivischem oder pronominalem Attribut und Substantiv:

die kluge Frau, dieser Mann, jenes Kind

– Hilfsmittel bei der Satzverflechtung:

Die Arbeit *war geschafft, sie hatte sich gelohnt.*

2. Unterscheidung von Homonymen:

der Band – das Band   der Erbe – das Erbe
der Bund – das Bund   der Gehalt – das Gehalt

Daneben gibt es eine ganze Reihe Substantive, die die gleiche Bedeutung, aber schwankendes Genus haben:

der/die Abscheu   der/das Liter
der/das Bonbon   der/das Meter
der/die/das Dschungel   der/die Wulst

3. Spezielle Aufgaben des Neutrums

– Bezeichnung des Geschlechtslosen:

das Kind, das Kalb, das Junge

– Bezeichnung einer Person unbekannten Geschlechts:

jemand Fremdes, niemand Bekanntes

– Ausdruck der Abwertung:

das Ekel, das Mensch (mitteldt.)

Das deutsche Neutrum hat mitunter Bedeutungselemente „eines gemeinsamen Geschlechts", das uns Formen liefert, die auf Wesen männlichen und weiblichen Geschlechts anwendbar sind und die es ermöglichen, den natürlichen Unterschied zwischen männlichen und weiblichen Wesen sprachlich unberücksichtigt zu lassen (vgl. W. SCHMIDT 1983, 105).

2.3.3.2. Numerus

Die Kategorie des Numerus ist charakteristisch für das Substantiv und mit dem Sem ‚Gegenständlichkeit' aufs engste verbunden. Generell wird mit Hilfe des Numerus das durch das Substantiv Bezeichnete durch den Singular als einmal vorhanden, durch den Plural als mehrfach vorhanden gekennzeichnet. Allerdings ist die grammatische Kategorie des Numerus nicht deckungsgleich mit der logischen Kategorie der Zahl. (Vgl. GRUNDZÜGE 1984, 576)

Der Singular drückt auch die Gesamtheit der Gattung und eine ungegliederte Vielheit bei Kollektiva aus.

>Die Tanne in unserem Garten *ist acht Jahre alt.*
>Die Tanne *ist ein Nadelbaum.*

Ungegliederte Vielheit (Kollektiva):

>*das Laub, die Flotte, das Gebüsch, das Getreide*

Der Plural bezeichnet nicht unbedingt eine Vielheit, sondern die Gegliedertheit des zu bezeichnenden Gegenstandes:

>*die Bande der Freundschaft*
>*die Shorts*

Die Pluralformen der Substantive werden auf verschiedene Weise gebildet:

– durch den Umlaut (in der Funktion eines grammatischen Morphems):

>*der Vater / die Väter, der Ofen / die Öfen*

– durch grammatische Morpheme:

>-e: *Aal-e, Tag-e, Bein-e*
>-(e)n: *Bär-en, Frau-en, Deichsel-n*
>-er: *Leib-er, Ei-er, Kind-er*
>-s: *Sofa-s, Uhu-s, PKW-s*

– durch Umlaut + grammatisches Morphem:

>*Söhne, Höfe, Blätter, Bücher, Wälder*

Bei einigen Fremdwörtern treten außerdem Pluralformen auf mit den Morphemen

>-a: *Lexikon/Lexika, Abstraktum/Abstrakta*
>-i: *Tempo/Tempi, Modus/Modi, Numerus/Numeri*
>-ien: *Adverb/Adverbien, Material/Materialien*

Bei einer Reihe von Substantiven gibt es keine besondere morphematische Kennzeichnung. Der Plural kommt bei einem anderen flektierten Wort zum Ausdruck, das dem Substantiv vorausgeht, z.B. dem Artikel:

>*der Deckel/die Deckel, der Balken/die Balken, der Meister/die Meister*

Bei polysemen Substantiven ist mitunter nicht jedes Semem pluralfähig.

Holz – Sememe
- ‚Stoff' (ungegliedert, nicht zählbar)   nicht pluralfähig
- ‚Stoffart' (species), Sorte   pluralfähig
- ‚Gegenstand aus Holz'   pluralfähig

Freundlichkeit – Sememe
- ‚Eigenschaft'   nicht pluralfähig
- ‚Handlung aus Freundlichkeit'   pluralfähig

Der Singular bezeichnet:
a) nur einmal Vorhandenes (Unika), Eigennamen:

Inge Waldner, Berlin, die Elbe, die Erde, das Universum

Der Plural von Eigennamen ist möglich:

– wenn mehrere Individuen desselben Namens vorhanden sind, wenn Angehörige einer Familie, eines Geschlechts bezeichnet werden sollen (*die Hohenzollern, die Karolinger, Meiers*),
– wenn Eigennamen zu Gattungsbezeichnungen geworden sind (*die Diesel, Krösusse*),
– bei Ländernamen, wenn politische oder geographische Gebilde unter den betreffenden Namen fallen (*die beiden Amerikas*).

b) eine Vielheit in der generalisierten oder kollektiven Bedeutung, die dadurch als Einheit gekennzeichnet wird:

Sie kämmt ihr schwarzes Haar.

In dieser Bedeutung ist auch dichterisch die Transposition des Singulars auf die Ebene des Plurals möglich:

Nur wenige hundert Schritte von den letzten Häusern entfernt stockt der Fuß ... (Alscher)

c) die ungegliederte Vielheit bei einigen Kollektiva:

Obst, Getreide, Vieh, Publikum, Lehrerschaft

Nur im Singular gebrauchte Substantive, Singulariatantum, sind

– Stoffbezeichnungen:

   Gold, Eisen, Kalk, Schnee, Sand, Holz, Wein, Asche
   Ausnahmen bilden Sortenbezeichnungen: *Hölzer, Weine, Erze*

– Kollektivbezeichnungen, wenn sie nicht zugleich Gattungsbezeichnungen sind:

   Polizei, Menschheit, Publikum, Obst, Bürgertum

– Abstrakta, wenn sie ungegliederte Allgemeinbegriffe sind:

   Liebe, Treue, Durst, Hunger, Achtung, Wärme, Schlaf

Der Plural bezeichnet die Vielfalt und Gegliedertheit konkreter Gegenstände:

Tische, Häuser, Bäume

Nur im Plural gebrauchte Substantive, Pluraliatantum, sind:
- einige geographische Bezeichnungen (Eigennamen):

    Alpen, Anden, Karpaten, Azoren, Niederlande
- Bezeichnungen von Personengruppen:

    Eltern, Geschwister, Vorfahren, Gebrüder, Leute
- bestimmte Zeitbegriffe:

    Ferien, Weihnachten, Ostern, Flitterwochen
- Bezeichnungen von Krankheiten:

    Masern, Pocken, Röteln, Blattern
- Sammelbegriffe in Handel und Wirtschaft:

    Chemikalien, Kurzwaren, Lebensmittel, Möbel, Naturalien
- sonstige Substantive:

    Ränke, Schliche, Umtriebe, Gliedmaßen, Makkaroni, Memoiren

(Vgl. BAUFELD 1979).

2.3.3.3. Kasus

2.3.3.3.1. Zum Wesen der Kategorie Kasus

Die Kasus dienen der syntagmatischen Verknüpfung von Wörtern im Satz (vgl. DT. SPRACHE 1983, 156).

Dabei unterscheiden wir zwischen dem reinen Kasus und dem präpositionalen Kasus, der von der Rektion der Präpositionen abhängig ist. In der Sprache der Gegenwart werden die präpositionalen Kasus immer häufiger gebraucht. Die Bedeutung der präpositionalen Kasus ergibt sich weitgehend aus der Bedeutung der Präpositionen (vgl. 2.9.).

Drei Merkmale kennzeichnen die Kategorie Kasus und machen ihr Wesen aus:

1. ihre Leistung beim Ausdruck der gedanklichen Widerspiegelung von Beziehungen, die in der objektiven Realität bestehen, also die (logisch-)grammatische Bedeutung,
2. ihre Rolle bei der grammatischen Organisierung der Rede, der Strukturwert,
3. ihre Form (vgl. W. SCHMIDT 1983, 126).

2.3.3.3.2. Formen der Kasus

Die vier Kasus weisen selbst nur relativ wenige Flexionsmorpheme auf, nach denen bestimmte Deklinationstypen unterschieden werden.

Deklinationstypen

Wir trennen in der Gegenwartssprache Kasusmorpheme und Pluralmorpheme voneinander. So ergibt sich folgende Darstellung der Substantivdeklination, die auf zwei Prinzipien beruht:

1. Trennung von Pluralmorphemen und Kasusmorphemen; nur die Kasusmorpheme können für die Aufstellung von Deklinationstypen herangezogen werden;
2. Trennung von Singular- und Pluraldeklination.

Übersicht der Singulardeklination (Haupttypen):

	stark		schwach	Ø-Deklination
	Mask.	Neutr.	Mask.	Feminina
Nom.	der Tag	das Glück	der Hase	die Frau
Gen.	des Tag-es	des Glück-s	des Hase-n	der Frau
Dat.	dem Tag-(e)	dem Glück	dem Hase-n	der Frau
Akk.	den Tag	das Glück	den Hase-n	die Frau
	die meisten Maskulina	alle Neutra	einige Maskulina (Lebewesen; viele Fremdwörter)	alle Feminina, wenige Maskulina (z.B. Realismus)

Bei einigen schwachen Maskulina erscheint als Kasusmorphem *-en:*

der Mensch, des Mensch-en; der Intendant, des Intendant-en

Bei wenigen Maskulina und Neutra spricht man von der gemischten Deklination, d.h., alle Kasus, außer dem Nominativ – bei Neutra auch dem Akkusativ – haben *-(e)n,* der Genitiv hat außerdem das Morphem -s:

Nom. das Herz
Gen. des Herz-ens
Dat. dem Herz-en
Akk. das Herz

So auch: *Glaube, Name* u.a.

Die Deklination im Plural kann man vereinfachend auf 2 Typen reduzieren:

Übersicht der Pluraldeklination

	Typ I (keine Formveränderung)		Typ II (mit -n im Dativ)
Nom.	die Frauen	die Autos	die Tage
Gen.	der Frauen	der Autos	der Tage
Dat.	den Frauen	den Autos	den Tagen
Akk.	die Frauen	die Autos	die Tage
	alle Substantive mit Ausgang im Plural auf -*n* und -*s*		alle übrigen Substantive

2.3.3.3.3. Syntaktische Funktion und Bedeutungen der Kasus

Das Kasussystem ist im Prinzip syntaktisch motiviert, d.h., es bringt die Beziehung zu anderen Wörtern des Satzes zum Ausdruck.

Der Übersichtlichkeit wegen stellen wir nur die wichtigsten Funktionen der einzelnen Kasus dar.

Nominativ

1. Rolle außerhalb des Satzverbandes

   Man spricht allgemein von zwei Hauptverwendungsweisen des Nominativs: Ausdruck des Subjekts im Satz und Angabe der Benennung schlechthin:
   reine Benennung in Lexika, Wörterbüchern (*Rahmen, Seide*)
   Anrede (*Frau Müller, Fräulein Hausmann*)
   Ausruf (*Donnerwetter!*)
   sog. Vorstellungsnominativ zur Hervorhebung (in der Stilistik Prolepse genannt)
   > Dieses Buch, *mit dem möchte ich mich gern beschäftigen.*

2. Syntaktische Funktion innerhalb des Satzes

   Subjekt: Täter, Vorgangs-/Zustandsträger, Träger einer Eigenschaft usw.

   > Der Mann *arbeitet.*
   > Der Baum *fällt.*
   > Das Blatt *ist gelb.*

   Prädikativum: Identifikation, Klassifikation, Qualifikation
   (mit bzw. ohne Wertung)

   > *Das ist* mein Nachbar.
   > *Mein Nachbar ist* Schlosser.
   > *Mein Freund ist* ein Tausendsassa.
   > *Saudiarabien* ist ein Backofen

Attribut/Apposition: Identifikation, Wertung usw.

mein Nachbar, ein ausgezeichneter Fachmann, ...

Modalbestimmung des Vergleichs:

Du benimmst dich wie ein Kind.

Satzwertiger Nominativ:

Bei Schönau ..., etwa 6 km von Leipzig entfernt, überfielen 1557 Edelleute einen Nürnberger Kaufmann. Eine Straßenräuberei, *wie sie im Mittelalter häufig geschah.* (W. FELLMANN)

3. Zum Problem eines Einheitskasus/Gemeinschaftskasus

Wir können in unserer Sprache beobachten, daß eine Kasusform, es ist die des Nominativs, für verschiedenartige syntaktische Beziehungen Verwendung findet (vgl. SCHMIDT 1977b, 136). Einige dieser Gebrauchsweisen sollen aufgeführt werden:

bei Maß- und Mengenangaben:	*ein Pfund* Mehl (statt Gen.)
bei Monatsnamen:	*Ende* April (statt Gen.)
beim Anschluß mit *als:*	*die Einführung der Mark* als alleiniges Zahlungsmittel (statt Gen.)
nach Präpositionen:	*wegen* Mangel an ..., *mittels Kran* (statt Gen.)

(Vgl. HACKEL 1972a, 341f.; 1995, 46f. und WÖRTERBUCH DER SPRACHSCHWIERIGKEITEN 1984, 352.)

Diese Erscheinung wird unterschiedlich interpretiert.

– Es handele sich um einen besonderen Kasus, den Gemeinschaftskasus, der durch die Angleichung der Kasusformen entstehe (SÜTTERLIN, MENSING).

– Es handele sich um eine spezielle Gebrauchsweise des Nominativs. Diese Gebrauchsweise wird im Zusammenhang mit der Monoflexion erklärt. Die Monoflexion wirkt speziell in der Substantivgruppe. Diesen auf die Substantivgruppe beschränkten Kasus könnte man vielleicht Monoflexiv nennen. Dem Nominativ ist der Monoflexiv homonym, oder er stellt eine besondere Gebrauchsweise des Nominativs dar.
(Vgl. STARKE 1984c, 61.; HACKEL 1995, 46f.)

Genitiv

Obgleich der Genitiv der Kasus ist, der – außer als Attribut – in der Sprache der Gegenwart am wenigsten verwendet wird, verfügt er über die meisten syntaktischen Anwendungsmöglichkeiten. Dabei ist er von einer Reihe Wortarten abhängig.

Der Genitiv steht im Satz als Objekt:

– beim verbalen Prädikat u.a. zur Angabe des Zieles:

Er gedachte des Freundes.
Er erinnerte sich des Vorfalls.

Als einziges Objekt steht der Genitiv nur nach wenigen Verben: *bedürfen, denken (gedenken), ermangeln.*

Erhalten hat sich der Genitiv bei einigen Verben mit reflexivem Akkusativ:

sich annehmen, sich bedienen, sich bemächtigen, sich brüsten, sich enthalten, sich entledigen, sich erbarmen, sich rühmen usw.

Einige Verben bilden mit dem Genitiv feste Verbindungen:

sich eines Besseren *besinnen,* jeder Grundlage *entbehren,* der Ruhe *pflegen,* jeder Beschreibung *spotten,* des Amtes *walten* u.a.

In Kombination mit dem Akkusativ steht der Genitiv nach den Verben der Rechtsprechung:

anklagen (*ihn* des Raubes), *beschuldigen* (*ihn* der Tat), *entbinden* (*ihn* des Amtes), *überführen* (*ihn* des Verbrechens) u.a.

– Bei nominalem Prädikat (mit prädikativem Adjektiv) dient er u.a. zur Angabe des Inhalts, eines Mangels, der Anteilnahme

der Hilfe *bedürftig sein*
des Weges *kundig sein*

Hier steht der Genitiv beispielsweise nach folgenden Adjektiven:

bewußt (der Stärke), *fähig* (der Tat), *gewiß, kundig, ledig, mächtig* (der Sprache), *überdrüssig, verdächtig, voll, würdig* (der Auszeichnung)

Der Genitiv steht weiter als

– Teil des Prädikats, zur Bezeichnung eines Merkmals:

Er ist guten Mutes, der Meinung, schlechter Laune.

– adverbiale Bestimmung:

lokal: seiner Wege *gehen*
temporal: *Er kam* eines Tages, des Nachts, eines Morgens.
modal: *Er geht* gemessenen Schrittes, erhobenen Hauptes.

Der Genitiv als **Attribut** dient dazu, die Beziehungen eines Substantivs zu einem anderen zu kennzeichnen. Dabei eignet er sich besonders als Mittel der Prädikatsverdichtung:

Der Schüler wird vom Klassenlehrer beurteilt.
Die Beurteilung des Schülers *(durch den Klassenlehrer) ...*

Der attributive Genitiv findet insbesondere in der geschriebenen Sprache der Gegenwart immer größere Verbreitung, weil es mit Hilfe des Genitivs möglich ist, den Inhalt ganzer Sätze in Substantivgruppen zusammenzufassen. Dadurch wird die Darstellung gerafft und komprimiert.

Die syntaktisch-semantischen Beziehungen, die der attributiven Fügung mit dem Genitiv zugrunde liegen, sind mannigfaltiger Art; sie werden in den Grammatiken nach verschiedenen Einteilungsprinzipien gegliedert. Die Beschreibung durch sogenannte Rollentypen (semantische Rollen, semantische Kasus u.ä.m.) wird beispielsweise durch HÖSSELBARTH vorgenommen. Er kommt dabei auf 20 verschiedene Klassen des Genitivattributs (vgl. HÖSSELBARTH 1983 und 1984, 1f.).

Uns kommt es darauf an, die in der deutschen Gegenwartssprache lebendigen Gebrauchsweisen des Genitivs möglichst übersichtlich darzustellen und mit Hilfe der Transformation zu erläutern.

Der Genitiv kann sein:

Transformation

1. Angabe des Besitzers (genitivus possessivus)

    Das Haus des Vaters   Der Vater besitzt ein Haus.

2. Angabe des Schöpfers (genitivus auctoris)

    die Werke Goethes   Goethe schuf Werke.

3. Angabe der Herkunft
    die Weine Ungarns   Die Weine kommen aus Ungarn.

4. Angabe der Ganzheit eines Gegenstandes oder Stoffes, wovon das Kernwort einen Teil bezeichnet (genitivus partitivus)

    das Dach des Hauses   Das Dach ist ein Teil des Hauses.

5. Angabe des Täters/Vorgangsträgers (genitivus subjectivus)
    das Sausen des Sturmes   Der Sturm saust.

6. Angabe des Patiens einer Handlung (genitivus objectivus)

    die Belagerung der Stadt   Man belagert die Stadt.

7. Angabe des Trägers einer Eigenschaft

    die Schönheit des Gemäldes   Das Gemälde ist schön.

8. Genitiv der Steigerung

    das Buch der Bücher   nicht transformierbar

Der Genitiv als Attribut kann auch von anderen Wortarten als vom Substantiv abhängen:

    von Adjektiven: *der* des Weges *kundige Mann*
    von Pronomen: *mancher* der Anwesenden

Der Genitiv als **Apposition**:

    die Auszeichnung Pauls, eines vorbildlichen Schülers
    die Belobigung des Meisters, eines guten Fachmannes

Dativ

Als reiner Kasus steht der Dativ vor allem als Objekt:

1. beim verbalen Prädikat zur Angabe der Bezugsrichtung, u.a. des Besitzers, Adressaten, Partners,

   – als alleiniges Objekt:

   Ich helfe dem Freund.

   Der Dativ steht besonders bei Verben, die ein persönliches Verhalten, ein Zuwenden zu jemandem bezeichnen:

   ihm *ähneln,* ihm *antworten,* ihm *fehlen,* ihm *gefallen*

   – als zweites Objekt neben dem Akkusativobjekt oder dem Präpositionalobjekt:

   Er gibt dem Vater *das Brot.*
   Er berichtet dem Freund *von der Fahrt.*

2. beim nominalen Prädikat zur Angabe des Partners, zu dem ein bestimmtes Verhältnis besteht:

   Der Besuch war dem Freund *angenehm.*
   Er ist ihm *gehorsam.*

   Hier sind es nur bestimmte Adjektive, die auf Grund ihrer Valenz und Rektion ein Dativobjekt fordern:

   ihm *ähnlich, angeboren, bange, feind, fremd sein.*

Der Dativ erscheint auch als sogenannter freier Dativ. Obwohl keine Rektion vorliegt, werden einige Bedeutungen des Dativs auch als Objekt aufgefaßt:

1. Dativ des Interesses, des Nutzens/Schadens, der Beteiligung (Dativus commodi/incommodi):

   Er öffnet der Frau *die Tür.*
   Er holt ihr *die Milch.*

Der Gebrauch des Dativs setzt in vielen Fällen das Vorhandensein des Akkusativs voraus. Fehlt der Akkusativ, kann nur der Präpositionalkasus im Akkusativ stehen:

> Die *Wirtin kocht* für den Untermieter.

2. Der possessive Dativ, Dativ des Zubehörs (Pertinenzdativ):

   > *Der Kopf schmerzt* mir.
   > *Wir waschen* uns *die Hände.*

3. Der Dativ der Anteilnahme (dativus ethicus; kein Objekt – nur Personalpronomen der 1. und 2. Person):

   > *Fall* mir *nicht hin!*
   > *Vergiß es* mir *ja nicht!*
   > *Das war* dir *vielleicht ein Halunke.*

Zur strittigen Abgrenzung zwischen valenzgebundenem und freiem Dativ vgl. EISENBERG 1994, 304ff.

Akkusativ

Der Akkusativ bezeichnet vor allem das direkte Objekt, den Bezugsgegenstand, den Gegenstand, auf den eine Handlung gerichtet ist.

Als Objekt unterscheiden wir:

1. das effizierte, durch die Verbhandlung bewirkte Objekt (Angabe des Ergebnisses):

   > ein Haus *bauen*, ein Brot *backen*

2. das affizierte, von der Verbhandlung betroffene Objekt:

   – Angabe der Veränderung der Oberfläche:

   > den Fußboden *bohnern*

   – Angabe der Veränderung der Lage:

   > einen Stuhl *rücken*

   – Angabe der Veränderung der Form:

   > das Blatt *knicken*

3. den freien Akkusativ
   Dieser Akkusativ gibt den Inhalt der Verbalhandlung an, dient dadurch der Intensivierung:

   > einen Kampf *kämpfen*, Blut *schwitzen*, einen schweren Gang *gehen*

Als Prädikativ tritt der Akkusativ zu Verben wie

heißen, nennen, schelten, schmähen, schimpfen, taufen
Der Lehrer nennt den Jungen einen Schwätzer.
T: Der Junge ist ein Schwätzer.

Es handelt sich um ein prädikatives Verhältnis zwischen dem Akkusativobjekt und dem prädikativen Akkusativ.

Der Akkusativ steht weiter als adverbiale Bestimmung:
    temporal: *Wir arbeiten* den ganzen Tag.
    lokal: *Er geht* den Berg *hinauf.*

Der Akkusativ steht oft bei prädikativen Adjektiven wie *alt, dick, groß, hoch, lang, schwer, stark, weit:*

Der Graben ist einen Meter breit.

2.3.3.3.4. Zu Entwicklungstendenzen im Kasussystem

Im Indoeuropäischen standen 8 Kasus zur Verfügung (Nominativ, Vokativ, Genitiv, Dativ, Akkusativ, Instrumental, Lokativ, Ablativ). Über die ursprünglichen Bedeutungen, die Grundbedeutungen, der einzelnen Kasus gibt es keine restlose Klarheit. Zum Zusammenfall (Synkretismus) kam es aus zwei Gründen:
– Es gab keine klare Abgrenzung der Bedeutungen (Überdeckung der Bedeutungen), dadurch wurden manche Kasus überflüssig.
– Die Abschwächung der Endsilbenvokale (bis zum Abfall) führte dazu, daß mehrere Kasus formal nicht mehr unterschieden werden konnten und zusammenfielen. Diese Entwicklung führte zum Aufkommen der Präpositionalkasus, was seinerseits die Bildung der Präpositionen beschleunigte.

Mit Hilfe der Präpositionen können wir heute die Beziehungen zwischen Erscheinungen der Realität genauer angeben als früher mit den (reinen) Kasus.

Im über Jahrhunderte wirkenden Übergang von reinen Kasus (Substantiv mit Flexionsendung) zu präpositionalen Kasus (Substantiv mit Präposition) wird eine generelle Entwicklungstendenz der deutschen Sprache sichtbar, der Übergang vom synthetischen zum analytischen Sprachbau.

Was die Entwicklung der heutigen vier (reinen) Kasus betrifft, so läßt sich folgendes sagen:

1. Viele Kasusformen lauten, auch wenn man den Artikel berücksichtigt, gleich, z.B.
Nom. und Akk. aller Genera im Plural
Nom. und Akk. Sgl. Neutr.
Gen. und Dat. Sgl. Fem.

2. Die Monosemierung (eindeutige Aktualisierung) Nominativ/Akkusativ geschieht heute vorwiegend durch die unterschiedliche Wortstellung, durch die

Semantik der Partner (Katzen *fangen* Mäuse), durch die Intonation und die semantische Kongruenz, aber nicht mehr durch morphologische Mittel. Das ist auch möglich, da beide Kasus unterschiedlichen Sphären des Satzes angehören, der Nominativ der Sphäre des Subjekts, der Akkusativ der des Prädikats.

3. Es gibt Ansätze dafür, daß sich Genitiv und Dativ formal nicht mehr unterscheiden (Sgl. Fem.). Zu dieser Unterscheidung besteht auch keine Veranlassung, da diese beiden Kasus in der Sphäre des Prädikats selten nebeneinander vorkommen.
4. Morphematisch werden gekennzeichnet, aber schon mit Unterschieden:
Nom-Gen.: treffen in der Substantivgruppe aufeinander, aber Tendenz zur Monoflexion (vgl. 2.3.3.3.),
Dat-Akk.: treffen in der Prädikatssphäre aufeinander,
Gen.-Akk.: treffen in der Prädikatssphäre aufeinander.

Daraus kann man schlußfolgern:

1. Das System der reinen Kasus befindet sich in einem Übergangsstadium (Synkretismus, Rolle des Artikels, des Kontextes usw.).
2. Die Kasuskennzeichnung durch Kontext und Distribution tritt in den Vordergrund, die Kennzeichnung durch morphematische Mittel verliert an Bedeutung (Wechsel der sprachlichen Mittel).

2.3.3.3.5. Zur Deklination der Eigennamen

1. Personennamen

– Im Singular bilden sie den Genitiv mit *-s*, wenn der Name nicht durch ein vorhergehendes Wort als Genitiv gekennzeichnet ist:

Lehrer Schumanns *Unterricht*, aber *die Vorlesung des Professors Müller.*

– Bei mehreren Namen einer Person erhält nur der letzte das Deklinationsmorphem:

Karl Friedrich Wanders *pädagogische Arbeiten.*

– Personennamen mit voranstehendem Adjektiv stehen im Genitiv heute ohne *-s:*

die Leiden des jungen Werther, *der Wiederaufbau des zerstörten* Dresden

– Der Genitiv kann durch Umschreibung mit Präposition ersetzt werden:

der Brief von Karl, *der Roman* von Bredel.

– Bei Adelstiteln und Herkunftsbezeichnungen mit Präpositionen erhält in der Regel nur der eigentliche Familienname das Genitiv-*s*:

die Geschichte Achim von Arnims.

- Der Vorname wird dekliniert, wenn der Beiname noch deutlich als Ortsname empfunden wird:

    „Der arme Heinrich" Hartmanns *von der Aue.*

Für die Pluralbildung gilt bei Personennamen:
- mit *-en* bilden den Plural in der Regel weibliche Vornamen auf *-e:*

    die Ingen, die Sabinen, die Hilden.

- mit *-s:* alle anderen weiblichen Vornamen und auch männliche auf Vokal:

    die Hertas, die Karins, die Willis, die Rudis.

- mit *-e:* in der Regel männliche Vornamen auf Konsonant:

    die Wilhelme, die Ernste, oder sie bleiben im Plural endungslos: *die Werner, die Jochen.*

- Familiennamen erhalten im Plural ein *-s*, können aber auch undekliniert bleiben (besonders die auf *-el, -er, -en*):

    die Schmidts, die Schäfers, die Schlegels.

- ohne Artikel müssen sie *-s* erhalten:

    Erdmanns, Fiebichs, Grafs.

- Namen auf *-s, -ß, -chs, -z, -tz* haben im Plural *-ens:*

    die *Schulze*(n)*s, Marzens.*

2. Geographische Eigennamen
- Die Setzung des Genitiv-*s* schwankt; es ist bei artikellosem Gebrauch zu setzen, steht aber auch bei Gebrauch mit Artikel:

    die Ufer des Main(s), der Hafen Rostocks, die Industrie Belgiens, die Länder des Balkan(s).

- Bei fremden Namen steht nur ein Genitiv-*s*, wenn sie eingedeutscht sind:

    die Bewohner des Irak, aber *des Tiber(s), des Nils.*

- Das Plural-*s* wird bei erdkundlichen Namen heute meist abgestoßen:

    die beiden Frankfurt, die zwei Amerika.

3. Völkernamen
- Auf *-e* werden sie schwach dekliniert:

    des Schweden, dem Schweden, die Schweden.

- Ableitungen auf *-er* haben im Genitiv ein *-s*, in allen anderen Kasus (Singular und Plural, außer Dat. Pl.) sind sie endungslos:

des Engländers, die Engländer, den Engländern; des Argentiniers, die Argentinier, den Argentiniern.

Fremde Völkernamen, die auf Vokal enden, bilden den Genitiv Sg. und den Plural mit oder ohne -*s* (sie sind selten):

die Eskimo(s), des Eskimo(s).

4. Titel von Büchern, Zeitungen und Gebäudenamen sollten dekliniert werden (Artikel und Subst.):

die Enthüllungen des „Spiegels", die Premiere des „Zerbrochenen Kruges", die Redaktion des „Freies Wort" (besser „Freien Wortes")

Will man den Titel nicht „verletzen", muß ein Appellativum vorangestellt werden:

der Ruf des Hotels „Stadt Berlin" ..., F. Engels' Werk „Der Ursprung der Familie ...".

(Vgl. zu einzelnen differenzierten Regeln: JUNG 1988, 281f., zu Genusformen der Gewässernamen NAUMANN 1982, 97f.)

2.3.4. Artikel

2.3.4.1. Bedeutung und formale Merkmale des Artikels

Der Artikel steht beim Substantiv, kennzeichnet u.a. Kasus und Numerus des Substantivs. Damit drückt sich auch hier die Entwicklung zum analytischen Sprachbau aus. Der bestimmte Artikel hat sich im Laufe der Entwicklung der Sprache aus dem Demonstrativpronomen, der unbestimmte Artikel aus dem Zahladjektiv *ein* entwickelt. Der Artikel gehört neben adjektivischen Pronomen, wie *mein, dieser, kein,* zu den Artikelwörtern (vgl. HELBIG/BUSCHA 1994, 359).

Sprachforscher der Gegenwart sprechen beim Substantiv von einer neuen (obligatorischen) Kategorie „Determination", der sie den Artikel als morphosyntaktisches Ausdrucksmittel zuordnen. (Vgl. EISENBERG 1994, 159ff.)

2.3.4.2. Form des Artikels

Wir unterscheiden drei Formen des Artikels im Deutschen:
d-Form   = bestimmter Artikel,
ein-Form   = unbestimmter Artikel,
Ø-Form   = Nullartikel (nicht substantiell ausgedrückt).

Ebenfalls nichtsubstantiell ist der sogenannte „implizite Artikel", der für Eigennamen kennzeichnend ist (*Gerhard, Weimar*). Diese drei Formen wirken systemhaft zusammen, ihre Leistungen lassen sich am besten verstehen, wenn man vom

Artikel *der, die, das* und der Opposition der beiden anderen zu *der, die, das* ausgeht und auch die Semantik von *ein* berücksichtigt. *Ein* kann als Ausdruck des Begriffes des Einmaligen, Einzelnen nur als Gegensatz zur Vielheit verwendet werden, es kann also nicht beim Plural und nur bei numerusfähigen Substantiven stehen (vgl. W. SCHMIDT 1983, 175ff.).

Es ergeben sich folgende Gegenüberstellungen.

1. bei pluralfähigen Substantiven

	im Singular		im Plural	
	der : ein		die : Nullartikel	
	der *Mann* : ein *Mann*		die *Männer* : Ø *Männer*	
	die *Frau* : eine *Frau*		die *Frauen* : Ø *Frauen*	
	das *Haus* : ein *Haus*		die *Häuser* : Ø *Häuser*	

2. bei nichtpluralfähigen Substantiven bzw. nichtsingularfähigen Substantiven die Opposition

    der : Nullartikel
    der *Mut* : Ø *Mut*
    die *Leute* : Ø *Leute*

2.3.4.3. Funktionen des Artikels

Auf der Grundlage der formalen Opposition beruhen die inhaltlichen Leistungen des Artikels und seine strukturellen Funktionen im Satz, die sich nicht selten überschneiden. Bei der folgenden Darstellung wird aus methodischen Gründen die Einzelleistung jeder Art des Artikels dargestellt. (Vgl. auch GRIMM 1987)

1. Der Artikel dient als Beziehungsmittel im Satz. Er bezeichnet das Genus, kennzeichnet Kasus und Numerus des Substantivs. Diese Funktion resultiert vor allem aus dem Synkretismus der Kasus. Zu den strukturellen Funktionen kann auch die Rolle des Artikels bei der Substantivierung gerechnet werden. Mit Hilfe des Artikels kann jede andere Wortart substantiviert werden:

    rot: das *Rot der Wangen*
    lesen: das *Lesen*
    auch: das *Ich*, das *Wenn* und das *Aber*

2. Der Artikel dient im Text zur Kennzeichnung der Bekanntheit und Unbekanntheit. Diese Leistung wird von einer zweiten Funktion überlagert, die mit der ersten in unmittelbarem Zusammenhang steht. Mit Hilfe des Artikels wird zum Ausdruck gebracht, „ob das Substantiv ein bestimmtes Exemplar der Gattung oder die Gattung überhaupt meint" (W. SCHMIDT 1983, 177).

Um ein Substantiv individualisierend oder generalisierend zu gebrauchen, ist der Artikel allein unzureichend. Erst im Satz, in Anlehnung an den Kontext und die Situation, gelingt es dem Artikel, sich an dieser Leistung zu beteiligen.

Bei der generalisierenden Leistung können alle drei Formen des Artikels genutzt werden:

Das *Auto ist ein bequemes Verkehrsmittel.*
Ein *Auto ist bequemer als ein Motorrad.*
Autos *sind bequeme Verkehrsmittel.*

Der Gebrauch des bestimmten und unbestimmten Artikels weist feine Unterschiede auf. In dem Satz *Der Baum ist eine Pflanze* wird die Gattung Baum als abstraktes Wesen bezeichnet. „Durch den identifizierenden Artikel *der* wird der Begriff als gegeben gesetzt: *der Baum* meint die ganze Klasse, der Ausdruck hat hier kollektiven Sinn. Dagegen trifft in dem Satz *Ein Baum ist eine Pflanze* der Artikel *ein* gewissermaßen eine Auswahl, er bewirkt, daß man sich einen konkreten Vertreter der Gattung vorstellen kann" (W. SCHMIDT 1983, 178).

3. Zum Gebrauch der einzelnen Arten des Artikels

Der bestimmte Artikel signalisiert, daß S/S und H/L ein und denselben Gegenstand meinen, der S/S identifiziert den Gegenstand, von dem er redet, mit dem Gegenstand, der dem H/L bekannt ist und der sich in dessen Gesichtskreis befindet.

Der Gegenstand kann in folgenden Fällen als dem H/L bekannt, in seinem Gesichtskreis befindlich gelten:

– wenn der Gegenstand infolge der vorherigen Nennung in den Gesichtskreis des Empfängers gerückt ist:

    Am See lag ein *Boot.* Sie mieteten es. Das *Boot glitt lautlos über das Wasser.*

– wenn der Gegenstand früher nicht genannt worden war, aber situationsbedingt und deshalb situationsbestimmt ist:

    Sie standen auf dem Hauptbahnhof und erwarteten Gäste aus Warschau. Der *Zug aus Warschau rollte langsam auf Bahnsteig A ein.*

– Bestimmt für den Empfänger sind auch Gegenstände, Personen, Erscheinungen, die entweder allgemein oder einem bestimmten Kreis von Menschen bekannt sind:

    Paris *brannte.* Die *Versailler drangen in die Stadt.* Die *Kommune war besiegt.* (Bredel)

(Vgl. MOSKALSKAJA 1983, 176.)

Der unbestimmte Artikel signalisiert,

– daß der Empfänger über einen Gegenstand informiert wird, der sich bis dahin überhaupt nicht in seinem Gesichtskreis oder nicht in diesem Zusammenhang in seinem Gesichtskreis befunden hatte:

> *Als er aus dem Hause trat, stand* ein *fremder Mann vor ihm. Er trug einen langen, engen Mantel.* Ein *großer Wagen mit* einer *fremden Nummer stand vor der Tür.*

- Der unbestimmte Artikel kann auch einen Gegenstand kennzeichnen, der nicht nur dem H/L, sondern auch dem S/S als konkretes Individuum unbekannt ist:

    Wir müssen uns ein *neues Tonbandgerät kaufen.*

Der Nullartikel hat die gleiche Aufgabe im Plural wie der unbestimmte Artikel im Singular:

> *Wir müssen uns* Lampen *für die Wohnung kaufen.*

(Vgl. HELBIG/BUSCHA 1994, 374.)

Er steht

- bei Substantiven, die die unbestimmte Menge eines Stoffes bezeichnen:

    Er trinkt gern Bier.
    Er braucht Sand *und* Zement.

- bei einigen Abstrakta, die allgemein einen Zustand, Vorgang, eine Eigenschaft bezeichnen:

    Er hat Geduld.
    Hilfe *tut not.*

- bei einigen festen Verbindungen:

    Atem *holen,* Verdacht *schöpfen, von* Bedeutung *sein*

- bei bloßer Nennung des Substantivs:

    Wie dekliniert man Nachbar?

Von der Nullform des Artikels, die ein sinnhaltiges, grammatisch bedingtes Fehlen des Artikels meint, muß man das stilbedingte Weglassen des Artikels unterscheiden.

4. Verschmelzung von Präposition und Artikel

- Die Präpositionen *an, bei, hinter, in, über, unter, vor* verschmelzen, vor allem in der Umgangssprache, ohne Apostroph mit einem folgenden *das* zu *ans, aufs, durchs, fürs, hinters, ins, übers, unters, vors:*

    ans *Werk,* aufs *Dach,* durchs *Land,* fürs *Brot,* hinters *Haus,* ins *Büro,* übers *Land,* unters *Bett,* vors *Tor;*
    auch phraseologisch: aufs *Dach steigen,* ans *Werk machen*

- Die Präpositionen *hinter, über, unter* verschmelzen umgangssprachlich mit singularischem *den* zu *hintern, übern, untern.*

– Mehrere Präpositionen verschmelzen mit dem Dativ *dem: am, beim, hinterm, unterm, vom, zum*.

Die Verschmelzung findet nur statt, wenn der Artikel nicht betont ist:

> am *Abend*
> Aber:
> an dem *Abend, an dem wir uns kennenlernten*

5. Der Artikel steht immer vor dem Substantiv. Er bildet mit dem Substantiv den nominalen Rahmen (vgl. 3.3.1.3.2.):

> der *hohe* Baum
> ein *auf dem Berge stehender großer* Baum

2.3.5. Zur Orthographie des Substantivs

Die Großbuchstaben haben in den Sprachen verschiedene Funktionen. Uns interessiert hier nur jene, den Anfang von Wörtern und Wortgruppen zu kennzeichnen und damit beizutragen zur Kennzeichnung von Wortart und Wortteilklassenzugehörigkeit (Bezug zur lexikalischen/lexematischen Ebene).

Generell muß man sagen, daß die Schwierigkeiten der Groß- und Kleinschreibung vom Zentrum zur Peripherie der Wortart Substantiv hin zunehmen. Wir verweisen auf die oben angedeutete Einteilung der Substantive in Zentrum und Peripherie und die dabei sichtbar gewordenen Schwierigkeiten bei der Abgrenzung der Wortarten (vgl. EWALD 1992). Es existiert daher eine relativ große Zahl von Regeln, die nicht nur die Anwendung der Majuskeln (Großschreibung), sondern auch den normgerechten Gebrauch der Minuskeln (Kleinschreibung) betreffen.

1. Substantive schreibt man generell groß:

> *Tisch, Wasser, der Trimm-dich-Pfad, das Make-up*

Das gilt auch für Substantive als Bestandteile fester Wortgruppen/Gefüge, sofern sie nicht mit anderen Bestandteilen des Gefüges zusammengeschrieben werden:

> *zu Händen von; auf Abruf; zur Not; etwas außer Acht lassen; in Betracht kommen; Auto fahren; Rad fahren; letzten Endes, guten Mutes*

Bezeichnungen für Tageszeiten nach Adverbien wie **vorgestern, morgen** werden ebenfalls groß geschrieben:

> *heute Mittag, gestern Abend*

2. Klein schreibt man Wörter, „die die substantivischen Merkmale eingebüßt und die Funktion anderer Wortarten übernommen haben (= Desubstantivierungen)" (DUDEN 1996, 886), u.a.

– bestimmte Adjektive in Verbindung mit **sein:**

> *angst, bange, pleite, schuld (sein)*

- Adverbien, Präpositionen, Konjunktionen auf **-s/-ens**:

  abends, anfangs, willens, rechtens, angesichts, mangels
- von Substantiven abgeleitete Präpositionen:

  kraft (seines Amtes), zeit (seines Lebens)

3. „Wörter anderer Wortarten schreibt man groß, wenn sie als Substantive gebraucht werden (= Substantivierungen)" (DUDEN 1996, 887). Diese Substantivierungen erkennt man im Text an zumindest einem (formalen) Merkmal der Wortart Substantiv:
   vorausgehender Artikel; vorangestelltes adjektivisches Attribut oder nachgestelltes Attribut, das „sich auf das substantivische Wort bezieht" (DUDEN 1996, 887); „an ihrer Funktion als kasusbestimmtes Satzglied oder kasusbestimmtes Attribut" (DUDEN 1996, 887).

   Die Substantivierungen können u.a. aus folgenden Wortarten stammen:
   - Adjektive und adjektivisch gebrauchte Partizipien, besonders auch in Verbindung mit Wörtern wie **alles, allerlei, etwas, genug, nichts, viel, wenig**:

     Es wäre wohl das Richtige, Bitte lesen Sie unten Stehendes. Wir sind uns im Großen und Ganzen einig. Das Beste, was dieser Ferienort bietet, ist die Ruhe. Die Teilnehmenden diskutierten über den Konflikt.
   - Verben

     Sie hörte ein starkes Klopfen. Sie wollte auf Biegen und Brechen gewinnen.
   - Pronomen

     Er konnte Mein und Dein nicht unterscheiden.
   - sonstige Wortarten

     Sie überlegte sich das Für und Wider ganz genau. Das Nein fällt ihm schwer. Im Nachhinein wußten wir es besser. (Vgl. DUDEN 1996, 887f.)

4. Trotz formaler Merkmale der Großschreibung werden in folgenden Fällen Adjektive, Partizipien und Pronomen klein geschrieben:

   – *Sie war die aufmerksamste und klügste meiner Zuhörerinnen.*
   – *Diese Frage ist am schwierigsten. (=Superlativ)*
   – *Ich höre von fern ein dumpfes Grollen.*

5. Eigennamen schreibt man groß. „Eigennamen sind Bezeichnungen zur Identifizierung bestimmter e i n z e l n e r (gesperrt, d.V.) Gegebenheiten (eine Person, ein Ort, ein Land, eine Institution usw.)" (DUDEN 1996, 890):

   Rolf, Stuttgart, die Elbe, die Schweriner Volkszeitung.

„Kleingeschrieben werden adjektivische Ableitungen von Eigennamen auf -(i)sch, außer wenn die Grundform eines Personennamens durch ein Apostroph verdeutlicht wird, ferner alle adjektivischen Ableitungen mit anderen Suffixen" (DUDEN 1996, 891), mit Ausnahme der Ableitung von geographischen Eigennamen auf **-er**:

die schillerschen Gedichte – die Schiller'schen Gedichte; die Thüringer Bratwürste.

6. „In substantivischen Wortgruppen, die zu festen Verbindungen geworden, aber keine Eigennamen sind, schreibt man Adjektive klein" (DUDEN 1996, 892):

   das schwarze Brett, die schwedischen Gardinen, der weiße Tod, das zweite Gesicht.

   Adjektive werden in folgenden Verbindungen groß geschrieben:

   – Titel und Funktionsbezeichnungen:

   der Erste Bürgermeister, der Heilige Vater

   – bestimmte Klassifizierungseinheiten:

   der Rote Milan, die Schwarze Witwe

   – bestimmte Kalendertage:

   der Heilige Abend, der Erste Mai

   – bestimmte historische Ereignisse:

   der Zweite Weltkrieg, die Jüngere Steinzeit.

7. Das Anredepronomen Sie und das Possessivpronomen Ihr werden groß, die Pronomen **du, ihr, dein, euer** sowie das Reflexivpronomen **sich** werden klein geschrieben:

   Wie geht es Ihnen? Leihen Sie mir Ihr Fahrrad?
   Würdest du mir helfen? Morgen erhältst du deine Genehmigung.

2.4. Pronomen

2.4.1. Wesen des Pronomens

Die Bezeichnung Pronomen (lat. *pro* = ‚vor', ‚für' + *nomen* = ‚Name') stellt eine direkte Beziehung zu anderen Nomina, vor allem zu Substantiven, her. Sie wird für eine begrenzte Zahl (etwa 70 bis 80) Wörter gebraucht, denen die grammatischen Merkmale
- deklinierbar
- nicht artikelfähig
- nicht komparierbar
- text- oder situationsbezogen größenbezüglich gebraucht

zukommen und die in der Rede folgende Aufgaben erfüllen:
1. Pronomen verweisen auf bestimmte Personen, andere Lebewesen, Gegenstände und Sachverhalte, wobei diese Beziehung aus dem Satz- bzw. Textzusammenhang oder aus der Sprechsituation heraus verdeutlicht wird. Als Synsemantika zählen Pronomen daher nicht zu den „benennenden Wortarten", sondern sind „verweisende bzw. orientierende Wörter" (vgl. MOSKALSKAJA 1983, 209).
2. Daraus ergibt sich die besondere Fähigkeit der Pronomen für die Text- und Satzverflechtung, bei der sie die Rolle von Verbindungselementen ausüben.
3. Pronomen fungieren als Stellvertreter oder Begleiter eines Nomens und können demzufolge substantivisch oder adjektivisch gebraucht werden:

>   Dieser *hat es getan.*
>   Dieser *Sachverhalt ist noch ungeklärt.*

Für diese syntaktische Verwendung benötigen die Pronomen auch eine bestimmte Formveränderlichkeit, die der Herstellung grammatischer Übereinstimmung (Kongruenz) mit den ersetzten oder begleiteten Nomina dient, weshalb die meisten Pronomen auch deklinierbar sind.

Als eine Besonderheit der Pronomen ist zu werten, daß sich einige Subklassen, die nur substantivisch gebraucht werden, in die Korrelationspaare Lebewesen – Nichtlebewesen gliedern lassen: *wer – was; der, die, das – das; jemand – etwas, niemand – nichts.* Schließlich sei noch darauf verwiesen, daß einige Formative, z.B. *wer, was, welcher, welche, welches, der die, das,* je nach Verwendung verschiedenen Pronomenarten, im Falle von *der, die, das,* auch dem Artikel (historisch aus Demonstrativpronomen hervorgegangen) zugeordnet werden können.

>   Das (1) *Mädchen, das* (2) *an der Ecke wohnt, besucht ein Gymnasium.*
>   Das (3) *ist allgemein bekannt.*
>   *das* (1) – bestimmter Artikel
>   *das* (2) – Relativpronomen
>   *das* (3) – Demonstrativpronomen

Bleibt noch der Hinweis, daß zum Ausdruck der Pronominalität nicht nur die Pronomen als besondere Wortart zur Verfügung stehen, sondern auch Vertreter anderer Wortarten (u.a. Lokaladverbien wie *hier*, Temporaladverbien wie *da*), so daß die Pronomen nur eine Teilmenge im Rahmen der sogenannten Pro-Wörter bilden, die insgesamt zum sprachlichen Feld der Pronominalität gehören (vgl. HELBIG/BUSCHA 1994, 348ff.).

Da die Pronomen starke Berührungspunkte mit anderen Wortarten haben und überdies untereinander weder semantisch noch grammatisch-syntaktisch eine homogene Klasse von Wörtern darstellen, ist es auch ziemlich schwierig, Kriterien für ihre Klassifizierung aufzustellen.

2.4.2. Klassifikation der Pronomen

Wir behandeln folgende Arten von Pronomen:
1. Personalpronomen (einschließlich Reflexiv- und Reziprokpronomen)
2. Possessivpronomen
3. Demonstrativpronomen
4. Relativpronomen
5. Interrogativpronomen
6. Indefinitpronomen

2.4.2.1. Personalpronomen

Hierzu gehören: *ich, du, er, sie, es, wir, ihr, sie*. Diese Pronomen stehen in systematischer Verbindung mit der Konjugation der Verben; sie bezeichnen Personen (in der 3. Person auch Sachen) und stellen gleichzeitig die Relation zum S/H her (1. Person: sprechende Person; 2. Person: angesprochene Person; 3. Person: Besprochenes). Stellvertretung für ein Nomen ist nur bei den Personalpronomen der 3. Person gegeben.

Das Personalpronomen *du* dient zum Ausdruck vertraulicher Anrede, während für die höflich-formale Anrede *Sie* (mit seinen Formen *Ihrer, Ihnen*) verwendet wird, das in Form und syntaktischem Gebrauch dem Personalpronomen der 3. Person Plural entspricht.

Personalpronomen werden nur substantivisch gebraucht und können im Prinzip in den gleichen syntaktischen Funktionen wie Substantive auftreten (in erster Linie als Subjekt und Objekt).

Personalpronomen werden stets dekliniert und lassen die Bestimmung nach Person, Numerus, Kasus und Genus (Genus nur bei der 3. Person) zu. Zum Deklinationsparadigma vgl. DUDEN-GRAMMATIK 1995, 325.

Das Pronomen *es* besitzt verschiedene Strukturvarianten und nimmt infolgedessen eine Sonderstellung ein:

a) *Es* dient als Subjekt und als Akkusativobjekt anstelle eines neutralen Substantivs:

Das Messer schneidet gut. Es liegt auf dem Tisch. Faß es nur am Griff an!

Es kann auch den Inhalt eines vorangegangenen Satzes zusammenfassen oder auf ein Verb bezogen sein:

Er hat sich ein neues Fahrrad gekauft. Seine Eltern konnten es noch nicht wissen.
Der Lehrer gerbte Oles Sitzfleisch. Er tat es nicht mit Eichenlohe, sondern mit Haselrinde. (Strittmatter)

Als Prädikativum kann *es* auch maskuline und feminine Substantive sowie Adjektive aus dem vorhergehenden Satz wieder aufnehmen und vertreten:

Paul Schulze ist der Geschäftsführer der Firma und wird es bleiben. Inge ist zuverlässig; nicht alle sind es in gleichem Maße wie sie.

b) *Es* ist Korrelat (Platzhalter, Vorläufer) eines Satzgliedes (Subjekt, Objekt) und steht nicht, wenn ein anderes Satzglied das Vorfeld des Aussagekernsatzes besetzt:

Es *verschärfte sich die Kälte.* – *Die Kälte verschärfte sich.*

c) *Es* ist rein formales, inhaltsleeres Subjekt oder Objekt ohne Bezug auf einen Gegenstand oder auf eine Person:

Es *nieselt.* Es *hat geläutet. Er hat* es *nicht leicht.*

Das **Reflexivpronomen** (lat. *reflexivum* = ‚das Rückwärtsgewendete') gehört entweder zum Verb oder signalisiert denotative Identität zweier Größen im Satz (z.B. Agens und Patiens):

Die Mutter kämmt sich.

Es gehört im Prinzip zu den Personalpronomen und bildet kein selbständiges Formenparadigma. Nur in der 3. Person Singular und Plural gibt es eine eigene Form, nämlich *sich;* in der 1. und 2. Person werden die entsprechenden Formen des Personalpronomens verwendet. Reflexivpronomen treten nur im Dativ oder im Akkusativ auf, so daß sich die folgende Übersicht ergibt:

	Singular			Plural		
	1. Pers.	2. Pers.	3. Pers.	1. Pers.	2. Pers.	3. Pers.
Akkusativ:	mich	dich	sich	uns	euch	sich
Dativ:	mir	dir	sich	uns	euch	sich

Das Reflexivpronomen wird auch verwendet, wenn bei pluralischem Subjekt das Verb ein reziprokes Verhältnis (lat. *reciprocus* – ‚auf demselben Wege zurückkehrend'), also Wechselbezüglichkeit, ausdrückt (vgl. STARKE 1992, 225–229):

Als die Freunde sich wiedersahen, begrüßten sie sich herzlich.

Soll Eindeutigkeit hergestellt werden, wird anstelle von *sich* das Reziprokpronomen *einander* zum Ausdruck der Wechselbezüglichkeit gebraucht:

Die Kinder kämmten sich. (‚jedes sich selbst', ‚eines das andere')
Die Kinder kämmten einander. (nur: ‚eines das andere')

Wechselbezüglichkeit wird oft auch durch Pronominaladverbien mit *einander* gekennzeichnet:

Sie sprachen miteinander.
Sie kämpften gegeneinander.

2.4.2.2. Possessivpronomen

Das Possessivpronomen (lat. *possessivus* ‚den Besitz anzeigend') deutet auf den Besitzer im weitesten Sinne hin und ist jeweils vom Genitiv des entsprechenden Personalpronomens abgeleitet. Im Gegensatz zum Personalpronomen, das nur substantivisch gebraucht wird, kann das Possessivpronomen adjektivisch und substantivisch gebraucht werden:

Gib mir bitte deinen *Stift!* Meiner *ist abhanden gekommen.*

Der Wortstamm (*mein, dein, sein, ihr, unser, euer, ihr*) stellt den Bezug zum Besitzer her; in der 3. Person wird auch noch das Genus des Besitzers unterschieden (sein *Buch*, ihr *Buch*). Die Deklinationsendungen richten sich nach Genus (nur im Sgl.), Numerus und Kasus des syntaktischen Bezugswortes:

Ich kenne ihren *Freund.* Seinen *Freunden kann man vertrauen.*

Das Possessivpronomen steht bei Ersparung des Substantivs, das den Gegenstand bezeichnet, den man besitzt, zuweilen allein. Syntaktisch kann es dann als Subjekt, Objekt, Prädikativum, gelegentlich auch als adverbiale Bestimmung auftreten.

Sind das eure *Vorschläge?* Unsere *liegen bereits vor. Über* eure *werden wir bald sprechen.*

Possessivpronomen werden in der Regel stark dekliniert, haben also die gleichen Endungen wie der bestimmte Artikel.
Es gibt jedoch auch Formen, die mit dem Artikel verbunden sind und demzufolge schwach dekliniert werden:

der meine, der deine, der seine ...
der meinige, der deinige, der seinige ...

Nicht verwechselt werden darf der substantivische Gebrauch des Possessivpronomens mit der Substantivierung:

Er fährt immer gern zu den Seinigen. (= ‚zu seinen Angehörigen')

2.4.2.3. Demonstrativpronomen

Die Demonstrativpronomen (lat. *demonstrare* ‚hinweisen') geben ausdrücklich Hinweis auf das, was aus der Gesprächssituation einbezogen wird oder in der Rede kurz vorher genannt worden ist oder kurz darauf genannt wird, d.h., sie dienen der eindeutigen Identifikation von Personen oder Sachen, auch Sachverhalten.

Zum Formenbestand der Demonstrativpronomen gehören:

- *der, die, das*
- *dieser, diese, dieses* (weist auf Näherliegendes hin)
- *jener, jene, jenes* (weist auf Fernerliegendes hin)
- *solcher, solche, solches*
- *derselbe, dieselbe, dasselbe, derjenige, diejenige, dasjenige*
- *selbst, selber* (In der Bedeutung ‚sogar' ist es Adverb)

Mit Ausnahme von *selbst* sind alle Demonstrativpronomen im Singular im Genus unterschieden.

Demonstrativpronomen können substantivisch und adjektivisch gebraucht werden; dabei weisen sie entweder zurück oder voraus:

> Jene *wenigen Bewohner alarmierten sogleich die Feuerwehr.*
> Als diese *eintraf* ...
> *Er trug ein Bild* dessen *in den Händen, der auch für die Juden starb.* (Le Fort)

Demonstrativpronomen werden in der Regel stark dekliniert (vgl. Tabelle in DUDEN-GRAMMATIK 1995, 330f.); eine Ausnahme bildet *solcher,* das bei Verbindung mit dem unbestimmten Artikel schwach dekliniert wird (*einem* solchen *Menschen*) oder undekliniert bleibt, wenn es dem Artikel vorangeht:

> Solch *einem Zufall ist es zu danken.*

Der Genitiv Plural des Demonstrativpronomens *die* zeigt Doppelformen. Bei Rückverweis steht *deren,* bei Vorausverweis *derer:*

> *Die Kinder sammelten Beeren; es gab* deren *nicht viele.*
> *Wir gedachten* derer, *die* ...

Die Pronomen *derselbe / dieselbe / dasselbe* sollten nur im Sinne von ‚ebenderselbe' gebraucht werden:

> *Sie trägt noch* dasselbe *Kleid* (nicht das gleiche) *wie vor zwei Jahren.*
> *Sie trägt das gleiche Kleid wie ihre Schwester.*

2.4.2.4. Relativpronomen

Das Relativpronomen (lat. *relativum* ‚das auf etwas Bezogene') hat zum einen verweisende oder verallgemeinernde Bedeutung, zum anderen kennzeichnet es syntaktisch einen Nebensatz. In dieser Rolle ist es gleichzeitig immer auch Satzglied bzw. Satzgliedteil. Relativpronomen können substantivisch und adjektivisch gebraucht werden:

> *Es bildet sich in ihm Unmut: das Gefühl, verschlagen zu sein in eine Welt, die* die Verneinung seiner selbst war, *und ein Abscheu,* der *aus seinem Innersten kam, vor Menschen, die* nichts Gedrucktes vor die Augen nahmen, die *in einem Konzert saßen und nicht das Programm gelesen hatten.* (H. Mann)
> *Wir erblickten in der Ferne die Höhen des Harzes,* dessen *Schönheit die Urlauber begeisterte.*
> Wer *andern eine Grube gräbt, fällt selbst hinein.*

Relativpronomen sind:

der, die, das – Diese Formen können je nach dem syntaktischen Zusammenhang auch Artikel bzw. Demonstrativpronomen sein.
welcher, welche, welches – Sie werden in der Sprache der Gegenwart immer seltener gebraucht.
wer, was – Beide haben verallgemeinernde Bedeutung und werden substantivisch gebraucht.

Da sich Relativpronomen gewöhnlich auf ein Wort des übergeordneten Satzes beziehen, stimmen sie mit dem Bezugswort in Genus und Numerus überein; der Kasus des Relativpronomens ist jedoch von dessen Satzgliedwert im Nebensatz abhängig.

Besonders häufig wird *was* als verallgemeinerndes Relativpronomen verwendet. Es bezieht sich dabei meist nicht auf ein konkretes Substantiv oder ein Pronomen, sondern auf den Inhalt des ganzen übergeordneten Satzes:

> *Man diskutierte über alle Fragen, was ein großer Vorteil war.*
> *Nichts, was geschieht, geschieht ohne Ursache.*

Im letzten Beispiel drückt *nichts* die Verallgemeinerung aus.

2.4.2.5. Interrogativpronomen

Das Interrogativpronomen (lat. *interrogare* ‚fragen') dient zur Einleitung von direkten und indirekten Fragen.

Die eigentlichen und ältesten Interrogativpronomen sind *wer* und *was*. Beide werden nur substantivisch gebraucht, wobei *wer* nach Personen, *was* nach Sachen fragt. Die Deklination zeigt folgende Übersicht.

Nom.	wer	was
Gen.	wessen	wessen
Dat.	wem	–
Akk.	wen	was

Genus und Numerus werden nicht unterschieden. Die fehlende Dativform von *was* wird in der Umgangssprache meist durch den Akkusativ ersetzt (*mit was, aus was, zu was*). In der Standardsprache stehen dafür Pronominaladverbien (*womit, woraus, wozu*). Die Interrogativpronomen *welcher* und *was für ein* können adjektivisch und substantivisch gebraucht werden. Mit *welcher* wird gefragt, wenn eine Auswahl aus einer Anzahl getroffen wird, mit *was für ein* wird nach der Art innerhalb einer Gattung, nach Merkmalen und Eigenschaften gefragt:

> *Ich habe einen Baum in meinem Garten ausgeholzt.*
> Was für einen? *Einen Apfelbaum.*
> Welchen? *Den großen rechts am Weg.*

Das neutrale *welches* kann auf alle drei Genera und auch auf den Plural bezogen werden:

> Welches *ist die neue Variante?*
> Welches *sind die Eigenschaften dieses Metalls?*

Von den Interrogativpronomen müssen die Interrogativadverbien unterschieden werden. Beide sind Fragewörter. Die Interrogativadverbien fragen u.a. nach Ort (*wo*), Zeit (*wann*) und Grund (*warum, weshalb*).

2.4.2.6. Indefinitpronomen

Das Indefinitpronomen (lat. *indefinitus* ‚unbestimmt') bezeichnet eine Menge bzw. ein Einzelnes aus einer Menge, die je nach Kontext und Situation den Charakter der Unbestimmtheit aufweisen, wobei diese Unbestimmtheit bei einigen Indefinitpronomen noch durch *irgend* verstärkt werden kann.

Zu den Indefinitpronomen gehören: *man, jeder, jemand, niemand, jedermann, ein jeglicher, mancher, etliche, alle, mehrere, keine, nichts, etwas, wenig, viel, genug, (irgend)ein*.

Indefinitpronomen können substantivisch und adjektivisch gebraucht werden:

> Jemand *muß doch davon gewußt haben.*
> Wenige *Schüler fehlten.*

Welcher ist Indefinitpronomen, wenn es weder eine Ergänzungsfrage noch einen Relativsatz einleitet.

> *Wollen wir Pilze sammeln? Hier gibt es* welche.

2.5 Adjektiv

2.5.1. Wesen des Adjektivs

Das Adjektiv (lat. *nomen adiectivum* ‚das beigefügte Nomen'), in manchen Grammatiken auch Eigenschaftswort bzw. Beiwort genannt, ist nach Substantiv und Verb die drittgrößte Wortart. Die Adjektive machen etwa ein Sechstel des Gesamtwortschatzes der deutschen Sprache aus.

Das Adjektiv kann grammatisch als morphologisch determinierte Wortklasse mit Deklinations- und Komparationsformen definiert werden (vgl. FLÄMIG 1991, 483–487).

Adjektive dienen zur Bezeichnung von Merkmalen, Eigenschaften und Relationen, die in der objektiven Realität nicht selbständig auftreten, sondern an Gegenständen und Erscheinungen beobachtet werden. Im Prozeß des verallgemeinernden Denkens, der isolierenden oder analytischen Abstraktion werden sie von den Gegenständen und ihren übrigen Eigenschaften, mit denen sie in Wirklichkeit untrennbar verbunden sind, gewissermaßen abgehoben und in unserem Bewußtsein als Merkmale gespeichert.

Träger solcher Merkmale können u.a. Dinge und Erscheinungen (der *schwere* Stein), Prozesse (die *rasche* Ernte) und auch andere Merkmale und Umstände sein (vgl. W. SCHMIDT 1983, 185). Hieraus ergeben sich die syntaktische Rolle und die morphologische Gestalt des Adjektivs. Es wird im Bereich des Verbs als Satzadjektiv, in der Regel undekliniert (prädikativ und adverbial), und im Bereich des Substantivs als Attribut gebraucht. Im Bereich des Nomens, als vorangestelltes Attribut beim Substantiv, wird das Adjektiv vorwiegend dekliniert, es kongruiert in Genus, Kasus und Numerus mit dem Bezugssubstantiv. Das Genus, der Numerus und die Deklinationsklasse (stark bzw. schwach) des Adjektivs sind deshalb im Unterschied zu den entsprechenden Kategorien des Substantivs nicht fest. Sie sind variabel und hängen von der Satzgliedrolle von Adjektiv und Substantiv ab.

Mit Hilfe der Komparation können wir Dinge und Erscheinungen in bezug auf Merkmale (Eigenschaften/Relationen) vergleichen.

2.5.2. Klassifikation der Adjektive

2.5.2.1. Lexisch-semantische Subklassen

Wir unterscheiden semantisch-qualitative und semantisch-relative Adjektive. Zwischen diesen Gruppen ergeben sich folgende Unterschiede:

1. Qualitative Adjektive bezeichnen ein den Dingen innewohnendes oder ihnen anhaftendes Merkmal, relative geben das Verhältnis des durch das Beziehungswort bezeichneten Dinges zu einem anderen an:

qualitativ: schönes *Wetter*, grünes *Blatt*, dickes *Buch*
relativ: väterliches *Haus*, dortiger *Berg*, politische *Frage*
2. Qualitative Adjektive sind meist komparierbar, relative nicht.
3. Relative Adjektive treten fast nur attributiv und in deklinierter Form auf, z.T. aber auch adverbial und undekliniert.

qualitativ: *das* hohe *Haus – Das Haus ist* hoch.
relativ: die englische *Hauptstadt*
nicht möglich: * *Die Hauptstadt ist* englisch.
aber bei Gegenüberstellung:
Die Frage ist eine politische, *nicht eine* ökonomische,
(*Die Frage wurde nur* ökonomisch *betrachtet.*)
4. Relative Adjektive sind meistens Ableitungen von Substantiven oder Adverbien.

Die qualitativen Adjektive lassen sich nach ihrer lexikalischen Bedeutung u.a. in folgende Subklassen einteilen.

Bezeichnungen der Form:	*krumm, schief*
Bezeichnungen der Farbe:	*grün, blau*
Bezeichnungen der räumlichen Ausdehnung:	*hoch, tief*
Bezeichnungen des Geschmacks:	*süß, sauer*
Wertangaben:	*teuer, billig*
usw.	

Die relativen Adjektive stellen u.a. folgende Beziehungen her:

Beziehungen zu Personen (Eigennamen):

Schillersche (Dramen)
T.: Schiller schuf Dramen.

Das Adjektiv bezeichnet den Schöpfer.

Beziehungen zu geographischen Begriffen.

ungarischer (Wein)
T.: Der Wein stammt aus Ungarn.

Das Adjektiv bezeichnet die Herkunft.

Beziehungen zu abstrakten Begriffen:

(eine) *literarische* (Frage)
T.: Die Frage betrifft die Literatur.

Das Adjektiv gibt den Bezugspunkt an.

Abhängig von der Bedeutung des Beziehungswortes, kann das Adjektiv auch mehrere Beziehungen ausdrücken:

elterliche (Wohnung)
T.: Die Wohnung gehört den Eltern.

Das Adjektiv bezeichnet den Besitzer.

elterliche (Ermahnung)
T.: Die Eltern ermahnen (das Kind).

Das Adjektiv bezeichnet das Agens.

Sememe desselben Wortes können unterschiedlichen Subklassen zugeordnet werden:

tierische (Fette) – T.: Fette von Tieren = relativ
tierischer (Ernst) – ‚bitter' = qualitativ

menschlicher (Körper) – T.: der Körper eines Menschen = relativ
menschlich (handeln) – ‚human' = qualitativ

Auf Grund der Bedeutungsentwicklung werden ehemals relative Adjektive zu qualitativen Adjektiven:

höflich früher: ‚wie bei Hofe' = relativ
heute: ‚zuvorkommend' = qualitativ

Die Entwicklung geht ständig vor sich. Deshalb ist die Unterscheidung zwischen semantisch-relativen und semantisch-qualitativen Adjektiven meist nur im konkreten Kontext möglich (vgl. W. SCHMIDT 1983, 191).

2.5.2.2. Syntaktisch-morphologische Subklassen

„Beim Adjektiv tritt uns die Feldstruktur der Wortart sehr deutlich entgegen [...] Dies bedeutet, daß nur ein Teil des Wortbestandes über alle Merkmale der betreffenden Wortart verfügt: diese Wörter bilden das Zentrum des Feldes, andere Gruppen von Wörtern liegen an der Peripherie des Feldes in verschiedener Entfernung vom Zentrum" (MOSKALSKAJA 1983, 205).

Das trifft insbesondere auf die syntaktische Verwendungsweise und die morphologische Gestalt bzw. die Flektierbarkeit und Graduierbarkeit der Adjektive zu. Nach ihrer syntaktischen Verwendung unterscheiden wir drei Gruppen:

1. Adjektive, die attributiv, prädikativ und adverbial verwendbar sind. Man kann sie in drei Untergruppen einteilen:

a) Adjektive, die graduierbar und deklinierbar sind. Dazu gehören viele qualitative Adjektive, wie *klein, fest, billig, gesund, lang, fremd, böse* u.a.
b) Adjektive, die deklinierbar, aber nicht graduierbar sind: *fertig, gemeinsam, heilbar, ledig, stimmhaft, tödlich, gebürtig* u.a.
c) Adjektive, die weder deklinierbar noch graduierbar sind. Dazu gehören Farbadjektive wie *lila, rosa, beige, orange* und Zahladjektive wie *zwei, drei, vier, allerlei, mancherlei, ein bißchen ...*

2. Adjektive, die nur attributiv verwendbar sind

a) Adjektive, die deklinierbar und graduierbar sind. Dazu gehört eine Anzahl von Lokaladjektiven, die allerdings nicht den Komparativ, sondern nur den Superlativ bilden:

äußerer (Rand) – *äußerster* (Rand)
obere (Wohnung) – *oberste* (Wohnung)

b) Adjektive, die deklinierbar, aber nicht graduierbar sind. Dazu gehören vor allem relative Adjektive wie *staatlich, bulgarisch, gestrig, damalig, heutig* u.a.

3. Adjektive, die nur prädikativ verwendbar sind (= Kopulativpartikeln nach ENGEL 1988, 767ff.).
Hierzu gehört eine begrenzte Zahl von Adjektiven, die weder flektierbar noch graduierbar sind: *angst, einerlei, egal, entzwei, feind, gram, schade, schuld,* die Wortpaare *recht und billig, gang und gäbe, null und nichtig* (vgl. HELBIG/ BUSCHA 1994, 310ff.).

Das Verhältnis zwischen Wortbedeutung, syntaktischer Funktion und morphologischer Gestalt soll für den Kernbereich wie folgt dargestellt werden:

	semantisch-qualitativ	semantisch-relativ
Wortbedeutung	Eigenschaft	Beziehung
synt. Funktion	attributiv prädikativ adverbial	attributiv (adverbial)
morphol. Gestalt	deklinierbar komparierbar	dekliniert (i.d.R.) nicht komparierbar

Zu anderen Wortarten ergeben sich folgende Peripheriegruppen:

1. Peripheriegruppe: Adjektiv – Verb
Hierher gehören zu Verben gebildete Partizipien,

a) wenn nicht mehr auf Vorgänge und Tätigkeiten Bezug genommen wird, sondern Merkmale ausgedrückt werden, die temporal indifferent sind,
b) wenn die Transformation des partizipialen Adjektivs in eine finite Verbform blockiert ist (vgl. *Anforderungen gewachsen sein / er wächst noch/wuchs zwei Zentimeter*),
c) wenn das Partizip graduiert werden kann: *er wurde immer wütender,*
d) wenn es zu den Partizipien polare Adjektive gibt: *entgegenkommend – ungefällig, wütend – ruhig, friedlich.*

Verwiesen sei auf folgende lexikalische Felder:

Wertadjektive: *ansprechend, ausreichend, nichts-, vielsagend*
Emotionsadjektive: *abschreckend, bewegend, rührend*
Intensitätsadjektive: *ohrenbetäubend, verschwindend, weitreichend*
Partizipialadjektive, die menschliche Eigenschaften bezeichnen:
- Physischer Zustand: *angegriffen, entkräftet, gelähmt;*
- Verwandtschaft: *angeheiratet, geschieden, verschwägert;*
- Psychische Merkmale: *gefaßt, gelassen, vergnügt, verbohrt, vernagelt, verspielt.*
(Vgl. SCHREIBER/SOMMERFELDT/STARKE 1991, bes. 60ff.)

2. Peripheriegruppe: Adjektiv – Substantiv
Hierher gehören von Substantiven abgeleitete semantisch-relative Adjektive, die nur attributiv und flektiert gebraucht werden (vgl. 2.5.2.1.): *Lessingsche Fabeln, chinesisch, elterlich.*

3. Peripheriegruppe: Adjektiv – Adverb
Vor allem semantisch-relative Adjektive, die in Ort und Zeit orientieren, weisen syntaktische (nur attributiv) und morphologische Verwendungsbeschränkungen (keine Komparation) auf. Sie bezeichnen etwas, was für Adverbien spezifisch ist: *hiesig, dortig – baldig, damalig, einstig, gestrig, künftig.*

4. Peripheriegruppe: Adjektiv – Modalwort (vgl. dazu 2.7.)
Auf zwei Gruppen sei hingewiesen:

a) Einige Modalwörter werden Adjektive, wenn sie attributiv gebraucht und dann dekliniert werden. Vier sind sogar komparierbar (vgl. HALBIG/BUSCHA 1994, 500): *natürlich, offenkundig, selbstverständlich, wahrscheinlich.*

b) Zahlreiche Modalwörter sind von Adjektiven durch das Suffix *-erweise* abgeleitet: *freundlich/erweise, glücklich/erweise, irrtümlich/erweise.*

2.5.2.3. Valenzklassen

Aus dem Wesen der Valenz ergibt sich, daß für die Adjektive generell angenommen werden kann, daß sie mindestens eine Leerstelle besitzen.

Bei den mehrwertigen Adjektiven finden sich folgende Verbindungen:

1. Adjektiv und Genitiv

    Er ist des Wartens müde.

    Die Adjektive *ledig, müde, würdig* haben auch einwertige Sememe.

2. Adjektiv und Dativ
    Der Dativ der Person muß bei Wörtern stehen, die das Verhältnis einer Person zu anderen Personen, z.B.

    Er ist ihm fremd.

oder das Verhältnis einer Person zu einem Gegenstand bezeichnen:

Das Geschenk ist mir lieb.

3. Adjektiv und Akkusativ
   Der Akkusativ steht als Maßangabe neben Wörtern, die in ihrer Hauptbedeutung nicht nur die Dimensionsrichtung, sondern auch das normale Maß angeben:

   eine breite *Tür* (Hauptvariante)
   aber:
   eine einen Meter breite *Tür* (Nebenvariante)

4. Adjektiv und präpositionale Gruppe
   Die meisten zweiwertigen Adjektive verlangen als zweite Ergänzung eine präpositionale Gruppe. Diese Adjektive bezeichnen das Verhältnis einer Person oder Sache zu einer anderen Person oder Sache:

   Er ist blind gegen seine Schwächen.
   Er ist neugierig auf das Geschenk.
   Er ist interessiert an historischen Romanen.

5. Adjektiv und Adjektiv
   Diese Form der Ergänzung findet man vor allem bei solchen Adjektiven, die wie Partizipien gebildet sind. Der adjektivische Kern erfährt durch den zweiten Partner erst seine semantische Füllung:

   Mein Nachbar ist heute schlecht gelaunt.

6. Adjektiv und Infinitivgruppe
   Diese Konstruktion tritt als Ersatz für bereits erwähnte Konstruktionen auf:

   (Er ist der Auszeichnung würdig.)
   Er ist es würdig, ausgezeichnet zu werden.

Sememe des Adjektivs können verschiedenen Valenzklassen zugeordnet werden:

müde = ‚schlafbedürftig' – einwertig
müde = ‚überdrüssig' – zweiwertig

(Vgl. SOMMERFELDT/SCHREIBER 1983a, 27f.).

2.5.3. Deklination

Während das Substantiv in der Regel nur einem Deklinationstyp angehören kann, ist das Adjektiv je nach dem syntaktischen Zusammenhang zu deklinieren. Hierbei haben wir zwei Deklinationstypen zu unterscheiden: die **starke** oder pronominale und die **schwache** oder nominale Deklination.

Die ursprüngliche Deklinationsform ist die starke Deklination. Hier wird der Kasus am Adjektiv selbst gekennzeichnet. Neben der starken Deklination entwickelte sich in den germanischen Sprachen die schwache Deklination. In diesem Fall wird das Adjektiv nach Art der substantivischen n-Stämme dekliniert, die sich in den meisten Kasus nicht unterscheiden. In einem solchen Fall erfolgt die Kasuskennzeichnung durch ein Wort vor dem Adjektiv (*in* dem/diesem *interessanten Buch*).

2.5.3.1. Starke Deklination

Da die Formen der starken Deklination historisch an die der Pronomen angelehnt sind (vgl. *dies-er, dies-es* ...), wird sie traditionell auch als pronominale Deklination bezeichnet. Ein Adjektiv wird stark dekliniert, wenn ihm kein Wort mit deutlich erkennbarer Kasusendung vorausgeht:

> *erfolgreicher Wettbewerb*
> *ein erfolgreicher Wettbewerb*

In diesem Fall steht das Adjektiv als determinierendes Glied und kennzeichnet Genus, Numerus und Kasus. Als Endungsmorpheme treten auf:

-e	z.B.	*erfolgreich-e*	*Wettbewerbe*
-er	z.B.	*erfolgreich-er*	*Wettbewerb*
-es	z.B.	*normgerecht-es*	*Verhalten*
-em	z.B.	*erfolgreich-em*	*Wettbewerb*
-en	z.B.	*erfolgreich-en*	*Wettbewerb*

Deklinationsmuster

Singular:	m	n	f
Nom.	guter Kaffee	helles Bier	große Hilfe
Gen.	guten Kaffees	hellen Bieres	großer Hilfe
Dat.	gutem Kaffee	hellem Bier	großer Hilfe
Akk.	guten Kaffee	helles Bier	große Hilfe

Plural:		
	Nom.	große Häuser
	Gen.	großer Häuser
	Dat.	großen Häusern
	Akk.	große Häuser

Hierzu ist zu bemerken, daß sich im Gen. Sing. der Maskulina und Neutra *-en* durchgesetzt hat:

> *gut-en Weines*
> aber: *geradeswegs* (formelhaft)

2.5.3.2. Schwache Deklination

Da die schwache Deklination der Adjektive mit der der schwachen Maskulina übereinstimmt, sprechen wir bei der schwachen Deklination der Adjektive auch von nominaler Deklination. Sie tritt dann auf, wenn ein Wort mit deutlich markiertem Kasusmorphem vorangeht:

d-er	*erfolgreich-e*	*Wettbewerb*
ein-es	*erfolgreich-en*	*Wettbewerbs*
unser-em	*erfolgreich-en*	*Wettbewerb*
dies-er	*erfolgreich-en*	*Wettbewerbe*

Das Adjektiv erfüllt hier keine grammatisch-determinierende Aufgabe; daher zeigt sich auch bei der schwachen Deklination Monotonie der Endungsmorpheme. Es treten nur die Morpheme *-e* und *-en* auf, wobei *-en* am häufigsten ist.

Deklinationsmuster

Singular:	m	n	f
Nom.	der große Baum	das große Haus	die große Hilfe
Gen.	des großen Baumes	des großen Hauses	der großen Hilfe
Dat.	dem großen Baume	dem großen Hause	der großen Hilfe
Akk.	den großen Baum	das große Haus	die große Hilfe

Plural:		
	Nom.	die großen Häuser
	Gen.	der großen Häuser
	Dat.	den großen Häusern
	Akk.	die großen Häuser

Außer nach dem bestimmten Artikel tritt die schwache Deklination vor allem nach den Pronomen *dieser, jener, jeder, mancher, welcher, derselbe, derjenige* auf, nach *alle* und *solche* im Plural. Nach dem unbestimmten Artikel *ein*, nach *kein* und den Possessivpronomen *mein, dein, sein, ihr, unser, euer* wird der Nominativ des Maskulinums (beim Femininum und Neutrum auch der Akkusativ) stark, die anderen Kasus werden schwach dekliniert. Im Plural wird das Adjektiv nach dem Possessivpronomen schwach dekliniert:

ein	*gut-er Mann*	*dein*	*groß-es Haus*
meinem gut-en Mann		*unsere groß-en Häuser*	

2.5.3.3. Einige Besonderheiten und die Deklination der substantivierten Adjektive

1. Mehrere koordinierte Adjektive werden auf gleiche Weise dekliniert:

   mit großem, herzlichem *Dank*
   ein gutes, altes *Haus*
   bei hellem sächsischem *Bier* (vgl. DUDEN-GRAMMATIK 1995, 287f.)

2. Nach einer Reihe attributiv gebrauchter Indefinitpronomen schwankt die Deklination des folgenden attributiven Adjektivs.

a) Nach *manch, solch, welch, viel, wenig* wird ein folgendes Adjektiv regelmäßig stark dekliniert:

   welch schöner *Tag, viel neues Spielzeug,*
   von wenig guter *Qualität*

b) Nach *alle, beide, keine* werden Adjektive und Partizipien in der Regel schwach dekliniert:

   alle guten *Geister, keine* großen *Geschenke*

c) Nach *andere, einige, etliche, mehrere, verschiedene, viele, wenige* werden Adjektive im Nominativ und Akkusativ fast nur noch stark, im Genitiv vorwiegend stark dekliniert:

   andere / einige gute *Geräte; der Verkauf mehrerer* guter *Bücher*

d) Nach *irgendwelche, manche, sämtliche, solche, welche* gewinnt die schwache Deklination bei den folgenden Adjektiven an Einfluß:

   manche guten *Menschen; mit welcher* unendlichen *Geduld*

e) Nach *folgend* werden Adjektive und Partizipien im Singular vorwiegend schwach, im Plural vorwiegend stark dekliniert.

f) *Derartig, einzeln, einzig* werden wie Adjektive behandelt, nachfolgende Adjektive werden auf die gleiche Weise dekliniert:

   einzelne gute *Geräte; ein einziger* großer *Gedanke*

g) Die endungslose Form des Adjektivs ist noch in vielen Fällen erhalten, z.B. in Komposita (Quer*straße*), in geographischen Namen (Alt *Töplitz*), in erstarrten Wendungen (schön *Wetter*), nachgestellt und attributiv gebraucht (*Röslein* rot; *der Junge,* blond, schlank, *trat ein*), bei prädikativ und adverbial gebrauchten Adjektiven, z.B. *der Regen war gut; er sah gut aus* (vgl. JUNG 1988, 293f.).

3. Substantivierte Adjektive folgen in der Deklination der Regel des attributiv gebrauchten Adjektivs. Sie werden nach Artikel und Pronomen mit starker Deklination schwach, nach undeklinierten Wörtern stark dekliniert:

   das Rot-e, *etwas Rot*-es; *des Rot*-en
   mit Gut-em *und Schlecht*-em

4. Werden solche substantivierten Adjektive ganz als Substantive aufgefaßt, so werden Maskulina und Feminina schwach, Neutra stark dekliniert:

der Invalid-e,	*des Invalid*-en
der Weiß-e,	*der Weiß*-en
das Grün,	*des Grün*-s (Vgl. JUNG 1988, 299f.).

2.5.4. Komparation und andere Mittel der Graduierung

2.5.4.1. Form und Bedeutung der Komparationsstufen

„Die Eigenart der Wortart Adjektiv kommt am stärksten in der Komparation zum Ausdruck" (W. SCHMIDT 1983, 191). Sie hat im Unterschied zu den anderen Kategorien des Adjektivs selbständigen Charakter und findet ihren Ausdruck in den Vergleichsformen des Adjektivs (lat. *comparare* ‚vergleichen'). Wir unterscheiden die Komparationsstufen Positiv, Komparativ und Superlativ.

Über die Bildungsweise informiert folgende Übersicht:

Positiv	Komparativ	Kennzeichnung
hell	heller	Morphem *-er*
dunkel	dunkler	Morphem *-er*/e-Ausstoßung
lang	länger	Morphem *-er*/Umlaut

	Superlativ	Kennzeichnung
	hellst-	Morphem *-st*
	dunkelst-	Morphem *-st*
	längst-	Morphem *-st*/Umlaut
	heißest-	Morphem *-est*

Der Positiv hat grundsätzlich Nullmorphem. Der Komparativ wird durchgängig mit dem Morphem *-er* gebildet. Adjektive mit Stammausgang auf *-el* und *-er* verlieren das *-e-*. Es können außerdem der Umlaut und konsonantische Stammabwandlungen auftreten:

groß – größer,   hoch – höher

Der Superlativ wird in der Regel mit dem Morphem *-st* gebildet. Adjektive auf *d, t, s, ß, x, tz, z, st* erhalten *-est*.

am spitz-est-en,   am heiß-est-en

Im Superlativ finden wir die gleichen vokalischen Stammabwandlungen wie im Komparativ:

lang / länger / längst(e)

1. **Positiv**

Auch im Positiv kann jedes komparierbare Adjektiv einen Vergleich ausdrükken. Dabei kann der Vergleichsgegenstand genannt, aber auch ungenannt sein. Adjektive, zu denen es Antonyme gibt, rücken auch das Gegenwort (Antonym) ins Blickfeld (*fleißig – faul*):

Peter ist fleißig. (Vergleichsmaß nicht genannt)
Peter ist so fleißig *wie Fritz.*

Peter ist nicht so fleißig *wie Fritz.* (Evtl. ist er faul)

Bei Gleichheit, auch bei verneinter, erscheint als Vergleichspartikel *wie*.

2. Komparativ

Bei Ungleichheit erscheint standardsprachlich stets *als* zur Einführung des Vergleichsmaßes. Ob der Komparativ eine Steigerung ausdrückt, hängt im Einzelfall vom Orientierungspunkt des Vergleichs ab. Der Komparativ kann auch eine niedrigere Stufe der Qualität gegenüber dem Positiv bezeichnen:

Fritz ist fleißiger *als Peter.*

a) Orientieren wir den Vergleich am Positiv *fleißig,* so drückt der Komparativ tatsächlich eine Steigerung gegenüber ‚normal fleißig' aus.

b) Wird der Vergleich am Positiv des Antonyms *faul* orientiert, so drückt der Komparativ *fleißiger* eine Minderung gegenüber ‚normal fleißig' aus. (Sachverhalt: Peter ist faul. Fritz ist zwar fleißiger als Peter, aber im Grunde noch nicht fleißig genug.)

Vgl. unter diesem Gesichtspunkt

eine leichtere *Arbeit,*
ein breiterer *Graben.*

Der Komparativ kann auch verstärkt werden durch Wörter wie *weit, bei weitem, noch* (vgl. auch 2.8., b)):

Der Mann ist weit älter *als seine Frau.*

3. Superlativ

Das Formativ des Superlativs (Positiv + – (e)st) hat zwei Bedeutungsvarianten: Superlativ und Elativ.
Wir sprechen von der Bedeutung ‚Superlativ', wenn das Adjektiv den höchsten Grad im Verhältnis zu den genannten Vergleichsgrößen bezeichnet:

Peter ist der fleißigste Schüler seiner Klasse / unter seinen Brüdern.

Die Bedeutung ‚Elativ' unterscheidet sich von der Bedeutung ‚Superlativ' durch folgendes:

a) Fehlen eines Vergleichsgegenstandes
   Er wird daher manchmal ‚absoluter Superlativ' genannt.

b) Er bezeichnet nur den sehr hohen Grad einer Eigenschaft.

c) Das Adjektiv mit dem zugehörigen Substantiv wird oft phraseologisch verwendet.

Peter erhielt das beste Zeugnis *der Klasse.* (Superlativ)
Die Kollegen stellten ihm in der Diskussion das beste Zeugnis *aus.* (Elativ)

Hinsichtlich der Komparation muß auf einige Besonderheiten verwiesen werden.
Als **unregelmäßige** Komparation bezeichnen wir die Graduierung durch Suppletivformen (lat. *supplere* ‚ergänzen', ‚ersetzen'):

gut   – besser   – beste
viel   – mehr   – meiste
wenig   – minder   – mindeste

Komparativformen können nur von solchen Adjektiven gebildet werden, die auf Grund ihrer Bedeutung die Ausbildung unterschiedlicher Grade zulassen. Nicht graduierfähig sind u.a. folgende Adjektive:

Herkunftsadjektive: *holländischer* (Käse)
Temporaladjektive: *heutig, morgig, gestrig*
einige Formadjektive: *viereckig, rund*
Farbadjektive: *lila, rosa, beige*
Zahladjektive: *fünf, dreifach, dritte* (vgl. 2.5.5.)

2.5.4.2. Zur Graduierung durch andere sprachliche Mittel

Graduierung ist auch durch andere sprachliche Mittel möglich (vgl. STARKE in: GRAMM.-SEMANT. FELDER 1984, 131f.).

1. Graduierung mit Hilfe von Partikeln:

    der sehr *gute* Wein, der überaus *fleißige* Schüler

2. Eine Differenzierung der Graduierung kann mit Hilfe graduierender Adjektive und Adverbien vorgenommen werden. Dabei wird, abhängig von der Bedeutung dieser Wörter, ein sehr hoher oder zu hoher Grad ausgedrückt:

    ungemein *hoch*, erstaunlich *gut*, ungewöhnlich *streng*, allzu *fröhlich*

    Zuweilen wird auch ein eingeschränkter Grad bezeichnet:

    mäßig *schwer*, ganz *ordentlich*

3. Graduierung mit Hilfe von Wortbildungsmitteln:

    feder*leicht*, mäuschen*still*, nagel*neu*, über*reif*, erz*reaktionär*

4. Graduierung durch *immer* + Komparativ bzw. Positiv + Komparativ:

    immer *größer*, immer *höher*, *lang* und *länger*, *naß* und *nässer*

5. Graduierung durch *so* + *wie/als* + *möglich*:

    so *groß* wie *möglich*, so *weit* als *möglich*

6. Graduierung durch Komparativ + *als* + Positiv desselben Adjektivs:

    höher als hoch, *klüger* als klug

7. Graduierung durch Angabe eines Vergleichsgegenstandes:

schnell wie der Wind, *lang* wie eine Bohnenstange

8. Graduierung durch Verdoppelung des Positivs:

    eine lange, lange *Reihe*

9. Graduierung mit Hilfe des Genitivs der Steigerung:

    das Buch der Bücher, *das Fest* der Feste

    Dabei wird allerdings nicht die Eigenschaft eines Gegenstandes, sondern der „Wert" des ganzen Gegenstandes hervorgehoben (vgl. SCHMIDT 1983, 194).

2.5.5. Zahladjektive

Das Numerale (Zahlwort) ist keine Wortart im grammatischen Sinne. Der überwiegende Teil der dieser Gruppe zugeordneten Wörter sind Adjektive, Zahladjektive. Sie bestehen aus zwei Hauptgruppen:

1. **Kardinalia** (Grundzahlwörter), das sind Adjektive, die eine bestimmte Anzahl (Menge) von Gegenständen oder Erscheinungen angeben. Sie antworten auf die Frage *wieviel?* Sie werden attributiv und prädikativ gebraucht und sind überwiegend nicht deklinier- und komparierbar:

    Der Schöpfungstage sind nicht sechs, zwölf *Monate*, tausend *Mark*

    Das Zahladjektiv *ein*(s) wird dekliniert:

    ein-er / ein-e / ein-es, der / die / das ein-e, ein-es Kindes, ein-em Kinde, ein-en Mann

    Von anderen Kardinalia kommen zuweilen Deklinationsformen im Genitiv und Dativ vor:

    durch zwei-er *Zeugen Mund, Repräsentanten drei*-er *Nationen, ein Grand mit drei*-en, *auf allen vier*-en, *mit zwei*-en *sprechen*

2. **Ordinalia** (Ordnungszahlwörter), das sind Adjektive, die einen bestimmten Platz, eine Stelle in einer Reihenfolge bezeichnen. Sie werden durch ein -*t*- oder -*st*- von den Kardinalia abgeleitet:

    zwei – der zweite, vier – der vierte Mann; zwanzig – der zwanzigste; aber: *eins – der erste (der hunderteinte), der dritte*

    Ordinalia können substantivisch gebraucht werden und werden ebenso dekliniert wie andere Adjektive.

Außer den Kardinalia und Ordinalia werden noch folgende Sondergruppen der Zahladjektive unterschieden:

3. Gattungszahlen:

   zweierlei, dreierlei, hunderterlei ...

4. Wiederholungs- und Vervielfältigungszahlen:

   zweimalig, dreimalig ..., dreifach, mehrfach ...

5. Bruchzahlen, die den Teil eines Ganzen bezeichnen:

   drei viertel, sieben zehntel, dreizehn tausendstel ...

6. unbestimmte Zahladjektive (Übergangsbereich zwischen Adjektiven und Indefinitpronomen, vgl. 2.4.2.6.):

   einzeln, der eine – der andere, die meisten, die übrigen ...

2.5.6. Zur Orthographie des Adjektivs

Wir gehen hier nur auf einige Probleme ein, verweisen generell auf die Kapitel 2.2.5. (Orthographie des Verbs) und 2.3.5. (Orthographie des Substantivs). –
Der Normalfall der Schreibung des Adjektivs ist die Kleinschreibung. Probleme zeigen sich vor allem in folgenden Bereichen:

1. Ableitungen von geographischen Eigennamen auf **-er** werden groß geschrieben:

   das Rostocker Bier, die Berliner Brötchen.

2. Adjektive als Teile von Eigennamen werden groß geschrieben; dabei verstehen wir unter Eigennamen „Bezeichnungen zur Identifizierung bestimmter einzelner Gegebenheiten" (DUDEN 1996, 890):

   Kap der Guten Hoffnung; Norddeutsche Neueste Nachrichten.

3. Adjektive als Ableitungen von Eigennamen auf **-isch** werden klein geschrieben:

   homerisches Gelächter, das kopernikanische Weltsystem.

   Soll das Grundwort mit Hilfe eines Apostrophs hervorgehoben werden, wird groß geschrieben:

   die Schiller'schen Dramen, die Gellert'schen Fabeln.

4. Gehen Adjektive in die Wortart Substantiv über, werden sie groß geschrieben. „Man erkennt sie im Text an zumindest einem der folgenden Merkmale:

   a) an einem vorausgehenden Artikel ...,
   b) an einem vorangestellten adjektivischen Attribut oder einem nachgestellten Attribut, das sich auf das substantivische Wort bezieht;

c) an ihrer Funktion als kasusbestimmtes Satzglied oder kasusbestimmtes Attribut." (DUDEN 1996, 887)

Das ist das einzig Richtige, was du tun kannst.

Sie hat mir die Sache des Näheren erläutert.

Wir wohnen im Grünen.

Dies geschieht zum Besten unserer Kinder.

5. „In folgenden Fällen schreibt man Adjektive ... klein, obwohl sie formale Merkmale der Substantivierung aufweisen" (DUDEN 1996, 888), u.a.

- Adjektive, die sich auf ein folgendes oder vorhergehendes Substantiv beziehen:

Gib mir bitte einen Briefumschlag, am besten einen weißen.

- Superlativ mit **am**:

Dieses Buch ist am interessantesten.

- feste Verbindung mit Präposition und dekliniertem oder nichtdekliniertem Adjektiv ohne vorangehenden Artikel:

von fern; durch dick und dünn; von klein auf

- Kardinalzahlen unter einer Million:

Was drei wissen, wissen bald dreißig.

2.6. Adverb

Der Terminus Adverb (lat. *ad verbum* ‚zum Verb') verweist auf die Beziehung der so benannten Wörter zum Verb. Aber Adverbien können nicht nur bei Verben, sondern auch bei Substantiven, Adjektiven, Pronomen und auch bei anderen Adverbien stehen.

Im Unterschied zu anderen Grammatikbeschreibungen, die auch Modalwörter (vgl. 2.7.) und Partikeln (vgl. 2.8.) als Adverbien behandeln, wird der Terminus hier auf solche Lexeme bezogen, die

- im Kernsatz allein vor der finiten Verbform stehen können,
- mit Ergänzungsfragen erfragt werden können,
- folglich Satzglieder (oder Gliedteile) repräsentieren können,
- Sachverhalte und Dinge situieren und Umstände charakterisieren,
- nicht flektiert werden.

In den Beispielen

    1. *Er bleibt* abends gern sicherheitshalber daheim.
    2. *das Haus* rechts; *oben* links; *ein* stets *hilfsbereiter Freund*

stehen Adverbien

1. als adverbiale Bestimmungen,
2. als Attribute.

Zu einigen Adverbien gibt es Komparationsformen, die mit dem Positiv meist nicht stammverwandt sind:

    oft   öfter   am häufigsten
    bald   eher   am ehesten

Die Zahl der einfachen Adverbien ist gering (z.B. *gestern, heute*). Manche jetzt einfachen Adverbien sind jedoch aus Zusammensetzungen hervorgegangen. So ist das Adverb *heute* durch Zusammensetzung des alten Pronominalstammes *hi* (‚dieser') mit dem Substantiv *Tag* entstanden. Aus *hiu tagu* (‚an diesem Tage') wurde ahd. *hiutu*, mhd. *hiute*, nhd. *heute*.

Bei der größeren Zahl von Adverbien handelt es sich jedoch um zusammengesetzte (*tagsüber, vorgestern, obenauf, allzeit, größtenteils*) und abgeleitete (*teilweise, einigermaßen, krankheitshalber*).

Häufig sind auch Kasusformen von Substantiven im Laufe der Entwicklung zu Adverbien geworden (*tags, anfangs*).

Adverbien lassen sich in vier semantische Subklassen gliedern:

1. Lokaladverbien:

    hinten, nirgends, überall, nebenan, bergan, obenauf

2. Temporaladverbien:

    jetzt, neulich, seinerzeit, bislang, zeitlebens, wöchentlich

3. Modaladverbien:

    vergebens, umsonst, ebenfalls, blindlings, kurzerhand

4. Kausaladverbien:

    vorsichtshalber, umständehalber, folglich

Außerdem gibt es eine besondere Gruppe von Adverbien, die eindeutig Prowort-Charakter haben und sich auf Vorhergenanntes oder auf Nachfolgendes beziehen. Es handelt sich um die Gruppe der **Pronominaladverbien**.

Da die Pronominaladverbien häufig für bestimmte Präpositionalgruppen und Sätze eintreten bzw. auf diese verweisen, spielen sie eine besondere Rolle bei der Satz- und Textverflechtung (vgl. 4.7.):

Er stellte den Sessel auf den Wagen. Darauf *legte er noch ein Buch.*
Die Studentengruppe weilte drei Wochen in einem schwedischen Nationalpark.
Darüber *berichtete sie dem Studentenrat.*

Die Pronominaladverbien verbindet ihr Prowort-Charakter einerseits mit den Pronomen, andererseits nähern sie sich auf Grund ihrer satz- und textverflechtenden Rolle auch den Konjunktionen.

Ähnlich den Pronomen lassen sich die Pronominaladverbien in verschiedene Arten, wie demonstrative, interrogative, relative, indefinite, unterteilen:

semantische Gruppe	reines Adverb	pronominales Adverb			
		demonstrat.	interrog.	rel.	indef.
Ort	aufwärts	hier	wo	wo	irgendwo
Zeit	mittags	dann	wann	wo	irgendwann
Grund	krankheitshalber	daher	weshalb	weshalb	

Zu den interrogativen Pronominaladverbien zählen:

wo, wann, wie, warum u.a.

Diese stehen am Satzanfang und signalisieren eine Ergänzungsfrage (= direkte Frage), können aber auch einen Nebensatz einleiten (= indirekte Frage):

Warum *hat sich der Schüler verspätet?*
Der Lehrer fragte, warum *sich der Schüler verspätet habe/hat.*

Pronominaladverbien, die Sätze koordinieren, werden auch Konjunktionaladverbien genannt (*deshalb, daher, trotzdem, folglich, insofern, außerdem, mithin*). Im Gegensatz zu den koordinierenden Konjunktionen sind sie Satzglied:

Der Zug hatte Verspätung; daher *kamen die Fahrschüler nicht pünktlich zum Unterricht.* (daher = Adverb)
Die Fahrschüler kamen nicht pünktlich zum Unterricht, denn *der Zug hatte Verspätung.* (denn = Konjunktion)

2.7. Modalwort

Traditionell werden Modalwörter als besondere Gruppe innerhalb der Modaladverbien angeführt. Mit den reinen Adverbien haben sie gemeinsam, daß sie gewöhnlich morphologisch unveränderlich sind und auch wie jene eine Satzgliedposition besetzen. Der entscheidende Grund, der in manchen Grammatiken zu ihrer Ausgliederung geführt hat (vgl. HELBIG/HELBIG 1990, 12ff.), ist der, daß man mit ihnen zum Inhalt einer Aussage in einer syntaktischen Beziehung – meistens der prädikativen, manchmal auch einer attributiven – Stellung nehmen oder ihn emotional bewerten kann (vgl. 2.1.).

Folgende Verfahren dienen der Ermittlung der Modalwörter (vgl. a.a.O., 17ff.):

1. Modalwörter lassen sich im Gegensatz zu Adverbien in einen Satz transformieren:

    Er ist vermutlich *nach Hause gegangen.*
    T: Es ist zu vermuten, *daß er nach Hause gegangen ist.*

    Diese Transformation ergibt sich auch daraus, daß viele Modalwörter aus Wortgruppen bzw. Sätzen entstanden sind:

    Es hat den Anschein   –   *anscheinend*
    Es ist möglich   –   *möglicherweise*

2. Bei der Entscheidungsfrage ist es möglich, allein mit dem Modalwort zu antworten; dagegen kann man auf eine Ergänzungsfrage allein mit einem Adverb oder einem Adjektiv antworten:

    Ist er nach Hause gegangen? – Sicherlich./Vielleicht.

3. Im Gegensatz zum Adverb steht die Negation *nicht* nach dem Modalwort:

    Der Zug steht nicht *hier.* (*hier* = Adverb)
    Auch: *Der Zug steht hier* nicht.
    Der Besuch kommt sicherlich nicht. (*sicherlich* = Modalwort)
    Aber nicht: * *Der Besuch kommt* nicht *sicherlich.*

    Diese Probe ist nicht anwendbar bei Modalwörtern mit verneinender Bedeutung wie *keinesfalls, keineswegs, mitnichten.*

Diese Proben sind allerdings nicht in allen Fällen anwendbar. Sie können aber helfen, Modalwörter von (reinen) Adverbien bzw. Adjektiven zu unterscheiden.

Abschließend geben wir einen Überblick über die semantische Klassifikation der Modalwörter (vgl. a.a.O., 56ff.):

1. Gewißheitsindikatoren = Sprechereinstellung des Wissens gegenüber dem Gesagten:

    Überzeugung von der Richtigkeit:

    erwiesenermaßen, fraglos, natürlich, selbstredend, zweifellos

    Gewißheit der Nichtwirklichkeit

    keinesfalls, keineswegs, mitnichten

2. Hypothesenindikatoren = Sprechereinstellung des Glaubens, des Annehmens gegenüber dem Gesagten:

> *anscheinend, möglicherweise, mutmaßlich, offenbar, sicher(lich), vermutlich, vielleicht, (höchst)wahrscheinlich, wohl*

3. Distanzierungsindikatoren = Distanzierung von der Meinung Dritter:

> *angeblich, vermeintlich, vorgeblich*

4. Emotiva verweisen auf eine emotionale Einstellung des Sprechers zum Sachverhalt:

> *bedauerlicherweise, erfreulicherweise, gottlob, hoffentlich, leider, unglücklicherweise*

5. Bewertungsindikatoren drücken eine qualitative und rationale Bewertung von Sachverhalten aus:

> *dankenswerter-, dummer-, logischer-, normaler-, überflüssiger-, verständlicherweise, erwartungsgemäß, verdientermaßen*

Insgesamt ist mit mehr als einhundert Modalwörtern zu rechnen.

Neben Modalwörtern gibt es auch Adjektive, die eine persönliche Stellungnahme ausdrücken:

> die wahrscheinliche *Ankunftszeit*
> die angebliche *Vereinbarung*

Modalwörter spielen eine wesentliche Rolle unter den Elementen des funktional-semantischen Feldes der Modalität.

2.8. Partikel

Die Bezeichnung Partikel (lat. *particula* ‚Teilchen') wird mit unterschiedlicher Bedeutung angewendet (vgl. 2.1.).

So gibt es eine weite Auffassung, bei der der Begriff Partikel alle unflektierten Wortarten umfaßt, und eine enge Auffassung, nach der unter dem Begriff Partikel nur sogenannte Würz- oder Färbewörter verstanden werden.

HELBIG (1988, 21ff.) schlägt zur Abgrenzung der Partikeln von Adverbien und Modalwörtern folgende spezifischen Merkmale vor:

1. Partikeln sind weder satzgliedfähig (wie Adverbien) noch satzwertig (wie Modalwörter).
2. Sie können nicht allein im Vorfeld des Kernsatzes stehen.
3. Sie können nicht erfragt werden, können nicht als selbständige Antworten eingesetzt werden.

4. Partikeln partizipieren nicht am Wahrheitswert von Sätzen.
5. Sie sind daher ohne Beeinträchtigung der Sachverhaltsbeschreibung weglaßbar.
6. Die meisten Partikeln sind unbetont.

Dabei können folgende Subklassen differenziert werden:

a) Grad- oder Rangierpartikeln beziehen sich auf bestimmte Satzglieder und dienen der Hervorhebung oder Begrenzung von Größen:
   – Begrenzung, Ausschluß anderer Elemente: *allein, ausschließlich, bloß, einzig, nur, lediglich;*
   – Hervorhebung der Bedeutsamkeit für den Sachverhalt: *eben, genau, gerade, insbesondere, vor allem, zumindest;*
   – Hinweis auf die Unschärfe einer Angabe: *etwa, fast, beinahe, nahezu, ungefähr, annähernd;*
   – Hinzufügung, Zusatz: *auch, ebenfalls, ebenso, gleichfalls.*
b) Steigerungspartikeln beziehen Eigenschaften auf eine Grad- und Werteskala. Sie stehen daher bei Adjektiven: *außerordentlich, besonders, ganz, sehr, überaus, viel (besser), ziemlich, zu, allzu (anspruchsvoll).*
c) Temporalpartikeln modifizieren Zeitangaben: *erst, noch, schon.*
d) Grammatikalisiert sind die Vergleichspartikeln *als, denn, wie* und die Infinitivpartikel *zu.*
e) Abtönungspartikeln beziehen sich auf Satzinhalte, bleiben teilweise auf bestimmte Satzarten beschränkt und deuten bestimmte Annahmen, Erwartungen oder Reaktionen der Sprecher an, etwa
   – Überraschung, Staunen: *aber, ja, nur, vielleicht;*
   – Sorge und Zweifel (in Fragesätzen): *auch, bloß, doch, nicht, überhaupt;*
   – Intensivierung einer Aufforderung oder Bitte: *aber, bloß, nur, doch, ja, schon (Komm doch / ja / bloß her!)*
(vgl. a.a.O., 28ff.).
Auch Parikelhäufungen gibt es:

Ich liebe das eben nun mal so.

2.9. Präposition

2.9.1. Wesen der Präposition

1. Die Bezeichnung Präposition (lat. *praeponere* ‚voranstellen') nimmt Bezug auf die vorherrschende Voranstellung dieser Wortart im Hinblick auf das kasuell abhängige Wort. Aber einige Präpositionen können auch nachgestellt werden (Postpositionen). Gegenwärtig verfügt unsere Muttersprache über etwa 120 Präpositionen, ihr Bestand vermehrt sich, vor allem durch Präpositionalphrasen, z.B.

in Anbetracht, aus Anlaß, im Falle, mit Hilfe, zu Lasten, im Laufe, im Rahmen, im Vergleich zu.

Ebenso wie Konjunktionen (vgl. 2.10.) erfüllen Präpositionen die Aufgabe, sprachliche Elemente zu verknüpfen und bestimmte semantische Beziehungen zwischen ihnen zu kennzeichnen. Deshalb werden beide Wortarten als Fügewörter zusammengefaßt. Von den Konjunktionen unterscheiden sich die Präpositionen vor allem durch ihre Rektion, vgl.:

Die Eltern und (koordinativ, keine Rektion) *die Kinder waren eingeladen.* – *Wir wissen,* daß (subordinativ, keine Rektion) *er zuverlässig ist.* – *Die Eltern* mit (subordinativ, Rektion) *den Kindern waren eingeladen.* – *Der Verkehrsunfall* infolge (subordinativ, Rektion) *Nebels forderte mehrere Opfer.*

Fügewörtern ist gemeinsam, daß sie nicht flektieren und auch nicht satzgliedfähig sind.

2. Präpositionen verfügen über die Wortartbedeutung ‚Ausdruck eines Verhältnisses'; dem entspricht die deutsche Bezeichnung „Verhältniswort". Im einzelnen drücken Präpositionen Verhältnisse lokaler, temporaler, modaler und kausaler Art sowie eine Reihe anderer Beziehungen aus (vgl. SCHRÖDER 1986). Einige Präpositionen sind auf den Ausdruck einer Relation spezialisiert (dank *deiner Hilfe*, trotz *des Gewitters*), aber die meisten sind polysem (*die Laterne* vor *dem Haus; die Zeit* vor *der Sitzung;* vor *Angst zittern; Gnade* vor *Recht ergehen lassen*). In einigen Fällen besteht auch eine gewisse Synonymie zwischen Präpositionen (*Kampf* für / um *den Frieden; freundlich* mit / zu *den Kindern*). Verblaßt ist die lexikalische Semantik in den Fällen, in denen Verben, Adjektive oder Substantive auf Grund ihrer Rektion eine ganz bestimmte Präposition fordern. Solche Präpositionalgruppen sind Präpositionalobjekte, präpositionale Attribute, zuweilen auch Teile des Prädikats:

an *der Demonstration teilnehmen, die Teilnahme an der Demonstration,* um *Rat bitten, meine Bitte* um *Rat,* auf *den Freund warten,* auf *Erfolge stolz sein, der Stolz* auf *die Erfolge,* im *Zweifel sein.*

3. Präpositionen können mit sprachlichen Elementen folgender Art verbunden werden.

a) mit Kasusformen: *auf dem Dach, auf freiem Grund, über dir*
b) mit Adverbien: *bis heute, ab morgen, von gestern, nach rechts,*
c) mit anderen Präpositionen: *unweit von, anhand von, bis zu*

Einige Präpositionen verschmelzen mit dem unbetonten Artikel zu einem Wort: *ins Gerede kommen, im Hause, unterm Birnbaum.*

4. Es gibt einteilige (*an, auf, aus, in*) und wenige mehrteilige Präpositionen (*um ... willen, von ... an*). Im zweiten Falle wird das abhängige Wort in die Mitte genommen (um *des Friedens* willen). Nach der Wortbildung lassen sich einfache,

zusammengesetzte (*gegenüber, oberhalb*), zusammengerückte (*anstelle, aufgrund, infolge*) und abgeleitete Präpositionen (*abzüglich, ausschließlich, seitens*) unterscheiden.

5. Im Hinblick auf ihre Stellung können Präpositionen in drei Gruppen geordnet werden:

a) Präpositionen, die stets vorangestellt werden (*in, an, auf, samt*),
b) einige Präpositionen, die in der Regel nachgestellt werden (*halber, zuliebe, zuwider*),
c) einige Präpositionen, die sowohl voran- als auch nachgestellt werden können, wobei sich zwei Fälle unterscheiden lassen:
   – Die Stellung ist von einer bestimmten semantischen Variante abhängig (z.B. *nach* – ‚gemäß': *der Reihe* nach, *allem Anschein* nach; *zu* – ‚in Richtung auf': *dem Walde* zu, *der Stadt* zu);
   – Die Variation der Stellung ist unabhängig von einer bestimmten semantischen Variante (wegen *der Renovierung* / *der Renovierung* wegen, entlang *der Straße* / *die Straße* entlang).

6. Die meisten Präpositionen sind aus Lokaladverbien hervorgegangen. Im folgenden geben wir einen genaueren Überblick: Herkunft von Präpositionen aus

Adverbien: *an, auf, für, hinter, ohne, vor, rechts, links*
Adjektivstämmen: *nächst* aus *nahe*; *neben* aus mhd. *in eben*
Verbalstämmen: *ausgenommen, entsprechend*
Substantivstämmen: *dank, laut, trotz, wegen, zeit*
erstarrten Genitivformen: *namens, angesichts, eingangs, zwecks*.
Fremdpräpositionen sind u.a. *inklusive, per, pro*.

2.9.2. Rektion

Präpositionen fordern von deklinierbaren Wörtern, mit denen sie in eine syntaktische Beziehung treten, meist einen bestimmten Kasus. Allerdings stehen bei einigen Präpositionen auch – meist artikellose – Substantive ohne erkennbare Kasus, so daß für die Identifikation eines Wortes als Präposition auch andere syntaktische Merkmale herangezogen werden müssen (vgl. 2.9.3.).

Wir geben zunächst eine Übersicht über Präpositionen mit einfacher Rektion.

1. Präpositionen mit dem **Genitiv**:

abseits, angesichts, anläßlich, außerhalb, anstelle, anhand, aufgrund, auf seiten, bar, beiderseits, betreffs, diesseits, eingangs, exklusive, halber, hinsichtlich, infolge, inklusive, jenseits, kraft, links, mangels, mittels, rechts, seitens, südlich, unfern, vermöge, während, zeit, zwecks

2. Präpositionen mit dem **Dativ**:

> *aus, außer, bei, entgegen, entsprechend, gegenüber, gemäß, mit, nach, nächst, nahe, nebst, samt, von, zu, zufolge, zuliebe, zuwider*

3. Präpositionen mit dem **Akkusativ**:

> *durch, für, gegen, ohne, per, pro, wider, um*

Die Präpositionen mit doppelter Rektion lassen sich in zwei Gruppen gliedern. Zur ersten Gruppe zählen neun Präpositionen, die mit dem Dativ oder dem Akkusativ verbunden werden:

> *an, auf, hinter, in, neben, vor, unter, über, zwischen*

Der Akkusativ steht, wenn eine Bewegung oder Tätigkeit zielgerichtet aus einem Bereich in einen anderen führt:

> *in den Park gehen, ein Spaziergang in den Park, ein Weg in den Park*

Wird ein bestimmter Bereich nicht verlassen, steht der Dativ:

> *im Park spazieren, ein Spaziergang im Park, ein Weg im Park*

In manchen Fällen ist dabei der Standpunkt der S/S ausschlaggebend:

> *das Pferd* an einen / einem *Ast festbinden; die Zweige hängen* über den / dem *Bach; der Kranke wird* in die / der *Klinik aufgenommen*

Zur zweiten Gruppe zählen Präpositionen mit Genitiv und Dativ, bei denen mit der unterschiedlichen Rektion die Zugehörigkeit zu einer bestimmten Existenzform oder Stilebene verbunden ist:

> *trotz des Fehlers* (Genitiv) – *trotz dem Sturm* (Dativ, umg.)

Ähnlich schwanken die Kasus bei *dank, längs, statt, wegen*:

> *außer Landes gehen* (Genitiv, gehoben) – *außer dem Haus arbeiten* (Dativ, normalsprachl.); *laut des Gesetzes* (Genitiv, gehoben) – *laut dem Brief* (Dativ), vgl. *binnen, mangels*.

Bei einigen Präpositionen treten Schwankungen zwischen Akkusativ und Dativ ohne erkennbaren Bedeutungsunterschied auf:

> *entlang dem / das Ufer; das / dem Ufer entlang;* auch: *den Weg entlang / entlang des Weges*

In der Regel ist die jeweils erste Rektionsvariante häufiger.

2.9.3. Probleme des Gebrauchs und Entwicklungstendenzen

Im gesellschaftlichen Leben stehen wir immer häufiger vor der Notwendigkeit, Beziehungen zwischen Gegenständen und Erscheinungen der Realität so genau und differenziert wie möglich zu bezeichnen, wofür sich die Präpositionen besonders eignen. Es nimmt daher nicht wunder, daß ihre Zahl wächst. Dies hat auch dazu geführt, daß Präpositionen an die Stelle oder an die Seite eines reinen Kasus getreten sind oder treten: *sich des Freundes / an den Freund erinnern*.

Die Zunahme der Zahl und des Gebrauchs der Präpositionen bedingt zuweilen Unsicherheiten im Hinblick auf die adäquate Verwendung und normgerechte Rektion: *Die Kritik richtet sich auf die Unfreiheit* (statt *gegen*). *Zu der Frage antworte ich* (statt auf *die Frage*). *Einen Einblick* über *die Verkehrsproblematik geben* (statt *in*).

Bestimmte Präpositionen verbinden sich in bestimmten Konstruktionen mit Substantiven ohne erkennbaren Kasus: *von Mensch zu Mensch, trotz Eis und Schnee, laut Gesetz* (vgl. HACKEL 1968, 325ff.). Ausgegangen sind solche Fügungen mit maskulinen und neutralen Substantiven von entsprechenden Konstruktionen mit femininen Substantiven (Analogiewirkung): *infolge Kälte, wegen Krankheit, mittels Wärme*. In einigen Fällen handelt es sich allerdings um Homonyme, die nur in bestimmten Konstruktionen Präpositionen sind, daneben aber auch Adjektive (oder Adverbien) sind: *ein* voller *Eimer – der Eimer ist* voll *Wasser;* die *südlichen* Bezirke – südlich *Erfurt(s)*, südlich *von Erfurt*. Daraus läßt sich folgern, daß die Kasus gegenüber den Präpositionen an Bedeutung und Selbständigkeit verlieren. So erscheinen uns heute mitunter die Kasuskennzeichen nach bestimmten Präpositionen redundant, weil die jeweilige Präposition allein in der Lage ist, das gemeinte Beziehungsverhältnis klar zum Ausdruck zu bringen. Generell kann jedoch von einem Unwichtigwerden der Kasuskategorie nicht gesprochen werden.

2.10. Konjunktion

2.10.1. Wesen der Konjunktion

1. Konjunktionen (lat. *conjungere* ‚verbinden') dienen der Verknüpfung von Wörtern, Wortgruppen oder Sätzen und zugleich dem Ausdruck der semantischen Beziehung zwischen den verknüpften sprachlichen Einheiten. Sie erfüllen also ähnliche Aufgaben wie Präpositionen. Kriterium für die Klassifikation der Konjunktionen ist die syntaktische Beziehung, die die jeweilige Konjunktion kennzeichnet:

- koordinierende Konjunktionen: *und, sowie, oder, aber, denn, sowohl – als auch, weder – noch*
- subordinierende Konjunktionen (auch ‚Subjunktionen' genannt): *als, bis, ehe, daß, nachdem, weil, wenn, wie, wiewohl, zumal*

2. Hinsichtlich der Form und der Wortbildung unterscheiden wir
- einfache Konjunktionen: *als, denn, daß, aber, oder, doch, und*
- zusammengesetzte Konjunktionen: *indem, seitdem, nachdem, sofern, sooft, soweit, wenngleich*
- zweiteilige Konjunktionen: *nicht nur – sondern auch, entweder – oder, bald – bald; als ob, so daß, (an)statt daß, im Falle, daß; wie wenn*

Die meisten einfachen Konjunktionen sind durch Wortartwechsel entstanden: *seit* (mhd. *sıt* – Adverb ‚später'), *weil* (mhd. *wıle* = *die Weile*, Adverb *dieweil*), *teils – teils* (erstarrte Genitive)

3. Konjunktionen kennzeichnen semantische Beziehungen folgender Art:
- Anreihung: *und, sowie*
- Gegensatz: *aber, doch, indes*
- Disjunktion: *oder, entweder – oder*
- Zeitverhältnis: *als, bis, ehe, sobald*
- Grund: *da, weil, denn*
- Folge: *so daß*
- Zweck: *damit, auf daß*
- Bedingung: *falls, wenn, sofern*
- Einräumung: *obgleich, wenn auch*

Einige (meist subordinierende) Konjunktionen können unterschiedliche semantische Beziehungen ausdrücken:

> Wenn (,temporal') der Frühling kommt, erwacht die Natur.
> Wenn (,konditional') du das Abitur hast, kannst du an der Universität studieren.

Bei einigen Konjunktionen (*daß, ob*) ist die lexikalische Semantik stark verblaßt. (Vgl. BUSCHA 1989)

4. **Koordinierende** Konjunktionen verknüpfen gleichwertige Satzglieder bzw. Satzgliedteile. Die verknüpften Glieder (Konjunkte) können in verschiedenen Formen auftreten:

– Wort + Wort	*Eltern* und *Kinder*
– Wort + Wortgruppe	*hastig* und *in großer Eile*
– Wortgruppe + Wortgruppe	*um zu fragen* und *um sich zu vergewissern*
– Nebensatz + Nebensatz	*Wir wissen, daß er fleißig ist* und *daß wir uns auf ihn verlassen können.*

Koordinierende Konjunktionen verknüpfen auch selbständige Sätze zur Satzverbindung/Satzreihe:

> *Er kam zur Versammlung zu spät, denn der Zug hatte Verspätung.*

Manche Konjunktionen sind universell einsetzbar (und, oder, aber), andere (*denn*) können nur selbständige Sätze anschließen.

Subordinierende Konjunktionen dienen dazu, die Unterordnung eines Teilsatzes unter einen anderen zu kennzeichnen:

Er kam heute zurück, ehe es zu dunkeln begann.

Auch die subordinierenden Konjunktionen haben sich meist aus Adverbien (1) und Pronomen (2) entwickelt:

(1) *Er kam heute* ehe(r) *zurück, es begann (danach) zu dunkeln.*
(2) *Ich weiß das: Er ist fleißig – Ich weiß, daß er fleißig ist.*

Einige subordinierende Konjunktionen können mit einem Adverb, mit einer Wortgruppe oder mit einer Präposition verbunden werden:

vollends wenn; außer wenn; kaum daß; auf daß; im Falle daß; erst als

Dies erklärt sich u.a. daraus, daß manche Konjunktionen eine verblaßte lexikalische Semantik haben, weshalb die Kombination mit einem anderen Wort zur Verdeutlichung der semantischen Beziehung beiträgt:

Er wurde bedient, kaum daß *er Platz genommen hatte.* (‚temporal')

2.10.2. Probleme des Gebrauchs

1. Manche Formative kommen sowohl als Präposition wie auch als Konjunktion vor:

Konjunktion	Präposition
bis *er nach Hause kommt*	bis *morgen*, bis *nächsten Montag*,
seit *es so warm ist*	seit *dem frühen Morgen*, seit *gestern*,
während *es regnete*	während *des Regens*,
	während *der Nacht*

   Manche Formative treten noch in anderen Wortarten auf:

Konjunktion	Pronominaladverb
damit *du zufrieden bist*	Damit *bin ich nicht einverstanden.*

2. Nicht in jedem Falle (vgl. Akzentunterschied) müssen Konjunktionen als Satzeinleitung am Anfang stehen.

   Die Lösung der Aufgabe war schwierig, aber sie glückte.
   Die Lösung der Aufgabe war schwierig, sie glückte aber.
   Erst als die Dunkelheit hereinbrach, erreichten wir die Stadt.

3. Zweigliedrige Konjunktionen (*sowohl – als auch, nicht nur – sondern auch, weder – noch, je – desto, je – um so*) müssen stets vollständig verwendet werden. Auch dürfen zusammengehörige Teile nicht untereinander ausgetauscht werden. (Vgl. STARKE 1991)

2.11. Interjektion

Interjektionen (lat. *intericere* ‚dazwischenwerfen', auch Empfindungwörter, Ausrufewörter, Ausdruckswörter genannt) stellen keine Wortart im eigentlichen Sinne dar, da sie, abgesehen von der phonologischen Isoliertheit vieler ihrer Lautstrukturen, vgl. *pst! brr! ksch!,* über keine morphologischen Merkmale und keinen Satzgliedwert verfügen. Wie Anredewörter, Gruß- und Höflichkeitsformeln und zum Teil auch parenthetische Ausdrücke stehen sie außerhalb des geschlossenen Satzes, verleihen jedoch der Semantik des Satzes verstärkte Emotionalität.

Bei den Interjektionen handelt es sich um Ausdrücke mit Satzcharakter, die jedoch über keine typische Satzform verfügen.

Sie haben die Aufgabe, in verknappter Form Gefühls- und Willensregungen sprachlich auszudrücken. Die Semantik einer Interjektion kann gewöhnlich erst in Abhängigkeit vom situativen und sprachlichen Kontext (im mündlichen Sprachgebrauch spielen hier auch Tonfall, Mimik, Gestik des Sprechers eine wichtige Rolle) bestimmt werden. So kann z.B. ein *Ha!* Ausdrucksmittel der Freude, des Spottes, der Begeisterung, der Drohung oder der Angst sein.

Aus dem bisher Gesagten ergibt sich, daß der funktionalstilistische Anwendungsbereich der Interjektionen begrenzt ist. Reich an Interjektionen sind vor allem die mündliche Alltagsrede, auch der persönliche Brief und der Briefroman, die Belletristik (besonders Lyrik und Figurenrede), während sich in Texten der Wissenschaft und Technik Interjektionen fast gar nicht finden.

Interjektionen dienen

- dem Ausdruck einer emotional betonten, situationsgebundenen Hinwendung zu einem oder mehreren Kommunikationspartnern

    Anruf: *he, heda, holla, pst*
    Aufruf, Aufforderung: *hau ruck, sch, hü, scht, pst, brr*
    Sport- und Kampfrufe, Beifall: *hurra, bravo, los*

- dem Ausdruck von psychischen Zuständen und Stimmungen, auch des psychischen Betroffenseins

    Freude: *juchhe, juchhei, hei, heißa, juchheißa, hurra*
    Erstaunen, Überraschung, Verwunderung: *ah, ei, eiei, hoho*
    Zweifel: *hm, soso, na na*
    Verständnis: *aha*

3. Grammatik des Satzes

3.1. Syntaktische Beziehungen und Beziehungsmittel

3.1.1. Gegenstand der Syntax

Das Wort **Syntax** kommt aus dem Griechischen und bedeutet ‚Anordnung', ‚Einrichtung', ‚Organisation'.

Man kann unter dem Terminus Syntax zweierlei verstehen:

„(1) Struktureigenschaften der Äußerungen einer bestimmten Sprache wie der deutschen, der russischen, der englischen usw.
(2) die Beschreibung dieser Struktureigenschaften"
(DT. SPRACHE 1983, 170).

Hinsichtlich des Wesens und des Gegenstandes der Syntax gibt es unterschiedliche Auffassungen: Die Termini Grammatik und Syntax werden von einigen Linguisten synonym gebraucht, denn ein morphologisches Subsystem wird nicht anerkannt. Auch der Gegenstand der Syntax wird nicht einheitlich gesehen. Offensichtlich ist nicht nur der Satz das Untersuchungsobjekt, denn es gibt weitere (syntaktische) Konstruktionen innerhalb des Satzes. Unter Syntax lediglich Satzlehre zu verstehen ist abzulehnen. Zu fragen bleibt, ob auch Einheiten, die größer sind als Sätze, von der Syntax erfaßt werden. So gibt es Meinungen, Syntax sei die Lehre von den Syntagmen, Sätzen und Texten. So weit kann man u.E. nicht gehen. Die Untersuchung von Texten, ihre Klassifizierung etc. ist Aufgabe einer speziellen Textlinguistik (SACHWÖRTERBUCH 1989, 255f.). Das heißt natürlich nicht, daß sich die Syntax nicht mit der Einbettung des Satzes in einen Kontext und den sich daraus ergebenden Schlußfolgerungen für die Gestaltung des Satzes (u.a. Satzverflechtung) beschäftigt (vgl. Kap. 4).

Allgemein kann man daher sagen: „Die Syntax befaßt sich mit dem Aufbau der zusammenhängenden Rede, wie sie im Kommunikationsprozeß auftritt, also mit dem Satz, der Haupteinheit dieses Prozesses, mit den Wortgruppen und mit den Formmitteln, die zur Bildung der Sätze und Wortgruppen dienen" (ADMONI 1986, 215; vgl. HERINGER/STRECKER/WIMMER 1980, 12ff.).

„Damit ist die Syntax zugleich die Lehre vom Zustandekommen von Satzbedeutungen" (WOLF 1997, 143).

3.1.2. Arten syntaktischer Beziehungen

Sprachliche Elemente können in unterschiedlichen Beziehungen zueinander stehen. Im Sprachsystem existieren **paradigmatische** Beziehungen. Darunter verstehen wir „Beziehungen zwischen Einheiten, die in ein und demselben Kontext auftreten können und sich in diesem Kontext gegenseitig ausschließen" (LEWANDOWSKI 1990, 774f.; vgl. DT. SPRACHE 1983, 275). Wie morphologische Paradigmen (z.B. Flexionsmuster) und lexikalische Paradigmen (*grün / rot / blau; Lehrer / Schüler / Direktor*) „wird ein syntaktisches Paradigma von einer bestimmten Bedeutung zusammengehalten" (CHARITONOVA 1976, 47). So unterscheidet MOSKALSKAJA (u.a. 1975, 224ff.), abhängig von bestimmten Kriterien, folgende Satzparadigmata:

Kriterien	**Satzparadigmata**
Redeabsicht	Aussage-, Frage-, Aufforderungssatz
Bejahung/Verneinung	positiver Satz, negativer Satz
Modalität	Möglichkeitssatz, Wirklichkeitssatz

Ein Satz gehört jeweils zu mehreren Satzparadigmata (vgl. auch CHARITONOVA 1976, 47f.).

Nachdem die eigene Mannschaft gewonnen hatte, gingen die Zuschauer zufrieden nach Hause. – Aussagesatz, positiver Satz, Wirklichkeitssatz.

In der Rede bestehen zwischen sprachlichen Einheiten **syntagmatische** Beziehungen, „Beziehungen zwischen Einheiten, die in einem Kontext gemeinsam vorkommen" (LEWANDOWSKI 1990, 1130). Man kann sie auch Anreihungsbeziehungen nennen. Auch hier ist zwischen lexikalisch-semantischen und grammatischen Beziehungen zu unterscheiden. Bei den ersten handelt es sich um Beziehungen der semantischen Verträglichkeit (Kompatibilität). „Jedes Wort besitzt [...] bestimmte semantische Voraussetzungen, um mit anderen Einheiten Verbindungen einzugehen [...] Mit der lexikalischen Bedeutung von **Haus** ist z.B. festgelegt, welchen Restriktionen (Verwendungsbeschränkungen) das Wort unterliegt. Es kann sich nicht mit Verben verbinden, in deren Bedeutung ein Sem ‚belebt' enthalten ist, wie z.B. *das Haus läuft, spricht* [...] Nur solche Verben können *Haus* als Subjekt bei sich haben, die Zustände, Vorgänge bezeichnen, die das Merkmal ‚gebaut', ‚von Menschen' voraussetzen: *Das Haus steht am Stadtrand, wird abgerissen, verfällt*" (DT. SPRACHE 1983, 275).

Uns geht es hier um die syntaktischen Beziehungen, wobei wir darauf verzichten, den Syntagmabegriff zu diskutieren. Wir sprechen daher bewußt von syntaktischen Beziehungen. Für unsere Arbeit sind folgende Beziehungen wichtig:

1. Zuordnung

Wir fassen den Satz auf als Verbindung von Subjekt und Prädikat/Prädikatsverband. Beide Glieder sind gleichwertig und bedingen einander. Im engen Sinne besteht die Beziehung zwischen dem Subjekt und dem Prädikat (finiten Verb). Das gegenseitige Bedingen findet seinen sprachlichen Ausdruck in der Kongruenz in Person und Numerus:

> Das Kaufhaus liegt *im Zentrum der Stadt.*

2. Unterordnung / Subordinierung / hypotaktische Verbindung

Hier handelt es sich um einseitige Abhängigkeitsbeziehungen. Man findet diese Beziehungen zwischen

Sätzen (Hauptsatz und Nebensatz):

> *Der Anzug,* den ich mir gestern gekauft habe, *ist sehr modisch.*

Satzgliedern, u.a.
– Objektbeziehungen: einen Brief *schreiben*
– adverbiale Beziehungen: heute *schreiben*

Satzgliedkern und Satzgliedteilen:

attributive Beziehungen: *der* neue *Anzug*

Das Kennzeichen der Subordination bzw. der hypotaktischen Verbindung besteht darin, „daß die eine (Struktur, K.-E. S.) der anderen untergeordnet wird und dabei (wenn es sich um Sätze handelt, K.-E. S.) ihre Selbständigkeit verliert" (GRUNDZÜGE 1984, 190).

3. Nebenordnung / Koordination / parataktische Verbindung

Hier werden Wörter, Wortgruppen und Sätze gleichen syntaktischen Wertes nebeneinandergestellt.

Satzreihe:

> *Der Zug auf Bahnsteig 4 fährt nach Rostock,*
> *der Zug auf Bahnsteig 3 fährt nach Lübeck.*

Nebensatzreihe:

> Weil der Auftrag termingemäß erfüllt worden ist und weil die Maschinen in guter Qualität ausgeliefert worden sind, *wurde gleich eine weitere Bestellung aufgegeben.*

Wortgruppenreihe:

> *Wir haben die Bürger aufgerufen,* die Gebäude zu schmücken und sich an der Kundgebung zu beteiligen.

Wortreihe:

> *In der Kaufhalle haben wir* Brot und Butter *gekauft.*

Die koordinierten sprachlichen Einheiten können in unterschiedlicher Weise verbunden sein. Das hängt vom Vorhandensein eines verknüpfenden Wortes ab.

asyndetisch = ohne spezielles verknüpfendes Element

    ein interessantes, gutes *Buch*

monosyndetisch = mit einem verknüpfenden Element

    ein interessantes, preiswertes und gutes *Buch*

polysyndetisch = mit mehreren verknüpfenden Elementen

    ein interessantes und preiswertes und gutes *Buch*

3.1.3. Sprachliche Mittel zum Ausdruck syntaktischer Beziehungen

„Beziehungsmittel ermöglichen nicht nur die Verknüpfung der Wörter untereinander, sondern stellen auch bestimmte Form- und Bedeutungsbeziehungen zwischen den Wörtern innerhalb des Satzes her und haben damit Anteil an der Bedeutung sowie an der sprachlichen Wirkung von Sätzen und Texten" (JUNG 1988, 50). Für die Herstellung syntaktischer Beziehungen stehen spezielle sprachliche Mittel zur Verfügung. Im weiten Sinn kann man dazu auch die Fügungspotenzen (Valenzen) der einzelnen Wortarten zählen, da ja bestimmte Wörter auf Grund ihrer lexikalischen Semantik das Auftreten bestimmter anderer sprachlicher Mittel geradezu fordern (vgl. ADMONI 1986, 215). Wir konzentrieren uns hier auf die Beziehungsmittel im engen Sinne, die grammatischen Beziehungsmittel. (Vgl. EISENBERG 1994, 44ff.; Sachwörterbuch 1989, 41)

Wortformen

Verschiedenartige grammatische Mittel dienen dazu, die grammatischen Formen des einen Wortes denen eines anderen anzugleichen (grammatische Kongruenz), oder ihre Aufgabe besteht „in der Formung des abhängigen Wortes, die seine Abhängigkeit zum Ausdruck bringt, ohne seine Form der Form des leitenden Wortes anzugleichen (Rektion)" (ADMONI 1986, 215).

Für die Herstellung der **syntaktischen Kongruenz** steht uns vor allem die Flexion (Deklination, Konjugation) zur Verfügung. Wir nennen folgende Arten der syntaktischen Kongruenz:

– die Kongruenz zwischen dem Subjekt des Satzes und dem finiten Verb des Prädikats in Person und Numerus durch Deklination des Substantivs (Nominativ) und Konjugation des Verbs (Person und Numerus):

    Der Sportler freut *sich über seinen Erfolg.*

– die Kongruenz zwischen dem substantivischen Prädikativum und dem Subjekt sowie zwischen dem prädikativen Akkusativ und dem Akkusativobjekt in

Kasus, Genus, Numerus (Deklination):

Mein Freund *ist* Lehrer.
Meine Frau *ist* Lehrerin.
Der Direktor nannte Peter den besten Sportler der Schule.

Gerade bei dieser Art Kongruenz gibt es eine ganze Reihe von Ausnahmen, u.a. *Der Konzertmeister ist das älteste Orchestermitglied* (vgl. vor allem JUNG 1988, 55ff.).

- die Kongruenz zwischen adjektivischen Attributen und substantivischem Beziehungswort in Kasus, Genus, Numerus (Deklination):

  Ich lese ein gutes und interessantes Buch.

- die Kongruenz zwischen Apposition und Beziehungswort in Kasus, Genus, Numerus (Deklination):

  Wir diskutierten mit einem bekannten Journalisten, dem Vertreter der „Welt" in Lissabon.

(Zu Besonderheiten dieser Art vgl. DUDEN-GRAMMATIK 1995, 716–722.)

Rektion

Bei der Rektion bestimmt ein Leitwort die Form eines von ihm abhängigen Wortes (vgl. SACHWÖRTERBUCH 1989, 198). Als Leitwörter können auftreten:

Verben:	*Der Freund* hilft mir. (Dativ)
	Der Freund unterstützt mich. (Akkusativ)
Adjektive:	*Der Patient ist* des Wartens müde. (Genitiv)
Substantive:	Die Pflege des Patienten *ist sehr gut*. (Genitiv)
Präpositionen:	infolge des schlechten Wetters (Genitiv)

In diesen Fällen regieren Wörter bestimmte reine Kasus. Es werden aber auch Präpositionen gefordert, die ihrerseits bestimmte Kasus nach sich ziehen:

Mein Freund interessiert sich sehr für klassische Musik.
Wir sind sehr erfreut über das Ergebnis der Spendensammlung.

Wortarten

Spezielle Wortarten im Satz sind dazu da, syntaktische Beziehungen zu verdeutlichen. Sehen wir einmal von Wörtern wie Hilfsverben und Pronomen/Pronominaladverbien ab, so handelt es sich um Präpositionen und Konjunktionen. Sie stellen Beziehungen der Subordination und solche der Koordination her:

Koordination durch Konjunktion:

Mein Freund und *ich gehen ins Kino.*

Subordination durch Konjunktion:

Nachdem *wir im Kino waren, tranken wir noch ein Glas Wein.*

Subordination durch Präposition (+ Stellung):

Das Auto an der Ecke *gehört meinem Freund.*

(Vgl. u.a. BUSCHA 1984)

Stellung sprachlicher Einheiten

Die Stellungsregeln erfüllen im deutschen Satz verschiedene Aufgaben (u.a. Kennzeichnung der Struktur durch die relativ feste Position des finiten Verbs und der den verbal-prädikativen Rahmen schließenden Glieder, Anordnung der Glieder entsprechend ihrem Mitteilungswert).

Mittel zur Kennzeichnung syntaktischer Beziehungen ist die Stellung – wir haben hier die Stellung ganzer Blöcke von Wörtern, der Satzglieder, im Auge – dann, wenn mit ihrer Hilfe „das grammatische Wesen irgendeines Wortes oder einer Wortgruppe" (ADMONI 1986, 300), z.B. der Satzgliedwert, festgelegt wird. Das ist u.a. zur Unterscheidung von Subjekt und Objekt dann der Fall, wenn Kasusmerkmale fehlen und die semantischen Beziehungen mehrere Möglichkeiten offenlassen:

Die Mutter *erblickte* die Schwester.

In einem solchen Fall gilt das erste Substantiv (*Mutter*) als Subjekt, das zweite (*Schwester*) als Objekt.

In anderen Fällen unterscheiden sich das Satzglied adverbiale Bestimmung und der Satzgliedteil (Attribut) nur durch die Stellung im Satz:

Adverbiale Bestimmung: *Das Bild gefällt mir* neben der Wandlampe.
Attribut: *Das Bild* neben der Wandlampe *gefällt mir.*

„Das Verfall der Kasusendungen läßt die Rolle der Satzgliedstellung als syntaktisches Beziehungsmittel künftig weiter wachsen, wenn auch bei uns die Flexion noch eine größere Rolle spielt als im Englischen und in den romanischen Sprachen. Insbesondere dient die Satzgliedstellung zur Kennzeichnung

– der Strukturtypen des Satzes entsprechend der Verbstellung,
– des Satzgliedwertes ...,
– des Mitteilungswertes der Satzelemente für den Hörer und Leser" (JUNG 1988, 54). (Vgl. 3.5.)

Intonation bzw. entsprechende graphische Mittel

Zur Intonation rechnen die GRUNDZÜGE (1984, 842ff.) u.a.
– die Tonhöhenbewegung / die Satzmelodie

Aussagesatz: *Ich komme morgen mit.*

Entscheidungsfrage: *Kommst du morgen mit?*

- die artikulatorische Gliederung der Äußerung
So kann folgende Konstruktion durch entsprechende Pausen unterschiedlich gegliedert werden. Dadurch kann es zu unterschiedlichen Bedeutungen kommen:

> *der mensch denkt gott lenkt*

Wir können die Konstruktion durch eine kurze Pause gliedern. Es ergäbe sich folgende Interpretation:

> *Der Mensch denkt, Gott lenkt.*
> *Der Mensch denkt, und Gott lenkt.*

Wir können auch keine Pause machen, dann ergäbe sich eine andere Interpretation:

> *Der Mensch denkt, daß Gott lenkt.*

„Dies entspricht genau der Interpretation, die Brecht beabsichtigte, als er – mit entsprechender Interpunktion – schrieb:

> *Der Mensch denkt: Gott lenkt.*
> *Keine Red davon!"* (GRUNDZÜGE 1984, 849)

- Rhythmus/Takt
„Die Silbenfolge selbst stellt einen ständigen Wechsel zwischen starken und schwachen Silben dar. Starke Silben sind solche, die mit mehr Artikulationsenergie gesprochen werden und sich in der Reihenfolge auditiv von den schwachen abheben: ‚stark‘ und ‚schwach‘ entsprechen damit dem gängigen Unterschied zwischen ‚betont‘ und ‚unbetont'" (GRUNDZÜGE 1984, 850).

- Betonung / Wortakzent, Satzakzent
So signalisiert der Wortakzent zuweilen eine unterschiedliche Semantik der Wörter:

> (Kannst du mit diesem Buch etwas anfangen?) Damit *kann ich nichts anfangen.* → Es handelt sich bei *damit* um ein pronominales Adverb.
> *Ich bleibe zu Hause,* damit *ich mich besser auf die Prüfung vorbereiten kann.* → Das Wort *damit* ist Konjunktion mit finaler Semantik.

Der Satzakzent hebt ein Element des Satzes hervor:

> Dieses *Buch habe ich mit großem Gewinn gelesen.*
> *Dieses Buch habe ich* mit großem Gewinn *gelesen.*
> (Vgl. HOMBERGER 1989, 62)

Die Intonation bewirkt also allein oder zusammen mit anderen sprachlichen Elementen:

„– die Signalisierung der Wortakzentstellung;
– die Signalisierung der Satzakzentstellung;

- die Gliederung der Wortketten in Gruppen und die Kennzeichnung dieser Gruppen als relativ abgeschlossene Einheiten der Rede (als vollendete Sätze) oder als nichtabgeschlossene (als Teilsätze);
- die bedingte Kennzeichnung von Aussage-, Aufforderungs-, Ausrufe- und Fragesätzen;
- die Information darüber, ob eine Äußerung deutlich emotionalisiert ist oder nicht" (JUNG 1988, 153).

In der geschriebenen Sprache übernehmen graphische Mittel die Funktion der phonetischen Beziehungsmittel (Interpunktion).

In der geschriebenen deutschen Standardsprache hat sich ein System von 12 verschiedenen Satzzeichen herausgebildet: die Satzschlußzeichen Punkt, Fragezeichen, Ausrufezeichen; die Satzmittezeichen Komma, Semikolon, Gedankenstrich, Doppelpunkt; die paarigen Satzzeichen doppeltes Komma, doppelter Gedankenstrich, Klammern und Anführungszeichen sowie die Auslassungspunkte. Gemeinsam ist allen eine Grenz- und Gliederungsfunktion innerhalb des geschriebenen oder gedruckten Textes, die es dem Lesenden ermöglicht, auch umfangreichere syntaktische Strukturen in raschem Überblick zu erfassen. Die Satzzeichen unterscheiden sich jedoch durch Art und Umfang der von ihnen abgegrenzten oder eingeschlossenen Einheiten (Wörter, Wortgruppen, Teilsätze, Ganzsätze) und durch ihre Stellung am Anfang, in der Mitte oder am Ende dieser Einheiten.

Neben dieser Grenz- und Gliederungsfunktion haben einige Satzzeichen die Fähigkeit, bestimmte kommunikative Bezüge herzustellen und die besondere Aussageabsicht des Schreibenden zum Ausdruck zu bringen. In dem Satz *Er hat sich endlich zu der Reise entschlossen* wird die Eindeutigkeit der Aussage erst durch die Art des Satzschlußzeichens gesichert: Erst ein Punkt, ein Ausrufe- oder Fragezeichen machen die kommunikative Funktion des Satzes deutlich und damit für den Lesenden verständlich. Andere Satzzeichen vermitteln dem Lesenden zusätzliche Informationen über die Einstellung des Schreibenden zu seiner Äußerung:

Er will die Uhr „gefunden" haben.
Sie behauptete, sie hätte in einer Woche 4 kg (!) abgenommen.

Aber auch beträchtliche stilistische Wirkungen lassen sich mit Hilfe der Interpunktion erzielen. Dadurch, daß sich verschiedene Satzzeichen in bestimmten Funktionen decken, stehen dem Schreibenden häufig mehrere Zeichen zur Auswahl. Ob der Schreibende einem Komma, Semikolon, Doppelpunkt, Gedankenstrich oder Punkt den Vorzug gibt, hängt oft von seiner Aussageabsicht, aber auch von seinem stilistischen Empfinden ab.

Schließlich ist zu bemerken, daß die einzelnen syntaktischen Beziehungsmittel zusammenwirken und sich ergänzen, z.B. Deklination, Wortstellung und Intonation bei der Kennzeichnung der Zugehörigkeit einer Reihe von Wörtern zu einer Wortgruppe:

Dieses modische blaue Kleid *gefällt mir sehr.*

Die Zusammengehörigkeit der Elemente der Substantivgruppe *dieses modische blaue Kleid* und damit die Kennzeichnung der Gruppe als **ein** Satzglied erfolgt durch die Kongruenz (Substantiv – Adjektiv/Pronomen), die Position (Einnahme der ersten Stelle eines Aussagekernsatzes) und eine entsprechende intonatorische/graphische Gestaltung.

3.2. Satz

3.2.1. Wesen des Satzes

3.2.1.1. Merkmale des Satzes

„In der Sprache sind Bewußtsein und lautliche (bzw. schriftliche) Erscheinungsform zu einer Einheit verbunden, die sich in sprachlichen Äußerungen verwirklicht. Unter einer sprachlichen Äußerung verstehen wir eine Folge bedeutungtragender text- und situationsbezogener Redeeinheiten, die von einem Sprecher hervorgebracht und von einem Hörer wahrgenommen werden können. ... Die Zuordnung von Bewußtseinsinhalt und Laut-/Schriftform ist nicht zufällig ..., sondern erfolgt geregelt auf Grund bestimmter Eigenschaften sowohl der Bewußtseinsinhalte als auch der Laut-/Schriftformen." (FLÄMIG 1991, 29.)

Der aktualisierte Satz als (Teil einer) Äußerung gehört nicht, wie z.B. die Wörter und festen Wortgruppen/-verbindungen, dem System der Sprache an. Er wird in der Rede nicht „reproduziert, sondern neu geschaffen" (CHARITONOVA 1976, 13). Die Zahl der möglichen Sätze in der Rede ist praktisch unendlich. Diese unendlich vielen Sätze werden aber nach bestimmten Baumustern gebildet (u.a. nach einer bestimmten Struktur, mit entsprechenden Beziehungen zwischen den Wörtern). Diese Baumuster (Satztypen/-modelle) zählen wir zum Sprachsystem (vgl. CHARITONOVA 1976, 13f.; HELBIG 1982a, 66f.; POLENZ 1985, 155).

Mit dem Terminus **Satz** können unterschiedliche Erscheinungen benannt werden. Ein Satz kann selbständig, aber auch Teil einer Satzreihe oder eines Satzgefüges (Hauptsatz, Nebensatz, Gliedsatz, Gliedteilsatz) sein. Manche Sprachwissenschaftler sprechen nur einfachen selbständigen Sätzen Satzcharakter zu, betrachten Teilsätze von Satzgefügen nicht als Sätze. Andere sehen das Satzgefüge nicht als einen Satz an, „sondern als eine Verkettung von Sätzen" (ADMONI 1986, 255). Nun läßt sich aber nicht bestreiten, daß auch Haupt- und Nebensätze über das wichtigste Merkmal des Satzes verfügen, über Prädikativität.

Wir arbeiten mit den Termini **Ganzsatz** und **Teilsatz**. Ein Ganzsatz wird durch seine Abgeschlossenheit gekennzeichnet. „Als Ganzsatz können ein selbständiger Satz, eine Satzverbindung, ein Satzgefüge und eine Periode auftreten" (ADMONI 1986, 255).

Eine Satzverbindung und ein Satzgefüge sind also jeweils **ein** Ganzsatz, sie bestehen jedoch mindestens aus zwei Teilsätzen.

Satzverbindung / Satzreihe:

Wir gehen ins Kino, denn es wird ein interessanter Film gezeigt.

Satzgefüge:

Wir gehen ins Kino, weil ein interessanter Film gezeigt wird.

Im folgenden meinen wir mit Satz immer den Ganzsatz.

Es gibt viele Versuche, den Satz zu definieren. Heute liegen weit über 300 Definitionen vor (vgl. JUNG 1988, 28). Die Schwierigkeit der Definition liegt in der Komplexität des Phänomens Satz. MOSKALSKAJA (1983, 223ff.) hat folgende Klassifikation der Satzdefinitionen erarbeitet:

1. Bestimmung des Satzes hauptsächlich auf Grund seines Inhalts, seiner Funktion, seiner Rolle in der Rede

- In der logischen Satztheorie ist der Satz vielfach ein Urteil (K.F. BECKER, F. BLATZ).
- In der psychologischen Satztheorie ist der Satz Ausdruck dafür, „daß die Verbindung mehrerer Vorstellungen oder Vorstellungsmassen in der Seele des Sprechenden sich vollzogen hat, und das Mittel dazu, die nämliche Verbindung der nämlichen Vorstellungen in der Seele des Hörenden zu erzeugen" (PAUL 1954, 10).
- In der funktionalen Grammatik kennzeichnet W. SCHMIDT (1983, 246) den Satz „als eine nach Inhalt und Form in sich geschlossene Äußerung, einen Teil der Rede." Er faßt ihn als funktionelle Einheit auf, „deren Einzelbestandteile im gleichzeitigen Miteinander wirken" (a.a.O., 247).

2. Bestimmung des Satzes nur auf Grund formaler, phonischer Kriterien

Der Inhalt des Satzes wird, da angeblich außersprachlich, nicht in die Definition einbezogen. Als Beispiel bringen wir die Definition von GLINZ (1962, 71f.): „Die Einheit des stimmlichen Hinsetzens, das in einem Atemzug hervorgebrachte Gebilde, das nennen wir Satz. Der Satz ist die kleinste Atemeinheit der normal dahinfließenden Rede". Ein solches Vorgehen ohne Einbeziehung des Inhalts lehnen wir ab. (Vgl. VON POLENZ 1986, 81ff.; TARVAINEN 1986, 14ff.)

Wegen der objektiven Schwierigkeiten, den Satz umfassend zu definieren, arbeiten wir mit Merkmalen, zu denen inhaltliche und formale in gleicher Weise gehören. Der Satz ist zunächst eine Einheit des Sinnes. Man bezeichnet ihn auch als die kleinste relativ abgeschlossene Redeeinheit. Völlig abgeschlossen, also isoliert verständlich, sind die meisten Sätze deswegen nicht, weil sich ihr vollständiger Sinn erst aus dem sprachlichen Kontext bzw. der Redesituation ergibt. Sprachlicher Ausdruck dieser Kontextbindungen sind Pronomen, der bestimmte Artikel u.a. (Vgl. 4.7.). Man kann auch folgenden Feststellungen zustimmen:

Der Satz „ist eine gegenüber dem Text *relativ* selbständige Einheit der Rede, sowohl in inhaltlicher als auch in struktureller (einschließlich intonatorischer)

Hinsicht" (DT. SPRACHE 1983, 176). „Der Satz ist die syntaktische Einheit, in deren Rahmen auf die Kommunikationssituation bezogene Abbilder von Sachverhalten der Wirklichkeit mit aussprechbaren und wahrnehmbaren Lautformen (bzw. Buchstabenfolgen, K.-E. S.) verbunden sind" (GRUNDZÜGE 1984, 154).

Der Satz ist weiterhin eine **grammatisch-strukturelle** Einheit. Er ist nach bestimmten Gesetzmäßigkeiten aufgebaut. „Der Satz im Deutschen wird ... dadurch charakterisiert, daß er zweigliedrig, nominativisch und verbal ist" (ADMONI 1986, 228).

Wir sprechen daher von der Binarität des Satzes. Zu den weiteren Gesetzmäßigkeiten gehören die relativ feste Stellung des finiten Verbs und der den verbalprädikativen Rahmen schließenden Glieder, die Satzglied- und die Wortstellung (vgl. zur zweigliedrigen Satzstruktur u.a. JUNG 1988, 61; GRUNDZÜGE 1984, 176ff.).

Der Satz unterscheidet sich dadurch von Infinitiv- und von Partizipialgruppen, daß er über Prädikativität verfügt (Satz = aktuelle Prädikation, Wortgruppe = potentielle Prädikation). Diese (aktuelle) Prädikation wird durch jene Satzglieder realisiert, die die prädikative Beziehung bilden, durch Subjekt und Prädikat (finites Verb). „Die prädikative Beziehung hat eine entscheidende Bedeutung für die Struktur des Satzes, da sie und nur sie eine geschlossene, kommunikativ selbständige Fügung der Wörter bildet ... Morphologisch drückt sich die prädikative Beziehung in der Kongruenz des Prädikats mit dem Subjektnominativ aus" (ADMONI 1986, 219f.).

Die Kongruenz von Subjekt und Prädikatsverb in Person und Numerus und das Tempus des Prädikats sind Anzeichen dafür, daß wir es mit einer aktuellen Prädikation zu tun haben.

Besteht der Satz aus mindestens zwei autosemantischen Wörtern, bildet er auch eine **Spannungseinheit**. Die mit dem Setzen des ersten Wortes eröffnete Spannung wird oft erst mit dem letzten gelöst. (*Ich habe mir ein Buch* angesehen / geliehen / gekauft.) Durch bestimmte sprachliche Mittel wird die Spannung erhöht, z.B. dadurch, daß inhaltlich eng zusammengehörende Elemente zuweilen weit auseinanderstehen, z.B.

- Teile des verbal-prädikativen Rahmens:

    Mein Freund hat *sich gestern im Kaufhaus einen neuen Anzug* gekauft.

- Valenzträger und eng an ihn gebundene Aktanten:

    Nach vielen Mahnungen brachte *er mir endlich nach vier Wochen* das versprochene Buch.

Schließlich stellt der Satz eine **Klangeinheit** dar. Jeder Satz verfügt über eine entsprechende Satzmelodie. Auf die Typen dieser Satzmelodie gehen wir im nächsten Abschnitt ein.

In der geschriebenen Sprache manifestiert sich der Satz als **graphische** Einheit. Graphische Mittel zur Ausgliederung eines Ganzsatzes aus einem Text sind die Großschreibung des ersten Wortes, die Satzschlußzeichen sowie Spatien; Teilsätze werden mit Hilfe der Satzmittezeichen Komma, Semikolon, Doppelpunkt, Gedankenstrich sowie durch Spatien als graphische Einheiten gekennzeichnet. (Vgl. VON POLENZ 1985, 81ff.; EISENBERG 1994, 57ff.; SACHWÖRTERBUCH 1989, 201)

3.2.1.2. Zur Formseite des Satzes

Wir fassen den Satz als Kombination sprachlicher Zeichen niederer Ordnung auf. Damit hat der Satz selbst eine Seite der Form und eine Seite der Bedeutung. Kriterien für eine Klassifizierung der Sätze können formale und semantische Elemente sein. HELBIG hat sich mit den verschiedenen Arten von Satzmustern/-modellen beschäftigt. Sein Verdienst besteht darin, die einzelnen Ebenen herausgearbeitet zu haben, auf denen man Modelle ansiedeln kann. Bei HELBIG handelt es sich um folgende:
– strukturelle Satzmodelle, z.B. Stellungstypen bei GLINZ (Kernsatz / Stirnsatz / Spannsatz),
– strukturell-inhaltliche Modelle, z.B. bei ERBEN, der von den (valenzbedingten) Ergänzungsgliedern ausgeht, dann aber den Strukturen bestimmte Inhalte zuspricht (Vorgangssatz / Handlungssatz / Lagesatz),
– inhaltliche Modelle im Sinne BRINKMANNS, für den ein Satztyp eine bestimmte Sehweise für einen bestimmten Sachverhalt ist,
– sachbezogene Modelle im Sinne ADMONIS und W. SCHMIDTS.
(Vgl. HELBIG 1967, 202).

Wir wenden uns zunächst der Formseite und dann der Bedeutungsseite des Satzes zu.

Über die Komponenten der Formseite des Satzes herrscht relative Einigkeit. Zur Formseite gehört die lautliche bzw. graphische Gestalt, die geprägt ist durch

– die Art der Intonation (in der graphischen Gestalt vor allem ausgedrückt durch die Satzzeichen),
– die Reihenfolge der Elemente, geprägt besonders durch die Position der festen Teile (finites Verb und rahmenschließende Elemente) und
– die Abhängigkeitsbeziehungen, wobei formal-syntaktische Abhängigkeitsbeziehungen, abhängig vom angenommenen Kern des Satzes, unterschiedlich dargestellt werden können.

3.2.1.2.1. Traditionelle Satzformen

Die Satzformen werden traditionell nach der Anzahl der prädikativen Einheiten (Subjekt und Prädikat) und nach den syntaktischen Beziehungen zwischen ihnen bestimmt. Enthält der Satz **eine** prädikative Einheit, handelt es sich um einen **einfachen** Satz (ES):

Sie wohnt *seit zwei Jahren in Berlin.*

Enthält der Ganzsatz **mehrere** prädikative Einheiten, also mehrere Teilsätze, ist er ein **zusammengesetzter** Satz (ZS).

Entsprechend den syntaktischen Beziehungen zwischen den Teilsätzen unterscheiden wir:

Koordinierung der Teilsätze: Satzverbindung (SV) / Satzreihe

Alle sollten Sport treiben, denn Sport erhält gesund.

Subordinierung von Teilsätzen unter einen Hauptsatz: Satzgefüge (SG)

Falls ich verhindert bin, schicke ich einen Vertreter.

Die **Satzverbindung** besteht aus zwei oder mehreren koordinierten Sätzen, z.B. auch

ES + ES: *Ich schreibe erst den Aufsatz, dann komme ich zu dir.*
SG + ES: *Weil ich gestern nicht fertig geworden bin, schreibe ich jetzt den Aufsatz, dann komme ich zu dir.*

Zwischen den koordinierten Sätzen bestehen inhaltliche Beziehungen, die durch Konjunktionen bzw. Adverbien verdeutlicht werden können.

Das **Satzgefüge** besteht aus einem Hauptsatz und einem oder mehreren Nebensätzen. Der Hauptsatz ist innerhalb des Satzgefüges jener Teil oder jenes Satzstück, das keine Formmerkmale der Abhängigkeit trägt. Den Terminus Hauptsatz sollte man nur in der hier genannten Bedeutung verwenden und nicht auch als Synonym für vollständiger/einfacher selbständiger Satz. Als Bezeichnung für die syntaktisch abhängigen Sätze innerhalb eines Satzgefüges empfiehlt sich der Terminus **Nebensatz**. Man kann Nebensätze klassifizieren nach ihrem Satzgliedwert 1), ihrer Einleitung 2), dem Strukturtyp 3), der Position gegenüber dem übergeordneten Satz 4), dem Grad der Abhängigkeit, orientiert am Hauptsatz 5).

1. Der Nebensatz kann auftreten als

– Satzglied (Gliedsatz), z.B. adverbiale Bestimmung:
  Als wir zu Hause ankamen, *war es schon Mitternacht.*

– Satzgliedteil (Gliedteilsatz / Attributsatz):

  Als Prämie erhielt er das *Buch, das er sich schon immer gewünscht hatte.*

– Nebensatz, der den Inhalt des übergeordneten Satzes weiterführt, der aber kein Satzglied ist – weiterführender Nebensatz.
  Diese sogenannten weiterführenden Nebensätze können in unterschiedlichen semantischen Beziehungen zum übergeordneten Satz stehen.
  Wir bringen einige Beispiele:

  Folge: *Es begann plötzlich zu regnen,* weshalb *wir zu Hause blieben.*

> Kontrast: *Mein Freund bestand die Prüfung mit Auszeichnung,* während *ich sie wiederholen muß.*
> Redesituierung: Wie mir scheint, *habe ich das Buch schon einmal gelesen.*
> (Vgl. SOMMERFELDT 1983c, 416)

2. Nebensätze können durch Konjunktionen, Pronomen und Adverbien eingeleitet werden, die finiten Verbformen stehen dann am Ende.

> *Er versprach, daß er bald komme.*
> *Wir arbeiten nach Plänen, die die neuesten wissenschaftlichen Erkenntnisse berücksichtigen.*
> *Er fragte ihn, wann er komme.*

Sind sie nicht eingeleitet, entspricht ihre Struktur der eines einfachen selbständigen Satzes:

> *Er schrieb ihr,* sein Freund kommt morgen.

3. Nebensätze können in allen Strukturtypen auftreten.
4. Hinsichtlich der Stellung zum übergeordneten Satz unterscheiden wir:
– Präpositive Nebensätze / Vordersätze

> *Wenn ich Zeit habe, können wir ins Kino gehen.*

– Interpositive Nebensätze / Zwischensätze

> *Das Buch, das du mir geliehen hast, gefällt mir sehr.*

– Postpositive Nebensätze / Nachsätze

> *Ich habe mir den Roman gekauft, den du mir empfohlen hast.*

5. Wir unterscheiden Nebensätze 1., 2. usw. Grades. (Vgl. 3.4.2.1.)

Neben den einfachen und den zusammengesetzten Sätzen gibt es eine Reihe Sonderformen. Die wichtigsten sollen kurz erwähnt werden. (Vgl. HELBIG/BUSCHA 1986, 648ff.)

Die Ellipse (griech. *elleipein* ‚mangeln', ‚fehlen')
„In einem Satz können Elemente ausgelassen werden, die auf Grund von Informationen des Kontextes bzw. der Situation nicht unbedingt erforderlich sind." (SACHWÖRTERBUCH 1989, 60)

> *Wohin gehst du?*   Ins Schwimmbad.
> *Wer kommt mit?*   Mein Bruder.

Solche Auslassungen haben unterschiedliche Ursachen. Vielfach sind es sprachökonomische Gründe. So werden u.a. folgende Wortarten des Satzes erspart:

Adjektiv: *Er beschäftigt sich mit polnischer Literatur und (polnischer) Geschichte.*

Subjekt: *Der Kollege arbeitet fleißig und* (der Kollege) *verdient auch gut.*
Objekt: *Werner repariert* (den Wagen), *Peter reinigt den Wagen.*

(Vgl. SOMMERFELDT 1983a, 149; ORTNER 1985).

Der Schaltsatz / die Parenthese
Die Parenthese ist der „Einschub eines Wortes, einer Wortgruppe oder eines Satzes in eine syntaktische Konstruktion." (SACHWÖRTERBUCH 1989, 168)
Der Schaltsatz kann zu dem Satz, in den er eingebettet ist, in unterschiedlichen Beziehungen stehen. Wir bringen eine Auswahl:

Angabe des Autors / der Quelle:

– *so geht aus Presseberichten hervor* –

Angabe der Bedeutung eines Gegenstandes bzw. Hervorhebung aus einer Menge:

Dieser Roman von Grass – *man hält ihn für den bedeutendsten der letzten Jahre* – *war schnell vergriffen.*
Während sich nur fünf Prozent der Bürger an der Hälfte des Nationaleinkommens bereichern, lebt die überwiegende Mehrzahl der rund 6,7 Millionen Einwohner – *davon sind 57 Prozent Indios* – *im bitteren Elend.*

Ausdruck einer Wertung bzw. eines subjektiven Kommentars:

Ein anderes Blatt wiederum bemerkte, daß dabei – *die ehrbare Zunft verzeihe uns die Wiedergabe dieses Zitats* – ,*wie unter Teppichhändlern gefeilscht'* werde.

(Vgl. SOMMERFELDT 1984b, 243f.; ADMONI 1986, 251ff.)

3.2.1.2.2. Struktur- und Intonationstypen des Satzes

Alle Sätze kann man einem bestimmten Strukturtyp zuordnen. Kriterium für die Einteilung ist die Position des finiten Verbs. Es ergeben sich drei Typen:

Kernsatz (finites Verb an 2. Stelle) = V2:

Wir fahren *jetzt nach Rostock.*
Wir sind *jetzt nach Rostock gefahren.*

Stirnsatz (finites Verb an 1. Stelle) = V1:

Fährst *du mit nach Rostock?*
Wirst *du mit nach Rostock fahren?*

Spannsatz (finites Verb an letzter Stelle) = VE:

(*Er sagte ihm), daß er nicht* mitkomme.
(*Er sagte ihm), daß er nicht mitkommen* konnte.

(Vgl. KÜRSCHNER 1993, 236f.; EISENBERG 1994, 409f.; SCHANEN 1995, 16).

Zur **Satzintonation** gehören alle prosodischen Elemente, die den Satz formen (Akzent, Rhythmik, Pausen, Sprechtempo und Tonhöhenverlauf). Der Tonhöhenverlauf, auch Satzmelodie genannt, ist die Satzintonation im engen Sinne. Sie hat große Bedeutung für die Charakterisierung der kommunikativen Aufgabe des Satzes. Die Typen ergeben sich aus dem Verlauf der Satzmelodie am Satzende. Wir nennen folgende Typen (vgl. SCHMIDT 1983, 284ff.; FLÄMIG 1991, 552ff.):

Terminale Satzmelodie

Am Ende des Satzes fällt die Satzmelodie. Dadurch wird ein relativer Abschluß des Gedankens gekennzeichnet. Wir können die fallende und die steigend-fallende Satzmelodie unterscheiden.

Interrogative Satzmelodie

In diesen Sätzen steigt die Satzmelodie am Ende an, dadurch wird eine gewisse Spannung erzeugt, es muß eine weitere sprachliche Äußerung folgen. Wir können die steigende und die fallend-steigende Satzmelodie unterscheiden.

Progrediente Satzmelodie

Es ist die weiterführende Satzmelodie, die zum Ausdruck bringt, daß auf den betreffenden Satz noch ein weiterer folgt. Struktur und Intonation legen den kommunikativen Effekt, die Satzart fest.
    Für bestimmte Strukturen sind bestimmte Satzarten typisch, z.B. für den

Kernsatz – Aussagesatz, Ergänzungsfragesatz
Stirnsatz – Entscheidungsfragesatz, Imperativsatz
Spannsatz – eingeleiteter Nebensatz

Insgesamt ist aber die Satzmelodie im Verhältnis zum Strukturtyp für die Kennzeichnung der Satzart von entscheidender Bedeutung. Außerdem spielen lexische Mittel eine Rolle.
    Die Satzmelodie kann sich in der Interpunktion widerspiegeln.

Kernsätze

	Satzmelodie	Satzart
Peter wurde schon wieder gelobt.	terminal	Aussagesatz
Wo kommst dú denn her?	terminal	(Erg.-)Fragesatz
Warum schrieb Péter das nicht auf?	interrogativ	(Erg.)-Fragesatz

Stirnsätze

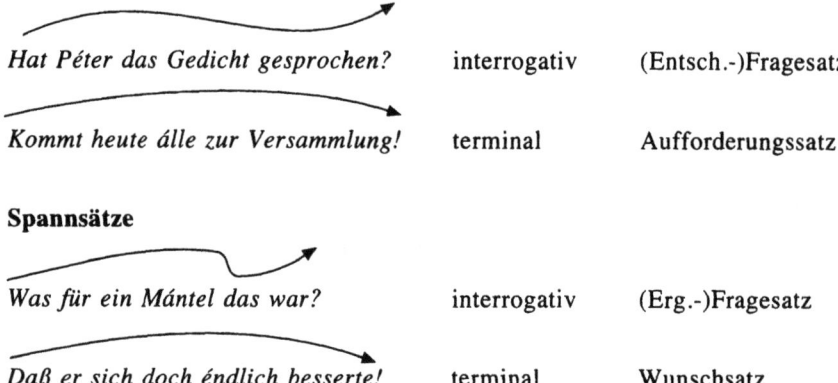

Hat Péter das Gedicht gesprochen?	interrogativ	(Entsch.-)Fragesatz
Kommt heute álle zur Versammlung!	terminal	Aufforderungssatz

Spannsätze

Was für ein Mántel das war?	interrogativ	(Erg.-)Fragesatz
Daß er sich doch éndlich besserte!	terminal	Wunschsatz

Progrediente Satzmelodie finden wir hauptsächlich an den „Nahtstellen", zwischen Teilsätzen eines Satzgefüges und fakultativ zwischen den Teilsätzen einer Satzverbindung:

Satzgefüge

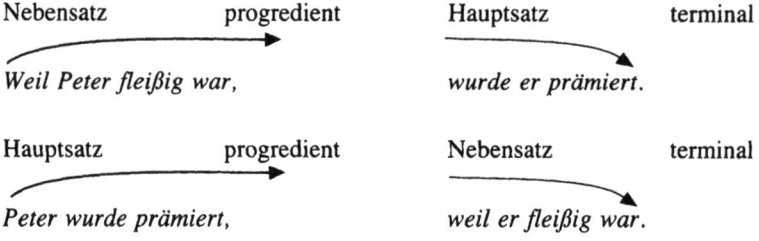

Nebensatz	progredient	Hauptsatz	terminal
Weil Peter fleißig war,		*wurde er prämiert.*	
Hauptsatz	progredient	Nebensatz	terminal
Peter wurde prämiert,		*weil er fleißig war.*	

Satzverbindung

Peter wurde prämiert, (progr. oder terminal)
und auch sein Bruder erhielt eine Belobigung.

3.2.1.2.3. Morphosyntaktische (Valenz-)Modelle

Zur Formseite des Satzes rechnen wir auch die Modelle der syntaktischen Valenz. Sie können auf unterschiedliche Weise gebildet werden.

In der DUDEN-GRAMMATIK werden sie z.B. nach den sie konstituierenden Satzgliedern aufgestellt:

- Subjekt – Prädikat
- Subjekt – Prädikat – Akkusativobjekt
- Subjekt – Prädikat – Dativobjekt ...

(Vgl. DUDEN-GRAMMATIK 1995, 655–681).

HELBIG/BUSCHA gehen zunächst von der Quantität und der Fakultativität der Aktanten aus und beziehen erst bei der Subklassifizierung die Satzglieder ein, z.B.:

„7. Verben mit 2 obl. Aktanten

$A_1 - V - A_2$

(31) S_n, S_a Der Direktor erwartet seine Gäste.
(32) S_n, S_d Der Raum gehört der Universität.
(33) S_n, S_g Die Klasse gedachte des verstorbenen Schülers. ..."

(HELBIG/BUSCHA 1994, 627)

3.2.1.2.4. Interpunktion

In der geltenden Regelung der deutschen Zeichensetzung spielt das intonatorische Prinzip nur noch eine untergeordnete Rolle, wenn auch die meisten Satzzeichen in ihren verschiedenen Positionen bestimmten Lautsignalen der gesprochenen Sprache entsprechen. Ein Punkt am Satzende entspricht dem Senken der Stimme am Ende eines gesprochenen Aussagesatzes, ein Fragezeichen dem Heben der Stimme am Ende einer gesprochenen Entscheidungsfrage. Klammern, paariges Komma oder paariger Gedankenstrich signalisieren einen parenthetischen Einschub, der in der Regel in einer anderen Stimmlage und in einem rascheren Sprechtempo gesprochen wird als der übrige Satz:

> *Wenn sich aber – wir wollen es nicht hoffen – sein Zustand verschlimmern sollte, müssen wir operieren.*

Größere Schwierigkeiten, die sich durch die wachsende Häufung von Kommaregeln im Laufe des 20. Jahrhunderts ergaben, werden durch die Rechtschreibreform erheblich reduziert. Wir zitieren hierzu folgenden Überblick (KÜTTEL 1997, 58 nach DEUTSCHE RECHTSCHREIBUNG 1996, 91):

§ 71 Komma zwischen gleichrangigen (nebengeordneten) Teilsätzen, Wortgruppen und Wörtern
§ 72 aber: kein Komma, wenn sie durch *und, oder, beziehungsweise/bzw., sowie (= und), wie (= und), entweder ... oder, nicht ... noch, sowohl ... als auch, sowohl ... wie (auch), weder ... noch* verbunden sind
§ 73 Möglichkeit der Kommatierung bei koordinierten verbundenen Teilsätzen (Haupt- bzw. [gleichrangigen] Nebensätzen)
§ 74 Abgrenzung von Nebensätzen durch Komma(s)
§ 75 Möglichkeit der (Nicht)Kommatierung bei formelhaften Nebensätzen
§ 76 Möglichkeit der (Nicht)Kommatierung bei Infinitiv-/Partizip- und Adjektivgruppe
§ 77 Abgrenzung von Zusätzen und Nachträgen durch Komma(s)
§ 78 Möglichkeiten der (Nicht)Kommatierung bei Zusätzen bzw. Nachträgen
§ 79 Kommatierung bei Anrede, Ausruf und Ausdrücken einer Stellungnahme

Zur Verdeutlichung sei folgendes Diagramm ergänzt (vgl. KÜTTEL 1997, 59):

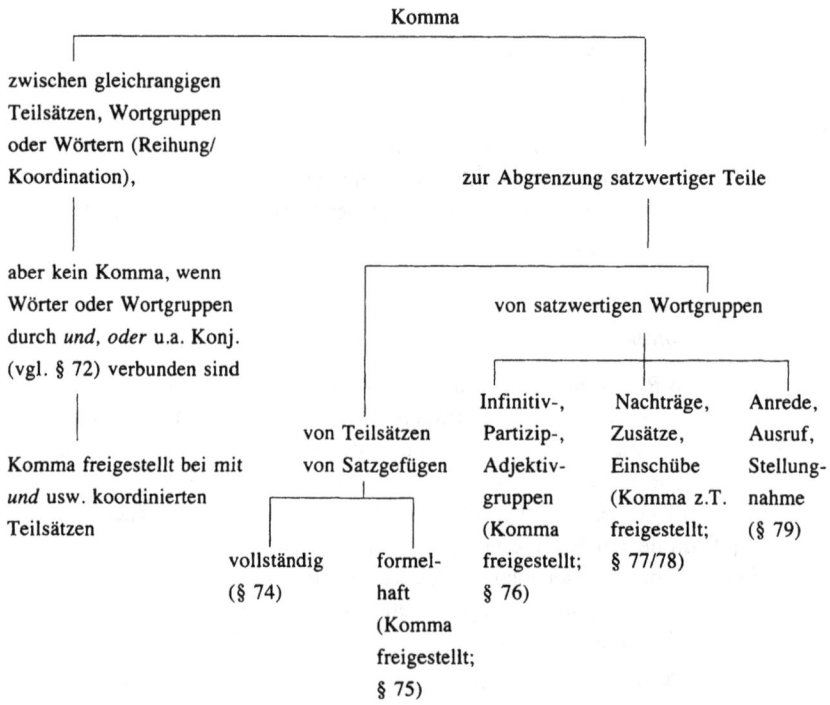

Diese Regelung wird vom syntaktischen Prinzip beherrscht. Das bedeutet: Die Orientierung an der Satzintonation reicht nicht aus, geschriebene Äußerungen sicher zu kommatieren. Andererseits vermag die Interpunktion nicht in jedem Fall eindeutige Hinweise zum mündlichen Vortrag von Texten zu geben.

3.2.1.3. Zur Bedeutungsseite des Satzes

3.2.1.3.1. Komponenten der Satzsemantik

Während man sich schon sehr lange und ausführlich mit der Semantik von Wörtern beschäftigt, gibt es über die Semantik von Sätzen relativ wenig Arbeiten. Aber je mehr die Rede, der kommunikative Akt, in den Mittelpunkt des Interesses rückt, desto mehr beschäftigt man sich mit der Funktion/der Leistung/der Semantik der selbständigen Redeeinheiten, also der Sätze und der Texte. Gerade bei der Untersuchung der Satzsemantik zeigt sich immer wieder, daß man lexikalische und grammatische Bedeutungen nicht trennen kann. „Fast alle kommunikativ geäußerten Satzinhalte bestehen aus einem Aussagegehalt [...] und einem Handlungsgehalt [...]. Im Aussagegehalt wird über Dinge in der (bzw. einer) Wirklichkeit, auf die man BEZUG NIMMT [...], etwas AUSGESAGT [...]." (VON POLENZ 1985, 101)

Uns geht es zunächst um den Aussagegehalt, die eigentliche Satzsemantik. (Im Gegensatz zu POLENZ beziehen wir Elemente des „Handlungsgehaltes" – z.B. die propositionalen Einstellungen – in die Satzsemantik ein, so daß wir als Handlungsgehalt lediglich die Sprecherhandlungen/Illokutionen ansehen.)

Die Satzbedeutung setzt sich – allgemein gesagt – aus der (lexikalischen) Bedeutung der Wörter des Satzes und den Beziehungsbedeutungen zusammen. (Vgl. FLÄMIG 1991, 93f.)

Wie jede Bedeutung kann auch die Satzbedeutung in Komponenten zerlegt werden. Wir unterscheiden zunächst einmal sprecherunabhängige Komponenten, die man denotative, ontologische bzw. referentielle nennen könnte, und sprecherabhängige, für die sich der Terminus kommunikative Komponenten bzw. Wirkungskomponenten eingebürgert hat. Zunächst gehen wir auf die denotativen/ontologischen Komponenten ein. Wir gehen von einem weiten Dingbegriff aus und bezeichnen diese Dinge der objektiven Realität, wie die Logik, als Individuen.

Solche Individuen wären u.a. Häuser, Zahlen, Gedanken, Prozesse. Diese Individuen können bestimmte Merkmale besitzen, d.h., sie können bestimmte Eigenschaften haben, bzw. zwischen ihnen können bestimmte Relationen bestehen (u.a. symmetrische, räumliche, zeitliche). Solche Merkmal-Merkmalträger-Verbindungen sind Sachverhalte. „Die einzelnen Abbilder, in denen das Bewußtsein die objektive Wirklichkeit widerspiegelt, richten sich jeweils auf einen Teilbereich, auf einen bestimmten Ausschnitt aus der Wirklichkeit. Das Abbild hebt bestimmte Momente, bestimmte Seiten an ihm hervor und löst ihn damit zugleich aus seinem Zusammenhang mit anderen Erscheinungen heraus. Ein solcher, in einem rationalen Abbild erfaßter Ausschnitt aus der Wirklichkeit ist ein Sachverhalt. In dem rationalen Abbild wird der Sachverhalt ideell aufgelöst. Er wird als das Auftreten einer bestimmten Eigenschaft an einem bestimmten Gegenstand oder als das Auftreten einer bestimmten Beziehung in einer Menge von Gegenständen widergespiegelt" (GRUNDZÜGE 1984, 59). Ein solcher Sachverhalt wird nun u.a. durch einen Satz sprachlich realisiert.

Wir kommen jetzt zu den einzelnen Komponenten der Satzsemantik.

1. Ontologische Hauptkomponente / propositionaler Gehalt

In der Prädikatenlogik unterscheidet man einstellige Prädikate, die Eigenschaften widerspiegeln, und mehrstellige Prädikate, die Relationen widerspiegeln. Im Satz gehen wir deshalb vom Prädikat und seiner Valenz aus. So gelangen wir zu Sätzen mit 1wertigen, 2wertigen etc. Prädikaten. Der Valenzträger mit seinen (obligatorischen und fakultativen) Aktanten (auch Mitspieler/Rollen genannt) bildet die Hauptkomponente der Satzsemantik, das Sachverhaltsabbild /

den Satzbegriff / die Proposition (vgl. DANEŠ 1978, 2; MÜHLNER 1978, 377; SOMMERFELDT 1986a; VON POLENZ 1985).

In dem Satz

> *Der Ingenieur fährt gemeinsam mit seinem Bruder mit einem modernen Reisebus nach Prag.*

wird die Hauptkomponente gebildet durch *Ingenieur, fahren* und *nach Prag*. Es handelt sich um ein 2wertiges Prädikat, das eine zielgerichtete Bewegung bezeichnet, also Leerstellen für ein Agens und eine Richtungsangabe eröffnet.

> *Die ganze Klasse ist seit langem interessiert an einem Konzertanrecht.*

Die Hauptkomponente wird gebildet durch das 2wertige Prädikat *interessiert sein* und die Aktanten *Klasse* und *Konzertanrecht*.

2. Kommunikative Bedeutungskomponenten

„Der Sachverhalt, der in der semantischen Struktur der Äußerung beschrieben wird, wird auf die Kommunikationssituation bezogen ... Die Einheiten, die zu diesem Teilkomplex der kommunikativ-pragmatischen Komponente gehören, spezifizieren also:

- das Verhältnis von Sprecher und Hörer
- deren Verhältnis zum dargestellten Sachverhalt ...
- die Beziehung des Sachverhalts oder der an ihm beteiligten Gegenstände zum Ort des Sprechakts (des Sprechers)
- die Beziehung des Sachverhalts zu der Zeit des Sprechakts."

(GRUNDZÜGE 1984, 91; vgl. FLÄMIG 1991, 46f.)

Es gibt keine Einheitlichkeit, was zur kommunikativen Bedeutungskomponente zu zählen ist. In manchen Werken (vgl. GRUNDZÜGE 1984, 93ff.) wird auch die Intention als kommunikativ-pragmatische Kategorie aufgefaßt (vgl. VON POLENZ 1985). Wir behandeln hier folgende Teilkomponenten:

- die temporale und lokale Einordnung des Sachverhalts
- den Geltungsgrad / die Modalität einer Äußerung
- die Emotionalität als Ausdruck des Verhaltens des Sprechers/Schreibers
- Hervorhebung bzw. Abschwächung.

Jeder Satz enthält also mehr als die Proposition, denn jeder Satz wird durch einen Sender erzeugt, enthält also bereits das Ergebnis der Auseinandersetzung des S/S mit dem Sachverhalt.

Jeder Sachverhalt ist von bestimmten Umständen begleitet. Wir nennen einige:

Temporale Komponenten

Sachverhaltsbeschreibungen müssen temporal eingeordnet werden. Das geschieht durch die Tempora des Verbs, aber auch durch lexikalische Mittel wie *heute, seit langem, vor einem Jahr*.

Lokale Komponenten

Im Gegensatz zur zeitlichen Einordnung ist die lokale Einordnung nicht in jedem Satz erforderlich:

Ich schreibe im Arbeitszimmer *einen Brief.*

Einige Bezeichnungen des Ortes sind, wie auch manche Bezeichnungen der Zeit, des Grundes und der Art und Weise, Aktanten, d.h. sprachliche Formen für ontologische Hauptkomponenten:

Wir halten uns oft im Garten *auf.*

Einschätzung des Geltungsgrades / Modalität

Der S/S nimmt in jedem Satz in der Weise Stellung, daß er seine Gewißheit, Ungewißheit, seinen Zweifel, seine Vermutung zum Ausdruck bringt. Hier handelt es sich nicht um den Charakter objektiver Bedingungen, sondern um den Geltungsgrad der Aussage. „Äußerungen geben darüber Aufschluß, wie der Sprecher deren Geltung bewertet und wie er sie durch den Hörer eingeschätzt wissen will..." (FLÄMIG 1991, 48; vgl. VON POLENZ 1985, 213ff.)

Auf Grund des Geltungsgrades kann man eine ganze Anzahl „modaler Satztypen" annehmen: indikativische, potentielle, irreale Modalität.

Die Modalität kann u.a. durch folgende sprachliche Mittel bezeichnet werden:

a) Lexikalische Mittel

Vollverben mit modaler Semantik

Ich nehme an / behaupte / glaube, *daß* ...

Modalverben

Diese Aufgabe könnte / mag / muß *stimmen.*

Modale Wortgruppen bzw. Sätze

Meines Erachtens *stimmt diese Aufgabe.*
Diese Aufgabe – ich möchte es annehmen – *stimmt.*

Modalwörter und Abtönungspartikeln

Diese Aufgabe stimmt wahrscheinlich / gewiß / schon.

b) Grammatische Mittel

Modus des Verbs (in jedem Satz obligatorisch)

Der Lehrer sagt, daß diese Aufgabe stimmt / stimme / stimmen würde.

Tempora des Verbs

Diese beiden Studenten werden *(sicher)* krank sein.

Modale Konstruktionen (*haben* bzw. *sein* + Infinitiv)

Diese Aufgabe ist zu lösen.

Emotionalität

Wir verstehen unter Emotionalität die Summe der emotionalen Elemente eines Textes. Der S/S kann seine emotionale Stellungnahme (z.B. Trauer, Zorn, Freude) im Satz zum Ausdruck bringen. Wir unterscheiden emotional verstärkte und emotional neutrale Sätze.

Die Emotionalität eines Satzes kann hauptsächlich durch drei Arten von Mitteln – oft sind sie kombiniert – bewirkt werden: durch

- prosodische Mittel (Satzmelodie, Akzent ...) bzw. ihnen entsprechende graphische Mittel (Ausrufezeichen – oft gehäuft; Punkte und Gedankenstriche, Fettdruck, graphische Anordnung usw.)
- die Satzglied- und Wortstellung
Je ungewöhnlicher dabei die Stellung des betreffenden sprachlichen Elements ist, desto stärker ist der emotionale Effekt:

> Bestraft *muß* er werden.
> Ein Lügner *ist er.*

- lexikalische Mittel, besonders Interjektionen, Modalwörter, Parenthesen mit emotionaler Funktion, Partikeln

> Juchheißa, *es gibt Ferien.*
> *Wir werden* erfreulicherweise *eine gute Ernte haben.*
> *Morgen besucht uns* – wir freuen uns sehr darauf – *ein berühmter Sportler.*

Hervorhebung bzw. Abschwächung

Dem S/S stehen auch hier vielfältige Möglichkeiten zur Verfügung, u.a.

- die Intonation (vor allem die Akzente und die Modulation) bzw. ihr entsprechende graphische Mittel
- die Wortfolge innerhalb von Wortgruppen und Sätzen
- lexikalische Mittel wie Graduierungswörter (immer *besser*) und Partikeln (gerade *dieser Film*)
- ganze Sätze, die die Aufmerksamkeit lenken sollen:

> *Ich komme jetzt zu einem weiteren wichtigen Problem.*

„In jeder wirklichen Kommunikation ist die Satzbedeutung stets durch mehr oder weniger umfangreiche oder modifizierende Informationen erweitert [...]

(1) In jeder Anwendungssituation wird durch bestimmte Situationsmerkmale festgelegt, auf welche Gegenstände, Orte und Zeitpunkte die Äußerung Bezug nimmt oder ‚referiert' [...]

(2) Zur Satzbedeutung kommen Informationen hinzu, die auf der Grundlage von (enzyklopädischem) Wissen vorausgesetzt werden oder erschlossen werden können. Erscheinungen dieser Art wurden vor allem unter dem Begriff *Präsupposition* (Voraussetzung) untersucht [...]. Wenn jemand den Satz äußert: *Karins Auto ist in der Werkstatt,* so wird damit jedenfalls vorausgesetzt, daß Karin ein Auto hat [...]

(3) Sätze können ironisch, metaphorisch, verhüllend, scherzhaft oder mit anderen Arten von übertragener Bedeutung verwendet werden [...]" (DT. SPRACHE 1983, 491f.).

3.2.1.3.2. Semantische Satztypen/-modelle

Semantische Satzmodelle können von der Kernsemantik der das Prädikat bildenden Autosemantika, von der denotativen Semantik der Aktanten und auch von der funktionellen Semantik der Aktanten ausgehen.

Nach der denotativen Semantik der Aktanten lassen sich etwa folgende Gruppen bilden:

– 2wertige Prädikate, die Beziehungen zwischen Menschen ausdrücken: /hum/ hum/ – (*gut zu, böse zu*)
– 3wertige Prädikate, die Beziehungen zwischen mehreren menschlichen Wesen und unbelebten Gegenständen ausdrücken: *geben, schenken, leihen* (vgl. SOMMERFELDT 1986a).

In ähnlicher Weise lassen sich Modelle nach der funktionellen Semantik der Aktanten aufstellen:

– Prädikate mit Agens – Patiens
– Prädikate mit Wahrnehmungsträger – Wahrnehmungsgegenstand

Dabei soll unterstrichen werden, „daß einem syntaktischen Satzmodell mehrere semantische Satzmodelle" (HELBIG 1982a, 86) entsprechen und umgekehrt:

Nominativ – Prädikat – Akkusativ:

> *Er ißt den Kuchen.*
> *Sie bauen ein Haus.*
> *Sie betreten die Gaststätte.*

Agens – Adressat

> *Er hilft seinem Freund bei den Hausaufgaben.*
> *Er unterstützt seinen Freund bei den Hausaufgaben.*

Unser Ziel besteht darin, semantische Satztypen aufzustellen, die zwar ausgehend von der Semantik des Valenzträgers gewonnen werden, die aber auch syntaktische Eigenschaften berücksichtigen. Wir gehen von folgenden Voraussetzungen aus:

- Wortbedeutungen stehen nicht isoliert nebeneinander, sondern die Wörter lassen sich semantisch gruppieren, auch in lexisch-semantischen Feldern. Mit BONDZIO sind wir der Auffassung, „daß der Wortschatz einer Sprache vorrangig in der Art von semantischen Feldern zusammengeordnet zu sein scheint, die durch einen bestimmten Grad von semantischer Übereinstimmung zusammengehalten werden." (EINFÜHRUNG IN DIE GRUNDFRAGEN DER SPRACHWISSENSCHAFT 1984, 178; vgl. auch KORHONEN 1981, 38f.).
- In gewisser Weise verfügen semantisch ähnliche Lexeme auch über ähnliche grammatische Konstruktionen.
- „Wenn die Beziehungen in der Realität vom Inhalt der miteinander verbundenen Gegenstände abhängen, dann muß – mehr oder minder – die Lexik der Autosemantika als Widerspiegelung dieser Gegenstände auch in der Satzkonfiguration den ersten Bezugspunkt darstellen. Die syntaktische Bedeutung des Satzes als Widerspiegelung der Beziehungen wird demzufolge vorrangig durch seine lexikalische Bedeutung bestimmt [...]" (MÜHLNER 1975, 27).
- „Durch das Wirken der Valenz des Prädikats entstehen Minimalstrukturen von Sätzen, die wir als Satzkonfigurationen bezeichnen (und deren Semantik die Proposition darstellt, K.-E. S.). [...] Prädikate mit gleicher Allgemeinbedeutung bilden Satzkonfigurationen mit gleicher Allgemeinbedeutung, die zu **semantischen Satztypen** zusammengefaßt werden können. In semantischen Satztypen werden Grundstrukturen der Realität (Grundsachverhalte) widergespiegelt" (MÜHLNER/RADTKE 1973, 191f.).

Auf Grund dieser Feststellungen scheint es am günstigsten zu sein, die Sätze zunächst nach der Wortartzugehörigkeit jenes Autosemantikons zu klassifizieren, das das Prädikat bildet. Unter der Wortartsemantik verstehen wir jene verallgemeinerte Bedeutung, die die lexikalische Bedeutung überlagert. Für die drei Hauptwortarten läßt sich folgende Wortartsemantik feststellen:

Substantiv	‚Gegenstand'
Verb	‚Prozeß'
Adjektiv	‚Merkmal'

Auf diese Weise sind zunächst Verbal-, Adjektiv- und Substantivsätze zu unterscheiden. Wir gehen weiter davon aus, daß – da die Allgemeinbedeutung der Wortarten unterschiedlich ist – bei den einzelnen Typen unterschiedliche Kriterien (und möglicherweise auch in einer unterschiedlichen Reihenfolge) angewandt werden müssen. Die Verbalsätze lassen sich mit Hilfe der Seme ‚± statisch' und ‚± aktiv' in die Klassen der Zustandssätze auf der einen und der

Tätigkeits- und der Vorgangssätze auf der anderen Seite unterteilen. Eine weitere Klassifizierung könnte vom Valenzmodell ausgehen und dann die Kern- und die Kontextseme berücksichtigen. Wir zeigen das an Beispielen:

Sätze mit 2wertigen Verben

- Sem ‚sich an einem Ort aufhalten': *leben, wohnen, bleiben*
- Sem ‚ähnlich': *ähneln, gleichen, entsprechen*

Das Vorgehen soll am Beispiel jener Verben demonstriert werden, die über folgende Seme verfügen:

‚über ein bestimmtes emotionales Verhältnis verfügend'
‚Zuneigung oder Abneigung empfindend'

Angewandte Kriterien:

- 2wertige Verben: *lieben, hassen*
- Kernsem der Gruppe: ‚über ein bestimmtes emotionales Verhältnis (Zuneigung/Abneigung) verfügend'
- Semantisch-denotative Charakteristik der Aktanten: ‚hum', ‚hum'
- Semantisch-funktionelle Charakteristik der Aktanten: ‚Agens', ‚Adressat'
- Morphologisch-syntaktische Charakteristik der Aktanten: Nominativ/Subjekt – Akkusativ/Objekt

Sätze mit 1wertigen Adjektiven (vgl. SOMMERFELDT 1986a)

Wir unterscheiden Bezeichnungen von Eigenschaften (1wertige Adjektive) und Bezeichnungen von Relationen (mehrwertige Adjektive). Von der Semantik der Kopula wird abgesehen. Durch *sein* u.a. wird ein Zustand, durch *werden* u.a. eine Veränderung ausgedrückt. Zu den 1wertigen Adjektiven gehören u.a.

- Sem ‚Dimension besitzend': *groß, klein, dick, dünn*
- Sem ‚farbig': *rot, grün, weiß, schwarz*
- Sem ‚geistige Eigenschaft besitzend': *klug, intelligent*

Sätze mit 2wertigen Adjektiven

- Sem ‚geistige Fähigkeit besitzend': *fähig* + Genitiv, *gewiß* + Genitiv, *kundig* + Genitiv
- Sem ‚jemanden in gewisser Weise behandelnd': *gut zu, freundlich zu, höflich zu, böse zu, grausam zu*
- Sem ‚subjektive Einschätzung ausdrückend': *lieb* + Dativ, *peinlich* + Dativ
- Sem ‚passivisch': *nutzbar durch, befahrbar durch*

Sätze mit Substantiven

Bei Substantivsätzen arbeiten wir mit zwei Gruppen, entsprechend den allgemeinen Semen

– ‚Gegenüberstellung zweier Begriffe':

Der Junge ist mein Freund. (Nominativ – Nominativ)

– ‚Merkmal'

Er ist der Auffassung, daß sein Bruder kommt.
(Nominativ – Genitiv)
Das ist von Bedeutung für das ganze Kollektiv.
(Nominativ – Substantiv mit Präposition)

3.2.2. Satzarten

Da die Äußerung die kleinste kommunikative Einheit ist, verfolgt der S/S mit jedem gesprochenen oder geschriebenen Satz eine bestimmte Absicht/Intention. Jeder Satz hat daher eine bestimmte Funktion, seine Teile sind an der Erzielung eines kommunikativen Effekts beteiligt.

Entsprechend der Intention des S/S können wir die Sätze in bestimmte Satzarten einteilen (zuweilen findet sich auch die Bezeichnung Satzmodus – vgl. MEIBAUER 1987).

Die Satzarten werden unterschiedlich gegliedert. So spricht EISENBERG von Satzarten dann, „wenn von Sätzen bestimmter Form unter funktionalem Aspekt die Rede ist" (1994, 409):

„Stirnsatz

Holt Karl Milch?:	Entscheidungsfragesatz
Hol Milch!:	Aufforderungssatz

Kernsatz

Karl holt Milch:	Aussagesatz
Wer holt Milch?:	Ergänzungsfragesatz" (ebd.)

Diese Sätze drücken die Intention aus, wenden sich also an einen Adressaten. Zuweilen werden daneben Satzarten aufgestellt, die nicht adressatenbezogen sind:

Wunschsatz: *Würde er doch bald kommen!*
Ausrufesatz: *Ist das eine Unverschämtheit!*
(Vgl. ALTMANN 1987, 47)

Wir arbeiten nur mit den Satzarten im engeren Sinn, berücksichtigen zunächst nicht die Form, sondern sehen lediglich die kommunikative Funktion. Dabei ergeben sich zwei Gruppen: Sätze, in denen lediglich etwas mitgeteilt wird, und

Sätze, mit denen man eine Reaktion beim Empfänger erreichen will. Zur ersten Gruppe gehört der Aussagesatz, zur zweiten gehören Aufforderungs- und Fragesatz.

Aussagesatz

In diesem Satz wird dem Empfänger etwas mitgeteilt. Der Aussagesatz „ist vom Standpunkt der Einteilung nach der kommunikativen Aufgabe die Normalform des Satzes" (W. SCHMIDT 1983, 316). Das finite Verb steht häufig an zweiter Stelle (Kernsatz):

Heute wird im Fernsehen ein guter Film gezeigt.

Aufforderungssatz

Durch einen Aufforderungssatz soll der Adressat zu einer Handlung veranlaßt werden. Für eine Aufforderung stehen relativ viele sprachliche Mittel zur Verfügung, abhängig von den Nuancen der Aufforderung. Eine wichtige Form des Aufforderungssatzes ist der Imperativsatz mit Spitzenstellung des finiten Verbs (Stirnsatz):

Komm doch mit ins Theater!

Fragesatz

Wir unterscheiden zwei Hauptformen des Fragesatzes.

Entscheidungsfragen/Satzfragen werden gestellt, wenn man unsicher ist, „ob der Sachverhalt existent ist" (HELBIG/BUSCHA 1994, 611). Bestätigt werden sie mit *ja*, abgelehnt mit *nein*.

Kommst du mit ins Kino? – Ja / Nein.

Ergänzungsfragen/Wortfragen werden nötig, denn „eine Sachverhaltskomponente ist unbekannt" (HELBIG/BUSCHA 1994, 613).

Wann beginnt die Theatervorstellung? – Um 19 Uhr.

Mit dem Fragewort soll also etwas Unbekanntes erfragt werden. „Der Bereich des Unbekannten, auf den die Frage hinzielt, kann [...] durch die allgemeine Situationsgebundenheit [...] eingeschränkt werden [...] Konkret kann sich das vor allem auf folgende typische Fälle beziehen:

1. Ein Ergänzungsglied gehört einer wenig umfangreichen semantischen Unterklasse der Substantive an, so daß die Auswahl des konkreten Elements, auf das die Frage hinzielt, aus einer geringen Anzahl konkreter Elemente des betreffenden Sachverhalts erfolgen kann: Wer *singt den Figaro?*
Im Minimalfall kann auf Grund der Bedeutung eines Ergänzungsgliedes das erfragte Element des Sachverhalts einzig existierendes sein: Wer *war der Chefkonstrukteur der sowjetischen Raumschiffe?*

2. Einschränkend wirkt auch die Verwendung freier, d.h. nicht valenzgebundener, über den Rahmen der Satzkonfiguration hinausgehender Satzglieder. Das wird bereits an dem zuletzt angeführten Satz deutlich. Läßt man nämlich das Attribut *sowjetischen* weg, sind schon mehrere Antworten möglich" (MÜHLNER 1978, 383).

Daneben existieren einige Sonderformen, die nur z.T. eine wirkliche Frage zum Inhalt haben, u.a.

Vergewisserungsfragen (mit geringem Unsicherheitsgrad, erwartet wird eine Bestätigung)

> *Sie kommen doch mit ins Theater?*

Rhetorische Fragen (noch geringerer Unsicherheitsgrad als bei der Vergewisserungsfrage, enthalten die Antwort meist in sich)

> *Habe ich dir das nicht vorhergesagt?*

Welche Gemeinsamkeiten und Unterschiede gibt es nun zwischen den drei Satzarten?

Gemeinsam ist ihnen allen, daß sie bestimmte Denkformen ausdrücken. Wir nennen andeutungsweise folgende Unterschiede:

– „Der **Aussagesatz** enthält als erkenntnistheoretische Komponente seiner Semantik die Aussage, in der Sachverhalte der Realität abgebildet sind. Die im Aussagesatz getroffene Aussage, als Urteil ausgesprochen, impliziert andere Aussagen bzw. Urteile, jedoch im Sinne einer vorgängigen, umfassenden und allgemeinen Situationsbeschreibung, in die das Urteil des Aussagesatzes eingebettet ist, ohne daß sein Inhalt direkten Bezug zu einem bestimmten anderen individuellen Urteil haben muß [...]" (MÜHLNER 1978, 373).
– „Im **Aufforderungssatz** ist das implizierte Ausgangsurteil Widerspiegelung eines nicht- [...] realen Sachverhalts, das nachfolgende Urteil nimmt die Realität eines vorgedachten Sachverhalts voraus [...] Die Verbindung zwischen Ausgangs- und Endurteil ist ohne praktische Handlung des Angesprochenen nicht möglich; sie zu erreichen ist Ziel der Aufforderung [...]
– Das im **Fragesatz** implizierte Urteil enthält eine Aussage über einen unvollständig erkannten Sachverhalt; das nachgängige Urteil ist die Antwort, in der das unvollständige Wissen überwunden wird" (MÜHLNER 1978, 374).

Die bisher beschriebenen kommunikativen Satzarten kommen auch in indirekter Form vor:

Indirekter Aussagesatz:

> *Er sagte ihm,* daß er ins Theater gehen werde.

Indirekter Fragesatz:

> *Er fragte ihn,* ob er das Stück kenne.

Indirekter Aufforderungssatz:

Er sagte ihm, er solle heute abend mitkommen.

Graphisch werden die Satzarten durch besondere Satzschlußzeichen markiert. Der Punkt dient zur Kennzeichnung von Aussagesätzen, in denen etwas mitgeteilt wird. Fragezeichen und Ausrufezeichen kennzeichnen Frage- bzw. Aufforderungssätze, mit denen man eine Reaktion beim Empfänger erreichen will.

Die Satzschlußzeichen bilden ein Paradigma, da sie die gleiche Position am Ende eines Ganzsatzes einnehmen können. Sie sind jedoch nicht beliebig austauschbar, da sie neben ihrer Grenz- und Gliederungsfunktion noch verschiedene kommunikative Funktionen haben.

Zwischen den Funktionsbereichen von Punkt, Ausrufezeichen und Fragezeichen, die sich im allgemeinen deutlich unterscheiden lassen, gibt es allerdings auch Übergangszonen, die dem Schreibenden mitunter Schwierigkeiten bereiten. Nach der geltenden Regelung steht bei Aufforderungs- und Wunschsätzen ein Punkt, wenn sie von Aussagesätzen abhängig sind oder ohne besonderen Nachdruck gelesen werden sollen; nach indirekten Fragesätzen steht das Schlußzeichen des übergeordneten Satzes:

Ich wünschte, ich hätte sie nie wiedergesehen. Hoffentlich hast du dich nicht erkältet. Niemand wußte, wo er sich zur Zeit aufhielt.

Auch die Unterscheidung zwischen einem Ausruf in Frageform, der nach der geltenden Regelung mit einem Ausrufezeichen schließt, und einer rhetorischen Frage, nach der ein Fragezeichen steht, ist für den Schreibenden nicht immer leicht:

Wie konntest du mich so erschrecken!
Wer hätte das für möglich gehalten?

Ob man im Einzelfall einem Fragezeichen oder einem Ausrufezeichen den Vorzug geben soll, läßt sich nicht aus der syntaktischen Struktur erkennen, da es eine für die Frageform charakteristische Wortstellung nicht gibt. Die Interpunktion am Satzende sollte sich daher stets nach dem Sinn des Satzes und nach der Aussageabsicht des Schreibenden richten.

3.3 Wortgruppen und Satzglieder

3.3.1 Wortgruppen

3.3.1.1. Wesen und Arten der Wortgruppen

Für die Einheiten zwischen Wort und Satz existieren eine Reihe von Termini, u.a. Wortgruppe, Wortverbindung, Wortfügung, Wortreihe (vgl. LEWANDOWSKI 1990, 1264). Bevor wir unsere Auffassung vom Wesen der Wortgruppe, wie wir sie in diesem Buch verwenden wollen, darlegen, sollen einige andere Meinungen vorgeführt und diskutiert werden. Dabei schließen wir die festen, phraseologischen Verbindungen, die dem Lexikon der Sprache angehören, aus und wenden uns nur den freien Wortgruppen zu.

Auffassung 1

SPIEWOK versteht unter einer Wortgruppe eine „grammatische und semantische Einheit, die aus zwei oder mehreren miteinander verbundenen Wörtern besteht" (WÖRTERBUCH GRAMM. TERM. 1976, 207). Diese Wortgruppen lassen sich folgendermaßen gliedern:

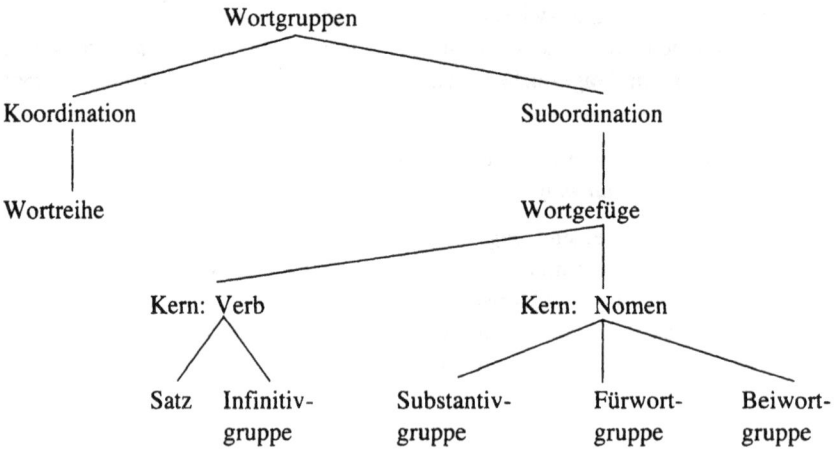

Diese Auffassung ist aus zwei Gründen abzulehnen.
- Einmal wird das Besondere des Satzes gegenüber allen anderen Verbindungen von Wörtern nicht deutlich, wenn er hier eingeordnet wird.
- Zum anderen kann die Koordination nicht auf Wortreihen eingeschränkt werden, da es neben Wortreihen auch Reihen von Wortgruppen und Nebensätzen gibt.

Auffassung 2

Hierunter fallen Auffassungen verschiedener Art. Ihnen ist gemeinsam, daß sie nur Verbindungen von Wörtern innerhalb des Satzes einbeziehen.

a) Für MOSKALSKAJA ist eine Wortgruppe „eine nichtsatzartig geprägte Verbindung zweier oder mehrerer aufeinander syntaktisch und semantisch bezogener Autosemantika" (MOSKALSKAJA 1983, 271).

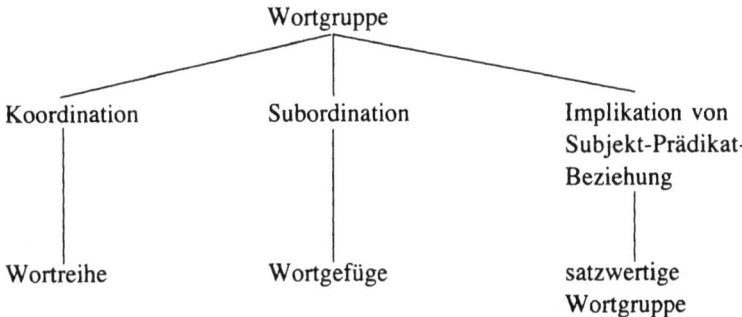

MOSKALSKAJA faßt also subordinativ und koordinativ verbundene Elemente als Wortgruppe auf. In ähnlicher Weise verfährt auch CHARITONOVA, wenn sie auf der einen Seite von Wortverbindungen (u.a. Präposition + Substantiv, Hilfsverb + Vollverb, Wortreihe) und auf der anderen von Wortfügungen (subordinierte Verbindung von Begriffswörtern) spricht (vgl. CHARITONOVA 1976, 27).

b) In einer Reihe von Arbeiten finden wir praktisch eine Beschränkung auf subordinierte Elemente als Bestandteil von Wortgruppen. So wird in den GRUNDZÜGEN der Satz zunächst in Konstituenten zerlegt. „Weiter zerlegbare Konstituenten nennen wir Wortgruppen" (GRUNDZÜGE 1984, 118). Es wird mit folgenden Arten von (einfunktionalen bzw. mehrfunktionalen) Wortgruppen gearbeitet:

– Satzbasis: ... *Peter eben geschickt einen Ball in das Tor geschossen hat*
– Prädikatsgruppe: *geschickt einen Ball in das Tor geschossen hat*
– enge Prädikatsgruppe: *in das Tor geschossen hat*
– Prädikat: *geschossen hat* (Vgl. GRUNDZÜGE 1984, 177.)

Neben der Substantivgruppe, die in der Regel aus einem Substantiv und einem weiteren Wort besteht (*das Buch des Freundes, diese Menschen, etwas Salz*), stehen die Adjektivgruppe (*sehr klug, landschaftlich schön, ökonomisch vertretbar*) und die Adverbgruppe (*schon heute, nur hier*) (vgl. DT. SPRACHE 1983, 184ff.).

c) Die Beschränkung auf die subordinierten Verbindungen innerhalb des Satzes finden wir dann bei FILIČEVA, deren Definition der Wortfügung erwähnenswert ist. Sie versteht unter Wortfügung eine nach einem bestimmten Modell gebildete, binäre, strukturell abgeschlossene syntaktische Einheit, die als Resultat der semantischen und grammatischen Vereinigung von nicht weniger als zwei autosemantischen Wörtern entstanden ist (vgl. FILIČEVA 1969, 39). Bei FILIČEVA bilden allerdings auch Prädikat und Objekt/adverbiale Bestimmung eine Wortfügung.

Zu erkennen ist insgesamt, daß der Terminus Wortgruppe mit unterschiedlichen Bedeutungen auftritt, daß die Verbindungen der Wörter im Satz in unterschiedlicher Weise klassifiziert werden.

Auffassung 3

Vertreter dieser Auffassung verstehen unter einer Wortgruppe ein mehrwortiges Satzglied bzw. einen Satzgliedteil. Für HACKEL ist eine Wortgruppe „eine auf bestimmten Baumustern der Langue beruhende hierarchische Verbindung zwar graphisch getrennter, aber semantisch-syntaktisch frei aufeinander bezogener Zeichen" (HACKEL 1970, 49).

In ähnlicher Weise definiert STARKE: „Die **freie Wortgruppe** [...] ist die hierarchische Verbindung zweier oder mehrerer syntaktisch und semantisch aufeinander bezogener Wörter, die als Ganzes nicht dem Lexikon der Sprache angehört und ein Satzglied oder einen Satzgliedteil bildet" (JUNG 1988, 64). (Vgl. SACHWÖRTERBUCH 1989, 277f.)

Es sind aber einige Fragen zu klären.

Nicht als Wortgruppe fassen wir die Verbindung gleichartiger Satzglieder/ Satzgliedteile auf, also koordinierte sprachliche Elemente, die **Reihen**:
– Wortreihe: *ein teures, blaues Hemd*
– Wortgruppenreihe: *Die Schüler nahmen sich vor,* gewissenhaft zu arbeiten und alle Aufgaben zu erfüllen.
– Gliedsatzreihe: *Ich habe jetzt das Buch,* auf das ich schon lange warte und das mir von vielen empfohlen worden ist.

Damit entscheiden wir uns für die Beziehung der Subordination zwischen den Konstituenten einer Wortgruppe.

Ein weiteres Problem besteht darin, zu klären, was als Konstituente einer Wortgruppe aufzufassen ist, aus welchen Konstituenten Wortgruppen überhaupt bestehen können. Nicht als Konstituenten von Wortgruppen fassen wir grammatische Hilfswörter auf, die keine lexikalische Bedeutung tragen. Verbindungen eines Autosemantikons mit einem grammatischen Hilfswort gelten daher syntaktisch als Einzelwörter:

Artikel + Substantiv: *der Kranke*
Temporales Hilfsverb + Vollverb: *(Ich) werde kommen.*
Adjektiv + Hilfswort: *am besten*

Bei den Wortverbindungen, die aus zwei Autosemantika bestehen, handelt es sich im echten Sinne um binäre Wortgruppen, sie werden nach der Wortart des übergeordneten Wortes benannt (Verbalgruppen: Infinitiv-/Partizipialgruppen; Substantivgruppen; Adjektivgruppen; Adverbgruppen; Pronominalgruppen).

Wodurch unterscheiden sich nun Wortgruppen von Sätzen? Beide können Sachverhalte ausdrücken. Dabei muß allerdings gesagt werden, daß bei einigen der Merkmalsträger im Satz steht, in den die Wortgruppe eingebettet ist.

Satz:	*Der Student fährt mit dem Bus in die Stadt.*
Verbale Wortgruppe:	*Der Student erklärte,* mit dem Bus in die Stadt fahren zu wollen.
Substantivgruppe:	*die Fahrt des Studenten mit dem Bus in die Stadt.*

Der durch den Satz ausgedrückte Sachverhalt besitzt durch den im Verbum finitum enthaltenen Zeitbezug Aktualität, der durch die Wortgruppe ausgedrückte nicht. Wir sprechen daher von aktueller und potentieller Prädikation.

Problematisch sind aber Wortverbindungen, die aus einem Substantiv und einer Präposition bzw. aus einem Substantiv und *als* und *wie* bzw. aus Verben und modalen Hilfsverben bestehen. Zwischen Elementen dieser Wortverbindungen besteht nicht das Verhältnis der Über- bzw. der Unterordnung. Präpositionen sind aber mehr als Hilfswörter, besitzen auch z.T. lexikalische Bedeutung (*auf/ unter/neben dem Tisch*). In der allgemeinbildenden Schule werden diese Verbindungen Wortgruppen genannt. Wir schließen uns diesem Standpunkt an und betrachten sie als Sonderfall der Wortgruppen. Die binären Wortgruppen bilden gewissermaßen den Kern, präpositionale Wortgruppen und Wortgruppen mit *als* und *wie* die Peripherie der Wortgruppen.

Unter einer Wortgruppe verstehen wir also die semantische Vereinigung von mindestens zwei Autosemantika, zwischen denen die syntaktische Beziehung der Subordination besteht. (Vgl. SACHWÖRTERBUCH 1989, 277f.)

An dieser Stelle soll darauf verwiesen werden, daß es innerhalb der Wortgruppen eine Hierarchie gibt, daß Wortgruppen Elemente von Wortgruppen sein können, z.B.

das über weite Strecken interessante *Spiel.*

Das Substantiv *Spiel* ist durch die adjektivische Wortgruppe *über weite Strecken interessant* erweitert, die ihrerseits aus dem Adjektiv *interessant* und einer präpositionalen Wortgruppe (*über weite Strecken*) besteht. Man kann das auch schematisch darstellen:

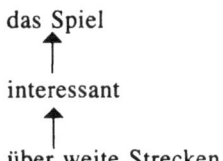

Daß innerhalb der Wortgruppe hierarchische Beziehungen bestehen, kommt in der geschriebenen Sprache darin zum Ausdruck, daß auch umfangreiche Wortgruppen nicht durch Kommas untergliedert werden können. Satzglieder oder Gliedteile, die einander über- oder untergeordnet sind, haben zwischen sich kein Komma:

> Zu der anläßlich des Sportfestes stattfindenden Siegerehrung *wurden die drei Schützen der siegreichen Mannschaften aufgerufen.*

Ein Komma signalisiert dagegen Koordination:

> *die höher gelegenen bewaldeten Hänge* (Subordination; auch die unteren Hänge sind bewaldet)
> *die höher gelegenen, bewaldeten Hänge* (Koordination; die unteren Hänge sind nicht bewaldet)

Nach der Wortart des dominierenden Wortes unterscheiden wir u.a. folgende Arten der Wortgruppen, auf die näher eingegangen werden soll (vgl. SACHWÖRTERBUCH 1989, 276ff.):

1. Verbale Wortgruppen

Kerne dieser Wortgruppen sind infinite Verbformen. Diese infiniten Verbformen können relativ viele Erweiterungen, u.a. bedingt durch die Valenz dieser Verben, zu sich nehmen, ähnlich dem verbalen Prädikat des Satzes. Sie enthalten implizit eine Subjekt-Prädikat-Beziehung, unterscheiden sich jedoch von einem Satz, z.B. vom Gliedsatz, durch das Fehlen der Satzglieder Subjekt und Prädikat und damit durch das Fehlen der aktuellen Prädikation. Aus diesem Grund rechnen wir sie auch nicht zu den Sätzen, sondern zu den (satzwertigen) Wortgruppen.

> *Er fuhr in die Stadt,* um Milch zu kaufen.
> *Das* den Wagen ziehende *Pferd lahmte.*

2. Substantivgruppen

> Dieses interessante Buch über den 2. Weltkrieg *bekam ich zum Geburtstag.*

3. Adjektivgruppen

> *Dieses Buch ist* besonders interessant.
> *Die* des Wartens überdrüssigen *Kinder lärmten.*

4. Adverbgruppen

> *Mein Freund wohnt* ganz oben.

Es liegt nicht in unserer Absicht, die angeführten Wortgruppen systematisch oder gar vollständig zu beschreiben. Wir konzentrieren uns auf einige ausgewählte Probleme.

3.3.1.2. Verbale Wortgruppen

Hierunter fallen Wortgruppen, die infinite Verbformen als Kerne aufweisen. Für derartige sprachliche Erscheinungen gibt es eine Reihe von Bezeichnungen:

Kern: Infinitiv	**Kern: Partizip**
Infinitivgruppe	Partizipialgruppe
Infinitivkonstruktion	Partizipialkonstruktion
satzwertiger Infinitiv	satzwertiges Partizip
Infinitivsatz	Partizipialsatz

Wir haben bereits dargelegt, warum wir die Bezeichnung **Satz** für derartige Verbindungen ablehnen. Auf Grund der Fähigkeit der infiniten Verbformen, (valenznotwendige und freie) Erweiterungen wie verbale Prädikate zu sich zu nehmen, akzeptieren wir den Terminus **satzwertige** Wortgruppe. „Unter einer Infinitivgruppe versteht man einen Infinitiv mit einer oder mehreren Bestimmungen" (JUNG 1988, 194). Eine Infinitivkonstruktion dagegen ist eine syntaktische Konstruktion, die einen Infinitiv enthält. (Vgl. EISENBERG 1994, 370ff.)

Das gleiche gilt für Wortgruppen mit einem Partizip als Kern. Daher verwenden wir folgende Bezeichnungen synonym:

- Infinitivgruppe/satzwertiger Infinitiv
- Partizipialgruppe/satzwertiges Partizip

Diese Wortgruppen unterscheiden sich von Nebensätzen durch das Fehlen von Subjekt und Prädikat. Das Subjekt der meisten satzwertigen Gruppen ergibt sich

- aus dem Subjekt des „übergeordneten Satzes":

    Der Arbeiter *versprach, stets pünktlich zur Arbeit zu kommen.*
    (= daß der Arbeiter ... kommt.)
    Überzeugt von der Richtigkeit seiner Argumente, trat der Redner *auf die Bühne.* (= weil der Redner ... überzeugt war.)

- aus dem Objekt des „übergeordneten Satzes":

    Der Richter forderte den Angeklagten *auf, den Hergang der Tat zu schildern.* (= daß der Angeklagte ... schildert.)

- aus dem syntaktisch übergeordneten Beziehungswort beim attributiven Partizip:

    die dem Spiel mit Interesse folgenden Zuschauer (= Die Zuschauer folgen dem Spiel mit Interesse.)

Infinitiv- und Partizipialgruppen können als valenzabhängige bzw. -unabhängige Satzglieder bzw. Satzgliedteile auftreten, u.a. als

Subjekt: Intensiv zu studieren *ist die Aufgabe eines jeden Studenten.* –
Das Subjekt ist valenzbedingt.

Objekt: *Der Junge versprach, den Auftrag sofort auszuführen.* – Das Objekt ist valenzbedingt.

Adverbiale Bestimmung: *Die Mutter ging in die Kaufhalle, um Kuchen zu kaufen.* – Die adverbiale Bestimmung ist freie Angabe.

Attribut: *Die Verpflichtung, den Schwächeren zu helfen, wurde erfüllt.* – Diese Infinitivgruppe ist durch die Valenz des Substantivs bedingt.

Infinitivgruppen können durch ein Wort eingeleitet werden:

Er geht in die Stadt, um *das notwendige Material zu kaufen. Der Zug fährt durch,* ohne *auch nur zu halten.* Anstatt *seine Aufgaben* zu *erledigen, verbrachte er seine Zeit auf dem Sportplatz.*

Diese einleitenden Wörter werden, je nach dem Kriterium, unterschiedlichen Wortarten zugeordnet:

Kriterium 1: Rektion eines bestimmten Kasus

Diese Einleitewörter regieren, im Gegensatz zu den Präpositionen, keinen bestimmten Kasus. Deswegen werden sie zuweilen zu den Konjunktionen gerechnet.

Kriterium 2: Art der Fügung

Die Einleitewörter subordinieren Wörter bzw. Wortgruppen. Damit haben sie die Funktion von Präpositionen.

Die Termini Infinitivpräposition und Infinitivkonjunktion sind also in gewisser Weise beide berechtigt. Wir sehen es als wichtigstes Kriterium an, daß bei ihnen die Rektion nicht auftritt, und entscheiden uns für den Terminus Infinitivkonjunktion.

Infinitive und Partizipien können durch dieselben Elemente erweitert werden wie verbale Prädikate. Es fragt sich nun, wie diese Erweiterungen benannt werden. Manche Grammatiken nehmen hierzu nicht Stellung. Es ergeben sich zwei Möglichkeiten:

– Man verwendet die Satzgliedbenennungen Objekt und adverbiale Bestimmung nur für die Satzglieder 1. Grades. Dann wären die Erweiterungen der Infinitive und Partizipien Attribute, die natürlich im Rahmen der Wortgruppe dieselbe Semantik haben können wie Satzglieder im Satz:

Er bat ihn, nach Berlin *zu fahren.*
Er fährt nach Berlin.

– Man geht davon aus, daß Infinitive und Partizipien den verbalen Charakter bewahrt haben, und spricht bei ihnen von Erweiterungen durch Objekte und adverbiale Bestimmungen.

Wir entscheiden uns, eben weil es sich bei den Erweiterungen von finiten wie infiniten Verbformen um Erweiterungen von **Verben** handelt, die sich semantisch nicht unterscheiden, für die zweite Möglichkeit.

Erweiterungen der Infinitive und der Partizipien können notwendige Erweiterungen/Valenzpartner/Aktanten (obligatorisch/fakultativ) oder Nicht-Valenzpartner/freie Angaben sein.

Infinitivgruppe:

Der Vater forderte den Jungen auf, das entliehene Buch schnell *zu lesen.*

Der obligatorische Aktant *Junge* steht als Objekt im „übergeordneten Satz", von den Erweiterungen des Infinitivs ist *Buch* fakultativer Aktant und *schnell* freie Angabe.

Partizipialgruppe:

Ausgerüstet mit Computertomographen u. Hochleistungsrechnern, mit Gensonden u. Fragebogen *erkunden sie (Ärzte u. Wissenschaftler, G. S.) die bizarre Welt unter der Schädeldecke.* (Focus 31/96, 89)

Hinsichtlich der Wortstellung haben diese Wortgruppen viele Gemeinsamkeiten mit dem Spannsatz.

Die Stellung der Erweiterungen innerhalb der infiniten Gruppen richtet sich nach

– der Valenzbindung: Das valenzgebundene Glied tritt unmittelbar vor die infinite Verbform:

  in eng an die Lesestücke anknüpfenden Übungen

– nach dem Mitteilungswert (dominierendes Prinzip): Wichtiges tritt nach hinten:

  ein von der Didaktik noch relativ wenig *erforschtes Gebiet*

Erweiterungen können auch hinter das infinite Verb treten, vergleichbar der Ausrahmung im Satz. Diese Ausrahmung ist beim vorangestellten attributiven Partizip nicht möglich:

  das Buch, gelesen von vielen Bürgern
  der Rat, morgen aufzubrechen in die Hauptstadt

aber nicht:

  * *der lesende das Buch Schüler*

Die Modalbestimmung, ausgedrückt durch ein Adjektiv, steht nur vor dem infiniten Verb:

  in Übungen, eng *anknüpfend an die Lesestücke*

aber nicht:

  * *in Übungen, an die Lesestücke anknüpfend eng*

Zwischen der Semantik der Wortgruppen und der von Sätzen gibt es Gemeinsamkeiten und Unterschiede. Unterschiede zeigen sich vor allem in den kommunikativen Bedeutungselementen. In der Wortgruppe wird keine absolute Zeit angegeben. Allerdings kann die relative Zeit ausgedrückt werden:

Gleichzeitigkeit: *Ein lustig* pfeifender *Junge ging die Straße entlang.*

Vorzeitigkeit: *Der Junge erklärte, den Angeklagten* gesehen zu haben.

Nachzeitigkeit: *Der Richter forderte den Zeugen auf,* morgen *am Lokaltermin* teilzunehmen.

Es ergeben sich auch Unterschiede in bezug auf die Modalität. Das Grundmittel zum Ausdruck der subjektiven Modalität, die verbale Kategorie Modus, existiert in den Wortgruppen nicht. Man kann aber sowohl zum ganzen Sachverhalt als auch zu einzelnen Elementen Stellung nehmen:

Sie verließ das Haus, vermutlich *um in der Stadt einzukaufen.*
Er ging ins Kaufhaus, um sich vermutlich *einen Hut zu kaufen.*

Semantische Modelle verbaler Wortgruppen lassen sich analog zu semantischen Satzmodellen aufstellen.

Es soll angedeutet werden, welche semantischen Beziehungen zwischen Infinitivgruppen (IG) und dem „übergeordneten Satz" bestehen. Dabei unterscheiden wir zwischen Gruppen ohne und solchen mit Konjunktion.

Infinitivgruppen ohne Konjunktion:

– Die IG geben den Inhalt von Mitteilungen, Beschlüssen, Versicherungen, Gedanken an:

Die Direktion versicherte, den Ehepartnern jegliche Unterstützung zu gewähren.

– IG geben häufig an, wozu aufgefordert wird:

Die Forderung des Direktors, die Vorschriften einzuhalten, ...

– In IG wird genannt, wozu jemand oder etwas bereit bzw. fähig ist:

Der Präsident bekundete kürzlich seine Bereitschaft, den Nachbarstaat zu besuchen.

– Schließlich seien jene IG genannt, die Sachverhalte benennen, an denen Menschen emotional beteiligt sind:

Wir sind froh, einen solchen Freund zu haben.

(Vgl. SOMMERFELDT 1982a, 82f.)

Infinitivgruppen können durch die Konjunktionen *um, ohne, anstatt* eingeleitet werden. Unsere Untersuchungen haben ergeben, daß der Anteil der Konjunktion *um* bei der Verwendung dieser drei Konjunktionen 92 % ausmacht.

Diese Gruppen mit *um* stehen in folgenden semantischen Beziehungen zum übergeordneten Satz:
- Angabe des Zwecks im Rahmen einer Grund-Folge-Relation:

    Um hier neue Möglichkeiten zu erproben und vorzuführen, *baute die Firma Wohnungen für die Arbeiter.*
- Angabe der Folge oder nur eines folgenden Sachverhalts, nicht im Rahmen einer Grund-Folge-Relation:

    Nach Aussagen von Ärzten genügen einige wenige Tabletten, um den Schmerz zu lindern.
- Ausdruck der Stellungnahme des S/S:

    Die Leistung der Mannschaft war heute, um es zurückhaltend zu sagen, *wenig überzeugend.* (Metakommunikative Infinitivgruppe)

(Vgl. SOMMERFELDT 1982b, 161f.)

Bei erweiterten Adjektiven, Partizipien und Infinitiven ist dem/der Schreibenden die Kommasetzung freigestellt. Es muß kein Komma stehen, aber man kann ein (unter Umständen paariges) Komma setzen, um die Gliederung des Ganzsatzes deutlich zu machen oder um Mißverständnisse auszuschließen. (Vgl. 3.2.1.2.4. und DEUTSCHE RECHTSCHREIBUNG 1996, 91ff.)

Infinitivgruppe: *Ich hoffe(,) jeden Tag (,) in Stadt und Land etwas Neues zu erleben.*

Partizipialgruppe: *Er ging (,) gestern (,) durch Telefonanrufe bedroht (,) zur Polizei.*

Adjektivgruppe: *In der Sache weitgehend einig (,) stritten die Ausschußmitglieder lediglich über Formulierungsvarianten.*

3.3.1.3. Substantivische Wortgruppen

3.3.1.3.1. Wesen substantivischer Wortgruppen

Entsprechend den kommunikativen Bedürfnissen sterben alte sprachliche Mittel ab, neue entstehen, bisher wenig genutzte werden häufiger gebraucht etc. Gerade jetzt wird eine deutliche, eine ökonomische, komprimierte, verdichtete, also eine rationelle Sprache gefordert.

Man muß heute mit weniger Aufwand mehr Informationen übermitteln können. Ein Mittel der Verdichtung ist die nominale Wortgruppe, speziell die Substantivgruppe, denn sie ermöglicht es, ganze Satzinhalte auszudrücken:

Der Direktor überreichte den Abiturienten die Zeugnisse. Danach begann das gesellige Beisammensein.
Nach der Überreichung der Zeugnisse an die Abiturienten durch den Direktor begann das gesellige Beisammensein.

Vielfach hat man Klage geführt über den Nominalstil, die Dingwortkrankheit/Substantivitis/Hauptwörterseuche.

Heute ist man einhellig der Auffassung, daß, abhängig von der Kommunikationsaufgabe und der Kommunikationssituation, ein hoher Anteil nominaler Elemente als angemessen betrachtet werden oder auch als Mangel gelten kann. RIESEL/ŠENDELS (1975, 154) kennzeichnen die Vorteile der Verdichtung durch Substantive folgendermaßen: „Sie erleichtert den Satzbau, indem sie die Satzklammer aufhebt. Sie ‚verdinglicht' den verbalen Vorgang, wenn es notwendig ist, ihn als Erscheinung darzustellen, nicht als Tat." Die Möglichkeiten, Substantivgruppen zu bilden, gibt es in unserer Sprache seit Jahrhunderten. Also nicht das Strukturmodell ist neu, sondern die Frequenz dieser Wortgruppen in bestimmten Bereichen. „Es scheint [...], daß in den letzten Jahrzehnten der Hang zu umfangreichen Substantivgruppen in der wissenschaftlichen, technischen und populärwissenschaftlichen Prosa, in der Publizistik (überhaupt in der sogenannten Gebrauchsprosa) allgemeingültig wird" (ADMONI 1986, 271).

Neuere Untersuchungen haben u.a. Folgendes ergeben:

– Der Gebrauch der Substantivgruppe nimmt vor allem in den Funktionalstilen der Wissenschaft und von Publizistik und Presse zu. Das hängt u.a. ab von der häufigeren Verwendung deverbaler und deadjektivischer Substantive, die die Valenz aus dem verbalen bzw. adjektivischen Bereich in den des Substantivs hinübernehmen und folglich Attribute fordern.

– Daher steigt die Bedeutung von genitivischen und präpositionalen Attributen, die Valenzstellen des Substantivs besetzen. Von Bedeutung ist auch die Zunahme der Umschreibung des Genitivs durch präpositionale Wortgruppen mit der Präposition *von*.

Man muß aber auf jeden Fall die Bedingungen beachten, unter denen Substantivgruppen wirklich als sprachökonomische Mittel eingesetzt werden können. (Vgl. EGGERS 1973, 45ff.; BRAUN 1987, 116ff.; ENTWICKLUNGSTENDENZEN 1988, 224ff.)

3.3.1.3.2. Struktur der Substantivgruppe

Oben haben wir nachgewiesen, daß der Satz, sofern er aus mindestens zwei Autosemantika besteht, eine Spannungseinheit darstellt. Aber auch innerhalb des Satzes gibt es kleinere Spannungseinheiten, Teilspannungen. Unter einem solchen Teilspannungsbogen steht die Substantivgruppe, in der wiederum Teilspannungen existieren können:

das von mir gestern gekaufte Buch des bekannten Schriftstellers Erwin Strittmatter über die Entwicklung auf dem Lande nach 1945

Hier lassen sich zwei Teilspannungen erkennen:

- *das ... Buch*
  Die vom Artikel eröffnete Teilspannung wird vom Kernsubstantiv relativ gelöst.
- *Buch ... nach 1945*
  Die durch das Kernsubstantiv mit dem bestimmten Artikel erzeugte Teilspannung wird durch die folgenden Substantive gelöst.

Auf Grund dieser Erkenntnis kann man von strukturellen Feldern innerhalb der Substantivgruppe sprechen:

Vorfeld – Kern(feld) – Nachfeld

Evtl. arbeitet man auch mit einem Zusatzfeld. Darunter versteht man meistens ferngestellte, von der Substantivgruppe isolierte Attribute:

Ich habe mir ein neues Buch gekauft, einen interessanten Roman.

Für das Vorfeld der Substantivgruppe steht ein strukturelles Formelement zur Verfügung, der nominale Rahmen. „Das Prinzip des nominalen Rahmens ist dem des verbalen Rahmens ähnlich. Auch hier werden zusammengehörige Gefügeteile – [...] – auseinandergerückt; der dadurch entstehende Innenraum kann verschiedene Attribute aufnehmen" (W. SCHMIDT 1983, 266; vgl. EISENBERG 1994, 425ff.).

Der nominale Rahmen wird eröffnet durch Artikel, Präpositionen oder Pronomen, geschlossen durch den substantivischen Kern:

der *sehr schnell laufende* Sportler
wegen *vieler schwieriger* Probleme
dieses *neue, sehr bequeme* Haus

3.3.1.3.3. Stellung der Attribute (vgl. EISENBERG 1994, 425ff.)

In Substantivgruppen, die mehr als ein attributives Wort enthalten, können zwischen den Elementen folgende syntaktische Beziehungen bestehen:

das sehr teure Kleid

Das Attribut ist selbst erweitert.

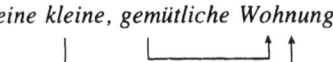

Die beiden Attribute sind koordiniert. Das läßt sich durch die Konjunktionstransformation (Möglichkeit der Verbindung durch koordinierende Konjunktionen) und die Wortstellungstransformation (Austauschbarkeit der Attribute) nachweisen.

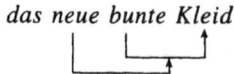

das neue bunte Kleid

Die Adjektive sind Attribute ersten Grades, beziehen sich aber nicht beide – wie die koordinierten – auf den Kern allein. Das Adjektiv *neu* gibt eine Erläuterung zur Verbindung *buntes Kleid*. HELBIG/BUSCHA (1986, 602) sprechen von Subordination.

Die Unterschiede zwischen den letzten beiden Typen werden auch bei einer Kernsatztransformation deutlich:

Die Wohnung ist klein und gemütlich.
Das bunte Kleid ist neu.

Im folgenden betrachten wir nur die Stellungsregularitäten der Attribute des letzten Typs.

Für ihre Stellung in der Substantivgruppe gelten folgende Prinzipien:

1. Jede Attributart bzw. -form hat in der Wortgruppe eine bestimmte Normalposition. In dieser Normalstellung drückt sich in gewissem Grade die semantisch-syntaktische Bindung der Attribute an den Kern aus. Eng zum Kern gehörende Attribute stehen dicht bei ihm. Es ergibt sich folgende relativ feste Reihenfolge:

Vorfeld: Adverb – Pronomen – Genitiv – Adjektiv/Partizip – enge Apposition

mein neuer Direktor
unsere hundert wichtigen Patente

Nachfeld: Numerale – enge Apposition – Substantiv im Genitiv – Substantiv mit Präposition – Adverb – isolierte Attribute (z.T. im Zusatzfeld): Infinitiv-/Partizipialgruppen, nachgestellte Adjektive/Partizipien, lockere Apposition, Gliedteilsatz

die Überreichung der Urkunden an die Promovenden, eine sehr feierliche Handlung
der Anzug im Schaufenster dort, der mir sehr gefällt

2. Je enger das Attribut semantisch an den Kern gebunden ist, desto dichter steht es bei ihm. Dieses Prinzip wird in jenen Substantivgruppen deutlich, zu deren Bestand mehrere Attribute derselben Wortart/-form gehören.

Wir bringen einige Beispiele.

Mehrere Adjektive

Auf Grund ihrer Semantik kann man die Adjektive in Gruppen einteilen, deren Elemente vor dem Substantiv in einer bestimmten Reihenfolge zu finden sind. Sie staffeln sich von vorne nach hinten folgendermaßen:

1. Zahladjektive: *manche, fünf*
2. Adjektive der zeitlichen und räumlichen Einordnung: *heutig, gestrig, damalig*
3. die Masse der qualitativen Adjektive:
Dimensionsadjektive: *groß, klein, breit, tief*
Farbadjektive: *grün, blau, grau*
4. relative Adjektive, die Relationen wie Herkunft, Bereich, Schöpfer etc. bezeichnen und nur attributiv gebraucht werden: *Schillersch, mecklenburgisch, golden*

Bei der 4. Gruppe handelt es sich um solche Adjektive, die mit dem Kernwort semantisch so eng verbunden sind, daß sie mit ihm oft eine Kerngruppe bilden.

   1   3   4
viele gute literarische Veranstaltungen

   1   2   3
manche damalige ehrwürdige Pferdekutsche

(Die Ziffern beziehen sich auf die oben genannten Gruppen.)
Bei mehreren aufeinanderfolgenden attributiven Adjektiven bereitet die Interpunktion dem Schreibenden mitunter Schwierigkeiten, denn nicht immer ist leicht zu entscheiden, ob es sich bei nebeneinanderstehenden Attributen um eine Nebenordnung (Parataxe) handelt oder ob das unmittelbar vor dem Substantiv stehende Attribut mit diesem einen Gesamtbegriff bildet, dem das vorangehende Attribut untergeordnet ist (Hypotaxe). Das Komma in der Attributreihe zeigt an, daß sich beide Attribute auf das folgende Substantiv beziehen, daß sie also einander nebengeordnet sind. In dem Satz

Shakespeare ist ein großer, berühmter Dichter

beziehen sich beide Adjektive auf das Substantiv *Dichter*.

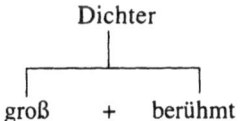

Zwischen den beiden koordinierten Adjektiven muß daher ein Komma stehen. Dagegen handelt es sich in dem Satz

Shakespeare ist ein berühmter englischer Dichter

um Attribute verschiedenen Grades, von denen sich nur das zweite auf das Substantiv, das erste aber auf die Verbindung *englischer Dichter* bezieht:

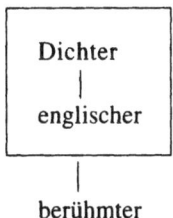

Das zweite Adjektiv bildet mit dem Substantiv einen Gesamtbegriff, dem das erste Adjektiv untergeordnet ist. Es liegt demnach keine Nebenordnung, sondern eine Unterordnung des ersten Attributs vor, so daß zwischen beiden Attributen kein Komma stehen darf. Zu einem solchen Gesamtbegriff mit dem folgenden Substantiv verbinden sich vor allem die bereits genannten Herkunfts- und Zugehörigkeitsadjektive, qualitative Adjektive wie *alt, jung, klein* sowie Farb- und Stoffbezeichnungen:

> *der 50jährige belgische König, das neue städtische Krankenhaus, ein reizendes junges Mädchen, eine saubere weiße Schürze, ein massiver eichener Schrank.*

Eine solche Verbindung erkennt man in der Regel daran, daß man die beiden adjektivischen Attribute nicht sinnvoll durch *und* verbinden oder miteinander vertauschen kann. So könnte man z.B. nicht sagen:

> * *das neue und städtische Krankenhaus* oder
> * *das städtische neue Krankenhaus*

Bisweilen läßt sich nicht klar entscheiden, ob ein Komma zwischen vorangestellten adjektivischen Attributen stehen muß oder nicht, z.B. in dem folgenden Zitat von Thomas Mann:

> *Seine Hände und Füße aber waren zartgeformt und schmal, und er hatte große, rehbraune Augen, einen weichgeschnittenen Mund und feines, lichtbraunes Haar.*

In solchen Fällen hängt es im wesentlichen von der Aussageabsicht des Schreibenden ab, ob beide Attribute als gleichrangig angesehen werden sollen oder ob er das zweite Attribut und das Substantiv als Gesamtbegriff aufgefaßt wissen will.

Mehrere vorangestellte Appositionen

Als Beispiel bringen wir Personennamen, die durch mehrere Appositionen ergänzt sind. Diese Ergänzungen stehen in folgender Reihenfolge:

– Anrede – Beruf/Funktion – Titel – Vorname

> *Herr Direktor Dr.-Ing. Franz* (Meier)
> *Frau Studienrat Dr. Lotte* (Müller)

– Herkunft – Titel – Vorname

> *der Engländer Professor Charles* (Smith)
> *der Österreicher Dr. Wilhelm* (Müller)

Mehrere Substantive mit Präpositionen

Deutlich wird hier, daß Valenzpartner beim Kern stehen und nicht mit freien Attributen die Stellung wechseln können:

der Nachweis von Kavernen im Röntgenbild
* *der Nachweis im Röntgenbild von Kavernen*
die Beschäftigung mit den grammatischen Mitteln in dem hier gekennzeichneten Sinn
* *die Beschäftigung in dem hier gekennzeichneten Sinn mit grammatischen Mitteln*

3. In geringem Maße spielt auch der Mitteilungswert in der Substantivgruppe eine Rolle.

a) Abhängig vom Mitteilungswert und austauschbar sind sowohl Valenzpartner als auch freie Attribute:

die Rettung einer Barlachfigur (durch mutige Männer) vor dem Zugriff der Nationalsozialisten
die Rettung einer Barlachfigur vor dem Zugriff der Nationalsozialisten (durch mutige Männer)
der Zug nach Berlin um 8 Uhr
der Zug um 8 Uhr nach Berlin

b) Die Hervorhebung eines Attributes erfolgt auch dadurch, daß es von seiner normalen Position entfernt wird:

Normalerweise nachgestellte Attribute sind in der Umgangssprache zuweilen im Vorfeld zu finden:

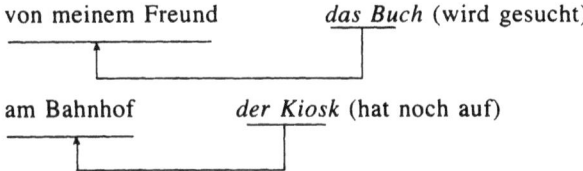

von meinem Freund   *das Buch* (wird gesucht)

am Bahnhof   *der Kiosk* (hat noch auf)

Normalerweise vorangestellte Attribute werden nachgestellt:

ca. 35 Schüler – Schüler, ca. 35
das auf der Kunstausstellung vielfach gelobte Bild – das Bild, auf der Kunstausstellung vielfach gelobt

Ein weiteres Mittel der Hervorhebung ist die Fernstellung von Gliedteilsätzen, satzwertigen Wortgruppen und Appositionen:

Ich habe ein neues Buch gelesen, einen interessanten Roman.
Ich habe ein neues Buch gelesen, das sehr interessant ist.

c) Auf einen Spezialfall der Rahmenbildung soll hingewiesen werden, auf die Fernstellung jenes Gliedes, das normalerweise den Rahmen eröffnet. Es entsteht eine neue, in der Umgangssprache gebräuchliche Art des nominalen Rahmens, gewissermaßen eine Umkehrung der eigentlichen Rahmenpartner, die jetzt den ganzen Satz einrahmen:

Geld *hat er* wenig.
Filme *gab es* verschiedene.

3.3.1.3.4. Semantik substantivischer Wortgruppen

Wiederholt haben wir festgestellt, daß es zwischen der Semantik von Sätzen und der von Wortgruppen Gemeinsamkeiten und Unterschiede gibt. Um diese Gemeinsamkeiten und Unterschiede hier deutlich herauszuarbeiten, konzentrieren wir uns auf solche Substantivgruppen, deren substantivische Kernglieder von Verben abgeleitet sind und die die Valenz des Basisverbs in den Nominalbereich hinübernehmen. (Vgl. SOMMERFELDT 1991, 77ff.)

Sätze und die von uns ausgewählten substantivischen Wortgruppen drücken Sachverhalte aus:

Satz: *Der Zug fährt nach Rostock.*
Wortgruppe: *die Fahrt des Zuges nach Rostock*

(Vgl. ZIMMERMANN 1978, 143)

Da diese Substantivgruppen also in gleicher Weise wie Sätze Sachverhaltsbeschreibungen sind, bildet auch hier der (substantivische) Valenzträger mit seinen Aktanten (valenzgebundenen Attributen) die ontologisch/referentielle Komponente:

der lange Aufenthalt des D-Zuges in Waren
Kernwort: *der ... Aufenthalt* / zweiwertig
Aktanten: *des D-Zuges, in Waren*
Freies Attribut: *lange*

Wie verbale Worgruppen können substantivische Wortgruppen nur eine relative Zeitbedeutung besitzen:

vor *der Abfahrt des Zuges nach Waren*
nach *der Abfahrt des Zuges nach Waren*

Aber innerhalb der Substantivgruppe kann die temporale Einordnung des Sachverhalts, der durch sie ausgedrückt wird, bezeichnet werden (Temporalität):

die gestrige *Versammlung*

Daß man Attribute, in beschränktem Maße, nach ihrem Mitteilungswert anordnen kann, ist bereits im vorigen Abschnitt deutlich geworden.

Die Komponenten der Emotionalität sind ebenfalls in der Wortgruppe zu finden, ausgedrückt vor allem durch lexische Mittel:

eine wunderbare *Schilderung der Erlebnisse*

Die meisten Unterschiede ergeben sich bei der Modalität, da das Hauptmittel zum Ausdruck von Modalität, die verbale Kategorie Modus, nicht zur Verfügung steht. Andere grammatische Mittel können aber z.B. die Möglichkeit bezeichnen:

die bis morgen zu schaffende *Überarbeitung des Vortrages*

Die Möglichkeit kann durch lexische Mittel verstärkt oder abgeschwächt werden:

die auf jeden Fall *bis morgen zu schaffende Überarbeitung des Vortrages*

Auf zwei Besonderheiten beim Ausdruck der Modalität in der Substantivgruppe soll hingewiesen werden.

Lexische Mittel der Modalität können zu einzelnen Wörtern treten:

die Überreichung vermutlich *der Preise* und *der Urkunden*

Das Modalwort wird hinzugefügt, wenn nicht klar ist, was überreicht werden soll, die Preise, die Urkunden oder beides, Preise und Urkunden.

die Überreichung der Preise vermutlich durch den Minister

Hier ist die Verwendung eines Mittels der Modalität dann angebracht, wenn noch nicht klar ist, wer die Preise überreicht. Häufig finden wir eine Stellungnahme zum Geltungsgrad in denjenigen Fällen, in denen einem Gegenstand ein Merkmal zugeordnet wird und der S/S zum Ausdruck bringt, ob und in welchem Grade dem Gegenstand dieses Merkmal zukommt:

die tatsächlich / vielleicht / möglicherweise *richtige Antwort*
die vermutlich *letzte Fahrt des Dampfers in diesem Jahr nach Röbel*
eine unserer Meinung nach *gute Rede.*

(Vgl. ADMONI 1986, 211.)

Auch bei den substantivischen Wortgruppen lassen sich semantische Modelle/Typen aufstellen. In der (aus methodischen Gründen) angenommenen Grundstruktur sind die Leerstellen durch Substantive besetzt. (Vgl. SOMMERFELDT 1991, 115ff.)

Wir bringen einige Beispiele mit 2wertigen Substantiven und dem Valenzmodell

Kern + Sg + Sp

- Gruppen mit Substantiven, die eine Tätigkeit bezeichnen, durch die etwas entsteht
  Es handelt sich um substantivische Ableitungen von transitiven Verben mit einem effizierten Objekt:

  Kern + Sg (Ziel) + Sp/von, durch (Täter)

  der Bau der Brücke (durch die Pioniere)
  die Abfassung der Resolution (durch die Kommission)

- Gruppen von Substantiven, die bezeichnen, daß sich ein Gegenstand an einem bestimmten Ort befindet

  Kern + Sg (Gegenstand) + Sp (Ort)
  der Aufenthalt des Busses in der Kreisstadt
  das Parken der Wagen neben der Post

- Gruppen von Substantiven, die bezeichnen, daß sich ein Gegenstand in eine bestimmte Richtung bewegt

    Kern + Sg (Gegenstand) + Sp (Richtung)

    der Flug des Ballons zum Pol
    der Marsch der Kompanie zum Übungsplatz

Für die praktische Arbeit sind u.a. folgende Dinge wichtig:

- Für manche Wortgruppen gibt es mehrere Grundstrukturen, z.B. eine aktivische und eine passivische:

    das Suchen des Mechanikers nach dem Fehler (aktivisch)

Dieser Wortgruppe entspricht folgender Verbalsatz mit dem Verb im Aktiv, da der Genitiv enger an das Kernsubstantiv gebunden ist als das Substantiv mit Präposition:

   Der Mechaniker sucht nach dem Fehler.

dagegen:

   das Suchen des Fehlers durch den Mechaniker (passivisch)

Dieser Wortgruppe entspricht folgender Verbalsatz:

   Der Fehler wird durch den Mechaniker gesucht.

- Den Grundstrukturen stehen Abwandlungen gegenüber, in denen die Leerstellen durch andere sprachliche Mittel als Substantive besetzt sind. Alle sprachlichen Mittel, die bestimmte Leerstellen besetzen, bilden eine Gruppe. Die Elemente solcher Gruppen/Felder und vor allem die kommunikativen Bedingungen für ihren Einsatz können in einem System semantischer Modelle/Typen substantivischer Wortgruppen dargestellt werden (vgl. CHARITONOVA 1976, 29ff.; FILIČEVA 1969, 171ff.; SOMMERFELDT 1991).

3.3.1.4. Adjektivische Wortgruppen

3.3.1.4.1. Wesen adjektivischer Wortgruppen

Auch Adjektive bilden mit ihren Erweiterungen nominale Wortgruppen (vgl. HELBIG/BUSCHA 1994, 599ff.). Eine Adjektivgruppe besteht aus einem Kernwort, dem Adjektiv, und aus ihm syntaktisch subordinierten Wörtern/Wortgruppen. Solche Adjektivgruppen können als Attribute, Teile von Prädikaten und als adverbiale Bestimmungen auftreten:

   Attribut: *der* sehr schnelle *Sprinter*
   Prädikat: *Der Sprinter ist* sehr schnell.
   Adverbiale Bestimmung: *Der Sportler sprintet* sehr schnell.

Folgende sprachliche Elemente treten als Erweiterungen von Adjektiven auf:

- Substantive
  - im Genitiv: *der* des Spanischen *mächtige Lehrer*
  - im Dativ: *das* dem Freund *willkommene Geschenk*
  - im Akkusativ: *das* 4 kg *schwere Paket*
  - mit Präpos.: *der* vom Weinen *müde Säugling*
  - mit Konjunkt.: *der Junge, älter* als sein Bruder
- Adjektive: *die* industriell *hochentwickelten Länder*
- Adverbien: *ein* besonders *heißer Tag*
- infinite Verbformen: *der Offizier, würdig*, schnell befördert zu werden
- Nebensatz: *der Junge, sehr interessiert daran*, daß man ihn in den Verein aufnimmt

(Vgl. JUNG 1988, 64; MOSKALSKAJA 1983, 293f., SOMMERFELDT 1982e)

Adjektivgruppen bezeichnen Teile von Sachverhalten. Der Eigenschaftsträger bzw. ein Relationspartner wird durch ein sprachliches Element außerhalb der Adjektivgruppe ausgedrückt:

- Bezeichnung von Eigenschaften:

    das besonders schnelle *Auto*
    das sehr gute *Buch*

- Bezeichnung von Relationen:

    der auf seinen Erfolg stolze *Junge*
    der des Wartens müde *Patient*

Wie bei Verben und Substantiven können wir auch bei Adjektiven notwendige/valenzgebundene und freie/nicht valenzgebundene Erweiterungen unterscheiden (vgl. HELBIG/BUSCHA 1994, 599ff.; SOMMERFELDT 1980c, 450)

Die substantivischen Erweiterungen sind meistens Aktanten:

Der Schüler ist der Prämie *würdig.*
Bücher sind dem Jungen *gleichgültig.*
Das Paket ist 10 kg *schwer.*
Das Schiff ist zum Auslaufen *bereit.*

In wenigen Fällen sind substantivische Erweiterungen freie Attribute:

eine letzten Endes *pessimistische Stimmung*

Adjektive und Adverbien sind fast ausnahmslos freie Erweiterungen.

Adjektive bezeichnen u.a.

- den Grad/die Intensität: schwer *reich*, selten *schön*
- den Bezugspunkt: *in* pädagogisch *richtiger Weise*
- die Hervorhebung eines Merkmals: *ein* speziell *pädagogisches Problem*
- die Modalität: *die* vermutlich *späte Ankunft*

Adverbien geben u.a. an

- den Grad/die Intensität: höchst *selten,* sehr *nervös*
- die zeitliche Begrenzung der Gültigkeit eines Merkmals: *der* bisher *planmäßige Verlauf*

(Vgl. SOMMERFELDT/SCHREIBER 1983a, 30).

Ähnlich wie bei den infiniten Verbformen tritt auch hier das Problem auf, welchen Satzgliedwert die Erweiterungen besitzen. Darüber herrscht in der Fachliteratur keine Einigkeit. Wir gehen bei der Erläuterung des Satzgliedwertes von der Semantik und der Wortart der Erweiterung aus:

- Angaben des Grades und der Qualität
Sie beziehen sich auf das Adjektiv selbst, unabhängig davon, ob das Adjektiv attributiv, prädikativ oder adverbial gebraucht ist. Daher sind sie immer als Attribute zum Adjektiv zu kennzeichnen. Es handelt sich um

    Adjektive: *Er ist* gut *gelaunt.*
    Adverbien: *Draußen ist es* sehr *kalt.*
    Substantive (selten): *Das ist* in höchstem Grade *unangenehm.*

- Substantive und Pronomen
Wir unterscheiden hier zwischen Erweiterungen beim prädikativen und solchen beim attributiven Adjektiv. Erweiterungen neben einem prädikativen Adjektiv beziehen sich häufig nicht auf das Adjektiv allein, sondern auf das ganze Prädikat. Wir sprechen daher von Objekten:

    Sie ist ihm für die Unterstützung *dankbar.*
    Schon immer ist mir *dieser Geruch unangenehm.*

Erweiterungen eines attributiven Adjektivs bezeichnen wir als Attribute:

Der mir seit langem *böse Nachbar sprach mich unlängst an.*

3.3.1.4.2. Stellung der Erweiterungen des attributiven Adjektivs

Da die Stellung der Erweiterungen des prädikativen Adjektivs relativ frei ist und im Kapitel über die Satzgliedstellung behandelt wird, beschränken wir uns hier auf die Erweiterungen des attributiven Adjektivs.

Entsprechend den Regeln der deutschen Wortstellung ergeben sich drei Varianten. Wir gehen dabei von einer Substantivgruppe aus, die ein Kernwort (K) besitzt, das durch eine Adjektivgruppe ergänzt wird, die aus einem Adjektiv (A) und einer Erweiterung (E) besteht.

1. E – A – K

    der dem Vater dankbare Sohn

2. K – E – A

der Sohn, dem Vater dankbar

3. K – A – E

der Sohn, dankbar dem Vater (kaum gebraucht)

Die theoretisch denkbare Variante A – E – K gibt es im Deutschen nicht. In der Regel steht die Erweiterung vor dem Adjektiv. Eine Nachstellung führt zur Hervorhebung, sie ist der Ausrahmung in der Gruppe des Verbs vergleichbar. Nicht alle Erweiterungen können mit ihren Adjektiven die oben genannten drei Stellungsvarianten bilden. Es gibt Beschränkungen.

Alle drei Varianten bilden Adjektivgruppen mit substantivischen Erweiterungen:

der auf das Geschenk neugierige Junge
der Junge, auf das Geschenk neugierig
der Junge, neugierig auf das Geschenk

Adjektivgruppen mit einem Infinitiv als Erweiterung bilden nur Variante 3:

der Erfinder, würdig, ausgezeichnet zu werden

Adjektivgruppen mit Adjektiven und Adverbien als Erweiterungen bilden fast nur die Varianten 1 und 2:

der an der Veranstaltung sehr interessierte Besucher
der Besucher, an der Veranstaltung sehr interessiert

Treten zu einem Adjektiv mehrere Erweiterungen, so ergeben sich für die Reihenfolge folgende Prinzipien:

Die Gliedfolge entspricht der des Spannsatzes, Erweiterungen können unter bestimmten Bedingungen nachgestellt werden, es gelten dieselben Gesetzmäßigkeiten wie für die Ausrahmung in der verbalen Gruppe.

Stehen vor dem Adjektiv, das seinerseits vor oder hinter dem substantivischen Kern stehen kann, mehrere Erweiterungen, so richtet sich deren Position

nach der Wortart:

Adjektive und Adverbien stehen unmittelbar vor dem Adjektiv:

der dem Vater sehr dankbare Sohn

nach der semantischen Bindung:

Valenzpartner treten gewöhnlich hinter freie Erweiterungen:

der schon lange an der Veranstaltung interessierte Besucher

nach dem Mitteilungswert:

Wichtiges tritt hinter Unwichtiges:

der der Auszeichnung auf jeden Fall würdige Gelehrte

Die freie Erweiterung *auf jeden Fall* tritt wegen des höheren Mitteilungswertes hinter das valenzgebundene Glied *der Auszeichnung*.

(Vgl. SOMMERFELDT/SCHREIBER 1983a, 221.)

3.3.2. Satzglieder

3.3.2.1. Ausgewählte Fragen der Satzgliedlehre

Bei der Lehre von den Satzgliedern handelt es sich um eines der ältesten Kapitel der Syntax überhaupt. Die Begriffe **Subjekt** und **Prädikat** sind schon von ARISTOTELES (384–322 v.u.Z.) begründet worden und wurzeln in der damaligen Auffassung, daß der philosophische Begriff des Urteils (bzw. der Aussage) und der linguistische Begriff des Satzes miteinander identifiziert werden könnten. Andere Termini der Satzgliedlehre, wie **Kopula, Objekt** und **Attribut**, entstammen der scholastischen Philosophie. Als Begründer der Satzgliedlehre in der Geschichte der deutschen Grammatik gilt der praktische Arzt und Pädagoge K.F. BECKER (1775–1849). Er „entwickelt den ganzen Satz aus Verbindungen von zwei Gliedern. Eine solche Zweierverbindung nennt er ein Satzverhältnis. Es gibt für ihn drei Arten von Satzverhältnissen, die sich im Satz überlagern:

1) prädikatives Satzverhältnis   *(Der Vater / ißt)*,
2) objektives Satzverhältnis   *(ißt / Fleisch)*,
3) attributives Satzverhältnis   *(gebratenes / Fleisch)*.

[...] Nach GLINZ ist es der Hauptfehler BECKERS, daß er die Sprache durch den logischen Schematismus einer unbegrenzten Zweiteilungssucht vergewaltigt habe.

Schon HEYSE übte Kritik an BECKER; dennoch wurde BECKERS Grammatik – von der Wissenschaft kaum beachtet – zum Kernstück der Volksschulgrammatik" (HELBIG 1973, 218). Seitdem sind ungezählte Varianten der Satzgliedlehre entwickelt und ist vielfältige Kritik an ihr geübt worden. Heute besteht weitgehend Übereinstimmung in der Auffassung, daß der Wert der Satzgliedlehre in folgendem zu sehen ist:

1. Mit Hilfe der Satzgliedbegriffe werden syntagmatische Beziehungen zwischen den Konstituenten von Sätzen erfaßt und verallgemeinert.
2. Satztypen, vor allem Valenzmodelle, erweisen sich als Muster für die Kombination bestimmter sprachlicher Einheiten zu Sätzen. Diese Kombinationsmuster setzen sich aus bestimmten rekurrenten Satzgliedtypen zusammen (vgl. 3.2.1.3.2.). Ebenso lassen sich Erweiterungen der Valenzmodelle (freie Angaben) als Satzgliedarten erfassen und ordnen.
3. Eine wichtige Rolle spielt die Satzgliedlehre bei der Beschreibung von Regeln der Anordnung der Konstituenten des Satzes (Satzgliedstellung, Topologie). Wiederholt ist nachgewiesen worden, „daß die syntaktischen Bezie-

hungsverhältnisse der in einem Satz verwendeten Glieder (zueinander, speziell aber zum Prädikat) eine grundlegende Rolle für ihre **Stellung** spielen". Die „Hierarchie der Satzglieder erklärt, warum bestimmte Glieder [...] relativ beweglich und frei im Satz verschiebbar sind, während andere Glieder fester bzw. absolut stellungsfest an den verbalen Kern des Satzes gebunden sind" (BIEBERLE 1969, 194f.; vgl. 3.5.).

Diese Anwendungsmöglichkeiten rechtfertigen die wissenschaftliche Beschäftigung mit der Satzgliedlehre. Allerdings müssen auch Probleme und Grenzen der Satzgliedlehre bewußtgemacht werden:

1. Die Satzgliedlehre erfaßt nicht sprachinterne, syntaktisch-semantische Reflexe der Faktoren und Bedingungen von Kommunikationsprozessen, d.h. solche kommunikativen Bedeutungskomponenten wie Modalität, Emotionalität, Redesteuerung, Mitteilungswert (vgl. 3.2.1.3.).
2. Auch die ontologisch-referentiell und lexikalisch determinierten Bedeutungsbeziehungen zwischen den Elementen eines Sachverhalts werden nicht unmittelbar, sondern nur über die syntagmatische Struktur des Satzes vermittelt durch die Satzgliedbegriffe widergespiegelt. Termini wie **Subjekt, Objekt, Adverbialbestimmung** dürfen also nicht mit Bezeichnungen für „semantische Rollen" wie **Agens, Patiens, Adressat, Instrument** (vgl. STARKE 1984d, 90ff.) identifiziert werden.
3. Nicht alle sprachlichen Elemente des Satzes werden von der Satzgliedlehre erfaßt. Folgende Wortarten können nicht Satzglied oder Gliedteil (Attribut) sein: Interjektionen und andere Satzäquivalente, Konjunktionen, Präpositionen, Modalwörter, Partikeln, Artikel, das Korrelat (der Platzhalter) *es*.
4. Auch die Anwendung der Satzgliedlehre auf syntaktische Ellipsen, besonders verblose Sätze, ist problematisch. Der Eifer, mit dem zuweilen versucht wird, Elemente aller möglichen Sätze und Satzäquivalente als Satzglieder zu bestimmen, muß auf Grenzen und Schwierigkeiten stoßen, wenn nicht Grundlagen der Satzgliedlehre geklärt sind.

3.3.2.2. Möglichkeiten der Gliederung von Sätzen

Für die Segmentierung (Zerlegung) und Beschreibung der Struktur von Sätzen gibt es verschiedene Möglichkeiten, die im folgenden im einzelnen und im Zusammenhang behandelt werden.

3.3.2.2.1. Lineare Gliederung

Der gesprochene Satz hat eine zeitliche Ausdehnung, seine Elemente werden nacheinander gesprochen. Diesem zeitlichen Nacheinander gesprochener Rede entspricht die lineare räumliche Erstreckung des Satzes in geschriebener (und gedruckter) Sprache. Den Zäsuren gesprochener Rede entsprechen graphische

Eigenschaften geschriebener Sprache: Zwischenräume (Spatien) zwischen graphischen Wörtern, Interpunktionszeichen. Als entscheidende Zäsur im linearen Ablauf des Satzes gilt die Stellung der finiten Verbform (vgl. 3.2.1.2.2.). Durch sie wird der Kernsatz in Vorfeld, Mitte und Nachfeld (nach DRACH 1937) gegliedert. Mit Hilfe des Permutationstests lassen sich die „Stellungsglieder" eines Satzes ermitteln:

Alle vier Jahre / messen / Sportler / bei Olympischen Spielen /
    1   2   3   4
ihre Kräfte.
   5

Vorstehender Beispielsatz enthält also fünf Stellungsglieder (Segmente).

3.3.2.2.2. Hierarchische Gliederung

Die Aufnahme und geistige Verarbeitung des Satzinhalts im Kopf des Rezipienten vollzieht sich im „Übergang von der linearen (kettenartigen) Anordnung der Wortformen zur ‚baumartigen' Organisation ihrer Sinngehalte" (ALLGEMEINE SPRACHWISSENSCHAFT Bd. 2, 1975, 226). Diese ‚baumartige', d.h. hierarchische Struktur von Sätzen versucht u.a. die Abhängigkeits- oder **Dependenzgrammatik** zu erfassen, indem sie ein syntaktisch-semantisches Zentrum des Satzes bestimmt, von dem die anderen Glieder abhängen. Wir orientieren uns hier an einer Variante der Dependenzgrammatik, die das Prädikat als zentralen Valenzträger an die Spitze der Hierarchie des Satzes stellt:

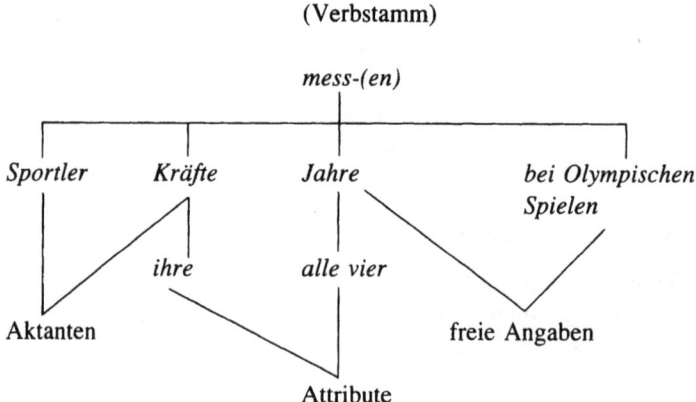

Für die Abhängigkeitsgrammatik gilt also generell die syntaktische Relation „y ist abhängig von x" bzw. „x bedingt y" (z.B. „das Subjekt *Sportler* und das Objekt *Kräfte* sind abhängig von dem Verbstamm *mess-*"). Weiter wird zwischen valenzbedingten Gliedern (Aktanten) und freien Angaben unterschieden. Dagegen abstrahiert die Abhängigkeitsgrammatik von der Reihenfolge der Glieder und von der Subjekt-Prädikat-Zuordnung (vgl. 3.1.2.).

Der Dependenzgrammatik steht die **Phrasenstruktur-** oder **Konstituentengrammatik** (PSG) gegenüber. Ihr Gliederungsprinzip lautet: „y und z sind unmittelbare Konstituenten (Bestandteile) von x" (vgl. FLEISCHER 1983, 49ff.). Mit x werden Konstruktionen unterschiedlicher Art und Komplexität gemeint, mit y und z die Bestandteile (Konstituenten), in die x jeweils segmentiert wird. Die umfangreichste Konstruktion x ist der Satz, der auf verschiedenen Gliederungsstufen immer wieder in jeweils zwei (oder mehr) Bestandteile (Konstituenten) zerlegt wird, bis man auf der untersten Gliederungsstufe zu den Morphemen gelangt. Diesem Gliederungsprinzip folgte im Grunde schon K.F. BEKKER (vgl. 3.3.2.1.).

Am besten läßt sich die Gliederung des Satzes in unmittelbare Konstituenten vorführen, wenn man dazu die Form des Spannsatzes wählt. Nur der Spannsatz gestattet die linear zusammenhängende Anordnung bestimmter größerer Konstituenten, während in Kern- und Stirnsätzen das zwei- oder mehrteilige Prädikat (z.B. zusammengesetzte Verbformen) „entzweit", d.h. auf unterschiedliche Plätze im Satz verteilt wird (vgl. den Satzrahmen, 3.5.2.2.). Zur Illustration wählen wir das Baumdiagramm aus den GRUNDZÜGEN (1984, 140).

Die oberste Einheit der syntaktischen Grundstruktur, der Satz, wird zunächst in die unmittelbaren Konstituenten Satzintention (SI) und Satzbasis (SB) gegliedert. (Die Satzintention bleibt im Diagramm unberücksichtigt.) Die Satzbasis enthält Substantivgruppen (SbG), eine Adverbialgruppe (AdvG), eine Präpositionalgruppe (PräpG), eine infinite und eine finite Verbform. Auf unterschiedlichen Hierarchiestufen werden diese Konstituenten zum Prädikat, zur engeren Prädikatsgruppe und zur Prädikatsgruppe zusammengefaßt. Von diesen Kategorien (Wortgruppen)

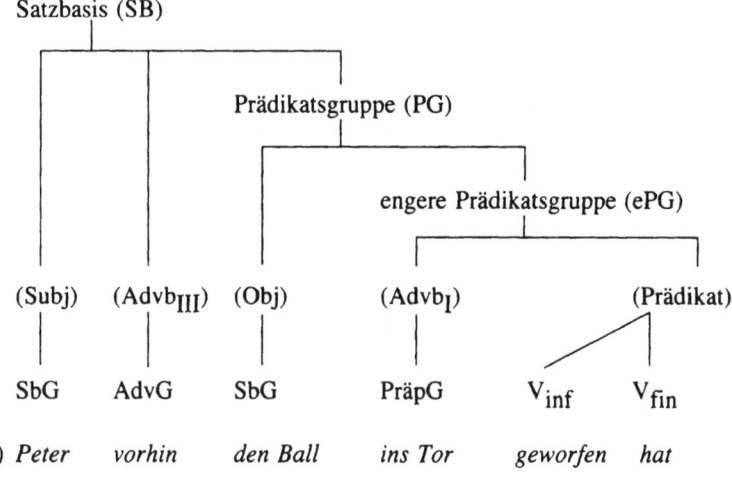

in unterschiedlichen formalen Ausprägungen) werden die Funktionen unterschieden. „Die Funktionen beruhen auf der Relation ‚Y wird unmittelbar von X dominiert', wobei X und Y unmittelbare Konstituenten (UK) eines Strukturbaumes sind. Die Art der Funktion richtet sich nach dem Charakter der in dieser Beziehung zueinander stehenden Kategorien: Eine Substantivgruppe, die unmittelbar von der Satzbasis dominiert wird, fungiert als *Subjekt* des Satzes, eine Substantivgruppe, die unmittelbar von der Prädikatsgruppe dominiert wird, fungiert als *Objekt* des Satzes" (SUCHSLAND in: DT. SPRACHE 1983, 174). Während Advb$_I$ (Richtungsbestimmung) von der engeren Prädikatsgruppe dominiert wird, ist Advb$_{III}$ (Temporalbestimmung) unmittelbare Konstituente der Satzbasis; hier handelt es sich also um unterschiedliche Funktionen (Satzgliedrollen). „Das [...] Prädikat ist in der hier vertretenen Auffassung als verbhaltige Wortgruppe kein Satzglied" (a.a.O., 178). Die Konzeption der GRUNDZÜGE (1984) ist nur eine von mehreren Spielarten der Konstituentengrammatik.

Die hierarchische Struktur des Elementarsatzes kommt in der geschriebenen Sprache darin zum Ausdruck, daß die engen Beziehungen der verschiedenen Satzglieder untereinander nicht durch Interpunktionszeichen unterbrochen werden. Ein Komma zwischen den Gliedern eines Satzes ist das Kennzeichen einer unverbundenen oder adversativen Koordination, es zeigt eine parataktische Beziehung an. Sein Nichtvorhandensein bedeutet demnach, daß es sich um eine Aufeinanderfolge verschiedenartiger Satzglieder mit unterschiedlichen Funktionen handelt, selbst bei gleichem Bezugselement. Ihre feste Eingebundenheit in das Beziehungsgefüge des Satzes kommt auch darin zum Ausdruck, daß ihre Reihenfolge nicht beliebig geändert werden kann und daß sie nicht durch eine koordinierende Konjunktion (*und, oder*) verbunden werden können. Demnach darf in einem Satz, und sei er noch so lang, kein Komma stehen, wenn die aufeinanderfolgenden Satzglieder verschiedenartig sind:

In Anwesenheit führender Repräsentanten der Regierung wurde gestern abend mit einer Festaufführung der „Meistersinger" das neue Opernhaus feierlich eröffnet.

Als verschiedenartige Satzglieder gelten für die Kommasetzung auch Objekte in verschiedenen Kasus (Dativ oder Akkusativ) oder Adverbialbestimmungen mit unterschiedlicher Semantik (lokal, temporal oder modal):

Erst kürzlich hatte er seinem langjährigen Freund Waldemar einen ausführlichen Brief *geschrieben.* (Verschiedene Objekte)

Die Veranstaltung mußte wegen des schlechten Wetters im Saal des Kulturhauses *stattfinden.* (Verschiedene Adverbialbestimmungen)

Viele Schreibende verstoßen gegen diese Interpunktionsregel, indem fälschlicherweise nach einer am Satzanfang stehenden umfangreichen Adverbialbestimmung ein Komma gesetzt wird:

* *Durch den Wegfall des obligatorischen Schulschwimmens während der Ferien*, entstanden in der Schwimmhalle mehr Möglichkeiten sportlicher Betätigung auch für Erwachsene.

3.3.2.2.3. Aktuelle oder kommunikative Gliederung

Bei der funktionalen Satzperspektive (FSP) oder Thema-Rhema-Gliederung (TRG) des Satzes handelt es sich nicht etwa um eine weitere Variante der Satzgliedlehre, sondern um eine andersgeartete Betrachtungsweise, die von den kommunikativen Beziehungen zwischen S/S und H/L ausgeht. Grundgedanken zu einer solchen Betrachtungsweise finden sich bereits bei GABELENTZ und PAUL, die den Satz vom Psychologischen her gliederten: „Ein Satz besteht ... aus zwei Gliedern [...] Das eine vertritt die Vorstellung oder Vorstellungsgruppe, die zuerst in der Seele des Sprechenden vorhanden ist, das andere die daran neu anknüpfende. Die erste bezeichnen wir als das psychologische Subjekt, die letztere als das psychologische Prädikat" (PAUL 1954, 12). Hier knüpfen DRACH und BOOST an. DRACH nennt das Satzglied, das für den Rezipienten den höchsten Mitteilungswert besitzt und im Satz am stärksten betont wird, das Sinnwort und weist für dieses Sinnwort zwei bevorzugte Stellungsmöglichkeiten in der Äußerung nach: in der „Eindrucksstelle" am Satzende und in der „Ausdrucksstelle" am Satzanfang (vgl. DRACH 1939, 14ff.). BOOST faßt den Satz als kommunikatives „Spannungsfeld" auf und gelangt ebenfalls zu einer Zweiteilung, und zwar in Thema (= Bekanntes) und Rhema (= Neues): „Der Satzbeginn, die Satzeinleitung hat für den weiteren Ablauf des Satzes die Bedeutung eines Themas. Das als Thema verwendete Satzglied ist eine ‚Gegebenheit', eine eindeutig auch dem Hörer bekannte Erscheinung. Mit dem Setzen des Themas wird eine Spannung erzeugt, die im Verlauf des Satzes am Ende gelöst wird" (BOOST 1955, 30).

Die uneingeschränkte Gleichsetzung von erstem Satzglied und Thema (= Bekanntes) sowie von übrigem Satz und Rhema (= Neues) hat sich in der weiteren Diskussion als eine Schwäche der Untersuchungen BOOSTs erwiesen. Wichtige Beiträge zur Theorie der funktionalen Satzperspektive haben vor allem tschechische Sprachforscher geleistet (vgl. BENEŠ 1967, DANEŠ 1974). Zum Verständnis der Reihenfolge und Anordnung der syntaktischen Einheiten (vgl. 3.5.) und des Textaufbaus (vgl. 4.4.) ist die Beachtung der kommunikativen Gliederung des Satzes unumgänglich.

3.3.2.3. Merkmale von Satzgliedern

Viele Grammatiken, die Satzglieder beschreiben und mit Beispielen belegen, verzichten auf eine gegenstandsadäquate Definition der Kategorie Satzglied, äußern sich also nicht darüber, was sie ganz allgemein unter einem Satzglied verstehen. Dazu sei hier festgestellt:

1. Satzglieder haben einen bestimmten Umfang, der nicht generell dem Umfang eines Wortes entspricht. Es müssen also Kriterien für die Segmentierung des Satzes angegeben werden. Wenn Satzglieder „permutable Komplexe" (HELBIG 1978b, 101) genannt werden, dann ist damit ausgedrückt, daß ein Satzglied im Kernsatz allein vor der finiten Verbform stehen kann und umstellbar ist, daß sein Umfang also durch Permutation ermittelt wird. Das Prädikat ist allerdings im allgemeinen nicht permutabel (vgl. 1.4.2.).

2. Wesensprägendes Merkmal jedes Satzglieds sind „die **syntaktischen Beziehungen (Relationen)** [...] Die relationale Interpretation des Begriffes Satzglied setzt voraus, daß kein Satzglied außerhalb der syntaktischen Beziehung von zwei autosemantischen Wörtern existiert und definierbar ist. Nicht nur Subjekt und Prädikat bedingen und konstituieren einander, sondern auch nur die Inbeziehungsetzung eines Adjektivs, eines Substantivs oder Pronomens zu einem Substantiv macht es zum Attribut (d.i. zum *Attribut – von*); ebenso macht nur die Inbeziehungsetzung eines Substantivs, Adjektivs oder Adverbs zu einem Verb die ersteren zu Objekten oder Adverbialien (d.i. zu *Objekten – von* resp. zu *Adverbialien – von*)" (MOSKALSKAJA 1975, 236f.). Außerhalb des Satzzusammenhangs können Satzglieder „nicht genannt und aufgezählt werden" (HELBIG 1978b, 101).

3. Mit **Subjekt, Prädikat, Objekt** usw. werden bestimmte Typen syntaktischer Relationen gekennzeichnet, die in den verschiedenartigsten Sätzen wiederkehren (rekurrieren). Zur Klassifizierung von Satzgliedern werden bestimmte Substitutionselemente genutzt („Minimalzeichen", vgl. 1.4.3.).

4. Jedem Satzglied entspricht eine sprachliche Einheit, die Form und Bedeutung besitzt. Den angeführten Voraussetzungen entspricht folgende Definition: Satzglieder sind syntaktische Funktionen von Konstituenten des Verbalsatzes, die durch ihre hierarchischen syntaktischen Beziehungen zur konjugierten Verbform determiniert sind. Sie drücken Beziehungen zwischen den Elementen eines im Bewußtsein widergespiegelten Sachverhalts in vermittelter Weise aus. Jedes Satzglied – mit Ausnahme des Prädikats – kann allein im Kernsatz vor der finiten Verbform stehen, im Satz permutiert und durch ein Minimalzeichen substituiert werden (vgl. 1.4.2., 1.4.3.).

3.3.2.4. Zur Form der Satzglieder

Alle Satzglieder und Satzgliedteile (Attribute) – mit Ausnahme des Prädikats – können in folgenden drei Formen vorkommen: Einzelwort, Wortgruppe, Nebensatz. Diese Formen werden hier am Beispiel des Subjekts und des Objekts demonstriert:

Nebensatz:	Wer den Schaden hat,	
Einzelwort:	Der Geschädigte	*braucht für den Spott*
	Der vom Schaden Betroffene	*nicht zu sorgen.*
Wortgruppe:	Der vom Pech Verfolgte	

	den Rückzug.	Einzelwort
Der Offizier	sich vor dem Angreifer zurückzuziehen.	Wortgruppe
befahl	,die Truppe solle sich zurückziehen.	Nebensatz

Außer Reihen aus gleichartigen Elementen (Wort-, Wortgruppen-, Nebensatzreihe [vgl. Nebenordnung in 3.1.2.]) kommen auch Reihen aus Gliedern unterschiedlicher Form vor, z.B. Einzelwort + Wortgruppe:

Sein Verhalten kam mir verrückt *vor und* ohne jede Logik.

Einzelwort + Nebensatz (vgl. auch STARKE 1976, 228ff.):

Deswegen und weil mehrere der Demonstranten Schußwaffen trugen, *hatten sich die Kinder flach auf den Boden des Busses gelegt.* (Tageszeitung)

Wie die Beispiele zeigen, bestehen zwischen verschiedenen Formen eines Satzglieds paradigmatische Beziehungen (vgl. 3.1.2.). Dennoch sind diese Formen nicht semantisch äquivalent oder völlig synonym, sondern zwischen ihnen bestehen wichtige Bedeutungs- und Leistungsunterschiede.

3.3.2.5. *Zur Typologie der Satzglieder (Satzgliedarten)*

Die Klassifizierung der durch Permutation und Substitution ermittelten Segmente des Satzes geht von ihrem syntaktischen Strukturwert aus. Zwischen Satzgliedwert, Form und Bedeutung der Segmente des Satzes bestehen gewisse verallgemeinerungsfähige Zusammenhänge, aber durchaus keine 1:1-Entsprechungen. Im folgenden beschreiben wir die Satzgliedtypen (Satzgliedarten) Prädikat (mit Prädikativ), Subjekt, Objekt, Adverbialbestimmung und prädikatives Attribut.

1. Prädikat (mit Prädikativ)

Das Prädikat ist sprachlicher Ausdruck einer Aussagefunktion in dem Sinne, daß es die Eigenschaft (Beschaffenheit) eines Individuums (oder einer Klasse von Individuen) oder die Beziehung zwischen zwei oder mehr Individuen (oder

Klassen von Individuen) widerspiegelt. Das Prädikat besteht aus einem Lexem, dessen Semantik diese Aussagefunktion sprachlich repräsentiert, und den grammatischen Morphemen, die an die konjugierte Verbform gebunden sind und Person, Numerus, Tempus, Modus und Genus verbi ausdrücken. Auf Grund seiner Valenz bestimmt das Prädikatslexem Anzahl und Art der Aktanten im Satz. Die Semantik des Prädikatslexems bildet ein Geschehen, einen Zustand, eine Beziehung oder die Eigenschaft einer Erscheinung (oder einer Klasse von Erscheinungen) ab. Das Prädikat kommt in folgenden Formen vor:

a) Verbales Prädikat (in manchen Grammatiken bleibt das Prädikat auf diese Form beschränkt): einfache (finite) Verbform (*er spricht*), zusammengesetzte Verbform (*er hat gesprochen / wird sprechen / soll sprechen / brauchte nicht zu warten*), verbaler Phraseologismus (*er hält Maulaffen feil / gibt Obacht*);

b) Verbform + Prädikativ: Prädikativ kann ein Substantiv (*er ist Lehrer*), ein Adjektiv (*er ist zuverlässig*), ein Pronomen (*das Buch ist mein*), ein Adverb (*das Konzert ist vorbei*), eine präpositionale Wortgruppe (*die Maschine ist außer Betrieb, er ist in großer Aufregung*) sein. (In manchen Grammatiken gilt das Prädikativ als eigenes Satzglied neben dem Prädikat, vgl. 3.3.2.2.2.) Das Prädikativ steht bei kopulativen Verben (*sein, werden, heißen, bleiben, scheinen, dünken*), Verben des Nennens, Urteilens und Bewirkens und bezeichnet ein Merkmal, ein Entwicklungs- oder Handlungsergebnis in bezug auf die vom Subjekt oder Objekt des gleichen Satzes benannte Erscheinung. Prädikativa referieren also auf das gleiche Denotat wie das Subjekt oder Akkusativobjekt des Satzes, in dem sie vorkommen; danach werden Subjekts- und Objektsprädikativ unterschieden:

Subjektsprädikativ: *Svens Vater ist* Beamter.
Objektsprädikativ: *Fritz nennt Paul* seinen besten Freund.

Beim Prädikativ „ist die syntaktische Valenz geteilt: die Kopula verlangt das Prädikativ syntaktisch. Dem Prädikativ gegenüber ist das Subjekt semantisch und syntaktisch notwendig" (GRUNDZÜGE 1984, 250). Wenn „das Prädikativ relationale semantische Merkmale enthält, ... wird es zugleich zum Valenzträger für Adverbialbestimmungen $_{II}$ und für Objekte, ist aber selbst syntaktisch vom Kopula-Verb gefordert" (ebd.):

Max ist aus Rostock *gebürtig. Erich ist* des Spanischen *mächtig. Pauls Eifer ist* dem Lehrer *verdächtig.*

2. Subjekt

Das Subjekt ist das syntaktisch obligatorische Satzglied, das gemeinsam mit dem Prädikat(sverband) den Satz konstituiert und in Person und Numerus mit der finiten Verbform kongruiert. Das Subjekt steht im Nominativ oder kann durch den Nominativ ersetzt werden, falls es nicht im Nominativ steht. Es bezeichnet den Träger des Geschehens oder Seins, das von der Semantik des Prädikatslexems widergespiegelt wird. In Abhängigkeit von der jeweiligen Semantik des Prädikats kann das Subjekt in folgenden semantischen Rollen vorkommen:

Täter (Agens): Klaus *schenkt Peter ein Buch.*
Adressat: Peter *bekommt das Buch (von Klaus).*
Handlungsziel (Patiens): Das Buch *wird verschenkt.*
Vorgangsträger: Der Ohnmächtige *stürzte zu Boden.*
Zustandsträger: Der Besucher *steht vor der verschlossenen Tür.*
Träger einer Eigenschaft: Der Schüler *ist fleißig.*
Instrument: Dieser Schlüssel *öffnet dir die Tür.*
Ort (Lokalität): Die Bahnhofshalle *wimmelt von Reisenden.*

Besonders zu erwähnen ist das formale Subjekt *ES* bei Witterungsverben und ähnlichen Prädikatsausdrücken. „*ES* ist in Sätzen wie *ES schneit* ausschließlich Träger der syntaktisch-morphologischen Kategorien des Substantivs (Genus, Kasus, Numerus). Es hat weder eine Bedeutung noch ist es Träger der Referenzstelle für die Bedeutung anderer Wörter" (GRUNDZÜGE 1984, 283). Dieses *ES* ist weder substituierbar noch attribuierbar. Es muß sowohl vom anaphorischen Pronomen *es* (Stellvertreter eines Substantivs) als auch vom Korrelat (Platzhalter) streng unterschieden werden. Das Korrelat in *Es kamen viele Gäste* ist kein Subjekt.

3. Objekt

Das Objekt ist ein Satzglied des Prädikatsverbandes, dessen obliquer Kasus (Akkusativ, Dativ, selten Genitiv) oder präpositionaler Anschluß vom Prädikatslexem durch **Rektion** determiniert wird. Objekte spezifizieren oder modifizieren die Semantik des Prädikatsausdrucks und bezeichnen einen Gegenstand oder Sachverhalt, auf den das Geschehen gerichtet oder an dem das Geschehen orientiert ist. Entsprechend der Rektion des prädikativen Verbs oder Adjektivs werden Akkusativ-, Dativ-, Genitiv- und Präpositionalobjekt unterschieden; außerdem kann das Objekt in Form eines Nebensatzes oder des (erweiterten oder nichterweiterten) Infinitivs vorkommen. Je nach der Valenz des Prädikatslexems können Objekte im Satz entweder einzeln oder in bestimmten Kombinationen (z.B. Dativ- + Akkusativobjekt, Akkusativ- + Genitivobjekt, Dativobjekt + Objektsatz) auftreten. Als einige spezifische semantische Rollen des Objekts seien genannt: Handlungsergebnis, Patiens, Wahrnehmungsgegenstand, Adressat, Partner des Subjekts, Inhalt einer Äußerung, Eigentum, Mittel, Teil eines Ganzen (vgl. STARKE 1984d, 90ff.; GRUNDZÜGE 1984, 335ff., FLÄMIG 1991, 137–152).

4. Adverbialbestimmung

Adverbialbestimmungen bilden eine uneinheitliche Klasse von Satzgliedern. Dazu gehören

a) von der Valenz des Prädikatslexems geforderte Adverbialergänzungen (*Er wohnt* in Berlin. *Er verhält sich* ruhig),

b) auf das Verb bezogene, aber nicht valenznotwendige Lokal-, Modal- und Instrumentalangaben (*Er spielt* auf dem Hof. *Er lernt* leicht. *Er rechnet* mit dem Taschenrechner) und

c) auf die ganze Satzkonfiguration bezogene Temporal- und Kausalangaben (Wegen einer Konferenz *kommt er* erst nach 15 Uhr).

Diese verschiedenartigen syntaktischen Strukturklassen besitzen einige Gemeinsamkeiten: Im Gegensatz zum Objekt wird die Form der Adverbialbestimmung nicht regiert, also nicht durch Rektion determiniert. (Einige, vor allem russische Grammatiker sprechen hier von „Anschließung".) Die Adverbialbestimmung bezeichnet die Umstände eines Geschehens oder Zustands: Lage, Richtung, Ursprung, Zeitabschnitt, Wiederholung, Qualität, Intensität, Grund, Zweck, Folge, Bedingung, Einräumung, Gegensatz u.ä.

Nach der unterschiedlichen Position in der Konstituentenstruktur des Satzes (vgl. 3.3.2.2.2.) kann zwischen Richtungsbestimmung (dominiert von der engeren Prädikatsgruppe, $Advb_I$), Lokal-, Modal- und Instrumentalbestimmung (dominiert von der Prädikatsgruppe, $Advb_{II}$) und satzbezogener Adverbialbestimmung (Temporal- und Kausalbestimmung, $Advb_{III}$, dominiert von der Satzbasis) unterschieden werden (vgl. FLÄMIG 1991, 158–177). Für diese drei Subklassen der Adverbialbestimmung gelten unterschiedliche Bedingungen der Stellung im Satz.

5. Prädikatives Attribut

Unter einem prädikativen Attribut (oder sekundären Prädikat) versteht man eine freie Merkmalsangabe zum Subjekt oder Objekt des Satzes. Das vom prädikativen Attribut ausgedrückte Merkmal ist nicht dauernd vorhanden, sondern nur während des Zeitraums des vom Verb ausgesagten Geschehens. Insofern ist das prädikative Attribut durch eine doppelte syntaktisch-semantische Bezogenheit charakterisiert:

Präd. Attribut zum Subjekt   Präd. Attribut zum Objekt

Im Unterschied zum Attribut (vgl. 3.3.2.7.) ist das prädikative Attribut (sekundäre Prädikat) ein Stellungsglied, ein im Satz permutierbares Segment, und bezeichnet kein dauerndes, sondern ein zeitlich begrenzt gültiges Merkmal. Im Unterschied zur Modalbestimmung bezeichnet es kein Merkmal des Geschehens oder Seins, das das Prädikat ausdrückt, sondern das Merkmal eines Gegenstands oder Lebewesens, das vom Subjekt oder Objekt des Satzes benannt wird. Im Unterschied zum Prädikativ (vgl. 3.3.2.5., 1.) ist es nicht Valenzträger und nicht obligatorische Konstituente des Prädikats, sondern kann weggelassen oder in einen zweiten Satz ausgegliedert werden:

Ich trinke den Kaffee schwarz. → *Ich trinke Kaffee + Der Kaffee ist schwarz.*
Vor ihm wuchs – groß, wuchtig und gewaltig – ein Elefant aus dem Felsen. → *Vor ihm wuchs ein Elefant aus dem Felsen + Der Elefant war groß, wuchtig und gewaltig.*

3.3.2.6. *Zur semantischen Subklassifizierung der Adverbialbestimmungen*

Im folgenden sollen tabellarisch knapp die wichtigsten Arten der Adverbialbestimmung semantisch geordnet beschrieben und erläutert werden. In den Übersichten werden die vier Hauptgruppen (lokal, temporal, modal, kausal) in speziellere Bedeutungsgruppen untergliedert. Dazu werden Beispiele in den verschiedenen Formen geboten. Vollständigkeit ist dabei nicht in jedem Falle angestrebt.

1. Lokalbestimmungen

Lokalbestimmungen bezeichnen Standort, Richtung, Ausgangs- oder Zielort. Verschiedene Arten der Lokalbestimmung sind nur mit bestimmten Verben verträglich (kompatibel), z.B. Richtungsangaben mit Bewegungs- und Beförderungsverben sowie Verben der sinnlichen Wahrnehmung. (Vgl. Tab. S. 214)

2. Temporalbestimmungen

Temporalbestimmungen beschreiben die zeitlichen Umstände eines Sachverhalts und antworten auf die Fragen *wann?, seit wann?, bis wann?, wie lange?, wie oft?* Sie kommen in folgenden Formen vor: Einzelwort (Adverb, Adjektiv, freier Akkusativ oder Genitiv), Wortgruppe (Präpositionalgruppe, Partizipialgruppe), Nebensatz (Konjunktionalsatz, uneingeleiteter Nebensatz). Zum Ausdruck zeitlicher Beziehungen wirken die Temporalbestimmungen mit andern sprachlichen Mitteln im Text zusammen, vor allem mit den Tempora des Verbs. Bei der Bedeutungsdifferenzierung der Temporalangaben wirken mehrere Betrachtungsweisen zusammen: die zeitliche Relation zwischen zwei Ereignissen (‚gleichzeitig', ‚vorzeitig', ‚nachzeitig'), die zeitliche Beziehung zwischen Redemoment und Zeit des dargestellten Geschehens (‚unmittelbar gegenwärtig', ‚vergangen', ‚künftig'), zeitliche Dauer des Geschehens (sie bewegt sich zwischen ‚punktuell', ‚momentan' und ‚immerwährend' bzw. ‚immer gültig'), Art der Begrenzung des Zeitabschnitts (‚nicht begrenzt', ‚am Anfang begrenzt', ‚am Anfang und am Ende begrenzt'), Art der Aufeinanderfolge zweier Ereignisse (‚unmittelbar anschließend' oder ‚mit Zeitabstand folgend'), ‚zeitliche Wiederholung markiert' oder ‚einmalig'. Bei einigen Temporalkonjunktionen sind diese semantischen Merkmale in folgender

Art (Semantik)	Frage-wort	Adverb	Präp. Fügung	Nebensatz
Standort, Lage	wo?	hier, dort, da, rechts, links, oben, unten, vorn, hinten, überall, nirgends, drüber	im Haus, in Dresden, vor der Tür, auf dem Dach, an der Ecke, bei den Eltern	*Wo ich wohne, ist ihr Haus, und wo du angegriffen wirst, da kämpft sie.* (Brecht)
Zielort	wohin?	hierher, dorthin, querfeldein, bergauf, bergab, herein	ins Haus, vor die Tür, nach Berlin, zu den Eltern	*Ich fahre, wohin du willst.*
Ausgangsort, Ursprung	woher?	daher, dorther, von dort, heraus, von drüben	aus dem Haus von den Eltern ab Werk	*Jana kommt von dort, wo der Hopfen wächst.*
räumliche Erstreckung	wie weit?	*meilenweit, weithin*	von Havanna bis Hanoi	soweit das Auge blickt

Weise vorhanden: *als* = ‚Hinweis auf vergangenes Geschehen'; *wenn* = ‚allgemeiner Hinweis auf (einmaliges oder wiederholtes) Geschehen'; *sooft* = ‚Hinweis auf wiederholtes Geschehen'; *kaum (daß), sobald, sowie* = ‚unmittelbare Vorzeitigkeit', ‚einmalig'; *während* = ‚andauernder, mit dem Geschehen im Hauptsatz gleichzeitig verlaufender Prozeß'; *seit(dem)* = ‚andauernd', ‚Hinweis auf Beginn des Zeitraums'; *bevor / ehe* = ‚Hinweis auf Nachzeitigkeit'; *bis* = ‚nachzeitig', ‚Hinweis auf Ende des Zeitraums' (vgl. STEUBE 1980; ZSCHUNKE 1970). Für das Zusammenwirken von Tempus und temporaler Konjunktion sei als Beispiel *als* gewählt:

a) Diese Konjunktion kann nur mit Vergangenheitstempora kombiniert werden, aber nicht mit dem Futurum.

b) Die Polysemie der Konjunktion, die Temporalsätze mit – auf das im Hauptsatz dargestellte Geschehen bezogen – gleichzeitigem (1), vorzeitigem (2) oder nachzeitigem Geschehen (3) einleiten kann, wird durch den Gebrauch der Tempora aufgehoben:

(1) Als der Präsident und der Polizist voneinander schieden, *hatte der Hund einen neuen Herrn.* (H. Kant)
(2) Als mein Vater das Gold gefunden hatte, *freuten wir uns alle sehr.* (H. Kant)
(3) Als ich eine Viertelstunde später in die Diele kam, *hatte Effi ein kleines Frühstück vorbereitet.* (Weiskopf)

Die zeitliche Relation zwischen den dargestellten Sachverhalten wird hier durch die Kombination der Tempora in Haupt- und Nebensatz verdeutlicht: (1)☐Prät.-Prät., (2) Plusqu.-Prät., (3) Prät.-Plusqu.

Synonymität zwischen verschiedenen Mitteln zum Ausdruck der Vorzeitigkeit sei an folgendem Beispiel veranschaulicht:

Nebensatz:	Nachdem er herzlich willkommen geheißen worden war,	*verlas der hohe Gast vor den Anwesenden seine Grußbotschaft.*
Part.-gruppe:	Herzlich willkommen geheißen,	
Präp.-gruppe:	Nach dem Willkommensgruß	
Adverb.:	Danach / Darauf	

Das Pro-Adverb im letzten Beispiel gibt allerdings nur einen Hinweis auf ein im vorausgehenden Satz dargestelltes vorzeitiges Geschehen. Bedeutungsverwandtschaft zwischen Adverbien, präpositionalen Fügungen und Temporalsätzen bezüglich des Zeitverhältnisses zwischen zwei Sachverhalten soll auch die folgende Übersicht zeigen:

Zeit-verhältnis	Adverbien und Adjektive	präp. Wortgruppe	Nebensatz bzw. Konjunktion
Gleich-zeitigkeit	*währenddessen, gleichzeitig, solange, gerade, da, dabei*	*während der Feier, in dieser Zeit, zu dieser Zeit*	*während die Feier stattfand; solange, als, wie, wenn*
Vorzeitig-keit	*danach, darauf, daraufhin, dann, seitdem, seither*	*nach der Mahlzeit, seit diesem Tage,*	*als / nachdem er gegessen hatte, seitdem, seit*
Nachzeitig-keit	*zuvor, vorher, bis dahin, davor*	*vor seiner Ankunft, bis zu diesem Tage*	*bevor / ehe er ankam; bis er kommt*

Bei den Adverbien betrifft die Gleich-, Vor- oder Nachzeitigkeit jeweils den im vorausgehenden Satz dargestellten Sachverhalt, auf den mit dem Adverb Bezug genommen wird.

Anders zu beurteilen sind Temporalbestimmungen, die weder zum Redemoment noch zu einem anderen Sachverhalt eine zeitliche Beziehung herstellen, sondern das Geschehen zu den Einheiten unserer Zeitrechnung (*Sekunde, Minute, Stunde, Tag, Woche, Monat, Jahr*) oder zum „Kalendarischen System" in temporale Beziehung setzen. Solche Zeitangaben werden fast ausschließlich durch Substantivgruppen und präpositionale Fügungen ausgedrückt:

> Endlich zwei Uhr nachmittags, den 4. Juni 1844, *trat der Strom über seine Ufer.*
> *Karl Marx wurde* am 5. Mai 1818 *in Trier geboren.*

Ein letztes Beispiel soll das Zusammenwirken mehrerer Temporalbestimmungen in einem Satz demonstrieren:

> (1.)   (2.)   (3.)
> *Maria half* / seit einiger Zeit / täglich / ein paar Stunden / *dem Bürgermeister ... im Gemeindebüro.* (Viertel)

Ausgedrückt werden nacheinander: 1. die am Anfang begrenzte Gültigkeit der Aussage, 2. der Zyklus der Wiederholung der Handlung, 3. die zeitliche Dauer jeder wiederkehrenden Handlung.

Zusammenfassend sei festgestellt: Die meisten Sachverhalte besitzen eine objektive temporale Dimension, die ihre Situiertheit in der Zeit (in bezug auf den Kommunikationsakt) und die Dauer ihres Bestehens betrifft. Allerdings wird dieser Zeitbezug nur in dem Maße bezeichnet, in dem er kommunikativ bedeutsam ist. Das zeigen u.a. Sprichwörter ohne jede zeitliche Situierung („generelles Tempus'):

> *Kleine Ursachen – große Wirkungen.*
> *Keine Regel ohne Ausnahme.*
> *Ende gut – alles gut.*

3. Modalbestimmungen

Modalbestimmungen dienen zur Charakterisierung, Erläuterung und Spezifizierung der sprachlichen Darstellung von Sachverhalten. Sie antworten vor allem auf Ergänzungsfragen mit den interrogativen Adverbien *wie?, wieviel?, wie sehr?, womit?, wodurch?, woraus?, inwiefern?* und mit den präpositionalen Fügungen *in welchem Maße?, auf welche Weise?, unter welchen Umständen?, statt wessen?* Diese Reihe von Fragemöglichkeiten läßt bereits die Vielfalt der Bedeutungsgruppen erkennen. Ihre klare Abgrenzung und Umfangsbestimmung birgt noch manch ungelöstes Problem. Im einzelnen werden unterschieden:

a) die Charakterisierung der Qualität eines Geschehens

> *Er handelt* besonnen, *lernt* eifrig, *schreibt* sauber.
> *Entbehrungen beeinflussen die Arbeitsmoral* negativ.

Häufigste Form der Qualitätsangabe ist das Adjektiv.

b) Angaben zur Quantität (Menge, Maß) und Intensität

In den letzten einhundert Jahren wuchs die Weltbevölkerung auf das Dreifache.
Die Kosten steigen um 10 %.
Der Fluß ist 120 m *breit*, fast 10 m *tief.*
Er arbeitete bis zur Erschöpfung.
Der strenge Winter verschärft die Lage sehr.

c) Angabe des Stoffes

Moderne Chemiefasern werden aus Zellulose und Erdöl *hergestellt.*
Der Anzug ist aus Wolle *gefertigt.*

d) Angabe des Mittels (Instrumentalbestimmung)

Einzelwort	Präp. Wortgruppe	Nebensatzanschluß
manuell,	*anhand eines Modells, durch zwei*	*indem,*
maschinell,	*Punkte, mit der Feile, mittels Sprach-*	*dadurch, daß*
medikamen-	*vergleichs, mit Hilfe von Talsperren,*	*damit, daß*
tös	*per LKW und Flugzeug, unter Zu-*	
	hilfenahme einer Zange	

Instrumentalbestimmungen werden in manchen Grammatiken auch verselbständigt (vgl. GRUNDZÜGE 1984, 231f.) oder innerhalb der Kausalbestimmungen behandelt (vgl. DUDEN-GRAMMATIK 1984, 587). Ihre Spezifik ist durch das Mittel-Zweck-Verhältnis geprägt.

e) Ausdruck eines Vergleichs (Komparativbestimmung)
Wortgruppe: *wie der Wind, als Bester (abschneiden), gegenüber seinem Bruder (ist er strebsamer).*
Nebensatz: Er verhielt sich in der Gefahr, wie wir es erwartet hatten.

Er tut, als schliefe / schlafe er. *Er lief,* als ob / als wenn der Teufel hinter ihm her gewesen wäre.

f) Angabe einer Proportion (Proportionalsatz)

Nebensatz: Je älter du wirst, *um so / desto mehr wächst die Erfahrung.*
Wortgruppe: Mit zunehmendem Alter *wächst die Erfahrung.*

g) Angabe begleitender Umstände eines Geschehens (Komitativangabe)

Wortgruppe: *Er erreichte das Klassenziel* unter großen Schwierigkeiten.
Nebensatz: Er erreichte das Klassenziel, wobei er große Schwierigkeiten überwand.

Hier kann auch die Angabe der begleitenden Person eingeordnet werden:

Inge besucht das Konzert (gemeinsam) mit ihren Eltern.

h) Angabe des fehlenden Umstands

Nebensatz: *Der Gast ging,* ohne daß er sich von jedem verabschiedete.
Infinitivgruppe: *Er ging,* ohne sich von jedem zu verabschieden.
Präp. Wortgruppe: *Der Gast ging* ohne Abschied.
Einzelwort: *Der Freund stimmte mir* vorbehaltlos *zu.*

i) Angabe eines ersetzten Gegenstands oder Sachverhalts

Nebensatz: *Er blieb lieber daheim,* als daß er der Einladung gefolgt wäre. *Du vertrödelst Zeit,* (an)statt daß du dich beeilst.
Infinitivgruppe: *Er blieb lieber daheim,* als der Einladung zu folgen.
Du vertrödelst Zeit, anstatt dich zu beeilen.
Präp. Wortgruppe: Statt des Autos *nahm er das Fahrrad zum Bahnhof.*

k) Angabe einer Spezifizierung
Einer Aussage wird durch diese Art Modalbestimmung ein bestimmter, irgendwie begrenzter Geltungsbereich zuerkannt. Daraus ergibt sich zugleich eine gewisse Einschränkung der Gültigkeit der Aussage.

Nebensatz: *Mein Rat wird euch nützen,* insofern ihr ihn befolgt. *Ich bürge für Paul,* insoweit es seine gegenwärtigen Umstände betrifft. *Ich muß deine Argumente insofern akzeptieren,* als ich keine Gegenbeweise habe.

Die Wörter *insofern* und *insoweit* drücken eine Einschränkung aus und finden sich in dreierlei syntaktischen Umgebungen:

(1) als Pro-Adverb zum Anschluß eines selbständigen Satzes an den unmittelbar vorausgehenden Satz:

Er war bisher immer zuverlässig. Insofern *kann man sich auf ihn verlassen.*
Er hat für sein Kind gesorgt, insoweit *ist ihm kein Vorwurf zu machen.*

(2) als Pro-Adverb zur Ankündigung eines folgenden Nebensatzes:

Dein Urteil ist insofern *unberechtigt, als die Beweisaufnahme noch nicht abgeschlossen ist.*

(3) als Einleitewort des Nebensatzes (subordinierende Konjunktion).

Er wird helfen, insofern / insoweit *er dazu in der Lage ist.*

l) Angabe einer Einschränkung (Restriktivsatz oder -bestimmung)
Die Gültigkeit einer Aussage wird eingeschränkt, indem entweder Vorbehalte gegenüber dieser Aussage geäußert werden oder Wirklichkeitsbereiche angegeben werden, auf die die Aussage im Hauptsatz nicht zutrifft. Dazu dienen hauptsächlich Konjunktionalsätze:

Soviel ich weiß ...
Soweit mir bekannt ist ...
Die Eltern gestatteten den Kindern viele Freiheiten, außer daß sie außer Haus übernachten durften.
Ich werde an dem Kolloquium teilnehmen, außer wenn ein dringender Auftrag mich hindert.

Hier lassen sich auch präpositionale Wortgruppen einordnen, die Ausnahmen vom dargestellten Sachverhalt angeben.

Außer den Großeltern *waren alle Verwandten der Einladung gefolgt.*

m) Modalbestimmungen können außerdem die Geschwindigkeit (1), eine Reihenfolge (2), den Maßstab (3), die Quelle einer Information (4), einen Zusammenhang (5) oder eine Verteilung (Distribution) (6) ausdrücken:

(1) *Zunächst kamen wir nur* schrittweise *voran.*
(2) Nach Frau Meier *wurde Fritz in das Sprechzimmer des Arztes gerufen.*
(3) *Man darf einen Menschen nicht* nach seinem Äußeren *beurteilen.*
(4) Laut fachärztlichem Gutachten *ist der Angeklagte gesund und für seine Tat voll verantwortlich.*
(5) In beiderseitiger Übereinstimmung *wurde der Vertrag zum Jahresende gekündigt.*
(6) *Die Kundgebungsteilnehmer demonstrierten* in Zehnerreihen.
Auf 1 kg Mehl *rechnet man 30 g Hefe. Der Eintritt beträgt vier Mark* je/pro Person.

Die Bedeutungsgruppen (2) bis (6) werden überwiegend durch Präpositionalgruppen repräsentiert.

Insgesamt werden äußerst heterogene Gruppen von Adverbialbestimmungen als Modalbestimmungen zusammengefaßt. Sie sind auch syntaktisch sehr differenziert zu beurteilen. Während sich Elemente der Gruppen a) bis f) unmittelbar auf das Prädikatslexem beziehen und damit Advb$_{II}$ – also Konstituenten der Prädikatsgruppe – sind, ja Qualitäts- und Komparativbestimmungen bei einigen Verben sogar valenznotwendig sind, handelt es sich bei den Gruppen g) bis l) um Adverbialbestimmungen mit Satzbezug (Advb$_{III}$). Hier werden Relationen zwischen zwei Sachverhaltsaussagen hergestellt. In der Semantik einiger Modalbestimmungen oder der sie einleitenden Konjunktionen oder Präpositionen sind auch temporale und konditionale Bedeutungsschattierungen festzustellen.

4. Kausalbestimmungen

Bei der Beschreibung der Kausalbestimmungen muß davon ausgegangen werden, daß damit in der Grammatik mehr erfaßt wird, als dem philosophischen Kausalitätsbegriff entspricht. Die „BROCKHAUS ENZYKLOPÄDIE" (1990, 11.Bd.,

561) definiert Kausalität als das „Bedingungsverhältnis von Ursache und Wirkung. Dabei sind Ursache und Wirkung korrelativ aufeinander bezogen: keine Ursache ohne Wirkung und keine Wirkung ohne Ursache. Das kausale Aufeinanderbezogensein ist vom logischen der Folgerung und vom zeitlichen des Aufeinanderfolgens zu unterscheiden [...]"

Schon die Kausalbestimmung „im engeren Sinne" erweist sich als mehrdeutig. Sie bezeichnet zunächst die **Ursache** (den Realgrund):

> *Durch einen Erdrutsch ist der Brennerpaß unpassierbar geworden.*

Über die Ursache hinaus kann die Kausalbestimmung auch ein **Motiv** ausdrücken, d.h. die innere Veranlassung für eine bestimmte Handlungsweise von Menschen, einen Beweggrund oder Handlungsgrund:

> *Weil Inge Lehrerin werden möchte, hat sie sich um ein Studium beworben.*

Als Kausalbestimmung gilt weiter die Angabe des **Erkenntnisgrundes**:

> *Weil diese Flüssigkeit Lackmuspapier rot färbt, bestimme ich sie als Säure.*
> *Inge hielt den Fremden auf Grund seines bestimmten Auftretens für einen Ordner.*

Schließlich ist es möglich, daß ein Sprecher Kausalzusammenhänge annimmt oder konstruiert, die verbreiteten Lebenserfahrungen widersprechen:

> Herr K. stellte die folgenden Fragen: „Jeden Morgen macht mein Nachbar Musik auf einem Grammophonkasten. *Warum* macht er Musik? Ich höre, *weil er turnt. Warum* turnt er? *Weil er Kraft benötigt,* höre ich. Wozu benötigt er Kraft? *Weil er seine Feinde in der Stadt besiegen muß,* sagt er. Warum muß er Feinde besiegen? *Weil er essen will,* höre ich."
> (Brecht)

Es erweist sich also, daß Kausalbestimmungen sehr viel mehr ausdrücken, als der philosophische Kausalitätsbegriff in sich einschließt. Weiter soll gezeigt werden, daß nicht nur Kausalangaben und Kausalsätze Grund-Folge-Beziehungen ausdrücken, sondern auch aufeinanderfolgende selbständige Sätze (Satzfolgen) und Satzreihen:

> *Die Radfahrerin Inge S. wurde von einem Autobus erfaßt und schwer verletzt. Sie hatte die Vorfahrt nicht beachtet.* (Satzfolge)
> *Die Radfahrerin Inge S. wurde von einem Autobus erfaßt und schwer verletzt,* (denn) *sie hatte die Vorfahrt nicht beachtet.* (Satzverbindung / Satzreihe)

Zum Vergleich wird der gleiche Zusammenhang noch einmal im Satzgefüge (mit Kausalsatz) und im einfachen Satz (mit präp. Fügung) dargestellt:

> *Die Radfahrerin verunglückte,* weil sie die Vorfahrt nicht beachtet hatte.
> Wegen Nichtbeachtung der Vorfahrt *verunglückte die Radfahrerin.*

Bei veränderter Standpunktmarkierung kann die Ursache im Hauptsatz und die Wirkung im Nebensatz (Konsekutivsatz) ausgedrückt werden:

Die Radfahrerin Inge S. beachtete die Vorfahrt nicht, so daß sie von einem Autobus erfaßt und schwer verletzt wurde.

Aus dem Vergleich der Beispiele ergeben sich folgende Verallgemeinerungen:

a) Kausalbestimmungen stellen nicht nur Beziehungen zwischen Ursache und Wirkung im Sinne des philosophischen Kausalitätsbegriffs dar, sondern im weiteren Sinne **Grund-Folge-Beziehungen** (vgl. BERGNER 1975, 50ff.). Während Kausalität, Ursache und Wirkung objektiv-reale notwendige Zusammenhänge widerspiegeln, sind Grund und Folge Vorder- und Hinterglied einer **gedanklichen** Beziehung. Die Kausalität erweist sich als Spezialfall von Grund-Folge-Beziehungen.

b) Zwischen Grund und Folge, Ursache und Wirkung bestehen jeweils korrelative Verhältnisse, d.h., das eine bedingt in jedem Fall das andere. Ein objektiv-realer Wirkungszusammenhang ist irreversibel (unumkehrbar). Die Sprache bietet aber die Möglichkeiten, entweder die Grund-Folge-Relation unmarkiert zu lassen oder das Vorderglied (den Grund) oder das Hinterglied (die Folge) durch bestimmte Ausdrucksmittel zu kennzeichnen.

c) Grundsätzlich bestehen zur Darstellung von Grund-Folge-Beziehungen folgende Ausdrucksvarianten: die Satzfolge, die asyndetische (unverbundene) oder syndetische Satzreihe, das Satzgefüge und der einfache Satz (mit Wortgruppe oder Einzelwort als Adverbialbestimmung). Zu ergänzen sind hierzu noch Attributgruppen, z.B. *Unfall infolge Leichtsinns, Mord aus Eifersucht, Tod durch Ertrinken;* Determinativkomposita, z.B. *Freudentränen, Not-, Zwecklüge,* und bestimmte Lexeme, z.B. Verben (*auslösen, bedingen, bewirken, führen zu, herbeiführen, hervorrufen, veranlassen, verursachen*) und Abstrakta (*Anlaß, Beweggrund, Grund, Motiv, Ursache, Wirkung, Folge*), die ebenfalls Grund-Folge-Zusammenhänge sprachlich signalisieren.

Zu den Kausalbestimmungen „im weiteren Sinne" werden auch **Final-, Konditional-** und **Konzessivbestimmungen** gezählt. Mit Finalbestimmungen wird das gedanklich vorweggenommene Ergebnis menschlicher Tätigkeit, auch Absicht, Vorsatz oder Zweck genannt, zum Ausdruck gebracht.

Es ist List nötig, damit die Wahrheit verbreitet wird (Brecht)
Fritz studiert, um Diplomingenieur zu werden.
Meine Mutter fährt nach Bad Brambach zur Kur.
Darum / Dazu *kauft sie vorher ein.*

Konditionalbestimmungen und -sätze dienen dazu, Bedingungen auszudrücken, das sind Sachverhalte, von deren Existenz andere Sachverhalte abhängen, und

Semantische Subklassen	Satzfolgen und Satzreihen		Satzgefüge	
	koord.[1] Konj.	Adverbien	subord. Konj.	relat. Adv.
Kausale Beziehungen im engeren Sinne	denn, nämlich	also, dadurch, daher, darum, demnach, demzufolge, deshalb, deswegen, infolgedessen, mithin, somit, anstands-, interesse-, umständehalber usw.	da, weil, zumal (da)	
Konsekutive Beziehungen	–	also, darum, demnach, sonach, demzufolge, hierzu	daß, so daß, ohne daß	weshalb, weswegen, wodurch
Konditionale Beziehungen	–	andern-, nötigen-, schlimmstenfalls usw.	wenn, falls, sofern; angenommen, daß; vorausgesetzt, daß; im Falle, daß	wo
Konzessive Beziehungen	doch, zwar- aber	dennoch, des(sen)- ungeachtet, destoweniger, freilich, gleichwohl, immerhin, indessen, jedoch, nichtsdestoweniger, sonst, trotzdem, vielmehr	obgleich, obschon, obwohl, obzwar, trotzdem (daß); ungeachtet, daß; wenngleich, wiewohl, ob ... oder ...; wenn ... auch, so ... doch	wer/ was/ wie/wo auch immer
Finale Beziehungen	–	dafür, darum, dazu hierfür, hierzu	auf daß, damit, daß	–

---

[1] Zeichenerläuterungen: + = Vorhandensein der betreffenden Konstruktion, – = Fehlen des betr. Ausdrucksmittels, koord. Konj. = koordinierende Konjunktion, subord. Konjunktion = subordinierende Konjunktion, relat. Adv. = Relativadverb zum Anschluß eines weiterführenden Nebensatzes, uneing. NS = uneingeleiteter Nebensatz, Inf. = Infinitivkonstruktion, Part. = Partizipialkonstruktion

Satz-gefüge/ uneing. NS	einfacher Satz				
	Inf.	Part.	Präpositionen	Interrogativadverbien	
−	−	+	angesichts, anläßlich, auf, aufgrund/auf Grund, aus, aus Anlaß, betreffs, dank, durch, halber, in Ermangelung, infolge, mangels, ob, um ... willen, vermöge, von ... wegen, wegen	warum?, weshalb?, weswegen?, wieso?	kausal
−	um, ohne	−	zu, zugunsten, zuungunsten	mit welcher Folge?, mit welcher Wirkung?	kons.
+	−	+	bei, unter, im Falle	unter welcher Bedingung?, unter welcher Voraussetzung?	kond.
−	−	+	bei, entgegen, trotz, unbeschadet, ungeachtet, ... zum Trotz	trotz welches Umstandes?	konz.
−	um zu	−	behufs, für, um ... willen, zu, zugunsten, zuliebe	wozu?, wofür?, zu welchem Zweck?	final

Aussagen, von denen die Gültigkeit einer anderen Aussage abhängt oder die die Gültigkeit einer anderen Aussage nach sich ziehen. Das von einer Bedingung Abhängige oder Bestimmte heißt das Bedingte. Bedingung und Bedingtes können als real gegeben (Indikativ) oder als hypothetisch gesetzt (Konjunktiv II) ausgedrückt werden. Überdies kann zwischen naturgesetzlichen (1) und von Menschen festgelegten Bedingungen (2) unterschieden werden (vgl. BADER 1978; STARKE 1983c, 573ff.):

(1) Wenn Wasser gefriert, *dehnt es sich um ein Zehntel aus.*
(2) Wenn die Etymologen recht haben, Buch von Buche kommt ..., *dann wird das Buch noch lange leben.* (Böll)

Als Negation einer Grund-Folge-Beziehung, als Ausdruck einer unzureichenden Bedingung zur Veränderung eines Sachverhalts ist die konzessive Beziehung aufzufassen. Für dieses Verhältnis ist kennzeichnend, daß nach einem Geschehen ein bestimmter, erfahrungsgemäß bedingter Sachverhalt erwartet wird, statt dessen aber ein gegenteiliges Ereignis eintritt:

Obgleich es in Strömen goß, *wurde die Arbeit zu Ende geführt.*
Trotz schwerer Krankheit *bestand der Student die Prüfung.*

In der Übersicht auf S. 222/223 haben wir verschiedenartige Ausdrucksmittel, vor allem Adverbien, Präpositionen und Konjunktionen, geordnet nach den vorstehend behandelten Arten der Grund-Folge-Beziehung, zusammengestellt. Dazu sei bemerkt, daß Wörter und Fügungsweisen innerhalb jeder semantischen Subklasse nicht bedeutungsgleich (semantisch identisch), sondern bedeutungsähnlich sind, daß zwischen ihnen außer Gemeinsamkeiten also auch Bedeutungsunterschiede vorhanden sind. Es gibt Unterschiede im Gebrauch und in der Bedeutung dieser Funktionswörter, die in der Übersicht nicht ausgewiesen und für den Muttersprachler nicht bewußtseinspflichtig sind. Auf einige solcher Unterschiede soll hier exemplarisch kurz eingegangen werden. So hat PASCH (1982, 41ff.) nachgewiesen, daß bei Konjunktionen zwei grundlegende Bedeutungstypen zu unterscheiden sind:

a) Konnektoren, die Sachverhalte zu komplexen Sachverhalten verknüpfen, z.B. *weil* und *obwohl,* und
b) Konnektoren, die Bedeutungen syntaktisch selbständiger Sätze zu Bedeutungen zusammengesetzter Sätze (Satzgefüge, Satzverbindung) kombinieren, z.B. *da, denn, aber, wenngleich* (vgl. a.a.O., 222).

Deshalb steht *weil*, wenn der Nebensatz eine erfüllte hinreichende Bedingung für den Sachverhalt ausdrückt, den der Hauptsatz als Folge darstellt, z.B. als Antwort auf eine mit *warum, weshalb, weswegen* eingeleitete Ergänzungsfrage oder in Verbindung mit *deshalb* als Korrelat des Nebensatzes im Trägersatz:

Weshalb kommst du zu spät? – Weil *der Wecker nicht geläutet hat.*
Ich komme deshalb zu spät, weil *der Wecker nicht geklingelt hat.*

In diesen Fällen kann *weil* nicht durch *da* oder *denn* ersetzt werden. Dagegen stehen *da* und *denn,* wenn der Hauptsatz bzw. der koordinierte Satz nach der Auffassung des Sprechers eine Schlußfolgerung ausdrückt aus dem, was im Nebensatz bzw. im ersten Hauptsatz als wahr unterstellt wird.

Da das Pflaster naß ist und Pfützen stehen, hat es geregnet.
Will Herr Dr. Müller den Studenten Erich Schulze wirklich nicht prüfen?
Denn *das hat Herr Dr. Müller gestern behauptet.*
Es muß letzte Nacht Frost gegeben haben, denn *die Balkonblumen sind erfroren.*
Er kann die Belegarbeit nicht bis Monatsende abgeben. Denn *das wird vom Seminarleiter gefordert.*

3.3.2.7. Attribute (Satzgliedteile)

Eine substantivische, adjektivische, adverbiale oder pronominale Wortgruppe, die aus zwei oder mehr lexikalischen Einheiten besteht, zwischen denen Abhängigkeitsbeziehungen bestehen, läßt sich in einen Satzgliedkern (die syntaktisch dominierende Einheit) und sein(e) Attribut(e) (abhängige Elemente) zerlegen. Attribute (Satzgliedteile) sind also die vom Satzgliedkern abhängigen Bestandteile eines komplexen Satzglieds in Form einer Wortgruppe (vgl. 3.3.1.).

Mit sehr unterschiedlicher Häufigkeit beziehen sich Attribute auf ein Substantiv, ein Pronomen, ein Adjektiv oder ein Adverb als Satzgliedkern. Da diese Wortgruppen unterschiedliche Arten von Satzgliedern repräsentieren können, gelten sie als „mehrfunktionale Konstituenten" (vgl. GRUNDZÜGE 1984, 177ff.; DT. SPRACHE 1983, 184ff.). Substantivgruppen kommen in Texten am häufigsten vor, treten in den meisten Satzgliedarten auf (Subjekt, Objekt, Prädikativ, Adverbialbestimmung) und zeichnen sich durch das bei weitem größte Aufnahmevermögen für Attribute aus (vgl. 3.3.1.3.). Deshalb werden Attribute auch zuweilen als nähere Bestimmungen eines Substantivs schlechthin identifiziert. In keinem Falle wird ein Attribut von einer konjugierten Verbform dominiert. Jedes Attribut charakterisiert oder erläutert die von seinem Bezugswort bezeichnete Erscheinung, gibt Merkmale dieser Erscheinung an. Durch entsprechende Umformungen – sog. Restitutionstransformationen (vgl. 1.4.7.) – lassen sich Relationen zwischen Satzgliedkern und Attribut fast immer auf primäre Satzgliedbeziehungen (und diesen entsprechende semantisch-funktionelle Merkmale) zurückführen:

der Turm des Rathauses = Das Rathaus *hat einen Turm.* (Teil-Ganzes, vgl. partitiver Genitiv)

die Ankunft des Zuges = Der Zug *kommt an.* (Subj. – Präd.)

> *der Bau* der Brücke = *Man baut* eine Brücke. (Präd. – Obj.)
> *die Taube* auf dem Dach = *Die Taube sitzt* auf dem Dach. (Subj. – Lokalbestimmung)
> *Paris,* die Hauptstadt von Frankreich = *Paris ist* die Hauptstadt von Frankreich. (Subj. – Prädikativ)

Deshalb werden Attribute – mit Ausnahme von Modifikationen durch Gradpartikeln (*sehr tüchtig, nur wenig, kaum ausreichend*) – auch als Abwandlungen von Grundstrukturen verstanden (vgl. GRUNDZÜGE 1984, 184f., 287ff., 835ff.; DT. SPRACHE 1983, 205f.).

Dabei werden allerdings auch semantische Prädikationen einfache syntaktische Transformationen ergänzen müssen, z.B. in Fällen wie

> *ein starker Raucher* ‚einer, der stark raucht'; *ein alter Freund* ‚ein Freund, den jmd. schon lange kennt'; *die bis Montag zu lösende Aufgabe* ‚die Aufgabe, die man bis Montag lösen muß' (vgl. ebd.)

Attribute können nach unterschiedlichen Kriterien subklassifiziert werden. Nach der Form kann man z.B. adjektivische, pronominale, adverbiale, präpositionale Attribute, Genitiv- und Partizipialattribute, Attributsätze und Appositionen unterscheiden (vgl. 3.3.1.3.). Nach dem Umfang kann zwischen elementaren (einfachen) und erweiterten Attributen differenziert werden. Bei erweiterten Attributen können sich recht komplizierte Abhängigkeitsbeziehungen ergeben:

sprachliche *Mittel* zum Ausdruck verschiedener Arten kausaler *Beziehungen*

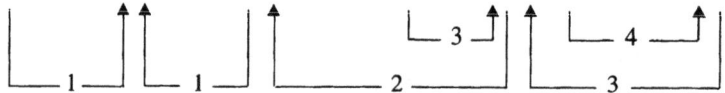

(Die Pfeile weisen die Attribute ihren Bezugswörtern zu. Die Ziffern geben den Abhängigkeitsgrad an.)

In jedem Falle verdient die Stellung der Attribute vor oder nach ihrem Kern Beachtung. Vorangestellte (präpositive) Attribute (Adjektiv, Partizip, Pronomen) stimmen in Genus, Numerus und Kasus mit ihrem substantivischen Kern überein und stehen innerhalb des von Artikel und Substantiv gebildeten nominalen Rahmens. Erweiterte Partizipien und Adjektive können als Attribute zuweilen einen beachtlichen Umfang annehmen:

> *Unter den* innerhalb des vergangenen Jahres von japanischen Eisenbahnreisenden vergessenen 1,87 Millionen *Gegenständen* ... (Tageszeitung)

Das nachgestellte (postnominale) Attribut (Adverb, Genitiv, Substantiv mit Präposition, Infinitiv- oder Partizipialgruppe, Attributsatz) steht außerhalb des nominalen Rahmens und unterscheidet sich in der Form von seinem Bezugswort, kongruiert also nicht (mit Ausnahme der Apposition).

Möglich ist auch die Unterscheidung der Attribute danach, ob sie durch die Valenz ihres Bezugsworts motiviert sind oder nicht. Hierzu sei auf die entsprechenden Darlegungen zur Valenz des Substantivs und des Adjektivs verwiesen (vgl. auch SOMMERFELDT/SCHREIBER 1983a/b).

Als einen Spezialfall des Attributs betrachten wir die **Apposition**, über deren Wesen, Umfang und Klassifikation es in der einschlägigen Literatur bis heute strittige Auffassungen gibt (vgl. dazu HACKEL 1995; auch: DUDEN-GRAMMATIK 1995). So wird zum einen unter „Apposition" nur der lockere, intonatorisch abgesetzte, graphisch in Kommas eingeschlossene ‚Nachtrag' verstanden *(Schmidt, der Lehrer)*, zum anderen wird von einer einheitlichen Kategorie „Apposition" ausgegangen, die eine „lockere" (s.o.) und eine „enge" Variante einschließt *(Schmidt, der Lehrer, – Lehrer Schmidt/der Lehrer Schmidt)*; demzufolge kann von „lockeren appositionellen" und „engen appositionellen" Wortgruppen (beide sind Untergruppen der Substantivgruppe) ausgegangen werden. Mit HELBIG/ BUSCHA (1994, 606f.) gehen wir von einer ganzheitlichen Kategorie „Apposition" aus, die dort in ihren zwei Varianten wie folgt beschrieben wird: „Die enge Apposition ist nicht durch Kommas von ihrem Bezugswort abgetrennt und kommt in Vorder- und Nachstellung vor. Die lockere Apposition wird durch Kommas abgetrennt und ist immer nachgestellt ... Während die lockere Apposition in der Regel mit dem Bezugswort im Kasus übereinstimmt, ist die enge Apposition oft morphologisch nicht gekennzeichnet." Generell erscheint in einer Appositionsgruppe als Bezugswort (Kern, Nukleus, Head) ein Substantiv bzw. ein entsprechendes Äquivalent, zu dem die i.d.R. ebenfalls substantivische Apposition (Satellit) in bestimmte semantisch-pragmatische Beziehungen tritt, auf denen sich auch eine Typologie der Appositionsgruppen aufbauen läßt, was sich besonders für die engen Gruppen als notwendig erweist.

Im Gegensatz zu den lockeren appositionellen Gruppen, bei denen die erste Konstituente Bezugswort (Kern, Head) und die zweite, abgesonderte die Apposition darstellt, bedarf es bei den engen Appositionsgruppen einer grammatisch bestimmten Regelung, wer im konkreten Falle als Bezugswort zu gelten hat. Da wir Apposition im Einklang mit der Attributsauffassung grundsätzlich als grammatische Kategorie betrachten (Gliedteil, Beifügung), kann nur diejenige Konstituente als Bezugswort gelten, die hierarchisch syntaktisch die *Führungsrolle* ausübt, unabhängig von den jeweiligen semantischen und/oder pragmatischen Implikationen:

Lehrer *Schmidt*, der *Lehrer* Schmidt, *die Stadt* Erfurt, *das Gasthaus* „Coburg", *das Prinzip* Hoffnung, *ein Kilo* Mehl, *ein Trupp* Soldaten, *die Regierung* Kohl, *der Bahnhof* Oberhof, *die Unterredung* Kohl – Mitterrand.

Während sich die vorstehend behandelte Apposition jeweils auf ein Wort oder eine Substantivgruppe bezieht (man könnte sie daher Wortapposition nennen), können sich auch Substantivgruppen mit einem Substantiv im Nominativ als

Kern auf einen vorhergehenden Satz oder gar auf mehrere Sätze beziehen, dessen/deren Inhalt von der Substantivgruppe erläutert, kommentiert oder eingeschätzt wird:

> *Nach viereinhalbjähriger Bauzeit wird das Schauspielhaus Berlin wiedereröffnet.* Ein großer Tag in der traditionsreichen Geschichte dieser Kulturstätte. (Tageszeitung)
> *Von Kahlbutz wird erzählt, daß er einen Knochenbruch hatte. Die Mumie aus Kampehl weist jedoch keinerlei Vernarbungen oder Anzeichen von ehemaligen Frakturen auf* – ein neues Rätsel. (Tageszeitung)

Diese Art Apposition wird „Satzapposition" genannt (vgl. EICHBAUM 1978, 29ff.; STARKE 1994). Das Kernsubstantiv bezieht sich auf einen Sachverhalt, hat meist den unbestimmten Artikel und verschiedenartige Attribute bei sich und drückt oft eine Wertung oder modale Einschätzung des vorher Dargestellten aus.

Geht man bei Appositionsgruppen wie üblich von der Existenz eines transformationell explizierbaren Subjekt-Prädikat-Verhältnisses aus (Zuordnung), so können, zumindest in den Kernbereichen, nachfolgende inhaltlich-operationale Leistungen erfüllt werden:

1. Identitäts- bzw. Äquivalenzaussage:
   Bundespräsident Herzog; Herzog, der Bundespräsident
   = H. ist (der) Bundespräsident
2. Element-Klassen-Aussage:
   Der Politiker Herzog; Herzog, der Politiker
   = H. ist (ein) Politiker
3. Inklusion einer Klasse in eine andere:
   Das Haustier Hund; Hunde, die Haustiere
4. Qualifizierung (oft mit Wertung):
   Der Backofen Saudi-Arabien; Saudi-Arabien, der Backofen
   = S. ist (sehr) heiß
   Vgl. ferner: Der Hüne Schmidt (= S. ist [sehr] groß)

Im Vergleich zu den lockeren Appositionsgruppen ist das Leistungsparadigma der engen Gruppen umfassender; dies zeigt eine Typologie nach den inhaltlichen Grundleistungen:

A. Enge Appositionsgruppen mit dem Ausdruck einer „breiten Identität" (s.o. Bsp. 1–3; vgl. ferner: *Die Stadt Oberhof, das Hotel „Oberhof", der Begriff Meinungsstreit*)

B. Enge Appositionsgruppen mit dem Ausdruck von „Maß/Menge":
   – unbedingte Normativa als erste Konstituente: *drei Kilo Birnen;*
   – bedingte Normativa als erste Konstituente: *eine Tasse Kaffee;*
   – Anormativa-Partitiva als erste Konstituente: *ein Stück Mauer*
   – Anormativa-Summativa als erste Konstituente: *ein Trupp Soldaten*

C. Enge Appositionsgruppen mit „exponierender Kennzeichnung" der ersten Konstituente durch die zweite (Heterogenität der inhaltlich-operationalen Leistungen), vgl.:
die Regierung Kohl = K. leitet die Regierung;
der Bahnhof Plaue = der B. befindet sich in/bei P.;
die Forschungsgruppe Wahlen = die F. beschäftigt sich mit den W.
der Widerspruch Geist – Macht = der W. besteht zwischen G. u. M.
(Zum Typ C vgl. ausführlich HACKEL 1995, 90ff.)

3.4. Zusammengesetzter und zusammengezogener Satz

Durch die Kombination zweier oder mehrerer Teilsätze (Elementarsätze) entsteht der zusammengesetzte Satz. Da Sätze Sachverhaltsbeschreibungen sind, finden Beziehungen zwischen Sachverhalten in den Beziehungen zwischen Einzel- und Teilsätzen sprachlichen Ausdruck. Solche Beziehungen können auf unterschiedliche Art sprachlich ausgedrückt werden. Dabei handelt es sich um Verknüpfungen oder Einbettungen von Satzstrukturen. Diese können nach ihrer Semantik und nach ihrer syntaktischen Struktur subklassifiziert werden. Diese beiden Einteilungskriterien überschneiden und kreuzen sich.

Nach der syntaktischen Struktur unterscheidet man die koordinative und die subordinative Verknüpfung (vgl. 3.1.2.). Beide Verknüpfungsweisen können in einem zusammengesetzten Satz zugleich vorkommen:

Mein Freund schrieb mir, daß *er gesund in Hanoi angekommen sei* und daß *seine Gastgeber ihn herzlich aufgenommen hätten.*

Die beiden mit *daß* eingeleiteten Nebensätze (Objektsätze) sind untereinander koordiniert und dem vorausgehenden Hauptsatz subordiniert.

3.4.1. Koordination

Die Koordination ist ein syntaktisches Prinzip, durch das verschiedenartige Zusammenhänge zwischen Sachverhalten ausgedrückt werden können. Die Glieder einer koordinativen Verknüpfung, einer **Reihe**, werden **Konjunkte** genannt. Sie können unverbunden aufeinanderfolgen, einfach oder (bei mehr als zwei Konjunkten) mehrfach untereinander verbunden sein. Danach wird zwischen Asyndese, Monosyndese und Polysyndese als Prozessen bzw. – in der Stilistik – zwischen Asyndeton (Reihe ohne Konjunktion), Monosyndeton (durch eine Konjunktion verbunden) und Polysyndeton (Wiederholung der gleichen Konjunktion) unterschieden. Verbindungselemente zwischen den Konjunkten können koordinierende Konjunktionen (1) oder Adverbien (2) sein:

(1) *Mein Freund hat mich eingeladen,* aber *ich konnte ihn nicht besuchen.*
(2) *Dieses Buch interessiert mich,* deshalb *werde ich es mir kaufen.*

Die Konjunktion *aber* steht vor dem ersten Satzglied (Subjekt) des zweiten Konjunkts (Teilsatzes). Das Adverb *deshalb* dagegen fungiert als Adverbialbestimmung und füllt das Vorfeld des zweiten Teilsatzes aus.

Bei der koordinativen Verknüpfung ist zwischen den Konjunktbedeutungen und den Bedeutungen der Verbindungselemente (Konjunktionen, Adverbien) zu unterscheiden. Konjunktbedeutungen widerspiegeln Sachverhalte und figurieren als „Exemplifizierungen einer sie gemeinsam umgreifenden Klasse (bzw. eines Oberbegriffs)" (LANG 1975, 87). Die Konjunkte müssen untereinander verträglich (kompatibel) sein. Diese notwendige Bedingung wird erfüllt, wenn die Konjunkte zugleich übereinstimmende und auch unterscheidende (distinktive) semantische Merkmale (Seme) besitzen. Darüber hinaus erlegt die Koordination den Konjunktbedeutungen einen Zwang zur Parallelität, den sog. „Parallelisierungseffekt", auf. Dieser wirkt sich u.a. dahingehend aus, daß polyseme Konjunkte innerhalb der Reihe vereindeutigt (monosemiert) werden oder daß in der Gegenüberstellung der Konjunkte bestimmte Seme betont werden, z.B.

Der Dompteur dressiert Löwen und Tiger. (sexusunspezifisch)
Der Dompteur dressiert Löwen und Löwinnen. (sexusspezifisch)

Bestimmte Gemeinsamkeiten der Konjunkte ermöglichen auch die Reduktion (Tilgung, Weglassung) identischer Glieder (Konjunkte). Man spricht von Konjunktionsreduktion (vgl. GRUNDZÜGE 1984, 144):

Ich saß auf dem Dach und konnte alles genau sehen. (H. Kant)
Peter fand eine Mark und Paul (fand) zwei (Mark).
Meine Mutter arbeitet als Verkäuferin in der Kaufhalle und mein Vater als Anlagenfahrer im Stickstoffwerk.

Dadurch tritt neben die Satzverbindung bzw. Satzreihe, in der jeder Teilsatz grammatisch vollständig ist, der **zusammengezogene** Satz, in dem ein gemeinsames Satzglied zweier Elementarsätze aus sprachökonomischen Gründen nur einmal gesetzt wird.

Eine spezifische Funktion erhält die Koordination innerhalb des Textaufbaus dadurch, daß der Rezipient durch die koordinative Verknüpfung dazu veranlaßt wird, zu den Konjunkten einen Oberbegriff, ein gemeinsames Thema (die „Gemeinsame Einordnungsinstanz") zu finden:

Diese beiden Komponenten sind nicht voneinander trennbar; menschliche Tätigkeit ist nie nur praktisch oder nur geistig, sie ist stets beides zugleich. (GORETZKI u.a. 1971, 135)

Gemeinsames Thema der koordinierten Sätze, also der Satzverbindung: *untrennbare Einheit von praktischer und geistiger Tätigkeit.* Auf diesem Effekt beruht auch die gedankliche Synthese der komplexen Bedeutung von Texten, die der Rezipient aus den Bedeutungen der einzelnen Sätze innerhalb eines Textes (den Textemen) konstituiert (vgl. 4.). Überhaupt lassen sich viele Erkenntnisse, die wir bei der Behandlung zusammengesetzter Sätze und ihrer grammatischen Bedeutungen erarbeiten, auch auf Texte anwenden. Das heißt nicht, daß mit einer solchen Synthese der Sinn eines Textes in vollem Maße erschlossen werden kann; dazu bedarf es weiterer Prozeduren.

Von den Konjunktbedeutungen, die Sachverhalte oder Sachverhaltselemente widerspiegeln, sind die **Konjunktionsbedeutungen** zu unterscheiden: Sie „referieren [...] auf Operationen der Kenntnisverarbeitung. Die operative Bedeutung einer Konjunktion besteht somit darin, daß sie eine Anweisung repräsentiert, über den Konjunktbedeutungen bestimmte kognitive Operationen auszuführen" (LANG 1975, 101f.). Für Konjunktionen und Adverbien in der koordinativen Verknüpfung ergeben sich folgende Bedeutungsgruppen hinsichtlich semantischer Beziehungen zwischen koordinierten Sätzen:

Grammatische Bedeutung	koordinierende Konjunktionen	Adverbien
additiv, kopulativ (anreihend)	und, sowie, wie, sowohl – als auch, nicht nur – sondern auch	auch, außerdem, ferner, zudem, überdies, ebenso, ebenfalls, gleichfalls
kopulativ-negativ	weder – noch, nicht – noch	
alternativ, disjunktiv	oder, beziehungsweise (bzw.), entweder – oder	sonst, andernfalls
adversativ (entgegenstellend)	aber, doch, jedoch, (nicht) – sondern	dennoch, vielmehr, dagegen, hingegen
restriktiv (einschränkend)	aber, allein, jedoch, doch	indes, indessen, freilich, nur, zwar – aber, allerdings, wohl – (aber)
explikativ (erklärend)	nämlich	und zwar, d.h. (das heißt), d.i. (das ist)

Grammatische Bedeutung	koordinierende Konjunktionen	Adverbien
einteilend, gliedernd	–	teils – teils, halb – halb; bald – bald, erstens, zweitens ..., einerseits – andererseits
kausal (begründend)	denn	–
konsekutiv (folgernd)	–	also, daher, deshalb usw. (vgl. 3.3.2.6.)
konzessiv (einräumend)	zwar – aber doch	dennoch, gleichwohl, indessen, nichtsdestoweniger, trotzdem

Für die Beschreibung der Bedeutung koordinierender Konjunktionen im Wörterbuch hat LANG (1982, 97ff.) folgenden Plan vorgeschlagen:

„*und* signalisiert, daß die in den Konjunkten benannten Sachverhalte, Dinge oder Eigenschaften bezüglich einer gegebenen Äußerungssituation als zugleich bestehend (bzw. geltend) rezipiert werden sollen [...] Akzeptabilitätsbedingungen: Die normale, unmarkierte *und*-Verknüpfung verlangt, daß die Konjunktbedeutungen

(a–1) sich nicht ausschließen [...]
(a–2) sich nicht einschließen (sonst sind Zusätze nötig [...])
(a–3) voneinander unabhängig, kontrastfähig [...] und lexikalisch verschieden belegt sind (ausgenommen phraseologische Iterationen [...], z.B. *gleich und gleich, dann und dann, so und so*)" (a.a.O., 98).

„[...] austauschbar durch *aber*, wenn die verbundenen Glieder mindestens zwei parallel strukturierte Kontrastpaare aufweisen:

alle gehen weg, und ich soll bleiben, woher nehmen und nicht stehlen, er weiß die Wahrheit und sagt sie nicht" (a.a.O., 101).

„III. in Verbindungen, die nicht als nebenordnend [...], sondern als gleichbedeutend mit Satzgefügen und anderen Konstruktionen interpretiert werden

1.1. das zweite Glied der Verbindung ist gleichbedeutend einer Infinitivkonstruktion mit *zu: tu mir den Gefallen und geh* [...]

1.2. das zweite Glied entspricht einem *daß*-Satz: *es fehlte nicht viel, und das Kind wäre verletzt worden* –

2. das erste Glied der Verbindung entspricht einem konditionalen Nebensatz,
2.1. wenn das erste Glied der Verbindung ein Imperativsatz, das zweite ein Aussagesatz ist: *komm her, und ich helfe dir ...*
2.2. wenn das erste Glied ein nominales Satzfragment, das zweite ein Aussagesatz ist: *noch ein Bier, und ich gehe* [...]" (a.a.O., 102).

Bemerkenswert an dieser Übersicht ist nicht nur die Polysemie von *und*, sondern auch ihre Vereindeutigung durch bestimmte Arten von Konjunkten.

In mehrgliedrigen Satzreihen, die mehr als zwei Konjunkte enthalten, können auch verschiedenartige Bedeutungsbeziehungen kombiniert sein, in folgendem Beispiel konzessiv und konsekutiv:

Sie säten nicht, und *sie ernteten doch,* und deshalb *nächtigte Großvater, wenn die Kürbisse reiften, draußen.* (Strittmatter)

In einem zweiten Beispiel finden wir adversative und kausale Beziehung:

Ich versuchte die Hagebutten zu zählen, aber *nach der hundertsten gab ich es auf;* denn *es hingen gewiß mehr als tausend rote Samenkapseln am Strauch.* (Strittmatter)

Entsprechende Konjunktbedeutungen vorausgesetzt, kann das kopulative Verhältnis mit Hilfe bestimmter Adverbien (z.B. *und hier, und da, und demgemäß*) auch als lokale, temporale, vergleichende oder steigernde Beziehung zwischen koordinierten Sätzen modifiziert werden.

Die koordinative Verknüpfung von Teilsätzen wird in der geschriebenen Sprache durch Komma markiert, zuweilen steht auch ein Semikolon:

Am Wegrand stehen die Heckenrosen; zart ist ihr Rosa, scheu ist ihr Duft, glanzrot sind später die Hagebutten. (Strittmatter)

Bei kopulativen und alternativen Konjunktionen wird die Kommasetzung allerdings in das Ermessen des Schreibenden gestellt (§ 73, vgl. 3.2.1.2.4).

Im zusammengezogenen Satz, bei dem zwei aufeinanderfolgende Elementarsätze ein Glied gemeinsam haben, entfällt das Komma vor *und*. In dem folgenden Zitat tritt die finite Verbform in den letzten beiden Hauptsätzen nur einmal auf:

Vollständige Ruhe wurde geboten, Eisstückchen wurden geschluckt, Morphium ward gegen den Hustenreiz verabfolgt und das Herz nach Möglichkeit beruhigt. (Th. Mann)

3.4.2. Subordination

3.4.2.1. Traditionelle Einteilungskriterien

Im Falle der subordinativen Fügung (Hypotaxe) bestehen zwischen den Teilsätzen eines zusammengesetzten Satzes syntaktische Abhängigkeitsbeziehungen. Alle abhängigen Sätze heißen Nebensätze, der den Nebensätzen übergeordnete, dominierende Satz ist der Hauptsatz. Hauptsatz und Nebensatz (oder Nebensätze) gemeinsam bilden ein Satzgefüge. Nebensätze werden nach folgenden Kriterien bestimmt und eingeteilt:

1. nach dem Strukturtyp als Spannsatz (= eingeleiteter Nebensatz), Kern- oder Stirnsatz (= uneingeleiteter Nebensatz),

2. nach der Stellung innerhalb des Satzgefüges im Verhältnis zum unmittelbar übergeordneten Teilsatz (Vorder-, Nach- oder Zwischensatz),

3. nach dem Grad der Abhängigkeit: Unmittelbar vom Hauptsatz abhängige Teilsätze sind Nebensätze ersten Grades; von Nebensätzen abhängige Teilsätze sind Nebensätze zweiten, dritten, vierten usw. Grades je nach dem Abhängigkeitsgrad des Trägersatzes (= dem Nebensatz unmittelbar übergeordneter Teilsatz),

4. nach dem Vorhandensein von Einleitewörtern in eingeleitete und uneingeleitete Nebensätze. Bei der Subklassifizierung eingeleiteter Nebensätze ist nach folgenden Merkmalen zu entscheiden:

a) Konjunktionalsatz: Das Einleitewort tritt erst nach der Einbettung des Nebensatzes auf und hat keinen Satzgliedwert,

b) Relativsatz: Das Einleitewort vertritt ein Bezugswort des übergeordneten Satzes oder den ganzen übergeordneten Satz, dient ebenfalls der Einbettung des Nebensatzes, hat aber immer Satzgliedwert. Man unterscheidet nach dem Anlaut d-Relativa (*der, die, das*) und w-Relativa (Pronomen, Adverbien, Pronominaladverbien, z.B. *was, wer, welcher; wo, wie; wodurch, womit, wozu*),

c) Interrogativ- oder Fragewortsätze: Das Einleitewort ist Interrogativpronomen oder interrogatives Adverb und kennzeichnet eine Leerstelle, eine Unbekannte in der Sachverhaltsdarstellung. Es steht deshalb schon im selbständigen Fragesatz, also vor der Einbettung in ein Satzgefüge und hat Satzgliedwert. Man muß also unterscheiden:

> *Ich weiß nicht, wer an der Tür geläutet hat.* (Interrogativsatz)
> *Wer einmal lügt, dem glaubt man nicht ...* (Relativsatz)

5. nach dem syntaktischen Strukturwert als Gliedsatz (Subjekt-, Objekt-, Adverbial- oder Prädikativsatz), Gliedteilsatz (Attributsatz) oder weiterführender Nebensatz.

Das Kriterium der syntaktischen Beziehungen zwischen einem Nebensatz und dem übergeordneten Satz (dem Trägersatz) wird weder nur vom Einleitewort noch von der Semantik des Nebensatzes bestimmt, sondern von der Stellung des Nebensatzes im Verhältnis zum Valenzträger des Trägersatzes bzw. von der Spezifik der Abhängigkeitsbeziehung. Das soll folgendes Beispiel zeigen:

Ich weiß nicht, wo er wohnt. (Objektsatz)
Mir ist nicht bekannt, wo er wohnt. (Subjektsatz)
In Berlin, wo er wohnt, *will er auch studieren.* (Attributsatz)
Wir treffen uns (dort), wo er wohnt. (Quasi-Lokalsatz)

Obwohl der Nebensatz im Wortlaut unverändert bleibt, wird sein Satzgliedwert unterschiedlich bestimmt, und zwar in Abhängigkeit vom Trägersatz (hier: Hauptsatz) und von dem Platz, den der Nebensatz darin einnimmt. Im folgenden Satzgefüge bezieht sich ein Nebensatz auf zwei Hauptsätze, er ist in Beziehung zum ersten Hauptsatz Subjektsatz und in Beziehung zum zweiten Objektsatz:

Mir ist bewußt und ich werde beherzigen, daß Millionen Menschen in der dritten Welt unserer humanitären Hilfe bedürfen.

In diesem Zusammenhang sei auf die Erscheinung des **Korrelats** (auch *Explikat*, *Deutewort*, *Platzhalter* genannt) hingewiesen. Darunter wird ein Pronomen oder Pronominaladverb verstanden, das im Trägersatz die Leerstelle einnimmt, der auch der Nebensatz zuzuordnen ist. Ein solches Korrelat kann dem Nebensatz vorausgehen (1) oder folgen (2):

(1) *Es ist zu bedauern, daß Paul plötzlich erkrankt ist.*
 Niemand kümmerte sich darum, *daß Agathe Denhöfer den Franz Schweigert geheiratet hatte.* (Seghers)
(2) *Wes das Herz voll ist*, des *geht der Mund über.*

In den angeführten Satzgefügen tritt das Korrelat (*es, darum, des*) beim nachgestellten Subjektsatz und bei Objektsätzen auf. Bei Prädikatsausdrücken, die Präpositionalobjekte fordern, sind solche Korrelate (Pronominaladverbien) teilweise obligatorisch:

darauf achten, daran arbeiten, daran denken, sich dafür bedanken, daraus (schluß-)folgern, darauf verzichten, dazu führen, (etw.) darin / in der Tatsache sehen, darin übereinstimmen.

Bei anderen Verben ist das Korrelat des Nebensatzes fakultativ:

jmd. (danach) fragen, jmd. (dafür) danken, jmd. (darum) bitten, sich (darauf) besinnen, (darüber) klagen, (darüber / davon) berichten.

Einmal gehört es zur Beherrschung des Deutschen, daß man weiß und beachtet, wann das Korrelat stehen *muß*, wann es stehen *kann* und wann es *nicht* stehen darf. Ein Problem der syntaktischen Analyse ist zum andern darin zu sehen, daß das Korrelat jeweils als Kern des Satzglieds verstanden und der Nebensatz dann konsequenterweise als Gliedteilsatz (Attributsatz) bestimmt werden könnte. Eine solche Auffassung, die sich auf die syntaktische Formstruktur des Satzgefüges beruft (vgl. z.B. HELBIG/BUSCHA 1994, 670), teilen wir nicht. Für uns ist die inhaltliche Leistung (und nicht die formale Struktur) ausschlaggebend, und diese wird in den angeführten Fällen durch den Nebensatz als Sachverhaltsdarstellung (und nicht durch das Korrelat) geboten. Da die Semantik der hier verwendeten Nebensätze, konjunktionaler und interrogativer Objekt- und Subjektsätze (außer (2)), nicht derjenigen der Attributsätze entspricht (vgl. 3.2.3.2.3.), sind sie als Objekt- und Subjektsätze zu klassifizieren.

3.4.2.2. Typen syntaktisch-semantischer Beziehungen

Neueren Darstellungen (vgl. BOETTCHER/SITTA 1972; DUDEN-GRAMMATIK 1995, 730–783; FLÄMIG 1991, 268–321) folgend, sollen hier drei Haupttypen von Nebensätzen in einfachen Satzgefügen unterschieden werden:

1. *Komplement- oder Inhaltssätze* – das sind abhängige Sätze, die wie andere Aktanten Leerstellen von Valenzträgern besetzen. Entsprechende Prädikatsausdrücke im Trägersatz verfügen über die Fähigkeit, Merkmale von Sachverhalten zu bezeichnen;
2. *Verhältnissätze* – die den Nebensatz einleitende Konjunktion signalisiert eine bedeutsame Beziehung zwischen zwei Sachverhalten;
3. *Relativsätze* – eingeleitet durch Relativpronomen oder -adverbien.

3.4.2.2.1. Komplementsätze

Interrogativ- und Konjunktionalsätze sowie uneingeleitete Nebensätze, die als Subjekt- oder Objektsätze fungieren und als „prädikative Aktanten" (vgl. HELBIG 1983b, 106) valenzbedingt sind, stellen Sachverhalte dar, denen Eigenschaften zuerkannt oder die zu Individuen oder zu anderen Sachverhalten in Beziehung gesetzt werden.

1. Bewertung eines Sachverhalts, der im Subjektsatz dargestellt wird

> Es ist schön, *daß ihr gekommen seid.*
> *Ob ich Inge heute treffe,* ist zweifelhaft.
> Die Hauptsache ist, *daß jeder von uns ein guter Lehrer wird.*
> Die Frage ist, *ob seine Anstrengungen von Dauer sind.*

Der Hauptsatz drückt also eine Stellungnahme unterschiedlicher Art aus: Geltungsgrad einer Aussage, positive oder negative Wertung, Relevanz oder Irrelevanz eines Sachverhalts, Ausdruck eines Gefühls oder einer Absicht. Im Nebensatz (Subjektsatz) wird der Sachverhalt dargestellt, zu dem Stellung genommen wird. Die Stellungnahme kann durch Verben, prädikative Adjektive oder Substantive ausgedrückt werden, z.B. die Gewißheit, daß eine Aussage richtig ist:

> *es trifft zu, es stimmt, es steht fest, es bewahrheitet sich; es ist gewiß, klar, offenbar, offenkundig, sicher, unbestreitbar, erwiesen, unbezweifelbar; es ist der Fall, Fakt, Tatsache.*

Ein Sachverhalt wird als bedeutsam oder als ohne Bedeutung bewertet:

> *es ist aufschlußreich, beachtenswert, bedeutsam, belangvoll, bemerkenswert, entscheidend, ausschlaggebend, wesentlich, wichtig; es ist ohne Bedeutung, ohne Belang, einerlei, gleich(gültig), nebensächlich, unerheblich, es tut nichts zur Sache* (vgl. STARKE 1990).

2. Ausdruck einer Relation zwischen einem Individuum (oder einer Gruppe von Individuen) und einem Sachverhalt (Subjekt- oder Objektsatz). Subjektsätze stellen u.a. Sachverhalte dar, die Wirkungen auf Menschen ausüben, überwiegend bei transitiven Verben:

   > *Mich bewegt,* wieviel Menschen alltäglich Opfer von Verkehrsunfällen werden.
   > Daß Fritz nicht schreibt, *beunruhigt die Eltern.*
   > Daß wir Erfolg haben, *erfüllt uns mit Stolz.*

   Objektsätze stehen vor allem bei Verben der sinnlichen Wahrnehmung, des Denkens, Fühlens, Wollens und der sprachlichen Kommunikation (Sprechen, Schreiben und Verstehen) und stellen Bewußtseins- und Äußerungsinhalte dar. In diese Gruppe gehören auch Nebensätze der Redewiedergabe und Reflexionsdarstellung. Bei ihren Inhalten kann zwischen Aussage (1), Aufforderung (2), Entscheidungsfrage (3) und Ergänzungsfrage (4) unterschieden werden. Dementsprechend kann hier analog den Satzarten (vgl. 3.2.2.) von abhängigen oder **indirekten** Aussage-, Aufforderungs- und Fragesätzen gesprochen werden:

   (1) *Hans schrieb mir gestern,* daß er mich in Berlin erwarte / er erwarte mich in Berlin.
   (2) *Der Bauleiter hat angewiesen,* daß auf der Baustelle Schutzhelme getragen werden / auf der Baustelle Schutzhelme zu tragen.
   (3) *Der Fremde hat mich gefragt,* ob ich den Weg zum Rathaus wisse.
   (4) *Der Lehrer wollte wissen,* warum Inge nicht an der Exkursion ins Großkraftwerk teilnimmt.

   Konjunktionalsätze bei (1) und (2) konkurrieren mit uneingeleiteten Nebensätzen, unter bestimmten Bedingungen auch mit Infinitivgruppen.

3. Darstellung einer Beziehung zwischen zwei Sachverhalten
   In diesem Falle werden zwei Sachverhalte in Nebensätzen (Subjekt- und Objektsatz) ausgedrückt, zwischen denen ein Prädikatsausdruck (meist ein zwei- oder dreiwertiges Verb oder Funktionsverbgefüge) zum Ausdruck einer spezifischen semantischen Beziehung steht:

Ob du Erfolg hast, *hängt davon ab,* mit welcher Kraft und Ausdauer du dein Ziel verfolgst. Daß Inge Grippe hat, *rührt daher,* daß sie sich nicht hat impfen lassen. Daß ihr mit zupackt, das *hilft,* die Arbeit schneller zum Abschluß zu bringen.

Die in 1. bis 3. beschriebenen Subjekt- und Objektsätze sind „lexikalisierte und damit realisierte Argumente einer Prädikatsemstruktur, sind konkrete Besetzungen von Leerstellen, die in der Bedeutung des Prädikatsemems angelegt sind" (HELBIG 1982a, 16). Sie setzen Prädikatsausdrücke im Trägersatz (meist Hauptsatz) voraus, in deren Semantik eine Sachverhaltsbeschreibung als Aktant motiviert ist. Diese Art Nebensätze sind also valenzbedingt bei bestimmten Bedeutungsgruppen von Prädikatsausdrücken (Wortfelder), sind subklassenspezifisch.

Zu den Inhalts-, Komplement- oder Aktantensätzen, die Sachverhalte als Teile von Sachverhaltskomplexen sprachlich darstellen, gehört auch die direkte Rede, d.h., die direkte (wörtliche) Rede fungiert als vom Verb oder Substantiv der Redekennzeichnung abhängiger Objekt- (1), Subjekt- (2) oder Attributsatz (3):

(1) *Beim Abschied sagte er:* „Wir treffen uns morgen früh um neun."
(2) *Dem Bewerber wurde zugesichert:* „Wir werden Ihren Antrag sorgfältig prüfen und Sie vom Ergebnis benachrichtigen."
(3) *Wie oft hört man noch die fragwürdige Auffassung:* „Was ich nicht weiß, macht mich nicht heiß."

Von Komplementsätzen müssen Relativsätze unterschieden werden, die oberflächensyntaktisch ebenfalls als Subjekt- und Objektsätze – und außerdem als Prädikativsätze – vorkommen, aber bei beliebigen Prädikatsausdrücken des Trägersatzes stehen und an die Stelle der Bezeichnung von Dingen oder Lebewesen treten können (also nicht Geschehen oder Sein als Sachverhalt darstellen wie die vorstehenden Nebensätze):

Wer langsam geht, *kommt auch zum Ziel.*
Was du heute kannst besorgen, *(das) verschiebe nicht auf morgen.*
Fritz möchte werden, was sein Onkel ist.
Was mein Bruder darf, *darf ich auch (tun).*

Solche verallgemeinernden Relativsätze charakterisieren Gruppen von Personen, Dingen, Aktionen durch Angabe eines gemeinsamen invarianten Merkmals. Dabei bleiben Anzahl und Individualität der zu diesen Gruppen gehörigen Elemente unbestimmt (vgl. 3.4.2.2.3.). Das wird ganz deutlich, wenn man sie entsprechend umformt, z.B.

Derjenige Mensch, der langsam geht, *kommt auch zum Ziel.*
Dinge, die du heute besorgen kannst, *verschiebe nicht auf morgen!*

Zu den Relativsätzen gehören auch Subjektsätze, die Ergebnis einer „Satzspaltung" sind und deshalb **Spaltsätze** oder **Emphasesätze** heißen:

> Was er nicht wußte, *war,* daß das Fernsehen aus mehreren gesellingen Stätten Leipzigs Ausschnitte übertrug. (Tageszeitung)
> Was ich will, *ist,* daß sie nicht zugrunde geht. (Brežan)

Hier liegen Hauptsätze ohne lexikalische Semantik vor, das kopulative Verb (*ist, war*) ordnet das Geschehen nur zeitlich und modal ein. Die mit *daß* eingeleiteten Prädikativsätze sind eigentlich Objektsätze, wie folgende Umformung eindeutig zeigt:

> *Er wußte nicht,* daß das Fernsehen Ausschnitte übertrug.
> *Ich will nicht,* daß sie zugrunde geht.

Die Satzspaltung, durch die der Subjektsatz hervorgerufen wird, dient der expressiven Hervorhebung des Prädikatsausdrucks. Relativpronomen und kopulative Verben fallen weg, wenn statt der Subjektsätze Hauptsätze stehen.

3.4.2.2.2. Verhältnissätze

Verhältnissätze haben folgende Merkmale:

a) Sie sind syntaktisch vollständigen Trägersätzen untergeordnet, besetzen also nie Leerstellen von Valenzträgern wie Komplementsätze.
b) Es sind entweder Konjunktionalsätze oder semantisch analoge uneingeleitete Stirnsätze. Als Einleitewörter sind alle subordinierenden Konjunktionen (vgl. 2.9.) möglich.
c) Satzgefüge mit Verhältnissätzen dienen der Darstellung einer kommunikativ bedeutsamen inhaltlichen Beziehung zwischen zwei Sachverhalten entsprechend den Bedeutungsgruppen der Adverbialbestimmungen (vgl. 3.3.2.6., ausgenommen das lokale Verhältnis).

Die DUDEN-GRAMMATIK (1995, 760–783) belegt dazu im einzelnen: Kausal-, Konsekutiv-, Konzessiv-, Konditional-, Final-, Modal-, Temporalsätze, Nebensätze in einer Folgerungsbeziehung, Nebensätze in einer Relevanz-/Irrelevanzbeziehung, Nebensätze in einer Konfrontationsbeziehung, Nebensätze der Aussagenpräzisierung.

Repräsentativ sind also für Verhältnissätze folgende Satzgefüge:

(1) *Ich war Ihnen dankbar,* weil ich zum erstenmal mich gleichsam bestätigt fühlte. (St. Zweig) = Kausalsatz
(2) Indem die Tückische dermaßen ihre Schwestern gleichzeitig lockte und abmahnte, *träufte derart glatte Rede nur Öl in die brennende Flamme ihres Hochmuts.* (St. Zweig) = Modalsatz
(3) Soweit ich das beurteilen kann, *ist die Klassenarbeit ganz gut ausgefallen.* = Nebensatz der Aussagenpräzisierung

Zum Ausdruck mancher adverbialen Beziehungen bedarf es keiner Konjunktionen; diese Bedeutungsbeziehungen ergeben sich schon aus den Inhalten der

Teilsätze des Satzgefüges. Davon sollen die folgenden Beispiele mit uneingeleiteten Nebensätzen (Stirnsätzen) zeugen:

(4) *Im Fernstudium spielen Konsultationen eine entscheidende Rolle,* dienen sie doch der Vertiefung und Festigung des Lehrstoffes.

(5) *Mancher Unfall hätte verhindert werden können,* hätten die Verantwortlichen gewissenhafter und vorsichtiger gehandelt.

(6) Waren die meisten Köpfe auch noch trostlos leer wie die Ruinen, *einigen Menschen sah man schon eine Zuversicht an* ... (Seghers)

Im einzelnen handelt es sich um einen Kausalsatz (4), einen Konditionalsatz (5) und einen Konzessivsatz (6). Systematisch werden die Arten der Adverbialsätze in 3.3.2.6. beschrieben. Ein Sonderfall liegt allerdings bei Lokalsätzen vor. „Sie drücken niemals ein räumliches Verhältnis zwischen Sachverhalten aus, sondern vermitteln immer nur die nähere Kennzeichnung eines Ortes, an den ein Sachverhalt oder einzelne Komponenten eines Sachverhalts fixiert sind. Der (als gegeben vorausgesetzte) Ort des Lokalsatz-Sachverhalts determiniert den Ort des Sachverhalts des übergeordneten Satzes." (GRUNDZÜGE 1984, 788). Es handelt sich also eigentlich um einen Attributsatz (vgl. 3.2.3.2.3.). Deshalb wurde in 3.2.3.2. vom Quasi-Lokalsatz gesprochen. Fehlt ein Bezugswort im Trägersatz, ist die Zuordnung des Quasi-Lokalsatzes zu den Gliedsätzen (Adverbialsätzen) dennoch möglich.

3.4.2.2.3. Relativsätze

Relativsätze sind Nebensätze, die durch ein Relativpronomen oder ein Relativadverb eingeleitet werden. Dieses Relativum repräsentiert syntaktisch ein Satzglied des Nebensatzes; es ist semantisch gefüllt durch den Rückbezug auf ein Satzglied im Trägersatz. Allgemeines funktional-semantisches Merkmal aller Relativsätze ist es, Individuen, Gruppen oder Klassen von Individuen oder Sachverhalte durch Sachverhaltsbeschreibungen (= Nebensätze) zu charakterisieren. Folgende Subklassen attributiver Relativsätze lassen sich unterscheiden:

1. Der erläuternde, appositive oder nichtrestriktive Attributsatz bietet eine zusätzliche, zur Identifizierung der Denotate nicht erforderliche Information. Er kann also weggelassen werden, ohne daß dadurch der übergeordnete Satz mißverstanden oder semantisch verändert wird, und wird vom übergeordneten Satz durch eine kurze Sprechpause getrennt (sogenannte Parenthese-Intonation):

(1) *Der Urlaub,* den ich im Gebirge verlebte, *hat mir neue Kraft für künftige Anstrengungen gegeben.*

(2) *In Frankfurt an der Oder,* wo H. v. Kleist geboren wurde, *gibt es auch ein Stadttheater.*

2. Der restriktive oder einschränkende Attributsatz gibt Merkmale wieder, die ein Individuum oder eine Gruppe von Individuen von anderen mit gleicher Be-

nennung abgrenzen, eine Gruppe von Individuen also identifizieren. Solche Attributsätze sind zum eindeutigen Verständnis des Satzgefüges unentbehrlich, sie schränken den Bedeutungsumfang ihres Bezugswortes durch Merkmalsangaben ein und folgen auf ihr Bezugswort ohne Pause (sogenannte enklitische Intonation):

(3) *Rechtsgeschäfte, die Alfred ausschließlich einen rechtlichen Vorteil bringen, sind auch ohne Einwilligung der Eltern wirksam.*
(Beck'scher Ratgeber Recht)
(4) *Nur der sieht, der auch liebt* ... (A. Zweig)

3. Der vergleichend determinierende Attributsatz kennzeichnet und spezifiziert die Semantik des Bezugswortes dadurch, daß er ein Vergleichsmaß oder eine maßstabsetzende Bedingung ausdrückt. Er wird meist durch das relative Adverb *wie* an das Bezugswort angeknüpft; bei vorangehendem Demonstrativpronomen *solch* kann auch *daß* den Attributsatz einleiten.

(5) *Anja möchte einen Pelzanorak, wie er im Schaufenster ausgestellt ist.*
(6) *Ist die Theorie eines Gegenstandsbereichs ausgereift, so stehen Theorie und Methode in einem solchen Verhältnis zueinander, daß die Methode auf der Theorie aufbaut.*

Die drei angeführten Arten von Attributsätzen 1.–3. werden als determinierende Attributsätze (oder Determination) zusammengefaßt.

4. Unter bestimmten syntaktischen Bedingungen kann das Bezugswort im Trägersatz fehlen. Diese Relativsätze erscheinen dann im Satzgefüge oberflächensyntaktisch als Gliedsätze (Subjekt-, Objekt-, Prädikativ- oder Quasi-Lokalsätze). Durch das einleitende Relativum und durch die semantische Leistung, Größen zu charakterisieren, unterscheiden sich aber auch diese Relativsätze deutlich von Komplement- (vgl. 3.4.2.2.1.) und Verhältnissätzen (vgl. 3.4.2.2.2.).

(7) *Als niedrig gilt* (ergänze: *das*), *was für die Niedergehaltenen nützlich ist.* (Brecht)

3.4.2.2.4. Weiterführender Nebensatz

In der Fachliteratur erscheint der von O. Behaghel (1923 – 1932. Bd. 3, 771ff.) geprägte Terminus „weiterführender Nebensatz" als ein Auffangbecken für alle Nebensätze, die nicht entweder Gliedsätze oder Gliedteilsätze sind. Das bedeutet, daß eine große Vielfalt von Nebensatzarten „weiterführender Nebensatz" genannt wird. Aus einer kritischen Sichtung dieser Arten ergeben sich folgende Kriterien für die Bestimmung von Kerntypen weiterführender Sätze: obligatorische Schlußstellung im Satzgefüge; Fähigkeit, in einen selbständigen Satz umgeformt zu werden; Beziehung nicht auf ein Wort, sondern auf den ganzen formal übergeordneten Satz; Möglichkeit der Umformung des übergeordneten Satzes in einen Gliedsatz oder gar in ein Satzglied bei gleichzeitiger Umformung des weiterführenden Satzes in einen Hauptsatz. Bei Anwendung dieser Kriterien erweisen sich weiterführende Nebensätze überwiegend als Relativsätze, deren Einleitewort sich auf den Inhalt des übergeordneten Teilsatzes bezieht und die als Abwandlung quasi-koordinativer Verknüpfungen verstanden werden (vgl. HELBIG 1983c; GRUNDZÜGE 1984, 787). Folgende Beispiele sollen verdeutlichen, was weiterführende Nebensätze sind (in Klammern die Umformung in ein Satzgefüge mit Gliedsatz mit der gleichen referentiellen Bedeutung):

(1) *Unsere Fußballmannschaft gewann, worüber sich alle Schüler freuten. (Alle Schüler freuten sich, daß unsere Fußballmannschaft gewann.)*
(2) *Alle Passagiere schnallten sich an, worauf der Flugzeugführer startete. (Als alle Passagiere sich angeschnallt hatten, startete der Flugzeugführer.)*
(3) *Die Schüler musizierten beeindruckend, was allgemeinen Beifall fand. (Daß die Schüler beeindruckend musizierten, fand allgemeinen Beifall.)*
(4) *Sven erkrankte schwer, weshalb er an der Weimarexkursion nicht teilnehmen konnte. (Weil Sven schwer erkrankte, konnte er an der Weimarexkursion nicht teilnehmen.)*

Vorstehende Beispiele zeigen, daß sich die Hauptsätze bei weiterführenden Nebensätzen in einen Objektsatz (1), einen Temporalsatz (2), einen Subjektsatz (3) und einen Kausalsatz (4) umformen lassen. Daraus folgt, daß Satzgefüge mit weiterführendem Nebensatz analoge semantische Beziehungen zwischen Sachverhalten darstellen, wie sie bereits bei Satzgefügen mit Gliedsätzen und bei der Koordination behandelt wurden.

Die spezifische Leistungsfähigkeit weiterführender Nebensätze ist folglich darin zu sehen, daß sie es ermöglichen, einen Sachverhaltszusammenhang unter Beibehaltung derselben beteiligten Sachverhalte von verschiedenen Standpunkten aus zu sehen und darzustellen. Dieser Unterschied im Standpunkt ist dabei vor allem – wenn auch nicht ausschließlich – in Unterschieden in der Mitteilungshaltung des Textproduzenten gegenüber dem Rezipienten, in Unterschieden in der Mitteilungsperspektive und in der „kommunikativen Einstellung" des Autors zu sehen (vgl. STARKE 1982, 219).

3.4.3. Mehrfach zusammengesetzter Satz

In allen Fällen, in denen ein Ganzsatz drei und mehr Teilsätze umfaßt, liegen mehrfach zusammengesetzte Sätze vor; sie werden zuweilen – zumindest teilweise – auch **Perioden** genannt. Mehrfach zusammengesetzte Sätze können Satzverbindungen oder Satzgefüge sein, das hängt von der Art der syntaktischen

Beziehung zwischen den unmittelbaren Konstituenten ab, ob also Koordination (Parataxe) oder Subordination (Hypotaxe) dominiert (s. 3.1.2.).

Satzverbindung:

Die Stückeschreiber, die die Welt als eine veränderliche und veränderbare darstellen wollen, müssen sich an die Widersprüche halten, denn diese sind es, die die Welt verändern und veränderbar machen. (Brecht)

Es handelt sich um die Koordination von zwei Satzgefügen.

Satzgefüge:

Solche, die größten körperlichen Mut an den Tag gelegt haben, verzagen zuweilen, wenn es gilt, geistigen Mut zu zeigen. (Feuchtwanger)

Zwischen Nebensätzen in Satzgefügen können folgende syntaktisch-strukturellen Beziehungen bestehen:

1. Die Nebensätze sind einander untergeordnet (1., 2., 3. Grades):

   Ein Freund erzählte Herrn Keuner, seine Gesundheit sei besser,
      Hauptsatz   NS I
   seit er im Garten im Herbst alle Kirschen gepflückt habe, die
                  NS II
   an einem großen Baum hingen. (Brecht)
        NS III

2. Die Nebensätze sind untereinander koordiniert (Nebensätze gleichen Grades, nämlich ersten Grades, da vom Hauptsatz abhängig):

   Der Lehrer fragte den Schüler, wann Max Planck gelebt habe, wo er
       Hauptsatz   1. NS I
   geboren sei und welche seiner Schriften dem Schüler bekannt seien.
     2. NS I +   3. NS I

   Alle Nebensätze hängen von *fragte* ab, sind also Objektsätze.

3. Die Nebensätze sind weder koordiniert noch subordiniert, sondern drücken unterschiedliche syntaktisch-semantische Beziehungen aus:

   Als sich die Freunde trafen, berieten sie, weil sie noch Zeit hatten,
     1. NS I   Hauptsatz   2. NS I
   was sie gemeinsam unternehmen sollten.
      3. NS I

Alle Nebensätze sind 1. Grades, also vom Hauptsatz abhängig, zwei stellen eine ausgezeichnete adverbiale Relation dar (Temporal- und Kausalsatz), der dritte gibt einen Sachverhalt als Teil eines Sachverhaltskomplexes wieder (Objektsatz). Regelhaft ist hier die Stellung des Verhältnissatzes (2. NS I) *vor* dem Komplementsatz (3. NS I). (Vgl. STARKE 1989)

Durch Kombination dieser Fügungsweisen können sehr komplizierte Satzgefüge entstehen. Unter stilistischem Aspekt werden Nebensätze im ersten Beispiel auch Treppensätze genannt (vgl. oben zu 1.). Eine Periode, in deren Hauptsatz Nebensätze eingeschoben sind, wird Schachtelsatz genannt (vgl. LEXIKON 1985, 206):

Mitnichten hat die Nase meiner Wirtin, deren Name Eulalia ... Eulalia, wie Sie die Güte, sich zu erinnern, hatten, lautet, geblutet ... (Noll)

Mehrfach zusammengesetzte Sätze sind ein Charakteristikum der geschriebenen Sprache, da der Lesende die Möglichkeit hat, auch komplizierte Satzstrukturen nicht nur linear zu verfolgen wie in der gesprochenen Sprache, sondern sie zugleich als Ganzheit zu überblicken und gegebenenfalls durch Rückschau oder Wiederholung den Sinn des Satzes zu erfassen. Ein wichtiges Hilfsmittel ist ihm dabei die Untergliederung des Ganzsatzes durch Interpunktionszeichen, insbesondere die Abgrenzung von Teilsätzen durch Kommas.

3.5. Wortstellung – Satzgliedstellung

3.5.1. Wesen der Satzgliedstellung

ADMONI versteht unter Wortstellung solche Regeln, nach denen die Wörter im Satz einen bestimmten Platz einnehmen. Das hängt zusammen mit bestimmten Wortarten, aber noch bedeutend häufiger mit dem Satzgliedwert, den die Wörter haben (vgl. ADMONI 1986, 299; auch BÜNTING/EICHLER 1982, 174ff.). Für uns ist **Wortstellung** der Oberbegriff, die **Satzgliedstellung** sehen wir als einen spezifischen Aspekt der Wortstellung an. (Vgl. TARVAINEN 1986, 303ff.; EISENBERG 1994, 397ff.)

Im folgenden geht es uns um die Stellung der Satzglieder und Satzgliedteile, die in unterschiedlichen sprachlichen Formen auftreten können. Die Art der Anordnung ist für den kommunikativen Effekt von großer Bedeutung.

Die Eigenart der deutschen Satzgliedstellung ist in der Synthese von Elementen der beweglichen und der festen Anordnung zu sehen. Historisch haben sich bestimmte Anordnungstypen herausgebildet. Bei der Motivation der Satzgliedstellung gehen wir davon aus, daß es einerseits Stellungsregeln gibt, die mehr oder weniger systemhaft sind. Andererseits treten Ordnungsprinzipien auf, die vom Sprachbenutzer je nach der kommunikativen Situation und dem beabsichtigten kommunikativen Effekt gewählt werden. Die deutsche Satzgliedstellung beeinflussen folgende Faktoren:

1. der Strukturtyp
2. die Rahmenkonstruktion
3. die Valenzbindung
4. der Satzgliedwert
5. der Rhythmus
6. der Mitteilungswert (einschließlich des Determinierungsgrades).

Jede Satzgliedstellung ist das Resultat des Zusammenwirkens der oben genannten Faktoren. Bei der Erläuterung der einzelnen Faktoren der Satzgliedfolge muß im folgenden notwendigerweise eine Isolierung vorgenommen werden.

Aus didaktischen Gründen beziehen wir uns in erster Linie auf den Aussagekernsatz, dessen Grundgliederung wir als Ausgangspunkt wählen. DRACH (vgl. DRACH 1939, 17ff.; W. SCHMIDT 1983, 263ff.) hat den deutschen Kernsatz in drei Felder eingeteilt: Vorfeld-Mitte (finite Verbform = f.V.) – Nachfeld. Es ergeben sich aber Varianten dieser Gliederung:

Vorfeld	Mitte	Nachfeld
Er	schreibt	mir einen Brief.

Vorfeld	Mitte	Nachfeld	
		Klammerfeld	Rahmenendfeld
Er	hat	mir einen Brief	geschrieben.
	f.V.		Partizip II

prädikativer Rahmen

Vorfeld	Mitte	Nachfeld		
		Klammerfeld	Rahmenendfeld	Nachstellungsfeld
Er	hat	mich	beglückwünscht	zu diesem Ergebnis.
	f.V.		Partizip II	

prädikativer Rahmen

Im Spannsatz ist das Vorfeld nicht besetzt.

Vorfeld	Mitte	Nachfeld		
		Klammerfeld	Rahmenendfeld	Nachstellungsfeld
–	weil	er mir einen Brief	schrieb	aus diesem Anlaß.
	Einleitewort		f.V.	

Spannsatzrahmen

(Vgl. DRACH 1939, 28ff.; ENGEL 1973, 175ff., EISENBERG 1994, 408ff., NIEDER 1987, 163ff.)

Die Beweglichkeit der einzelnen Satzglieder ist unterschiedlich. Nach steigendem Grad der Beweglichkeit lassen sich folgende drei Gruppen unterscheiden:

1. Verbformen und nichtverbale Teile des Prädikats
2. valenzbedingte Satzglieder
3. freie Angaben.

3.5.2. Faktoren der Satzgliedstellung

3.5.2.1. Strukturtyp

Kriterium für die Einteilung der Sätze nach dem Strukturtyp ist die Stellung der finiten Verbform. Danach ergeben sich drei Strukturtypen:

1. Kernsatz – Zweitstellung der finiten Verbform
2. Stirnsatz – Spitzenstellung der finiten Verbform
3. Spannsatz – Endstellung der finiten Verbform

3.5.2.2. Rahmenkonstruktion

Es gibt Sätze mit und ohne Rahmen. Rahmenlose Sätze treten in Kern- und Stirnsätzen auf, wenn das Prädikat nur aus der finiten Verbform besteht.

Peter schreibt *heute einen Brief.*

Bei Sätzen mit Rahmen unterscheiden wir zwischen Sätzen mit einem prädikativen Rahmen und Sätzen mit einem Spannsatzrahmen. Den prädikativen Rahmen finden wir im Kern- und Stirnsatz, den Spannsatzrahmen im Spannsatz.

Im Kern- und Stirnsatz besteht der prädikative Rahmen aus der sich in Kern- bzw. Stirnstellung befindlichen finiten Verbform und den übrigen Prädikatsteilen.

Rahmenöffnung	Rahmenschließung	
finite Verbform	(1)	infinite Verbformen
	(2)	unfeste Präfixe und Verbzusätze
	(3)	Prädikativa
	(4)	notwendige Bestandteile fester Verbalverbindungen
	(5)	Negation
	(6)	Richtungsangaben

(Vgl. BOOST 1955, 39ff.; GRUNDZÜGE 1984, 706ff.; DUDEN-GRAMMATIK 1995, 785ff.)

(1) *Er* wird *heute* kommen. / Wird *er heute* kommen?
(2) *Er* hielt *uns* auf. / Hielt *er uns* auf?
(3) *Er* ist *bald* Lehrer. / Ist *er bald* Lehrer?
(4) *Das Stück* gelangt *in diesem Jahr* zur Aufführung. / Gelangt *das Stück in diesem Jahr* zur Aufführung?
(5) *Er* kommt *heute* nicht. / Kommt *er heute* nicht?
(6) *Er* fährt *heute* nach Rostock. / Fährt *er heute* nach Rostock?

Treten in einem Satz mehrere rahmenschließende Elemente auf, dann ergibt sich je nach der Enge der Bindung an die finite Verbform folgende Reihenfolge (vom Satzende aus betrachtet):

infinite Verbformen (1.)
Verbzusätze oder nominale Bestandteile des Prädikats (2.)
Negation (3.)
Das Theater hat *das Stück in diesem Jahr* nicht zur Aufführung gebracht.
                                                (3.)   (2.)   (1.)

Im Spannsatz erfolgt die Öffnung des Spannsatzrahmens durch das Einleitewort des Nebensatzes, die Rahmenschließung durch die finite Verbform.

Rahmenöffnung		Rahmenschließung
Einleitewort:		finite Verbform
Konjunktion	(1)	
Pronomen	(2)	
Adverb	(3)	

(1) *Ich hoffe,* daß *er heute* kommt.
(2) *Der Lehrer,* den *wir* trafen, ...
(3) *Den genauen Zeitpunkt,* wann *wir* kommen, ...

Treten im Spannsatz mehrere rahmenschließende Elemente auf, so erfolgt deren Anordnung wie im Kern-/Stirnsatz, allerdings unmittelbar vor der finiten Verbform.

Weil das Theater das Stück in diesem Sommer nicht zur Aufführung gebracht hat, ...

Zuweilen ist eine Umordnung der Prädikatsteile im Spannsatz nötig. Das betrifft u.a. Bildungen von Perfekt-/Plusquamperfektformen in Verbindung mit Modalverben und mit *lassen, sehen, hören, fühlen* und *helfen*. In solchen Prädikaten wird das Partizip II durch einen sogenannten Ersatzinfinitiv ersetzt, das finite Verb tritt vor die infiniten Verbformen.

Es ist kaum zu beschreiben, was wir dabei hatten *aushalten müssen.*
(* *was wir dabei aushalten gemußt* hatten)
Wir sind dir dankbar, daß du uns hast *packen helfen.* (* *daß du uns packen geholfen* hast)

Die Anordnung der finiten Verbform vor den infiniten Verbteilen ist für die mit Ersatzinfinitiv gebildeten Prädikatsformen nötig. Für die übrigen Verbgruppen, die aus zwei oder mehreren infiniten Formen bestehen, ist sie durchaus möglich.

Ob sie nun schreiben gelernt hat?
Aber auch: *Ob sie nun* hat *schreiben lernen?*

Der prädikative Rahmen und der Spannsatzrahmen können in verschiedenen Erscheinungsformen auftreten.

1. Voller Rahmen

Distanzstellung der Rahmenpartner, rahmenschließendes Element am absoluten Satzende

Alljährlich wird *die Barlach-Gedenkstätte von vielen Touristen* besucht.
Wird *die Barlach-Gedenkstätte von vielen Touristen* besucht?
Weil *die Barlach-Gedenkstätte alljährlich von vielen Touristen* besucht wird, ...

2. Verkürzter Rahmen

Nahstellung von Rahmenpartnern, wenigstens ein Glied hinter dem rahmenschließenden Element

Güstrow ist *weithin* bekannt *durch die Barlach-Gedenkstätte.*
Ist *Güstrow weithin* bekannt *durch die Barlach-Gedenkstätte?*
Weil *Güstrow weithin* bekannt ist *durch die Barlach-Gedenkstätte* ...

3. Potentieller Rahmen

Kontaktstellung der Rahmenpartner, zwischen den Rahmenpartnern kein Klammerfeld

Jeder Güstrower ist stolz *auf die Barlach-Gedenkstätte.*

Die Rahmenstruktur des Elementarsatzes kann durch die Nachstellung von Satzgliedern gelockert oder durchbrochen werden.

Nachstellungsglieder können in Sätzen mit und in solchen ohne Rahmen auftreten. Im folgenden Beispiel steht das Nachstellungsglied in einem rahmenlosen Satz:

Eine Stunde schon dauerten Schweigen und Furcht und noch eine Stunde dazu. (Apitz)

Im folgenden wenden wir uns der Nachstellung von Satzgliedern in Sätzen mit prädikativem Rahmen und Spannsatzrahmen zu. Es gibt zwei Möglichkeiten der Nachstellung: die **Ausrahmung** und den **Nachtrag**.

Die Unterschiede zwischen Ausrahmung und Nachtrag resultieren aus unterschiedlichen Spannungsverhältnissen im Satz. Bei der Ausrahmung wirkt die Satzspannung weiter. Im Gegensatz dazu erfolgt beim Nachtrag ein Neuansatz nach einem abgeschlossenen Spannungsbogen, weil an einen bereits beendeten Satz nachträglich eine Ergänzung angefügt wird.

Bei der Bestimmung von Nachstellungsgliedern kann das folgende Schema benutzt werden:

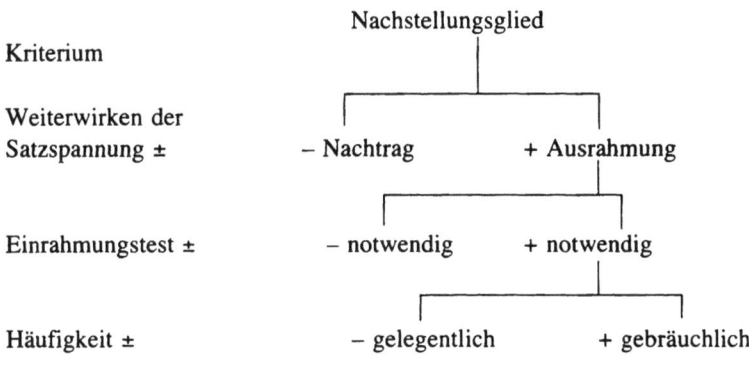

(Vgl. HACKEL 1969, 45.)

In geschriebener Sprache wird der Unterschied zwischen Ausrahmung und Nachtrag in der Interpunktion deutlich. Da bei der Ausrahmung die Satzspannung weiterwirkt, die ausgerahmte Wortgruppe also noch in das Beziehungsgefüge des Satzes einbezogen bleibt, steht am Ende des Satzrahmens kein Satzzeichen (Komma, Gedankenstrich oder Doppelpunkt). Nur bei ausgerahmten Infinitiv- oder Partizipialgruppen bzw. bei Nebensätzen steht hier ein Komma:

Sie hatten lange gewartet auf ein Lebenszeichen von ihm.
Sie hatten lange gewartet, ein Lebenszeichen von ihm zu erhalten.
Sie hatten lange gewartet, daß sie ein Lebenszeichen von ihm erhielten.

Nachträge, die den Inhalt des Satzes ergänzen oder einschränken, werden als nachgestellte Fügungen in Kommas eingeschlossen:

Als er weiterging, sah er einen flammend roten Rock, von weitem, auf der gegenüberliegenden Seite des Marktplatzes. (D. Noll)

Bisweilen kann der Schreibende selbst entscheiden, ob er eine nachgestellte Präzisierung als Ausrahmung ohne Kommas in den Satz einbeziehen oder als Nachtrag besonders hervorheben will. So könnten in dem folgenden Zitat von Thomas Mann die Kommas auch fehlen:

Übrigens ist, neben Herrn Doktor Leander, noch ein zweiter Arzt vorhanden, für die leichten Fälle und die Hoffnungslosen.

Als notwendig ist eine Ausrahmung dann anzusehen, wenn die Einrahmung nicht oder kaum möglich ist. Nicht notwendig ist eine Ausrahmung, wenn die Einrahmung möglich ist.

Peter hat seinen Freund gebeten, ihn am Abend zu besuchen. (notwendige Ausrahmung)
Peter ist heute fleißig gewesen beim Training. (nicht notwendige Ausrahmung)

Die Entscheidung, ob eine Ausrahmung als gebräuchlich oder als gelegentlich anzusehen ist, ist stets zusammen mit der Motivation der Ausrahmung zu fällen.

Die Ausrahmung kann bedingt sein durch:

1. überfülltes Klammerfeld

Da wären zu nennen die Bachvariationen für großes Orchester, etliche Orchestermusiken, neben der „Verurteilung des Lukullus" weitere Opern, manches Werk der so vielfältigen Kammermusik des Komponisten. (Tageszeitung)

2. zu schwacher Klammerrand

Diese *Veranstaltungen tragen sehr bei* zur gegenseitigen Bereicherung des geistigen und kulturellen Lebens unserer Völker, zum besseren Verstehen der Probleme des anderen und zum Anknüpfen auch persönlicher Beziehungen.

3. Kontakttendenz des ausgerahmten Satzgliedes zum nachfolgenden Nebensatz

Er hat sich sehr interessiert dafür, daß ...

4. Streben nach sachlicher und emotionaler Hervorhebung

Am Festumzug waren beteiligt:
10 Kapellen,
50 bunt gestaltete Wagen der Firmen und Einrichtungen,
 4 Trachtengruppen,
 ...

Folgende Elemente gelten heute als gebräuchliche Ausrahmung:

1. Substantivgruppe, deren Präposition vom Verb oder Adjektiv regiert wird

   Die Geschichte der Stadtmauer ist reich an Ereignissen vorwiegend kriegerischer Art. (Tageszeitung)

2. Abhängige Sätze und nebensatzartige Wortgruppen

   Die Bürger sind bereit, selbst mit Hand anzulegen. (Tageszeitung)

3. Koordinierte Satzglieder

   In den Hallen ... werden von den Experten viele interessante Exponate begutachtet, wie neuartige Tagebauausrüstungen, Kletterkranmodelle, Bohrtürme und datenverarbeitende Maschinen. (Tageszeitung)

4. Vergleich beim verbalen Prädikat

   Er sieht aus wie sein Bruder.

Nachträge dienen der Präzisierung eines Sachverhalts.

   Der Schiffsverkehr mußte eingestellt werden, zuerst auf der Oder, dann auf der Havel, schließlich auch auf der Elbe. (Tageszeitung)

In einigen Fällen handelt es sich auch nur um eine nachgetragene Präzisierung eines wiederaufgenommenen Satzgliedes.

   Natürlich spielt auch heute noch in Chabarowsk der Fischfang eine wichtige Rolle – wie im gesamten Fernen Osten.

Die Anzahl der Ausrahmungen und der Nachträge ist in den einzelnen Funktionalstilen und im Funktionalstil der Belletristik bei verschiedenen Schriftstellern unterschiedlich. Offensichtlich steht das im Zusammenhang mit der jeweils behandelten Thematik, aber auch mit den sprachlichen Besonderheiten einiger Schriftsteller in einzelnen Schaffensperioden. Für die Publizistik läßt sich nachweisen, daß Präpositionalobjekte zunehmend aus dem prädikativen Rahmen ausgerahmt werden, weil sie an den Klammerrand „gebunden" sind. (Vgl. ENTWICKLUNGSTENDENZEN 1988)

Häufiger als in der schriftlichen Kommunikation sind Nachstellungsglieder in der mündlichen Kommunikation zu finden. Dazu sind noch genauere Untersuchungen nötig.

3.5.2.3. Valenzbindung

Gewöhnlich stehen valenzbedingte Satzglieder nach nichtvalenzbedingten (für das Subjekt gelten spezielle Regeln).

Für den Kern- und Stirnsatz gilt das Prinzip: semantische Verbnähe = topologische Verbferne.

Je enger also ein Satzglied durch die Valenz an das Verb gebunden ist, desto weiter steht es vom Finitum entfernt.

Unmittelbar nach der finiten Verbform stehen die freien Adverbialbestimmungen (Adverb$_{III}$). Zu diesen Adverbialbestimmungen gehören u.a. die kausalen und temporalen Adverbialbestimmungen (vgl. GRUNDZÜGE 1984, 207ff.).

Die Besprechung fand trotz großer Schwierigkeiten um 14.00 Uhr *statt.*

Den freien Adverbialbestimmungen folgen Instrumental- und Lokalbestimmungen und Objekte. Diese Satzglieder sind vielfach valenzbedingt (obligatorisch oder fakultativ).

Wenn die beiden oben angeführten Arten von Adverbialbestimmungen miteinander kombiniert auftreten, dann ergibt sich folgende Reihenfolge:

Instrumentalbestimmung – Lokalbestimmung – Objekt
Er hat mit einer Säge in der Werkstatt das Bretterstück *zugeschnitten.*

Wenn die Reihenfolge verändert wird, kommt es zur Hervorhebung der Instrumentalbestimmung bzw. der Lokalbestimmung.

Zu obligatorischen Objekten können noch fakultative hinzukommen:

Die Verkäuferin hat (dem Kunden) die Frage *beantwortet.*

In vielen Sätzen steht nach den Objekten noch ein Satzglied, eine Lokalbestimmung zur Bezeichnung der Richtung. Diese Richtungsbestimmung ist valenzbedingt (obligatorisch).

Er bringt seine Mutter zum Bahnhof.

Zusammenfassend soll die Anordnung der Satzglieder an einem Beispiel verdeutlicht werden.

Der Junge warf an der Brücke   einen großen Stein in das Wasser.
            Lokal-   Akkusativobjekt   Lokal-
            bestimmung   bestimmung
            (Ortsangabe)   (Richtungsangabe)

Im Spannsatz werden die semantischen Beziehungen am deutlichsten. Hier entspricht die semantische Verbenge auch der topologischen Wortfolge. Die Valenzpartner staffeln sich also entsprechend von hinten nach vorn:

Weil der Junge an der Brücke einen großen Stein in das Wasser *geworfen hat,* ...

3.5.2.4. Satzgliedwert

Die Position eines Satzgliedes gibt in Zweifelsfällen Auskunft über den Satzgliedwert und damit über die Bedeutung. Vertauschungen rufen Mißverständnisse hervor. Häufig bezeichnet man diese Erscheinung als logisch-grammatische Aufgabe der Satzgliedstellung (vgl. ADMONI 1986, 300f.). Gebräuchliche Satzgliedfolgen sind für eine schnelle und reibungslose Verständigung notwendig. An erster Stelle (= im Vorfeld des Aussagekernsatzes) erscheint sehr oft das Subjekt – nicht nur im Deutschen –, „weil es besonders in der kontextfreien und situationsfernen Darstellung als ‚Ausgangspunkt des Gedankens' fungiert" (W. SCHMIDT 1983, 279). Das Subjekt steht auch häufig hinter der finiten Verbform. Die Stellung des Subjekts hängt aber offensichtlich mit dem Mitteilungswert zusammen.

Subjekt – Objekt

>Peter *ruft* Jürgen.
>*Jetzt ruft* Peter Jürgen.

In diesen Beispielen ist das erste Substantiv Subjekt, das zweite Objekt.

Subjekt – Prädikativum (Subjektprädikativum bei Identifikationen)

>Sport *ist* seine Lieblingsbeschäftigung.

In diesem Beispiel ist das erste Substantiv Subjekt. Das zweite Substantiv ist Teil des nominalen Prädikats, Prädikativum.

Die substantivischen Objekte können in folgender normalen Folge stehen:

– Dativobjekt – Akkusativobjekt

>*Der Lehrer zeigt* dem Schüler das Bild.

– Akkusativobjekt – Genitivobjekt

>*Der Richter klagt* den Verbrecher des Mordes *an.*

– Kasusobjekt – Präpositionalobjekt

>*Der Tourist fragt* den Polizisten nach dem Hotel.
>*Der Polizist antwortet* dem Touristen auf die Frage.

Das Akkusativobjekt finden wir vor dem Objektprädikativum.

>*Fritz nennt* Paul seinen Freund.
>*Der Mann bezeichnet* ihn als Schwindler.

Häufig stehen (freie) adverbiale Bestimmungen der Zeit und des Ortes wegen ihrer Aufgabe, das ganze Geschehen zeitlich und räumlich einzuordnen, an der Satzspitze.

>An diesem Wochenende *fahren sie nach Rostock.*

3.5.2.5. Rhythmus

Einfluß auf die Satzgliedstellung haben auch rhythmische und ästhetische Gesichtspunkte, und zwar nicht nur in der Poesie. So staffeln wir die Wörter gern nach dem alternierenden Rhythmus, der dadurch zustande kommt, daß Satzglieder mit stärkerem und solche mit schwächerem Akzent miteinander wechseln. Vergleiche folgenden Mahnspruch auf einem Schild der Reichsbahn, in Abänderung einer Verszeile von Wilhelm Busch:

Musik wird störend oft empfunden ...

Hier wurde der Zusammenstoß zweier betonter Silben vermieden, obwohl die Anordnung

Musik wird oft störend empfunden ...

dem Prinzip des wachsenden Mitteilungswertes entspricht.

Auch BEHAGHELS ‚Gesetz der wachsenden Glieder' zählt zu den rhythmischen Faktoren. Es besagt, daß die Plazierung auch vom Umfang der Glieder abhängt. Die umfangreicheren und rhythmisch schweren Glieder neigen dazu, möglichst nahe am Satzende zu stehen (vgl. ADMONI 1986, 303).

Kurze Glieder stehen meist vor längeren.

Er arbeitet fleißig und mit großer Gewissenhaftigkeit.

Die Ausführungen zum Rhythmus haben vor allem für die gesprochene Sprache Gültigkeit.

3.5.2.6. Mitteilungswert (einschließlich Determinierungsgrad)

Der Mitteilungswert wird entscheidend vom S/S bestimmt. Er „hängt nicht von der Art des Satzgliedes ab, also davon, ob das betreffende Wort oder die Wortgruppe als Subjekt, Objekt oder Adverbialbestimmung dient, sondern entspricht der Rolle, die dem betreffenden Satzglied vom Sinn her zukommt" (W. SCHMIDT 1983, 263f.). (Vgl. EISENBERG 1994, 417ff.)

Drei Komponenten sind dabei zu unterscheiden, die insgesamt einen einheitlichen Wirkungsfaktor darstellen, deren Besonderheiten aber nicht im Detail vorgeführt werden:

1. Die rationale Komponente: Zu dieser Komponente wird die Gliederung der Gedanken gerechnet, denn es gibt eine natürliche Gedankenfolge. Dazu gehört auch das Sprachwissen und Sprachkönnen. Es ist ein bewußtes Streben nach Satzverflechtung vorhanden. Zugeordnet werden müssen ebenfalls denkpsychologische Besonderheiten. So zeigt sich die ‚sukzessive Denkweise' in der stückweisen Äußerung eines Gedankeninhalts. Auf diese Weise entstehen Sätze, die den genormten Baumustern mehr oder weniger entsprechen.

2. Die emotionale Komponente: Dazu gehört die Gefühlslage des Sprechers.

3. Die voluntative Komponente: Darunter ist die sprachliche oder rhetorische Wirkungsabsicht zu verstehen, die auf die Erzeugung bestimmter Einstellungen und Haltungen beim Empfänger zielt.

Wir betrachten den Mitteilungswert der Satzglieder als den entscheidenden Faktor, der nicht allein die Stellung der freien, nichtvalenzbedingten Glieder maßgeblich reguliert, sondern auch die bereits angeführten Faktoren der Satzgliedfolge überspielen kann. Das Prinzip des wachsenden Mitteilungswertes ist das dominierende Prinzip der Satzgliedfolge.

Als Grundprinzip der Satzgliedstellung im Kernsatz gilt, daß der Satz mit einem Satzglied beginnt, das dem H/L Bekanntes oder leicht Vorstellbares bezeichnet (= Thema), daran schließen sich dann die übrigen Satzglieder mit steigendem Mitteilungswert an (vgl. BOOST 1955, 30ff.).

Mit der Thema-Rhema-Problematik setzt man sich schon seit der Mitte des vorigen Jahrhunderts auseinander (vgl. LUTZ 1981, 7ff.). Die Termini Thema und Rhema werden auch in der modernen Syntaxforschung angewendet, man kann sogar feststellen, die aktuelle Gliederung von Äußerungen „ist in den letzten Jahrzehnten stärker in den Mittelpunkt des Interesses von Sprachwissenschaftlern verschiedener linguistischer Forschungsrichtungen gerückt" (HAFTKA 1980, 1).

Unter thematischen Elementen versteht man solche, „die für den Gesprächspartner nichts Neues enthalten, sondern auf Bekanntes, Altes, Gegebenes, Beiläufiges zurückgreifen, also den geringsten Mitteilungswert besitzen, während die rhematischen Elemente durch höheren und höchsten Mitteilungswert ausgezeichnet sind" (SCHMIDT 1983, 278). Der Satz besteht also aus thematischen und rhematischen Elementen, beide Bereiche können sich wechselseitig überschneiden.

In neueren Untersuchungen wird unterschieden zwischen Neuheit/Nichtneuheit, Bekanntheit/Nichtbekanntheit und Bewußtseinspräsenz/Bewußtseinsnichtpräsenz (vgl. HAFTKA 1980, 1ff.).

Die Kategorien Bekanntheit/Nichtbekanntheit beziehen sich auf Gesprächsgegenstände.

Bekannt sind einzelne oder Klassen von Gegenständen, von den Kommunikationsteilnehmern wahrnehmbare Gegenstände und Redepersonen, aber auch während der Äußerung eingeführte Gegenstände ab zweiter Erwähnung.

Nichtbekannt sind die zuletzt angeführten Gegenstände bei ihrer Einführung in den Text.

Die Kategorien Neuheit/Nichtneuheit betreffen Redeeinheiten. Neu ist jede substantivische Einheit bei ihrem ersten Auftreten. Nichtneu ist sie bei jedem weiteren Auftreten. Als nichtneu werden stets auch der Sprecher und die Angesprochenen aufgefaßt, auch situativ im Mittelpunkt der Aufmerksamkeit stehende Gegenstände aus der unmittelbaren Umgebung. Als nichtneu gelten auch *man* und das unpersönliche *es*.

Die Kategorien Bekanntheit/Nichtbekanntheit der Bezugsgegenstände und Neuheit/Nichtneuheit der entsprechenden sprachlichen Einheiten können sich überschneiden.

Die Kategorien Bewußtseinspräsenz/-nichtpräsenz gelten für die Informationseinheiten eines Textes. Bewußtseinspräsent ist eine Informationseinheit dann, wenn ein Abbild des Gegenstandes besteht, ohne daß der Sprecher diese Einheit innerhalb der Äußerung neu eingeführt hat. (Vgl. auch HAFTKA 1980, 7ff.)
„Einheiten, die unter bestimmten Bedingungen als Thema einer Äußerung auftreten können, die also themafähig sind, bezeichnen wir als potentiell thematisch. In diesem Sinne themafähig sind alle bekannten Einheiten eines Satzes (neu oder nichtneu). Sie bilden unabhängig von ihrer linearen Anordnung im Satz den potentiellen Themabereich, aus dessen Einheiten das Thema ausgewählt werden kann.

Einheiten, die unter bestimmten Bedingungen das Rhema einer Äußerung bilden können, die also rhemafähig sind, nennen wir potentiell rhematisch. In diesem Sinne rhemafähig sind alle neuen Einheiten im Satz (bekannt oder nichtbekannt). Sie bilden unabhängig von ihrer linearen Anordnung zusammen mit den Einheiten des Prädikats den potentiellen Rhemabereich, aus dessen Einheiten das Rhema gewählt werden kann." (EBD.)

Am Beispiel läßt sich das wie folgt darstellen:

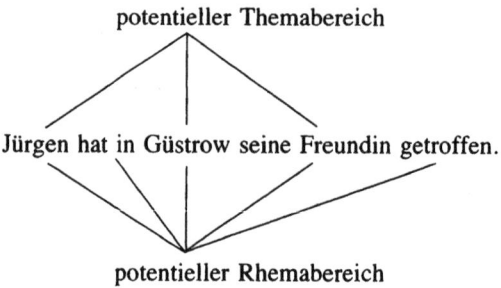

Das Vorfeld ist einer bekannten Informationseinheit vorbehalten. Welche der themafähigen Einheiten thematisiert werden kann, hängt u.a. davon ab, ob der jeweilige Satz einen Text eröffnet oder ob er innerhalb eines Textes steht.

Im Einleitungssatz eines Textes bildet in der Regel eine bekannte Einheit das Thema, dem Satzgliedwert nach sind das meist Subjekt oder Adverbialbestimmung. Wenn im ersten Satz das Thema des Textes als Subjekt erscheinen soll und außerdem noch eine Adverbialbestimmung, dann kann die Adverbialbestimmung ins Vorfeld gerückt werden. Das Textthema gelangt so in die Rhemaposition und wird hervorgehoben.

Nach Jahren angestrengter Arbeit vieler Menschen *wurde gestern abend festlich* die Semperoper *eröffnet*.

Es kann (stilistische) Gründe dafür geben, daß ein Textthema am Satzanfang nur durch ein Pronomen signalisiert wird. Das eigentliche Textthema muß dann entweder im Nachtrag des Einleitungssatzes (in betonter Position) oder in einem der folgenden Sätze genannt werden.

Sie haben sich mit großem Einsatz an der Vorbereitung des Festes beteiligt, Firmen der Stadt und des Kreises, Schulen, Vereine etc.

Es gibt auch themalose Sätze. In diesen Sätzen sind keine bekannten Einheiten vorhanden, die an die Spitze eines (texteinleitenden) Satzes treten müssen. Der Satz besteht also ausschließlich aus rhematischen Elementen (vgl. HAFTKA 1978, 161f.).

Es lebte einmal ein armes Schneiderlein.
Es geschah in einem kleinen Städtchen.

Untersuchungen zur Publizistik haben ergeben, daß heute im Vorfeld des 1. Satzes meist das Subjekt des Satzes zu finden ist, häufig aber auch Präpositional- und Akkusativobjekte. Der Anteil der Adverbialbestimmungen dagegen hat abgenommen (vgl. MEIER, H. 1984a, 77f.).

Im Textinneren werden vorzugsweise vorerwähnte Einheiten und Redepersonen thematisiert, sie stehen also im Vorfeld (vgl. HAFTKA 1978, 162). Auf diese Weise wird die folgerichtig fortschreitende Darstellung vom Nichtneuen zum Neuen unterstützt (vgl. 4.3.).

Im Vorfeld des Aussagekernsatzes kann auch Unbekanntes und damit meistens Wichtiges (Rhema) stehen.

Einen Bildband wünsche ich mir.
Mit einem schnellen Auto möchte ich gerne fahren.

Ein Platzhaltewort im Vorfeld ermöglicht meist eine Verschiebung des Subjekts an eine ausdrucksstarke Position (vgl. RADECKER/SOMMERFELDT 1974, 177).

Es kam gestern meine Schwester.
Es geschah vor zwei Tagen ein schwerer Unfall.

Analysen publizistischer Texte zur Vorfeldbesetzung vom 2. Satz an führten zu dem Ergebnis, daß im Gegensatz zur Vorfeldbesetzung des 1. Satzes das Subjekt seltener auftritt. Ursache dafür könnte die Textverflechtung sein. Häufig stehen im Vorfeld Akkusativ- und Präpositionalobjekte, die einen hohen Mitteilungswert haben (vgl. MEIER, H. 1984a, 78).

Im Nachfeld werden die Satzglieder nach steigendem Mitteilungswert angeordnet. Das Element mit dem größten Mitteilungswert tritt nach hinten (Prinzip des wachsenden Mitteilungswertes). Diese Satzgliedfolge führt zur Hervorhebung eines Satzgliedes.

Die Mutter schenkt dem Jungen die Schokolade. (Anordnung nach dem Satzgliedwert)
Die Mutter schenkt die Schokolade dem Jungen. (Hervorhebung von *dem Jungen*, Anordnung nach dem Mitteilungswert)

Der Mitteilungswert wirkt sich auch bei der Nachstellung von Satzgliedern aus. Die gebräuchlichen Ausrahmungen werden nicht mehr als Abweichungen empfunden. Die gelegentlichen Ausrahmungen dagegen sind ein Mittel der Hervorhebung eines Satzgliedes. Untersuchungen publizistischer Texte haben ergeben, daß der Mitteilungswert die Anordnung der Satzglieder entscheidend beeinflußt, daß es Satzglieder gibt, die häufig einen hohen/geringen Mitteilungswert haben. So sind beispielsweise Präpositionalobjekte bevorzugt an Stellen im Satz zu finden, an denen sie einen hohen Mitteilungswert haben, also im Vorfeld, am Ende des Nachfeldes und im Nachstellungsfeld. Unmittelbar nach der finiten Verbform (also in Schwächststellung) treten sie kaum auf.

Ortsangaben können unterschiedlichen Mitteilungswert haben. Die Anordnung richtet sich dementsprechend danach.

Typisch für Richtungsangaben ist, daß sie sehr häufig am Ende des Nachfeldes bzw. unmittelbar vor dem rahmenschließenden Element stehen. Auch für die Anordnung der einzelnen Arten der Modalbestimmungen ist oft der Mitteilungswert entscheidend.

Beim Mitteilungswert spielt auch der Determinierungsgrad eine Rolle.

SPIEWOK unterscheidet bei den Satzgliedern folgende Determinierungsgrade:

1. undeterminierte Glieder: *ein Apfel, Äpfel* (Substantiv mit unbestimmtem oder ohne Artikel)
2. determinierte Glieder: *der Apfel, diese Äpfel* (Substantiv mit bestimmtem Artikel, Demonstrativ- oder Possessivpronomen)
3. signalisierte Glieder: *er; das; dies; davon* (Personal- oder Demonstrativpronomen, Pronominaladverb).

(Vgl. SPIEWOK 1969, 20.)

Die signalisierten Glieder haben also den höchsten Determinierungsgrad. Über den höchsten Mitteilungswert verfügen die undeterminierten Glieder, über den geringsten die signalisierten Glieder, weil sie auf etwas hinweisen, was aus dem Zusammenhang bekannt ist. Relevant wird der Determinierungsgrad vor allem bei der im Deutschen häufigsten Objektkombination, der von Dativ- und Akkusativobjekt. Die Anordnung dieser Satzglieder kann bei unterschiedlichem Determinierungsgrad Modifikationen erfahren.

Gleicher Determinierungsgrad

O_3–O_4: *Die Mutter schenkte* dem Jungen die Schokolade.
determinierte Glieder

O_3–O_4: *Die Mutter schenkte* einem Jungen Schokolade.
undeterminierte Glieder

O_4–O_3: *Die Mutter schenkte* sie ihm.
signalisierte Glieder

Bei gleichem Determinierungsgrad der Substantive stehen die Satzglieder entsprechend den bisher behandelten Regularitäten (Satzgliedwert, Valenzbindung).

Wenn das Akkusativ- und das Dativobjekt durch signalisierte Glieder realisiert werden, steht allerdings das Akkusativobjekt vor dem Dativobjekt.

Ungleicher Determinierungsgrad

O_3–O_4: *Die Mutter schenkte* dem Jungen Schokolade.
  O_3 = determiniert, O_4 = undeterminiert
O_4–O_3: *Die Mutter schenkte* sie dem/einem Jungen.
  O_4 = signalisiert, O_3 = determiniert/undeterminiert
O_3–O_4: *Die Mutter schenkte* ihm Schokolade/die Schokolade.
  O_3 = signalisiert, O_4 = undeterminiert/determiniert

Die Grundregel hierzu lautet: Satzglieder mit höherem Determinierungsgrad stehen vor solchen mit geringerem Determinierungsgrad. Diese Regel gilt für Kasusobjekte und auch für das Subjekt.

4. Grammatik des Textes

4.1. Zur Herausbildung der Textlinguistik

Die ersten Beobachtungen, die zur Begründung eines linguistischen Textbegriffes führten, wurden von Rhetorik, Poetik und Stilistik gemacht. Innerhalb der strukturellen Sprachwissenschaft brach sich kurz vor 1950 die Erkenntnis Bahn, daß nicht der Satz, sondern der Text die höchste sprachliche Einheit bildet und deshalb zu den Gegenständen der Sprachwissenschaft gehört. In der noch kurzen Geschichte der Textlinguistik lassen sich folgende drei Hauptetappen unterscheiden (vgl. HEINEMANN/VIEHWEGER 1991, 19–72):

1) Die erste Etappe umfaßt den Zeitraum von den Anfängen struktureller Textuntersuchung (BĚLIČ, BOOST, HARRIS, POSPELOV) bis zur Begründung der Textlinguistik als einer eigenständigen Disziplin (von 1947 bis etwa 1965). BOOST „prägte den Begriff der ‚Satzgemeinschaft' und verwies auf viele wichtige Mittel struktureller Gestaltung des Zusammenhangs zwischen den Sätzen (lexikalische Wiederholung, Artikel- und Pronomengebrauch, kontextbedingte Ellipse, Verwendung von Verbtempora, von aus Wortpaaren bestehenden Konjunktionen, Aufzählung, Fragewörter)" (MOSKALSKAJA 1984, 10).
2) Die zweite Etappe ist der Zeitraum, der von der Textgrammatik als selbständiger sprachwissenschaftlicher Disziplin beherrscht wird (etwa 1965 bis 1972). Der Text wird primär als nach bestimmten grammatischen Regeln aus Einzelzeichen geformtes sprachliches Gebilde mit ganzheitlichem Charakter aufgefaßt und analog dem Satz betrachtet (AGRICOLA, DANEŠ, P. HARTMANN, HARWEG, KOCH, MOSKALSKAJA u.a.).
3) In der dritten Etappe verlagern sich die Erkenntnisinteressen. Unter den Einflüssen der Pragmatik, der Theorie der Sprechtätigkeit, der Psycholinguistik, der Soziolinguistik und der Funktionalstilistik wird der Text etwa seit Anfang der siebziger Jahre primär als ein Phänomen sozialen sprachlich-kommunikativen Handelns verstanden. Repräsentative Vertreter dieser Position sind u.a. ISENBERG, A.A. LEONT'EV, REHBEIN, VIEHWEGER.

Die Textlinguistik ist also diejenige wissenschaftliche Disziplin, deren Gegenstandsbereich Texte natürlicher Sprachen sind und deren Aufgabe darin besteht, allen Textvorkommen gemeinsame Wesensmerkmale zu beschreiben bzw. den sprachlichen Text zu definieren und Texte zu ordnen und zu klassifizieren (vgl. LEXIKON DER GERM. LINGUISTIK 1980, 243f.). Seit den siebziger Jahren zeichnet sich eine weitere Gliederung der Textlinguistik ab. MOSKALSKAJA (1984, 7) unterscheidet allgemeine Texttheorie, Textgrammatik und Textstilistik. DRESSLER (1972, 4) u.a. gliedern in Textsemantik, Textpragmatik, Textsyntax und Textphonetik. Die Textsemantik untersucht die Bedeutung von Texten und wie sich diese aufbaut. Die Textpragmatik erforscht, welche Funktion und Wirkung ein Text in einer bestimmten kommunikativen Situation hat. Die Textsyntax geht der Frage nach, wie die Textbedeutung syntaktisch ausgedrückt wird, und die Textphonetik geht an, wie ein Text lautlich repräsentiert wird. Textsyntax und Textsemantik können als Textgrammatik zusammengefaßt werden.

Interdisziplinär hat sich eine mehrere Fachwissenschaften übergreifende Textwissenschaft herausgebildet, an der außer Linguistik und Literaturwissenschaft auch Theologie, Historiographie, Jurisprudenz, Journalistik und Psychologie partizipieren.

Nach van DIJK (1980) gliedert sich die Textwissenschaft in folgender Weise (vgl. VATER 1992, 9):

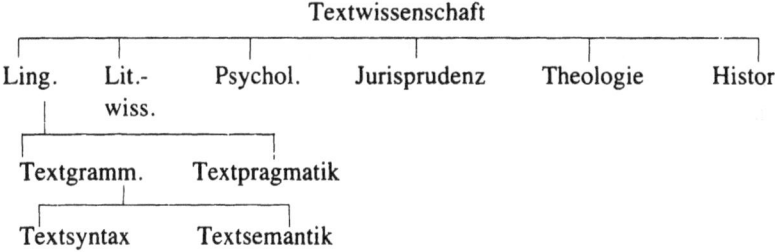

4.2. Zum Gegenstand der Textlinguistik

Die Herausbildung der Textlinguistik und vor allem ihre Entwicklung seit etwa 1970 hängen wissenschaftsgeschichtlich eng mit allgemeinen Entwicklungstendenzen der Sprachwissenschaft zusammen. Seitdem ist man bestrebt, „das Sprachsystem in die kommunikative Tätigkeit und diese wieder in das Ensemble aller gesellschaftlichen Tätigkeiten einzubetten und aus ihnen abzuleiten" (HELBIG 1980, 258). Bekanntlich geht jede Kommunikationshandlung aus einer Kommunikationsaufgabe und einer konkreten Kommunikationssituation hervor (vgl. 1.1.1.). Deshalb ist es notwendig, bei der Analyse sprachlicher Äußerungen „die verschiedenen Aspekte der Kommunikation in ihrer Beziehung zum Kontext zu untersuchen. Dabei kann es sich um die allgemeine sozial-historische Umgebung (das Milieu) handeln, um die konkrete Situation, in der sich der Sprecher befindet, oder um die syntagmatischen Einheiten der sprachlichen Umgebung, in die jede Konstituente eingebettet ist [...]" (SLAMA-CAZACU, zit. nach GLAGOLEV 1976, 82f.). Jede sprachliche Einheit kann also in ihren Beziehungen zum außersprachlichen Kontext (Kultur-, Erfahrungs- und Situationskontext, vgl. AMMER 1958, 67ff.) oder zum sprachlichen Kotext untersucht werden. Für den Einfluß des außersprachlichen Kontextes auf sprachliche Strukturen gilt das „Kompensationsprinzip PEŠKOVSKIS": „Je stärker der Einfluß der Situation und die intonatorische Geformtheit sind, desto schwächer ist der grammatische Ausdruck" (zit. nach GLAGOLEV 1976, 90). Der Grad der grammatischen Geformtheit und Explizitheit (Ausführlichkeit) eines Textes hängt also wesentlich davon ab, ob er schriftlich oder mündlich realisiert wird und ob es sich – in der gesprochenen Sprache – um monologische, dialogische oder polylogische Rede handelt.

Unter **Text** (lat. *textum* ‚das Gewebe, Gefüge' von lat. *texere* ‚weben, fügen') verstehen wir die „sprachliche Äußerungsform einer kommunikativen Handlung, die im einzelnen bestimmt ist a) nach den pragmatischen, ‚textexternen' Kriterien einer kommunikativen Intention, die situationsspezifisch ist und auf eine entsprechende Hörererwartung trifft [...], und b) nach den sprachlichen ‚textinternen' Merkmalen einer konsistenten, in der Regel wort- und satzübergreifenden Struktur [...]" (BUSSMANN 1990, 776)

In der Geschichte der Textlinguistik sind viele unterschiedliche Definitionen des Textes vorgeschlagen worden, die sich teilweise primär an konkreten Merkmalen der sprachlichen Gestalt (sog. semiotische Textauffassung), teilweise an der sprachlich-kommunikativen Tätigkeit der Menschen (sog. handlungstheoretische oder kommunikative Textauffassung) orientieren, teilweise auch nach einer Synthese aller aus grammatischer und auch aus handlungsbezogener Sicht erfaßten wesentlichen Textmerkmale in einer „integrativen" Definition streben (vgl. VIEHWEGER 1980, 6ff.). In jedem Falle handelt es sich bei einem Text um eine kommunikative, semantische und formal-strukturelle Ganzheit, um eine kohärente Folge von Sätzen (im Extremfall kann ein Text auch aus nur einem Satz bestehen, ein Ein-Satz-Text sein), die nach einem Handlungsplan (Kommunikationsplan) entwickelt, auf ein gemeinsames Thema bezogen, sinnvoll und zweckentsprechend geordnet, durch bestimmte sprachliche Mittel (Verflechtungs- oder Vertextungsmittel) miteinander verknüpft sind. Variabel sind dagegen folgende Merkmale von Texten: Sie können von einem oder von mehreren S/S produziert, für einen oder mehrere Rezipienten bestimmt, mündlich oder schriftlich realisiert sein. Texte können auch unterschiedlich umfangreich sein (Mikro- oder Kleintext, Makro- oder Großtext). Folgende in verschiedenen Textdefinitionen aufgeführte Merkmale sollen hier nur summarisch erwähnt und knapp erläutert werden: einheitliches Thema, innere und äußere Gliederung (= Komposition und Architektonik), lineare Abfolge der Sätze (Linearität), Kohärenz (Zusammenhang), Äquivalenz (Gleichwertigkeit), Rekurrenz (Wiederholung sprachlicher Zeichen), Referenzidentität (Bezug mehrerer Elemente eines Textes auf das gleiche Denotat), Folgerichtigkeit, Abgeschlossenheit (Begrenzung am Anfang und Ende) (vgl. AGRICOLA 1979; ISENBERG 1974; ders. 1976, 47ff.; VIEHWEGER 1976, 195ff.; ders. 1978, 149ff.; MOSKALSKAJA 1984; HEINEMANN/VIEHWEGER 1991, 76f.).

Vereinfacht lautet die Textdefinition bei H. WEINRICH (1993, 17; vgl. DUDEN-GRAMMATIK 1995, 803): „TEXTE sind sinnvolle Verknüpfungen sprachlicher Zeichen in zeitlich-linearer Abfolge. Das können ... schriftliche oder mündliche Texte sein." Dabei sind Texte immer zugleich Resultate der Textproduktion durch den Autor/die Autoren als auch Rezeptionsvorgabe für Hörer/Leser, d.h., Texte müssen in ihrer Einbettung in den Kommunikationsprozeß dynamisch (und nicht statisch) aufgefaßt werden.

Variabel ist auch die Länge der Texte: „Von einem Ein-Wort-Text bis zum Gesamttext eines mehrbändigen Romans" (WAWRZYNIAK 1980, 7; vgl. VATER 1992, 16).

Als textprägendes Merkmal der Textualität kommt der Textkohärenz ein besonderer Rang zu. Dieses Merkmal wird allerdings auf ganz unterschiedliche Ebenen von Texten bezogen: Rein formal betrachtet, wird Textkohärenz hergestellt durch verschiedenartige Prowörter (z.B. Pronomen, Proadverbien, Pronominaladverbien) und Konjunktionen, Anaphora (d.h. rückwärtsweisende, Gesagtes aufnehmende Ausdrücke, z.B. *daher, dennoch, dies*) und Kataphora (d.h. vorwärtsweisende Ausdrücke, z.B. *folgende*). Textsemantische Kohärenz resultiert aus der Übereinstimmung verschiedener Elemente eines Textes in bestimmten semantischen Merkmalen (Semen), kommt zustande durch ein zentrales Thema als den begrifflichen Kern des Textes, durch Referenzidentität von Textelementen, durch semantische Äquivalenz der Textelemente. Aber die Kohärenz eines Textes „kann nicht allein syntaktisch und semantisch erklärt werden, sondern bedarf der pragmatisch-kommunikativen Fundierung" (HELBIG 1980, 260), d.h., sie schließt gemeinsames empirisches Wissen und gemeinsame Kommunikationsvoraussetzungen (sog. Präsuppositionen) der Kommunikationspartner (Textproduzent und Rezipient) ein (vgl. ebd.). Dies beweist folgender Textausschnitt mit mehreren unvollständigen, verblosen Sätzen:

Das Neckartal läßt fast den Krieg vergessen. Und dann Nürnberg. Stadt mit Reichsparteitagsweihe. Burg, Dürerhaus, eingedrückte Fassade durch Bombenexplosion. Bratwurstglöckle, Pegnitzbrücke, Frauenkirche, Sankt Sebald und Sankt Lorenz, Pellerhaus, das Haus des Meistersingerschusters Hans Sachs. Der „Schöne Brunnen" zwischen Sandsäcken eingepfercht. (W. Hütt: Heimfahrt in die Gegenwart)

Daß der Leser hier den Sinnzusammenhang erfaßt, setzt seine historischen und geographischen Kenntnisse über die Stadt Nürnberg voraus. Volles Textverstehen setzt auch soziokulturelles Hintergrundwissen voraus. (Vgl. 4.4.3.) Damit erweist sich Textkohärenz als eine vielschichtige Angelegenheit – eine Erkenntnis, die die Textlinguistik erst nach mehrjährigem Forschen gewann und die ihren Gegenstandsbereich spürbar erweiterte. Demgegenüber ist der Aufgaben- und Gegenstandsbereich der Grammatik des Textes enger begrenzt. MOSKALSKAJA (1984, 18) erkennt dieser als zentralen Gegenstand den „Mikrotext", ein aus wenigen Sätzen bestehendes, komplexes syntaktisches Ganzes zu, das nach einem bestimmten Konstruktionsmodell aufgebaut ist und zugleich eine funktionale und syntagmatische Einheit bildet. „Somit ist die transphrastische Einheit (der ‚Mikrotext') zugleich ein syntagmatischer und ein funktionaler Begriff. Sie ist die in besonderer Weise organisierte, geschlossene Reihe von Sätzen, die eine einheitliche Äußerung ausmacht" (MOSKALSKAJA 1984, 19).

Zu beachten ist in diesem Zusammenhang das dialektische Verhältnis von sprachlichem Zeichensystem und Text. Das sprachliche Zeichensystem ist nichtveräußerlichtes Bewußtsein (Möglichkeit), Sprache als Text ist veräußerlichtes Bewußtsein (Sprache als Wirklichkeit). Zeichensystem und Text setzen einander wechselseitig voraus. In einem Text ist das Sprachsystem zu einem Teil vergegenständlicht, und im System ist die Menge möglicher Texte einer Sprache verborgen. Dem Sprachwissenschaftler tritt (wie jedem Hörer und Leser) Sprache zunächst in Gestalt von Texten entgegen, und es ist seine Aufgabe, aus gegebenen Texten unter Berücksichtigung der Faktoren und Bedingungen der Texterzeugung und Textverarbeitung die Elemente und Regeln ihrer inhaltlichen und formalen Struktur zu erforschen und zu ordnen und damit das zugrunde liegende Sprachsystem zu modellieren (vgl. DT. SPRACHE 1983, 106; WEINRICH 1993, 17). Andererseits wird im Sprachunterricht Systemwissen vermittelt, um den Lernenden zu befähigen, Texte einer gegebenen Sprache (Mutter- oder Fremdsprache) zweckentsprechend und normgemäß zu produzieren, richtig zu verstehen und nach gesellschaftlich gültigen Maßstäben zu beurteilen.

4.3 Allgemeingültige Bedingungen der Textbildung

Insbesondere müssen folgende Bedingungen erfüllt sein, damit „eine Satzfolge als Text verstanden werden kann [...]:
a) Einheitlichkeit des Referenzzusammenhangs
b) Einheitlichkeit der Lexikalisierung,
c) Einheitlichkeit der Mitteilungsperspektive,
d) Einheitlichkeit des temporalen Aufbaus,
e) Einheitlichkeit des übergeordneten Gesichtspunktes" (GORETZKI u.a. 1971, 145; vgl. HELBIG 1980, 261; MACKELDEY 1987).

Diese Bedingungen erfüllt folgender Mikrotext:

> 1. *Ein Papagei wurde in einem St.-Moritzer Ferienhaus zum Brandstifter.* 2. *Er knabberte an der Reibfläche eines Zündholzbriefchens, das sich entzündete.* 3. *Herabfallende Streichhölzer setzten den Teppich in Brand.* 4. *Die erschrockenen Hausbewohner konnten schließlich das Feuer löschen und ihren Liebling retten.* (Tageszeitung)

Die Einheitlichkeit des Referenzzusammenhangs gewährleistet im vorstehenden Text die Wiederaufnahme von Wörtern des ersten Satzes durch bedeutungsverwandte Elemente in den folgenden Sätzen, z.B. *Ein Papagei/Er, Brand(stifter)* (1) – *sich entzündete* (2) – *setzten ... in Brand* (3) – *Feuer* (4). Damit hängt die Einheitlichkeit der Lexikalisierung untrennbar zusammen. Sie kann auf wörtlicher Wiederholung (*Brand*), Pronominalisierung (*Papagei/Er*), Synonymie (*Brand/Feuer; entzünden / in Brand setzen*), Wortbildung mit gleichen oder semantisch verwandten Konstituenten (*Ferienhaus/Hausbewohner*) beruhen. Dadurch kommt die **Isotopie**, die Gesamtheit der Bedeutungsbeziehungen zwischen Ersterwähnungen und Wiederaufnahmen im Text, zustande. Diese Isotopie begründet die semantische Kohärenz eines Textes. Die Einheitlichkeit der Mitteilungsperspektive ergibt sich daraus, daß sich durch den ganzen Text eine Thema-Rhema-Kette hindurchzieht, daß die neue Information (das Rhema) eines folgenden Satzes an den Sinnertrag des vorherigen Satzes bzw. der vorhergehenden Sätze anknüpft. Den Informationsfortschritt (vgl. AGRICOLA 1979) im Beispieltext mögen folgende Wortgruppen verdeutlichen: *zum Brandstifter werden* (1) – *an der Reibfläche knabbern* (2) – *sich entzünden* (2) – *herabfallen* (3) – *den Teppich in Brand setzen* (3) – *die erschrockenen Hausbewohner* (= die Hausbewohner waren erschrocken) (4) – *das Feuer löschen – ihren Liebling retten* (4). Die Thema-Rhema-Kette des Textes stellt durchgehend Ursache-Wirkung-Beziehungen dar. Die Einheitlichkeit der Mitteilungsperspektive wird wesentlich durch die Anordnung (Reihenfolge) der Sätze im Text, durch die Wortstellung in den einzelnen Sätzen, durch Ersparungen und Satzverkürzungen, in gesprochener Rede auch durch die Satzintonation repräsentiert. Die Einheitlichkeit des temporalen Aufbaus zeigt sich im durchgehenden Gebrauch des Präteritums, in der sprachlichen Darstellung der Teilvorgänge nach ihrer realen zeitlichen Abfolge und in dem Adverb *schließlich* im 4. Satz. Die Einheitlichkeit des übergeordneten Gesichtspunktes ergibt sich aus dem einheitlichen Thema des Textes.

4.4. Texte in kommunikationstheoretisch-pragmatischer Sicht

Die Kommunikationstheorie ist bestrebt, Faktoren und Bedingungen, Regeln, Normen und Gesetzmäßigkeiten der Sprachkommunikation zu erfassen und zu beschreiben. Da sie dabei vor allem die Beziehungen zwischen ethnischen Sprachen einerseits und den Sprachbenutzern andererseits untersucht, steht hier die pragmatische Dimension sprachlicher Zeichen, die Sprachpragmatik, im Zentrum. Die linguistische Pragmatik „geht davon aus, daß ... Sprache nicht als System isolierter Zeichen, sondern im Rahmen komplexer sozialer und kommunikativer Prozesse begegnet. Ziel der P(ragmatik) ist die Beschreibung und Klassifizierung von Konventionen, Regeln und Normen, nach denen kommunikatives Handeln sprachlich abläuft, sowohl im Hinblick auf bestimmte (natürliche) Sprachen als auch (in der Form einer Universalpragmatik) auf die Bedingungen sinnvollen Sprechens überhaupt" (BROCKHAUS ENZYKLOPÄDIE 17/1992, 442). Grundbegriffe der Sprachpragmatik sind u.a. Sprechakt, Sprachhandlung, Sprechsituation bzw. kommunikative Situation, Kommunikationspartner, Sprach- und Textfunktion, kommunikative Handlungsstrategie, Konversationsmaximen u.a. (vgl. u.a. LEVINSON 1994).

4.4.1. Sprachfunktionen und Textfunktionen

Die Pragmatik geht von der Funktion der Sprache aus, der wechselseitigen Verständigung der Menschen zu dienen. Diese kommunikative Funktion ist auf unterschiedliche Weise – abhängig von der Verallgemeinerung und Idealisierung von Hauptfaktoren sprachlicher Interaktion – differenziert worden. So hat K. BÜHLER (1965, 24–33) in seinem Organonmodell drei Faktoren eines „Sprechereignisses" akzentuiert, nämlich

a) den „Sender" (= Sprecher oder Schreiber),
b) den „Empfänger" (= Hörer oder Leser) und
c) „Gegenstände und Sachverhalte", über die gesprochen oder geschrieben wird.

Je nachdem, ob es dem Sender (hauptsächlich) darauf ankommt,

a) sich auszusprechen, seine Urteile, Empfindungen, Meinungen kundzutun, oder
b) auf den Empfänger Einfluß auszuüben, ihn zum Handeln zu bewegen, oder
c) den Empfänger über Gegenstände und Sachverhalte (weitgehend neutral) zu informieren,

hat BÜHLER drei Sprachfunktionen unterschieden, nämlich

a) die Kundgabe- oder Ausdrucksfunktion (Sprache als Symptom),
b) die Appellfunktion (Sprache als Signal),
c) die Darstellungsfunktion (Sprache als Symbol).

Dagegen ist mit Recht eingewendet worden, daß sich Sprechereignisse selten eindeutig und nachvollziehbar nur e i n e r dieser Funktionen zuordnen lassen – abgesehen davon, daß bei weitem nicht alle Faktoren einer kommunikativen Situation im Organonmodell berücksichtigt werden, etwa die der Sprachhandlung übergeordnete Tätigkeit, das soziale Verhältnis der Kommunikationspartner zueinander u.a. Andere Sprachwissenschaftler haben daher Gegenmodelle zu BÜHLER mit vier, sechs, sieben und mehr Sprachfunktionen entwickelt, auf die hier nicht näher eingegangen werden kann.

Textfunktionen lehnen sich an die vorstehenden Sprachfunktionen an und lassen sich nach in einer Kommunikationsgemeinschaft geltenden Zwecken sprachlichen Handelns sowie nach bestimmten Typen von Sprecherintentionen ordnen. Die Kriterien, nach denen Textfunktionen differenziert und hierarchisch gestuft werden, sind in der Fachliteratur unterschiedlich, vielfältig und kaum zu vereinheitlichen. Auch hier entscheiden wir uns für eine repräsentative Typologie, nämlich die von K. BRINKER (1988, 97–113), der sich unverkennbar an die englische und deutsche Sprechakttheorie anlehnt. Jeder dieser Textfunktionen ordnen wir einige Textsortenbezeichnungen als illustrierende Beispiele zu (vgl. DUDEN-GRAMMATIK 1995, 810f.):

1) Informationsfunktion (Nachricht, Protokoll, Bericht, Beschreibung, Rezension, Gutachten)
2) Appellfunktion (Antrag, Bewerbung, Gesuch, Werbetext, Anweisung, Agitations- und Propagandaschriften)
3) Obligationsfunktion (Verpflichtung, Versprechen, Gelöbnis, Eid, Vertrag, Garantieerklärung)
4) Kontaktfunktion (Gruß, Willkommen, Smalltalk, Abschied, Glückwunsch)
5) Deklarationsfunktion (Vollmacht, Berufung, Ernennung, Taufformel, Gerichtsurteil, Satzung/Statut)
6) Unterhaltungsfunktion, speziell ästhetische Funktion (fiktionale Texte: Lyrik, Ballade, Schauspiel, Erzählung).

Im Vordergrund steht bei dieser Einteilung nicht die tatsächliche Sprecherabsicht, sondern eine bestimmte „soziale Form, die in einer Gemeinschaft für eine Funktion fest geworden ist" (DUDEN-GRAMMATIK 1995, 811). Ebenso entspricht die Textfunktion nicht der Wirkung eines Textes auf Hörer oder Leser. Die Textwirkung wird letztlich von spezifischen Bedingungen der Rezeptionssituation und von der Individualität des Rezipienten mitbestimmt.

Schließlich muß auch berücksichtigt werden, daß nicht in jedem konkreten Text nur eine der angeführten Textfunktionen rein ausgeprägt vorkommt. Immerhin wird man bei der Kombination zweier oder mehrerer Funktionen in einem Text zumindest eine dominierende Funktion ausmachen können.

4.4.2. Textproduktion und Textrezeption

Nach den räumlichen und zeitlichen Umständen sprachlicher Kommunikation wird zwischen direkter und indirekter Kommunikation unterschieden. Direkte Kommunikation vollzieht sich immer bei räumlicher und zeitlicher Präsenz von Autor und Rezipient in der gleichen kommunikativen Situation. Das gilt insbesondere für mündliche Rede, bei der sich Sprecher und Hörer zur gleichen Zeit am gleichen Ort befinden. In diesem Falle können Sprecher und Hörer die außersprachlichen Verständnishilfen der gemeinsamen Redesituation nützen sowie Mimik und Gestik verständnisfördernd einsetzen. Unter Umständen können auch die Rollen der Kommunikationspartner als Sprecher und Hörer wechseln, so daß ein Dialog zustande kommt.

Im Gegensatz dazu sind bei indirekter Kommunikation die Partner räumlich oder/und zeitlich getrennt (z.B. am Telefon, bei Fernseh- und Hörfunk, beim Briefwechsel). Für die indirekte Kommunikation hat sich die geschriebene Sprache herausgebildet. Zwischen Textproduktion und Textrezeption können beim Schreiben und Lesen große räumliche und zeitliche Abstände und Entfernungen liegen. Eine gemeinsame Situation fehlt; man spricht in diesem Fall von einer „zerdehnten kommunikativen Situation". Man kann und muß ausführlicher, genauer, überlegter formulieren, um optimale Verständigung zu gewährleisten.

Textproduktion und Textrezeption sind kommunikative Handlungen mit individuell und situationell unterschiedlich komplexer und komplizierter Verlaufs- und Verfahrensstruktur. Dennoch wird versucht, die Textproduktion in Prozeßstufen und Handlungsphasen allgemeingültig zu gliedern, etwa in folgender Weise.

„A: Orientierungsstufe: Adäquates Erfassen der Kommunikationsaufgabe in ihren Handlungs- und Bedingungsaspekten, Einstellung auf die Partnerspezifik und Herausbildung einer aufgabenadäquaten Motivation und Intention
B: Planungsstufe: Auffinden eines geeigneten Lösungsweges (Kommunikationsplanes)
C: Formulierungsstufe: Sprachlich richtige, angemessene und wirkungsvolle Realisierung des Kommunikationsplanes

Dabei handelt es sich immer um aufeinander bezogene, einander wechselseitig beeinflussende Stufen und Phasen, innerhalb deren auch Korrekturen vorgenommen werden können, da der Produzent auf jeder Stufe, in jeder Phase die Angemessenheit und Zweckmäßigkeit seines Vorgehens kontrolliert" (SPRACHLICHE KOMMUNIKATION 1986, 21). In analoger Weise ist versucht worden, auch die Textrezeption in Stufen einzuteilen, u.a. dazu, sie lehrbar und lernbar zu machen:

A: Orientierungsstufe: Erfassen der Rezeptionsaufgabe und bestimmter Determinanten der Rezeptionshandlung
B: Informationsstufe: Auffinden bzw. Bereitstellung geeigneter Texte
C: Planungsstufe: Entscheidungen des Rezipienten über Textauswahl, aufzunehmende Inhalte und Art und Weise der Rezeption
D: Realisierungsstufe: Textverarbeitung, z.B. kursorisches oder statales Lesen, Markieren von Textstellen, Exzerpieren oder Konspektieren (vgl. SPRACHLICHE KOMMUNIKATION 1986, 33f.).

4.4.3. Wissensbestände von Textautoren und Textrezipienten

Je mehr sich Sprachwissenschaft und Kommunikationstheorie als Kognitionswissenschaften begreifen, um so mehr werden Textproduktion und Textrezeption nicht nur als daten- und textgeleitet, sondern darüber hinaus vor allem als wissensgeleitet erklärt und verstanden. Exemplarisch sei hierzu I. POHL (1997, 246f.) zitiert: „Sprachverstehen umfaßt zunächst das Verstehen der an der Textoberfläche befindlichen sprachlichen Ausdrücke. Sprachverstehen umfaßt zweitens die Einbeziehung von Inferenzen, die der Rezipient dazugibt, d.h., rezipientenseitiges Wissen geht insofern in die Textsemantik ein, als der Rezipient auf inferentiellem Wege auf eigene Vorwissensbestände zurückgreift. Unter Inferenzen will ich Ableitungen/Folgerungen des Rezipienten von Aussagen verstehen, die von Textstimuli ausgehen, die unbewußt ablaufen und die Ausdrucksseitiges sinnvoll machen. Mit anderen Worten: geglücktes Verstehen liegt im Sinne prozeduraler, psycholinguistisch akzentuierter Auffassungen von Textsemantik ... dann vor, wenn ein vorliegender Text dem Rezipienten erlaubt, aus dem Konstrukt von ausdrucksseitiger und rezipientenseitiger Bedeutung letztlich die Intention des Senders zu erschließen. ... Bisherige psycholinguistische Untersuchungen erhärten die Tatsache, daß ein Rezipient im Verstehensprozeß eine kognitive, holistische und dynamische Repräsentation der Begriffe und Aussagen einer sprachlichen Äußerung aufbaut – eine kognitive Textwelt – und daß er diese kognitive Textwelt mit seiner Erfahrungswelt abgleicht: Fragmentarisches wird durch individuelle Wissensbestände ergänzt, Vages wird präzisiert, Mehrdeutiges wird disambiguiert usw."

Was sind das für „individuelle Wissensbestände", über die Textproduzenten und Textrezipienten verfügen, die sie benötigen, um Texte zu schaffen und zu verstehen? In verschiedenen Theorien werden folgende Wissenskomponenten unterschieden:

- sprachliches Systemwissen, das sich aus formalen und semantischen Merkmalen sprachlicher Zeichen zusammensetzt
- Weltwissen oder enzyklopädisches Wissen, das durch Erfahrung gewonnenes wie auch in Lernprozessen erworbenes Wissen über das Sprachwissen hinaus umfaßt
- sozial geprägtes Interaktionswissen bezüglich des kommunikativen Umgangs mit den Mitmenschen, zu dem wesentlich auch Kenntnisse über soziale Normen gehören
- Textmusterwissen, das ist sowohl Wissen über globale Textstrukturen als auch Wissen über die Strukturen spezieller Textsorten (vgl. DUDEN-GRAMMATIK 1995, 111).

Erst seit wenigen Jahren wird von einer weiteren Art von Wissen gesprochen, das für das volle und umfassende Verstehen von Texten unentbehrlich ist: soziokulturelles Hintergrundwissen (= s-k HGW). Es wird von I. POHL (1991, 264f.) knapp charakterisiert:

„– S-k HGW ist als eine zum Bedeutungsbesitz zugehörige Wissensart zu beschreiben.
– Als s-k HGW könnte man Einschätzungen und Wertungen, Auffassungen über Nützlichkeit und Schädlichkeit, Schönheit, über Angemessenheit und Bedeutsamkeit des Bezeichneten auffassen.
– S-k HGW kann mit Bezeichnungen von Realien aus der Natur, Geschichte, Kultur, Lebensweise, des Alltags, der Literatur und Kunst verbunden sein.
– S-k HGW ist konkreter auf Situationen bezogen, in soziokulturelle Gegebenheiten eingebettet und demzufolge veränderlich.

- S-k HGW spielt in allen Wortschatzbereichen eine Rolle, nicht nur bei Metaphern und Phraseologismen, und bildet die Basis für Sinnerschließung nicht nur literarischer Texte.
- Bezeichnungen für Gesten, körperliche Symptome, Farben, Blumen, Speisen u.a. sind bevorzugte Bereiche mit kulturell-konventionellen Mitinformationen."

Dieser Begriffserläuterung ist zu entnehmen, daß sich soziokulturelles Hintergrundwissen aus sprachlichem Bedeutungswissen und Weltwissen zusammensetzt, daß es sich in denotativen Bedeutungen und Konnotationen in Texten repräsentiert.

4.4.4. Textthema

„Ein Leser oder Hörer kann eine Folge von Sätzen dann als Text auffassen, wenn er sie unter *ein* Thema stellen kann" (DUDEN-GRAMMATIK 1995, 806). Dieses Thema, das einen Text als Ganzes dominiert und beherrscht, wird in der textlinguistischen Fachliteratur umschrieben als „Kerngedanke", „Gesamtvorstellung", „Makroproposition", „begrifflicher Kern". Es ist ganz einfach die möglichst kurze Antwort auf die Frage: „Worum geht es eigentlich? Worum handelt es sich in diesem Text?"

Demgemäß bestimmen KLEIN/VON STUTTERHEIM (1987) „das Thema eines Textes dadurch, daß sie es als Antwort auf eine Frage, die ‚Quaestio', ansehen. Diese Antwort wird nicht auf einmal gegeben, sondern auf den ganzen Text verteilt ... Die Beantwortung der Quaestio ist gleichzeitig Grundlage der ‚referentiellen Bewegung' in einem Text. Man kann (und muß) die Quaestio aufspalten nach der berühmten Laswellschen Formel, die die Journalisten befolgen: ‚Wer, was, wann, wo, warum, wie?'" (VATER 1992, 174) Das Textthema kann, muß aber nicht vor dem Text angekündigt werden durch Überschrift, Titel, Schlagzeile (Lead) – also einen den Textinhalt zusammenfassenden Satz. Allerdings gibt es auch nicht wenige Texte ohne Überschrift, und nicht jede Überschrift entspricht dem Thema des zugehörigen Textes. Überschriften und Titel sollen in erster Linie als Rezeptionsanreiz wirken und sind daher nicht unbedingt „Konzentration und Abstraktion" des gesamten Textinhalts, wie MACKELDEY (1987, 39) das Textthema umschrieben hat.

Geht der Textverfasser vom Thema aus, so kann die Textproduktion auch als „thematische Entfaltung" bezeichnet werden, bei denen K. BRINKER (1988, 59ff.) vier Grundformen unterscheidet:

- die deskriptive Themenentfaltung (räumliches Nebeneinander)
- die narrative Themenentfaltung (zeitliches Nacheinander)
- die explikative Themenentfaltung (logisch entwickelte Erklärung)
- die argumentative Themenentfaltung (Begründung eines Standpunkts).

(Vgl. DUDEN-GRAMMATIK 1995, 806–808.)

Oft bleibt eine solche spezifische Art der Themenentfaltung auf einen Teiltext beschränkt und gilt nicht für den Text als Ganzes.

Da das Thema weitgehend die Kohärenzbeziehungen im Text bestimmt, gilt Thematizität vielen Sprachwissenschaftlern auch als das wichtigste Merkmal eines Textes (vgl. VATER 1992, 66).

4.5. Probleme der Texttypologie und der Textmodellierung

Wachsende Bedeutung erlangen in der Textlinguistik gegenwärtig Probleme der Einteilung von Texten (Texttypologie) und der Entwicklung von Text(sorten)-mustern (Textmodellierung). Dabei gehen schon die Auffassungen darüber auseinander, a) ob sich jedes Textexemplar widerspruchsfrei einem bestimmten Texttyp zuordnen läßt oder nicht, b) ob eine Texttypologie theoretisch zu begründen und deduktiv abzuleiten ist oder ob sie auch empirisch-induktiv entwickelt werden darf. D. VIEHWEGER (1983b, 234) trifft diesbezüglich folgende Unterscheidung zwischen Textsorte und Texttyp: „Als Textsorte sollte jede Erscheinungsform von Texten angesehen werden, durch die die Beschreibung bestimmter, nicht für alle Texte zutreffender Eigenschaften charakterisiert werden kann, unabhängig davon, ob diese in einer Texttypologie theoretisch erfaßt werden. ‚Texttyp' hingegen sollte als eine theoriebezogene Bezeichnung für eine Erscheinungsform von Texten gebraucht werden, die im Rahmen einer Texttypologie definiert ist [...] Eine Texttypologie, deren Ziel es ist, die Vielfalt möglicher Texte einer überschaubaren Menge von Grundtypen zuzuordnen, ist keine bloße Aneinanderreihung von irgendwie charakterisierten Textsorten, sie ist vielmehr ein Kategoriensystem bzw. ein Komplex von Aussagen über Texte, die eine interne Strukturierung besitzt" (vgl. ebd. zu Anforderungen an eine Texttypologie).

Offenbar genügt den Anforderungen an eine solche Texttypologie nur eine Einteilung von Texten, die alle Texte ihres Geltungsbereichs erfaßt (exhaustiv ist), Texte als Ganzheiten erfaßt (monotypisch ist) und von einer einheitlichen Typologisierungsbasis ausgeht (homogen ist; vgl. a.a.O., 235). Induktiv gewonnene Merkmalskombinationen führen dagegen zwar zu Textsorten, aber nicht zu Texttypen gemäß vorstehenden Darlegungen. Je nach Wahl der Typologisierungsbasis und Hierarchie der Kriterien konkurrieren gegenwärtig verschiedene Texttypologien miteinander. So differenziert z.B. E. WERLICH (1975) folgende fünf Texttypen nach dem „kontextuellen Fokus", d.h. gemäß den Determinanten der kommunikativen Handlung, auf die der Textproduzent die Aufmerksamkeit des Textrezipienten konzentriert:

„Texttyp	Kontextueller Fokus
1. Deskription	faktische Erscheinungen im Raum
2. Narration	faktische und/oder konzeptuelle Phänomene in der Zeit
3. Exposition	Zerlegung oder Zusammensetzung von begrifflichen Vorstellungen (Konzepten) der Sprecher

4. Argumentation   Beziehungen zwischen Begriffen oder Aussagen der Sprecher
5. Instruktion   zukünftiges Verhalten des Senders oder des Adressaten"
(zit. nach: DT. SPRACHE 1983, 237).

Diese Texttypologie repräsentiert allerdings ein recht grobes Raster, das sprachpädagogischen Bedürfnissen noch nicht gerecht wird. Diesen Bedürfnissen sollen vor allem Textsortenmodelle und Formulierungsmuster Rechnung tragen (vgl. etwa U. ENGEL 1988, 35–176). In Instruktionen mit direktem Partnerbezug finden sich so vor allem Personalpronomen der 1. und 2. Person sowie explizite performative Verben und Formeln, vgl.

Wir empfehlen Ihnen ... / Ich rate dir / Ihnen ... / Wir bitten Sie ... / Hierfür bieten wir Ihnen / euch ...

Über solche Routineformeln gehen Textsortenmodelle hinaus, die Strukturen für komplexe Texttypen vorgeben. Sie können dominant illokutiv (vgl. VIEHWEGER / SPIES 1987, 81–118) oder vorrangig sachverhaltsbezogen modelliert sein. Illokutionswissen wird etwa bei Handlungsstrukturen von Instruktionen vorausgesetzt: „Die Bedingungen, die für symmetrische Bitten relevant werden, lassen sich grob verallgemeinert auf Konzepte wie RECHTFERTIGUNG, MOTIVATION, FÄHIGKEIT u.a. reduzieren [...]" (VIEHWEGER 1988, 509) „Symmetrische Bitten sind [...] Aufforderungshandlungen, mit denen ein Sprecher einen Adressaten um Auskünfte, Handreichungen sowie Gefälligkeiten ersuchen kann" (ebd., 508).

Sachverhaltsbezogen modelliert SOMMERFELDT (1989) das Modell des Sportberichts:

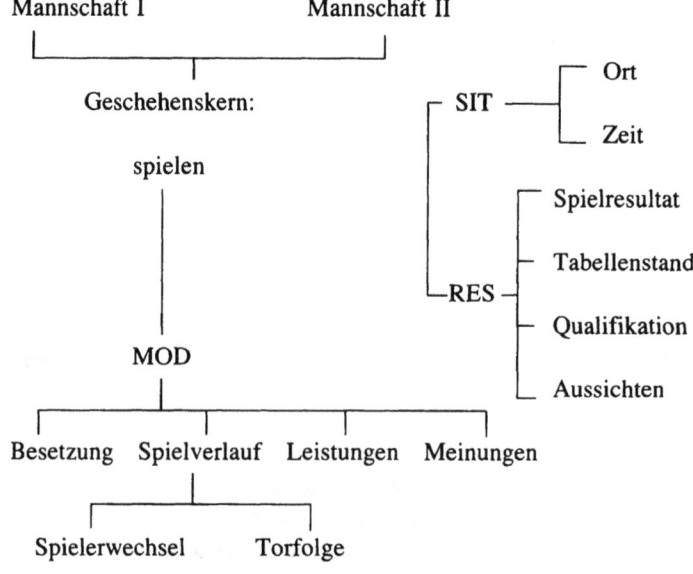

Dabei bedeuten: SIT = Situierung des Geschehens, MOD = Modalitäten des Verlaufs, RES = Resultate des Spielgeschehens (vgl. SOMMERFELDT 1989, 77–81).

In bezug auf solche Textsortenmodelle und Textstrukturmodelle sollte bedacht werden, daß sie mehr oder weniger standardisiert sind und für sie gemeinschaftlich anerkannte, normierte Schemata existieren, etwa für sog. Gebrauchsformen wie Lebenslauf, Protokoll, Glückwunsch- oder Kondolenzschreiben, Bedienungsanleitung, Koch- oder Backrezept u.ä. Davon unterscheiden sich Textsorten, die auf individuelle, originäre Gestaltung orientiert sind wie Betrachtung, Essay, Feuilleton usw.

„Man kann also zusammenfassend formulieren: Textsorten sind zu verstehen als historisch und kulturell sich verändernde Verständigungskonzepte einer Gesellschaft, die mit mehr oder minder stark festgelegten Funktionen verbunden sind. Sie werden realisiert durch Textsortengroßstrukturen, welche die Verlaufsstruktur einer Textsorte wiedergeben. Diese wiederum sind geprägt durch das Wissen der Kommunizierenden über Handlungsmuster und deren Sequenzierung." (D. NEUENDORFF 1988, 544; vgl. HEINEMANN/VIEHWEGER 1991, 170)

4.6. Ausgewählte Typen der thematischen Progression

Auf der Einheitlichkeit der Mitteilungsperspektive fußt die kommunikative Ganzheitlichkeit eines Textes. Wie bereits ausgeführt, handelt es sich dabei um die Weitergeltung des Informationsgehalts vorausgehender Sätze, auf dem das für die Rezipienten Neue aufbaut, das in den folgenden Sätzen mitgeteilt wird. Darauf gründet das „Gesetz der kommunikativen Kontinuität", das zweierlei besagt:

1) Das Prinzip der Thema-Rhema-Gliederung gilt nicht nur für den einzelnen Satz, sondern erst recht für den Text als zusammenhängende Äußerung.
2) Die kommunikative Satzperspektive spielt eine textkonstituierende Rolle (vgl. DANEŠ 1974, 106ff.): „Die Struktur der Thema-Rhema-Kette [...] ist modellierbar und auf einige Grundmodelle reduzierbar [...]"

Unsere Auswahl beschränkt sich auf drei Typen thematischer Progression:

1. Das verbreitetste Modell der Thema-Rhema-Kette einer transphrastischen Einheit ist die sogenannte „einfache lineare thematische Progression" (MOSKALSKAJA 1984, 23). Sie wird auch „prädikatsvermittelte Konnexion" (SOLGANIK 1973) genannt. Dieses Modell liegt u.a. dem Beispieltext „Papagei als Brandstifter" zugrunde und kann in folgender Weise schematisiert werden:

$$T_1 \rightarrow R_1$$
$$|$$
$$T_2 (= R_1) \rightarrow R_2$$
$$|$$
$$T_3 (= R_2) \rightarrow R_3$$
$$|$$
$$T_4 (= R_3) \rightarrow R_4$$

(T = Thema, R = Rhema; Zahlenindices betreffen die Numerierung der Sätze.)

2. Die Thema-Rhema-Kette hat ein durchgehendes Thema. Die Informationen aufeinanderfolgender Sätze betreffen den gleichen Kommunikationsgegenstand („subjektvermittelte Konnexion" nach SOLGANIK 1973):

1. Etwa 18 bis 20 Kilogramm wiegt die menschliche Haut. 2. Die gesamte äußere Oberfläche des Körpers wird von ihr bedeckt. 3. An den natürlichen Öffnungen geht sie in Schleimhaut über. 4. Sie ist Grenzorgan zwischen der Umwelt und unserem Organismus und dementsprechend aufgebaut. (Wochenzeitung)

Für dieses Modell soll folgendes Schema stehen:

T_1 (die menschl. Haut) $- T_1$ (von ihr) $- T_1$ (sie) $- T_1$ (Sie)
$|$ $|$ $|$ $|$
R_1 R_2 R_3 R_4

3. Ein drittes Modell wird verzweigte thematische Progression genannt. Von einem gemeinsamen Thema („Hyperthema") werden zwei oder mehr Themen abgeleitet. Dazu sei folgendes Beispiel geboten:

1. Es gibt zwei Arten, sich den großen Kunstwerken der Vergangenheit gegenüber zu verhalten. 2. Die eine ist Anbetung, Verehrung, Gläubigkeit, grenzenloses Genießen, Ausschaltung des Verstandes. 3. Die andere könnte man als eine kritisch-historische bezeichnen. 4. Sie schaltet den Verstand bei der Betrachtung eines großen Kunstwerks nicht aus, sondern benützt ihn [...] (H. Eisler)

Das Hyperthema „zwei Arten des Verhaltens gegenüber großen Kunstwerken der Vergangenheit" verzweigt sich also in die beiden abgeleiteten Themen „die eine Art" und „die andere Art":

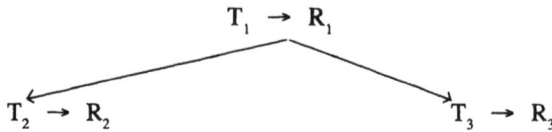

Diese Modelle der kommunikativen Progression kommen nicht nur in reiner Form, sondern in vielfältigen Kombinationen vor (vgl. MOSKALSKAJA 1984, 34ff.; kritisch HEINEMANN/VIEHWEGER 1991, 32–34; VATER 1992, 96ff.).

4.7. Aspekte der Satz- und Textverflechtung

Gemäß unserer Grammatikkonzeption (vgl. 1.1.) sollen im folgenden Möglichkeiten und Probleme der Einbettung des Ganzsatzes in den sprachlichen Kontext behandelt werden. Unter Kontext wird „die Umgebung eines sprachlichen Mittels, im engeren Sinne die linguistische Umgebung" (SILMAN 1968, 854) verstanden. Die Gesamtheit mit sprachlichen Mitteln ausgedrückter Beziehungen eines Ganzsatzes zu anderen Ganzsätzen innerhalb eines Textes wird als Textverflechtung bezeichnet. (Der außersprachliche Kontext und die textpragmatische Kohärenz sind nicht Gegenstand der Textgrammatik.) Bei komplexer Betrachtungsweise läßt sich die Textverflechtung unter folgenden Gesichtspunkten untersuchen (vgl. zum folgenden PFÜTZE 1965; SIEBENBRODT/SORGENFREI 1974, 102ff.; WEINRICH 1993; DUDEN-GRAMMATIK 1995, 819ff.).

4.7.1. Verflechtungsrichtung

Es überwiegen in den Texten rückwärtsweisende (anaphorische) Verflechtungs- oder Vertextungsmittel, die sich auf sprachliche Ausdrücke in Vorgänger-Sätzen beziehen und dann thematischen Wert haben, z.B.

Gandhis Kampfmethode war Satjagraha. Das heißt „Macht der Liebe". Das Wesen dieser Methode ist die Gewaltlosigkeit. (Tageszeitung)

Seltener sind explizite vorwärtsweisende (kataphorische) Verflechtungsmittel oder Vorverweise, die den Rezipienten kommende Informationen ankündigen und bestimmte Erwartungen wecken sollen.

Eine Schülerin soll ihre Eindrücke von der Bronzeplastik des Bildhauers Heinrich Apel wiedergeben. Ihr Entwurf lautet: ...

Noch seltener treten Vertextungsmittel auf, die zugleich rückwärts und vorwärts weisen, und zwar über beide Satzgrenzen hinweg:

Auch Kleinigkeiten, wie unhöfliches Bedienen im Warenhaus, achtloses Verschmutzen der Straßen, läßt sie nicht durchgehen. Denn: „Es steht uns doch einfach nicht zu Gesicht."

Die Fußball-Elf hat damit keinen Abstiegsplatz mehr inne. Trotzdem: Die Freude bei den Frankfurtern sollte sich in Grenzen halten. (Tageszeitung)

4.7.2. Verflechtungsabstand

In vorstehenden Beispielsätzen treten Verflechtungsbeziehungen zwischen unmittelbar benachbarten Sätzen auf – diese werden als **Nachbarbindung** zusammengefaßt. Wird mit Vertextungsmitteln ein Zusammenhang zwischen nicht benachbarten, sondern weiter entfernten Sätzen hergestellt, handelt es sich um **Distanzverbindung** oder **Interdisposition**:

Wie bereits an anderer Stelle / im Vorwort festgestellt wurde, ...
Diesem Problem wenden wir uns im dritten Kapitel zu.

4.7.3. Isotopie- oder Topikketten

Isotopie wurde bereits als Hauptform der semantischen Kohärenz (Bedeutungszusammenhang) zwischen den Gliedern eines Textes eingeführt (vgl. 4.2.). Sie beruht auf der semantischen Äquivalenz zwischen lexikalischen Elementen eines Textes, die von der wörtlichen Wiederholung bis „zur ausdrücklichen Äquivalenzsetzung von Einheiten mit sehr entfernten Bedeutungen durch den Textproduzenten im Textablauf" (DT. SPRACHE 1983, 222) reichen. Durch semantische Äquivalenz verbundene Elemente werden *Isotopie-* oder *Topikketten* oder auch *nominative Ketten* (VIEHWEGER 1976, 201) genannt. Ihre wichtigsten Arten sind:

a) **Bedeutungsgleichheit** (bei wörtlicher oder flektierter Wiederholung)

b) **Bedeutungsähnlichkeit** im engeren Sinne (Synonymie)

   In der Garage stand ein Auto. Der Wagen war frisch gelackt.

c) **Bedeutungsüber- und -unterordnung** (Hyperonym/Hyponym)

   Die Weide ist zweihäusig. Auf einer Pflanze findet man entweder nur männliche oder nur weibliche Blüten. Dieses Gehölz ist überall in der nördlichen gemäßigten Zone zu finden. (Weide/Gehölz/Pflanze)

d) **Kohyponymie** (Nebenordnung von Artbegriffen ohne Oberbegriff)

   HÄCKSELSCHNEIDEN. *Die* Maschine *und der* Motor *sind verkeilt. Der* Treibriemen *ist gespannt* [...] *Das* Schwungrad *dreht sich.* (Strittmatter)

e) **Bedeutungsgegensatz** (Antonymie mit gemeinsamem Bezugspunkt)

   In der bürgerlichen Gesellschaft ist die lebendige Arbeit nur ein Mittel, die angehäufte Arbeit zu vermehren. In der kommunistischen Gesellschaft ist die aufgehäufte Arbeit nur ein Mittel, um den Lebensprozeß der Arbeiter zu erweitern, zu bereichern, zu befördern. (Marx/Engels, Manifest)

f) **Bedeutungsumschreibung** (Paraphrase)

Der Sonnentau *ist in Mooren zu Hause.* Wer diese *unscheinbare fleischfressende Pflanze zum erstenmal sieht, ist meist enttäuscht.*

g) **Proformen:** Für „Stellvertreterwörter" mit anaphorischem und kataphorischem Bezug wurden bereits mehrere Beispiele angeführt (vgl. DT. SPRACHE 1983, 222).

h) Isotopieketten können auch Leerstellen enthalten. Aus Gründen rationellen Sprachgebrauchs wird auf die Wiederaufnahme sprachlicher Mittel aus Vorgänger-Sätzen ganz verzichtet. So entstehen **syntaktische Ellipsen.** Elliptizität ist vor allem ein verbreitetes Merkmal von Dialogen (vgl. MACKELDEY 1987):

A: *Wo warst'n du heut früh?*
B: *Ach im Garten.*
A: *Gehst du nachher wieder hin?*
B: *Hm.*
A: *Bringst du mir bitte 'n paar Äpfel mit? Ich brauch sie fürn Kuchen.*
B: *Heut abend noch?*
A: *Ja.*
B: *Aha. Ist gut.*
A: *Schön. Bis dann also!*
B: *Tschüs!*

Die Gesamtheit aller einen Text durchziehenden und seine Teile (Texteme) verbindenden Isotopieketten nennt man das Isotopienetz des Textes. Die variierende Zahl der Isotopieglieder (Topiks) in verschiedenen Texten ist ein Ausdruck der Dichte der Textverflechtung. Das Isotopienetz eines Textes vermittelt stets Einsichten in den Textaufbau.

4.7.4. Vertextungstypen und Konnektoren

Außer durch Isotopieketten wird semantische Kohärenz auch durch semantische Beziehungen zwischen Nachbarsätzen im Text – ähnlich denen zwischen in Satzverbindungen kombinierten Sätzen (vgl. 3.2.3.) – gesichert, die mit spezifischen sprachlichen Mitteln (Konjunktionen, Pronominaladverbien, Präpositionalgruppen – hier als Konnektoren zusammengefaßt) sprachlich signalisiert sein können, aber auch ohne ausdrückliche sprachliche Kennzeichnung bestehen können (wie bei unverbundenen Teilsätzen in Satzverbindungen). Im folgenden werden verschiedenartige semantische Relationen zwischen Nachbarsätzen als Vertextungstypen belegt; mögliche Konnektoren werden in Klammern ergänzt oder in den Anschlußsätzen gekennzeichnet (vgl. DT. SPRACHE 1983, 227):

a) **Kausalanknüpfung** (Ursache-Wirkung-Relation)

Die Lampe brennt nicht. Die Stromleitung ist unterbrochen. (denn)
Das Auto fuhr an einen Baum. Die Straßen waren vereist. (denn)

b) **Motiv-Anknüpfung** (Handlung – Beweggrund)

Mutter ist in den Keller gegangen. Sie will Kartoffeln holen. (denn)

c) **Diagnostische Interpretation** (Angabe der Prämissen zu einem Schluß)

Es hat Frost gegeben. Die Heizungsröhren sind gesprungen. (denn)

d) **Spezifizierung** (Fortschreiten vom Allgemeinen zum Besonderen)

Gestern hat es ein Unglück gegeben. Peter hat sich den Arm gebrochen. (und zwar)

e) **Metathematisierung** (Verallgemeinerung)

Die Felder sind abgeerntet. Die Äpfel sind reif. Das Laub verfärbt sich. Kurz/Summa summarum: *Der Herbst hat begonnen.*

f) Anknüpfung von Voraussetzungen und Bedingungen (**Konditionalität**)

Die Kinder sind in den Zirkus gegangen. Die Oma hat ihnen (dazu, dafür) *Geld gegeben.*

g) **Zeitliche Beziehung** (Gleichzeitigkeit, Vor- oder Nachzeitigkeit)

In Geschichte wiederholten wir zu Beginn der Stunde den Stoff der letzten Woche. Dann lasen wir einen Text im Lehrbuch. Anschließend besprachen wir, was Grundherrschaft ist. Zum Schluß fragte Frau Walter nach den verschiedenen Formen der sozialen Abhängigkeit. (Schülerprotokoll)

h) **Entgegensetzung** (Antithese, Kontrast, Polarisierung)

Peter ist ein freundlicher Mensch. Sein Bruder dagegen *ist ein mürrischer Griesgram.*

i) **Steigerung** (Gradation oder Klimax)

Das große Karthago führte drei Kriege. Es war noch *mächtig nach dem ersten,* noch *bewohnbar nach dem zweiten. Es war* nicht mehr *auffindbar nach dem dritten.* (Brecht)

Diese Übersicht erhebt keinen Anspruch auf Vollständigkeit. Im Prinzip können alle koordinierenden Konjunktionen (vgl. 2.10.1) und diesen funktionsverwandte Adverbien (vgl. Tabelle zu 3.4.1) als Konnektoren oder Textorganisatoren gelten (so SCHANEN 1995, 207).

„Gliederungspartikeln" werden Wörter wie *anderenfalls, außerdem, bloß, freilich, mithin, nur, überdies, übrigens, vielmehr, zudem* genannt, die selbständige Sätze in Texten verknüpfen können und dabei semantische Beziehungen wie Addition, Implikation, Opposition, Restriktion oder Konzession zwischen Sätzen oder Satzfolgen innerhalb eines Textes anzeigen.

Gliederungssignale weisen auf den Textanfang *(anfangs, zuerst, zunächst)*, den Textschluß *(abschließend, endlich, schließlich; last, not least; zum Schluß)*, Themenwechsel *(ein anderes Problem; am Rande; beiläufig)*, Sprecherwechsel im Dialog *(... nicht wahr? – Gewiß; durchaus, ja doch)* hin oder gliedern die Abfolge von Informationen oder Argumenten, um die Rezeption zu erleichtern *(einerseits – andererseits; zum einen – zum andern; teils – teils; erstens, zweitens, drittens ...)*.

Die umfassende Systematisierung der Typen semantischer Beziehungen und der Konnektoren steht zur Zeit noch aus. Das ist auch dadurch bedingt, daß sie eine sehr allgemeine Semantik haben und durch den Kontext spezifiziert werden (vgl. *denn* bei a) bis c)). Man kann die Konnektoren als Anweisungen an den Rezipienten bestimmen, beim Inbeziehungsetzen der in den Sätzen enthaltenen Sachverhaltsaussagen entsprechende gedankliche Operationen auszuführen.

4.7.5. Indikatoren

Mit Topikpartnern und Konnektoren wirken die Indikatoren zusammen. Dazu gehören die Artikelformen, Tempora und Modi des Verbs, Wortstellungsvarianten, Komponenten der Satzintonation in der gesprochenen und entsprechende Interpunktionszeichen in der geschriebenen Sprache. So zeigen die Tempora – gemeinsam mit entsprechenden Konnektoren (vgl. 4.7.4. g)) – zeitliche Relationen zwischen zwei oder mehr im Text dargestellten Sachverhalten an (Gleich-, Vor- oder Nachzeitigkeit). Der Konjunktiv kann mittelbar wiedergegebene fremde Rede- und Gedankeninhalte kennzeichnen, für deren Richtigkeit sich der Berichtende nicht verbürgt, oder nichtwirkliches Geschehen wiedergeben.

Während ein Appellativum bei der erstmaligen Nennung eines Individuums im Text im Singular mit dem unbestimmten Artikel eingeführt wird, ist bei der Wiederholung dieses Appellativums oder der Wiederaufnahme durch ein Synonym oder Hyperonym – bezogen auf das gleiche Denotat – der bestimmte Artikel zu verwenden:

> *Unter der Brücke versteckte sich zuweilen sommertags* ein Schof Wildenten. *Es kam vor, daß* die Entenschar *mit Flügelschlagen und Geplätscher hochging* [...] (Strittmatter)

Der Wechsel zwischen unbestimmtem und bestimmtem Artikel im Teiltext signalisiert zugleich den Wechsel zwischen rhematischem (im ersten Satz) und thematischem Wert der Bezeichnung (im zweiten Satz). Die Wort- und Satzgliedstellung „trägt dazu bei, die kommunikative Progression des Textes von einer Thema-Rhema-Einheit [...] zur nächsten Thema-Rhema-Einheit der Satzebene auszudrücken und eine kontinuierliche Kette der Thema-Rhema-Einheiten herzustellen, in der sich die kommunikative Progression des Textes realisiert und sich seine kommunikative Einheit verkörpert" (MOSKALSKAJA 1984, 133f.).

Deshalb ist es auch unumgänglich, bei der Untersuchung der Art des Satzanfangs zwischen Sätzen am Anfang eines Ganztextes und Sätzen mit einem Vortext zu unterscheiden (vgl. 4.6., MEIER 1984a, 77ff.). Textanfangssätze sind überwiegend kommunikativ ungegliederte Sätze, weil sie meist ausschließlich Neues (Rhematisches) enthalten und beim Rezipienten eine Erwartungshaltung bezüglich des Nachtextes erzeugen. Solche kommunikativ ungegliederten Sätze mit kataphorischem Charakter beginnen in epischer Prosa sehr oft mit nichtdeterminierten Substantiven als Subjekt oder Objekt am Satzanfang:

> *Eine Taube plusterte sich. Eine Feder flog vom Dach. Ein kleiner Vogel fing die Feder im Fluge.* (Strittmatter)

Immer wieder wird in der Fachliteratur auf den Textanfang mit *es*, als „verdeckte Anfangsstellung des Verbs" bezeichnet, hingewiesen, wie sie sich nicht nur bei den deutschen Volksmärchen findet:

> *Es war Weihnachten 1915.*
> *Es war Kohlrübenwinter 1917/18, als ich von der Front in Urlaub kam.* (Erpenbeck)
> *Es war im Sommer, es war ein Sonntag, ein Morgen und ein zeitiger Morgen dazu, als sie in der alten Stadt ankamen.* (Strittmatter)

Als kommunikativ zweigliedrig, mit dem Thema beginnend, dem das Rhema folgt, gelten dagegen Sätze, die mit *man*, einer Temporal- oder Lokalbestimmung beginnen.

> *Man verlangt, daß ich begründe, weshalb ich fernzustudieren begann.* (Strittmatter)
> *Im Mai 1924 wanderte ich* [...] *rheinabwärts von Mainz bis Köln.* (Erpenbeck)

Sätze, die nicht am Textanfang stehen, knüpfen überwiegend an das im Text Vorausgegangene an und führen es durch neue Informationen weiter, woraus sich die Thema-Rhema-Gliederung dieser Sätze ergibt.

Zur Intonation von Mikrotexten, deren Untersuchung zur Zeit noch in den Anfängen steckt, liegen folgende Beobachtungen vor:

1. Der Textanfangssatz wird in einer höheren Tonlage gesprochen.
2. Im Textinnern wechselt die Stärke der Betonung bei der Ersterwähnung eines Denotats und bei seiner anaphorischen Wiederholung.
3. Die Pause am Ende des Mikrotextes ist wesentlich länger als die Pause am Satzende (vgl. MOSKALSKAJA 1983, 330). In diesen Zusammenhang gehören auch rhetorische Bindung und rhetorische Auflösung, durch die grammatisch selbständige Sätze durch die Stimmführung entweder zu einem Ganzen zu-

sammengeschlossen (rhetorische Bindung) oder syntaktisch unselbständige Konstruktionen verselbständigt werden (rhetorische Auflösung) (vgl. ESSEN 1956, 49 u. 51).

Was die Intonation in der gesprochenen Sprache, das leistet die Interpunktion für die syntaktische Gliederung geschriebener und gedruckter Texte. Erinnert sei zunächst daran, daß der Schreiber in bestimmten Fällen zwischen Punkt, Komma und Semikolon wählen kann und durch diese Wahl entscheidet, ob er mehrere im inhaltlichen Zusammenhang stehende Sachverhalte in mehreren Sätzen darstellt oder in einem Satz zusammenfaßt. Dabei kann es zu Isolierungen, d.h. durch Intonation bzw. Interpunktion (Punkte) abgesonderte Wortgruppen, kommen.

Da hockten sie. Hingelümmelt vom lockenden lausigen Leben. Auf Kai und Kantstein gelümmelt. Auf Mole und muldiges Kellergetrepp. Auf Pier und Ponton. Zwischen Herbstlaub und Stanniolpapier vom Leben auf staubgraue Straßen gelümmelt. Krähen? Nein, Menschen! (Borchert).

Der Doppelpunkt ist immer ein textgliederndes Interpunktem mit kataphorischer (vorausweisender, ankündigender) Funktion im Text. Zweifellos gehören auch Gedankenstrich und Auslassungspunkte zu den textgliedernden Interpunktemen, vgl.

Er machte keine Sache um ihrer selbst willen, alles machte er für etwas anderes: für ein Haus, für einen Garten, für eine Garage, für ein Auto [...] Und alles gelang ihm. Alles schickte sich. Nur mit der Frau hat er Pech gehabt. So eine „Wir übernehmen uns! Das können wir uns nicht leisten!" war das. – Anfangs war's ihm ein Ansporn – er würde ihr schon zeigen, was er für ein Kerl war –, später war es ihm lästig. Die Freude an jedem neuen Ziel war weg, bevor es erreicht war [...] (H. Richter, Schornsteinbauer)

Schließlich seien auch außerhalb des Sprachsystems stehende typographische Darstellungsmöglichkeiten, insbesondere Zeilenordnung und die Aufteilung des Textes in Absätze, als graphische Indikatoren der Textgliederung erwähnt (vgl. RIESEL 1978, 116ff.). Letztere ergeben die Architektonik (äußere Gliederung, Absatzstruktur) des Textes, die mehr oder weniger deutlich ablesbar seine inhaltliche Gliederung, die Komposition, formal repräsentiert.

Isotopie, Konnektoren und die verschiedenartigen Indikatoren ergeben gemeinsam ein vielfältig ineinandergreifendes und kooperierendes Geflecht, das die einzelnen Sätze sowohl zur Einheit des Textes zusammenschließt als auch seiner kommunikativ-dynamischen Gliederung durch Gliederungssignale Ausdruck verleiht.

4.7.6. Analyse der Textverflechtung in einem Kleintext/Mikrotext

Zur Verdeutlichung und Veranschaulichung vorstehender systematischer Darlegungen demonstrieren wir an folgendem Beispiel das Wesen der Textverflechtung (Vertextung):

> (1) *Bei Versuchen mit Neugeborenen kam Dr. Clements aus London zu folgender Erkenntnis:* (2) *Dem Türenschlagen und ähnlichen Geräuschen schenken die Sprößlinge keinerlei Beachtung.* (3) *Gänzlich anders verhalten sie sich jedoch, wenn ihnen Platten mit klassischer Musik vorgespielt werden.* (4) *Vivaldi und Mozart bereiten den Babys besonderes Vergnügen.* (5) *Vor allem die Flötentöne – dabei lächeln sie.* (Tageszeitung)

(Bei der folgenden knappen Analyse nehmen wir auf vorstehende theoretische Ausführungen in 4.1. bis 4.7.5. Bezug. Ziffern in Klammern betreffen die Numerierung der Sätze im Text.)

Leicht läßt sich der übergeordnete Gesichtspunkt, das gemeinsame Thema der fünf Sätze, feststellen: *die Reaktion von Säuglingen auf akustische Reize*. Auf der Grundlage dieses Themas lassen sich auch die Referenzbeziehungen ermitteln, auf denen die Lexikalisierung der Darstellung aufbaut. Für die Prädikationen gibt es folgende Wörter und Wortverbindungen im Text:

> (1) *Versuche – zur Erkenntnis kommen*, (2) *Beachtung schenken*, (3) *sich anders verhalten*, (4) *Vergnügen bereiten*, (5) *lächeln*

Bemerkenswert ist das Vorkommen von vier Verbalabstrakta in den fünf Sätzen, z.T. verbunden mit Funktionsverben (vgl. 2.2.2.3.), deren Semantik gegenüber der Hauptbedeutung entkonkretisiert ist. Es dominieren zwei semantische Vertextungstypen: einmal die fortschreitende Spezialisierung zwischen dem ersten Satz und den folgenden Sätzen sowie zwischen Satz (4) und (5), zum zweiten die Entgegensetzung (Kontrastierung) zwischen (2) einerseits und (3) bis (5) andererseits. Die Personen, deren Verhalten im Text beschrieben wird, benennen drei partielle Synonyme und zwei Personalpronomen: (1) *Neugeborene*, (2) *Sprößlinge*, (3) *sie / ihnen*, (4) *Babys*, (5) *sie*.

Eine dritte Isotopiekette enthält Bezeichnungen für akustische Reize. Sie setzt im zweiten Satz ein: (2) *Türenschlagen und ähnliche Geräusche*, (3) *Platten mit klassischer Musik*, (4) *Mozart und Vivaldi*, (5) *Flötentöne*. In dieser Textwortfolge finden wir sowohl den Gegensatz zwischen ästhetisch negativ (2) und ästhetisch positiv ((3) bis (5)) bewerteten Lautäußerungen als auch die Bedeutungsüber- und -unterordnung (vgl. *klassische Musik – Mozart und Vivaldi – Flötentöne*) wieder, wie wir sie schon bei den Prädikationen bemerkt hatten.

Für die „Einheitlichkeit des temporalen Aufbaus" (vgl. 4.3.) ist das Präteritum im Satz (1), in dem ein vergangenes Ereignis mitgeteilt wird, in Opposition zum generellen Präsens in den folgenden Sätzen anzuführen. Die in (2) bis (5) dargestellten Sachverhalte sollen als allgemeingültig und damit atemporal verstanden werden. Darauf verweist das vorausgehende Abstraktum *Erkenntnis* (1).

Zur „Einheitlichkeit der Mitteilungsperspektive" sei angemerkt: In (1) ist mit dem kataphorischen Pronominaladjektiv *folgender* ein deutlicher Vorverweis enthalten. Als wichtigstes Mitteilungselement dieses Satzes steht *folgender* bei einem nichtdeterminierten Substantiv in der am stärksten betonten Eindrucksstelle. Neben *Erkenntnis* steht auch *Neugeborenen* mit dem Nullartikel; an diese rhematisch betonten Substantive wird im folgenden Text angeknüpft. Im Satz (2) stehen die vorerwähnten *Sprößlinge* als determiniertes Glied (mit bestimmtem Artikel) in der Schwächststelle des Satzes, dieses Substantiv hat thematischen Wert. Mitteilungszentrum ist *keinerlei Beachtung,* das in der Eindrucksstelle stark hervorgehoben wird. Die Entgegensetzung, die wir für die Relation zwischen (2) und (3) oben festgestellt hatten, wird auch durch das Konjunktionaladverb *jedoch* (3) und die kontrastierende betonte Anfangsstellung des Rhemaelements *gänzlich anders* signalisiert. Das vorerwähnte, signalisierte Subjekt *sie* (Personalpronomen) steht im Satz (3) in der Schwächststelle. Im Nebensatz von (3) (Konditionalsatz) läßt sich das Prinzip des wachsenden Mitteilungsgehalts nachweisen: Auf die Konjunktion *wenn* folgt das Dativobjekt *ihnen* (thematisch), danach die Gruppe des Subjekts (*Platten mit klassischer Musik*) mit zwei undeterminierten Substantiven (Nullartikel – rhematisch); am stärksten hervorgehoben wird das adjektivische Attribut *klassischer*. Im Satz (4) knüpfen die Namen der Komponisten an das Mitteilungszentrum des vorigen Satzes an; das vorerwähnte und determinierte Substantiv *Babys* steht wieder in der Schwächststelle (Thema). Am Satzende finden wir das kommunikativ wichtigste, rhematische Glied *besonderes Vergnügen*. Satz (5) hebt das Anfangsglied *Flötentöne* in mehrfacher Weise stark hervor: einmal durch betonte Herausstellung (Prolepse), es steht abweichend vom Satzgliedwert im Nominativ und wird durch das Pronominaladverb *dabei* aufgenommen und als Adverbialbestimmung in den Satzzusammenhang eingeordnet; zum zweiten durch die verstärkende Partikel *vor allem;* zum dritten durch den Gedankenstrich. Von den folgenden Wörtern haben *dabei* und *sie* geringen (thematischen) Mitteilungswert; Mitteilungszentrum ist das verbale Prädikat *lächeln*. Damit erweist sich Satz (5) als zweigipflig, d.h., er hat zwei Betonungsstellen (Satzakzente): *Flötentöne* und *lächeln*.

Diese Analyse hat mit gebotener Kürze nachgewiesen, daß die untersuchte Satzfolge alle Bedingungen erfüllt, die an einen Text gestellt werden (vgl. 4.3.). Sie hat zum zweiten das Zusammenwirken der Verflechtungsmittel und satzübergreifenden semantischen und kommunikativen Beziehungen zwischen den Sätzen bewußtgemacht. Bedeutungsähnlichkeit, Kontrastierung, Spezifizierung und Steigerung kennzeichnen die Entfaltung des Themas im Text. Zwischen den Sätzen konnte ausnahmslos (als Verflechtungsabstand) Nachbarbindung nachgewiesen werden. Drei Isotopieketten durchziehen den Text. Als bevorzugte rückwärtsweisende Verflechtungsstelle konnte die Schwächststelle ermittelt werden. Die Thema-Rhema-Kette hat ein durchgehendes Thema (vgl. 4.6., 2.). Die Prolepse in Satz (5) unterstützt die beabsichtigte Pointierung (Zuspitzung) am Ende des Textes.

4.7.7. Übersicht über einige wichtige Verflechtungsmittel

Verflechtungsart	Verflechtungsrichtung		
	überwiegend rückwärtsweisend	überwiegend vorwärtsweisend	vor- und rückwärtsweisend
morphologisch	Demonstrativ-, Personal-, Possessiv-, Indefinitpronomen, Pronominaladverbien, Proadverbien, Konjunktionen, best. Artikel, Tempus, Konjunktiv, Genus, Komparativ	Interrogativ-, Indefinit-, Demonstrativpronomen, Proadverbien, Tempus: Präsens, Futur; Modalverben, Imperativ, heischender Konjunktiv, unbestimmter Artikel	zweiteilige Konjunktionen, Numeralien
syntaktisch	Wortgruppen, Nebensätze, Ellipsen und Ersparungen, Satzgliedstellung (Anschluß- und Schwächststelle)	Fragesatz, Aufforderungssatz; Satzgliedstellung (Ausdrucks- und Eindrucksstelle), Emphase, Kontrast	Frage und Antwort; rhetorische Frage
lexikalisch	Kompositum, Derivat, Präfixbildung; Synonyme, Hyperonyme, Hyponyme	redeeinführende Verben, Antonyme, Wörter mit polarer Semantik[1], Grund- und Ordnungszahlwörter	bestimmte redeeinführende Verben, interrogative Adverbien, Negationswörter
stilistisch	wörtliche Wiederholung (z.B. Anapher, Epipher), Parallelismus, Leitmotiv	Antithese, epische Vorausdeutung[2], Kreuzfigur (Chiasmus)	Gradation (Mittelglieder)
prosodisch	terminale Satzmelodie, Satzakzent	progrediente oder interrogative Satzmelodie	progrediente, interrogative Satzmelodie

[1] Wörter polarer Semantik: *anders, umgekehrt, analog, entsprechend, alternativ, konträr, entgegengesetzt, Gegenteil, Gegensatz, Gegenstück, Entsprechung, Alternative, Dualismus, Prämisse-Konklusion*

[2] Beispiel: *Ihre Kronen waren schon früher gekuppt worden aus einem Anlaß, den man später erfahren wird.* (Seghers)

Man beachte auch die durch die Rahmenerzählung bedingte Verwendung der adverbialen Antonyme *früher* und *später*.

Verzeichnis der Abkürzungen

1. Zeitschriften und Reihen

DaF	–	Deutsch als Fremdsprache. Zeitschrift zur Theorie und Praxis des Deutschunterrichts für Ausländer. Leipzig
DU	–	Deutschunterricht. Berlin
LS/ZISW/A	–	Linguistische Studien des Zentralinstituts für Sprachwissenschaft der Akademie der Wissenschaften der DDR. Reihe A. Berlin
ZPSK	–	Zeitschrift für Phonetik, Sprachwissenschaft und Kommunikationsforschung. Berlin

2. Kommunikationspartner

H/L – Hörer/Leser   S/S – Sprecher/Schreiber

3. Sonstiges

A_{1-n}	–	Aktant			
V	–	Verb	S_p	–	Substantiv mit Präposition
S_n	–	Substantiv im Nominativ	A	–	Adjektiv
S_g	–	Substantiv im Genitiv	K	–	Kern
S_d	–	Substantiv im Dativ	E	–	Ergänzung
S_a	–	Substantiv im Akkusativ	R	–	Rhema
Diss.	–	Dissertation	T	–	Thema
			T:	–	Transformation

Literaturverzeichnis

Achmanova, Olga Sergeevna. 1966. Slovar' lingvističeskich terminov. Moskva.
Admoni, Wladimir G. 1973. Sintaksis sovremennogo nemeckogo jazyka. Leningrad.
Admoni, Wladimir G. 1986. Der deutsche Sprachbau. Moskau.
Agricola, Erhard. 1979. Textstruktur – Textanalyse – Informationskern. (Linguistische Studien). Leipzig.
Allgemeine Sprachwissenschaft. 1975. Von einem Autorenkollektiv unter Leitung von Boris A. Serébrennikow. Bd. 1 und 2. Berlin.
Altmann, Hans. 1987. Zur Problematik der Konstitution von Satzmodi als Formtypen. In: Meibauer, Jörg (Hrsg.): Satzmodus zwischen Grammatik und Pragmatik. Tübingen.
Ammer, Karl. 1958. Einführung in die Sprachwissenschaft. Bd. 1. Halle.
Bader, Uwe-Hermann. 1978. Bezeichnungsmöglichkeiten der Bedingung für die Realisierung eines Geschehens in der deutschen Gegenwartssprache. Diss. A. Greifwald.
Bartels, Gerhard. 1978. Semantische Probleme in der Wortklasse der Präpositionen. In: Greifswalder Germanistische Forschungen. H. 1.
Bartels, Gerhard. 1986. Überlegungen zur Kompatibilität am Beispiel der Präposition *auf*. In: Beiträge zu einer funktional-semantischen Sprachbeschreibung. Hrsg. von Karl-Ernst Sommerfeldt und Wolfgang Spiewok. Leipzig.
Baufeld, Christa. 1979. Semantische Beschreibung der Pluraliatantum im Deutschen. Diss. B. Greifswald.
Baufeld, Christa. 1996. Kleines frühneuhochdeutsches Wörterbuch. Tübingen.
Becher, Ilse. 1983. Die Adjektive auf „-abel" und „-ibel". In: Sprachpflege 32, H. 5.
Behaghel, Otto. 1923–1932. Deutsche Syntax. 4 Bände. Leipzig.
Beiträge zu einer funktional-semantischen Sprachbeschreibung. 1986. Hrsg. von Karl-Ernst Sommerfeldt und Wolfgang Spiewok. Leipzig.
Beneš, Eduard. 1967. Die funktionale Satzperspektive (Thema-Rhema-Gliederung) im Deutschen. In: DaF 22, H. 2.
Bergenholtz, Hermine und Joachim Mugdan. 1979. Einführung in die Morphologie. Stuttgart, Berlin, Köln, Mainz.
Bergmann, Christian. 1985. Semantische Beziehungen auf der paradigmatischen Ebene des Sprachsystems. In: Wissenschaftliche Zeitschrift der Pädagogischen Hochschule Zwickau 21. H. 1.
Bergner, Helmut. 1975. Überlegungen zur Kausalbestimmung in der deutschen Sprache. In: DaF 12. H. 1.
Bieberle, Bruno. 1969. Die Rolle des Mitteilungswertes für die Stellung der Glieder im deutschen Satz. Diss. A. Potsdam.
Bogdanov, V. V. 1977. Semantiko-sintaksičeskaja organizacija predloženija. Leningrad.
Böger, Iris. 1989. Die Abhängigkeit der syntaktischen Verwendung der Adjektive von ihrer lexikalischen Semantik. In: Zum Verhältnis von Lexik und Grammatik. Hrsg. von Karl-Ernst Sommerfeldt und Wolfgang Spiewok. Leipzig.
Boettcher, Wolfgang und Horst Sitta. 1972. Deutsche Grammatik III. Zusammengesetzter Satz und äquivalente Strukturen. Frankfurt am Main.
Bondzio, Wilhelm. 1974. Zu einigen Aufgaben der Bedeutungsforschung aus syntaktischer Sicht. In: ZPSK 27, H. 1 – 3.
Bondzio, Wilhelm. 1979. Zu einigen linguistischen und psycholinguistischen Aspekten der Wortschatzgliederung. In: LS/ZISW/A 56. Berlin.

Bondzio, Wilhelm. 1980. Skizze eines valenzorientierten syntaktischen Modells. In: Zeitschrift für Germanistik 2, H. 2.
Bondzio, Wilhelm. 1993. Funktorenstrukturen der deutschen Sprache. In: F. Simmler (Hrsg.), Probleme der Funktionellen Grammatik. Berlin, Bern, Frankfurt am Main, New York, Paris, Wien.
Boost, Karl. 1955. Neue Untersuchungen zum Wesen und zur Struktur des deutschen Satzes. Der Satz als Spannungsfeld. Berlin.
Braun, Peter. ²1987. Tendenzen in der deutschen Gegenwartssprache. Stuttgart, Berlin, Köln, Mainz.
Brinker, Klaus. ²1988. Linguistische Textanalyse. Berlin (= Grundlagen der Germanistik 29).
Brinkmann, Hennig. 1962. Die deutsche Sprache. Düsseldorf.
Brockhaus Enzyklopädie. Bd. 11, Bd. 17. ¹⁹1992. Mannheim.
Bühler, Karl. ²1965. Sprachtheorie. Die Darstellungsfunktion der Sprache. Stuttgart.
Bünting, Karl-Dieter. 1993. Einführung in die Linguistik. Frankfurt am Main.
Bünting, Karl Dieter und Wolfgang Eichler. 1982. ABC der deutschen Grammatik. Mit Stichwörtern zur Rechtschreibung und zur Zeichensetzung. Königstein/Ts.
Buscha, Joachim. 1989. Lexikon deutscher Konjunktionen. Leipzig.
Bussmann, Hadumod. ²1990. Lexikon der Sprachwissenschaft. Stuttgart.
Charitonova, Irina J. 1976. Theoretische Grammatik der deutschen Sprache. Kiev.
Charitonova, Irina J. 1977. Zur Frage von Zentrum und Peripherie einer Wortart im Deutschen. In: Beiträge zur Klassifizierung der Wortarten. Hrsg. von Gerhard Helbig. Leipzig.
Charitonova, Irina J. 1982. Voprosy vzaimodej'stvija leksiki i grammatiki, Kiev.
Daneš, František. 1978. Gnoseologische und semantische Aspekte der Proposition. In: LS/ZISW/A 47. Berlin.
Daneš, František. 1982. Zur Theorie des sprachlichen Zeichensystems. In: Grundlagen der Sprachkultur. Teil II. Berlin.
Daneš, František und Dieter Viehweger. 1978. Vorwort zu „Probleme der Satzsemantik". In: LS/ZISW/A 47. Berlin.
Deutsche Orthographie. 1987. Von einem Autorenkollektiv unter Leitung von Dieter Nerius. Leipzig.
Deutsche Rechtschreibung.1996. Regeln und Wörterverzeichnis. Text der amtlichen Regelung. Tübingen.
Deutsche Sprache. Kleine Enzyklopädie. 1983. Hrsg. von Wolfgang Fleischer, Wolfdietrich Hartung, Joachim Schildt, Peter Suchsland. Leipzig.
Drach, Erich. ²1939. Grundgedanken der deutschen Satzlehre. Frankfurt am Main.
Dressler, Wolfgang. 1973. Einführung in die Textlinguistik. Tübingen.
Drößiger, Hans-Harry. 1997. Bemerkungen zum Terminus Grammatik im Konzept einer funktionalen und kommunikativen Sprachbeschreibung. In: Funktionale Sprachbeschreibung in der DDR zwischen 1960 und 1990. Hrsg. von Kar-Heinz Siehr, Horst Ehrhardt, Elisabeth Berner. Frankfurt am Main, Berlin, Bern, New York, Paris, Wien.
Duden. Grammatik der deutschen Gegenwartssprache. ⁵1995. Hrsg. von Günter Drosdowski in Zusammenarbeit mit Peter Eisenberg, Hermann Gelhaus, Helmut Henne, Horst Sitta und Hans Wellmann. Mannheim, Leipzig, Wien, Zürich. (= Duden-Grammatik)
Duden. Die deutsche Rechtschreibung. ²¹1996. Hrsg. von der Dudenredaktion. Auf der Grundlage der neuen amtlichen Rechtschreibregeln. Mannheim, Leipzig, Wien. Zürich. (= DUDEN. 1996)
Eggers, Hans. 1973. Deutsche Sprache im 20. Jahrhundert. München.
Eichbaum, Gali. 1978. Zum Problem der sogenannten Satzapposition, gebildet von einem Substantiv im Nominativ. In: Beiträge zu Problemen der Satzglieder. Hrsg. von Gerhard Helbig (Linguistische Studien). Leipzig.
Eichinger, Ludwig M. 1995. Von der Valenz des Verbs und den Abhängigkeiten in der Nominalgruppe. In: Dependenz und Valenz. Hrsg. von Ludwig M. Eichinger und Hans-Werner Eroms. Hamburg.

Eichler, Wolfgang; Karl Dieter Bünting. 1989. Deutsche Grammatik. Form, Leistung und Gebrauch der Gegenwartssprache. Frankfurt am Main.
Einführung in die Grundfragen der Sprachwissenschaft. ²1984. Hrsg. von einem Autorenkollektiv unter Leitung von Wilhelm Bondzio. Leipzig.
Eisenberg, Peter. ³1994. Grundriß der deutschen Grammatik. Stuttgart.
Eisenberg, Peter. 1995. Grammatik der geschriebenen Sprache als Symbolgrammatik. In: Grammatik und deutsche Grammatiken. Hrsg. von V. Ågel und R. Brdar-Szabó. Budapester Grammatiktagung 1993. Tübingen (Linguistische Arbeiten 330).
Engel, Ulrich. 1973. Zur Abfolge der Adverbialia im deutschen Verbalsatz. In: Angewandte Sprachwissenschaft und Deutschunterricht. Hrsg. von Günter Nickel. München.
Engel, Ulrich. 1988. Deutsche Grammatik. Heidelberg.
Engel, Ulrich. 1990. Grammatiken eines Jahrzehnts. Einführung in den thematischen Teil. In: Jahrbuch Deutsch als Fremdsprache. Bd. 16. München.
Engelen, Bernhard. 1975. Untersuchungen zu Satzbauplan und Wortfeld in der geschriebenen deutschen Sprache der Gegenwart. München.
Entwicklungstendenzen in der deutschen Sprache der Gegenwart. 1988. Hrsg. von Karl-Ernst Sommerfeldt. Leipzig. (Entwicklungstendenzen)
Erben, Johannes. 1983. Deutsche Grammatik. Frankfurt am Main.
Essen, Otto v. 1956. Grundzüge der hochdeutschen Satzintonation. Ratingen, Düsseldorf.
Ewald, Petra. 1981a. Zu den Versuchen einer Neuregelung der Groß- und Kleinschreibung im Rahmen der Substantivgroßschreibung. In: LS/ZISW/A 83/II. Berlin.
Ewald, Petra. 1981b. Die Groß- und Kleinschreibung im Deutschen – Einschätzung der geltenden Regelung und der zu ihrer Reform unterbreiteten Vorschläge. Diss. A. Rostock.
Ewald, Petra. 1992. Konkreta versus Abstrakta. Zur semantischen Subklassifizierung deutscher Substantive. In: Sprachwissenschaft 17, H. 3/4. Heidelberg.
Fiedler, Gabriele. 1991. Semantik und Valenz in komplexen Wortfeldern. In: Sprachsystem und sprachliche Tätigkeit. Hrsg. von Inge Pohl und Gerhard Bartels. Frankfurt am Main, Berlin, Bern, New York, Paris, Wien.
Filičeva, N.I. 1969. O slovosočetanijach v sovremennom nemeckom jazyke. Moskva.
Flämig, Walter. 1991. Grammatik des Deutschen. Berlin.
Fleischer, Wolfgang. 1964. Zum Verhältnis von Nomen proprium und Appellativum im Deutschen. In: Wissenschaftliche Zeitschrift der Universität Leipzig. Gesellschafts- und sprachwissenschaftliche Reihe 13. H. 2.
Fleischer, Wolfgang. 1982. Phraseologie der deutschen Gegenwartssprache. Leipzig.
Fleischer, Wolfgang und Irmhild Barz. 1992. Wortbildung der deutschen Sprache der Gegenwart. Tübingen.
Fleischer, Wolfgang; Georg Michel; Günter Starke. 1996. Stilistik der deutschen Gegenwartssprache. Frankfurt am Main, Berlin, Bern, New York, Paris, Wien.
Gansel, Christina. 1992. Semantik deutscher Verben in kognitionspsychologischer Sicht. Frankfurt am Main, Berlin, Bern, New York, Paris, Wien.
Gansel, Christina. 1997. Abbildtheoretische Bedeutungsauffassung und funktionale Sprachbeschreibung. In: Funktionale Sprachbeschreibung in der DDR zwischen 1960 und 1990. Hrsg. von Karl-Heinz Siehr, Horst Ehrhardt und Elisabeth Berner. Frankfurt am Main, Berlin, Bern, New York, Paris, Wien.
Gipper, Helmut. 1978. Sprachwissenschaftliche Grundbegriffe und Forschungsrichtungen. München.
Gladrow, Wolfgang. 1984. Komplektivsätze und Attributsätze im Russischen. Eine Studie zur Struktur und Bedeutung zusammengesetzter Sätze. LS/ZISW/A 115. Berlin.
Glagolev, Nikolaj V. 1976. Die außersprachliche Umgebung der Äußerung. In: DaF 13, H. 2.
Glinz, Hans. 1962. Die innere Form des Deutschen. Berlin, München.
Golowin, Boris. 1976. Einführung in die Sprachwissenschaft. Leipzig.

Goretzki, Brigitte u.a. 1971. Aspekte der linguistischen Behandlung von Texten. In: Textlinguistik 2. Dresden.
Grammatisch-semantische Felder der deutschen Sprache der Gegenwart. 1984. Hrsg. von Karl-Ernst Sommerfeldt und Günter Starke. Leipzig. (Gramm.-semant. Felder)
Greule, Albrecht. o.J. Valenz, Satz und Text. München.
Griesbach, Heinz. 1986. Neue deutsche Grammatik. Berlin, München, Wien, Zürich, New York.
Grimm, Hans-Jürgen. 1978. Einige Gedanken zur Übereinstimmung zwischen Apposition und Bestimmungswort im Kasus. In: Sprachpflege 27, H. 4.
Grimm, Hans-Jürgen 1981. Einige Beobachtungen zum Artikelgebrauch in Zeitungsüberschriften. In: Sprachpflege 30, H. 9.
Grimm, Hans-Jürgen. 1987. Lexikon zum Artikelgebrauch. Leipzig.
Grundzüge einer deutschen Grammatik. ²1984. Von einem Autorenkollektiv unter Leitung von Karl Erich Heidolph, Walter Flämig und Wolfgang Motsch. Berlin (Grundzüge)
Hackel, Werner. 1968. Präpositionen mit Substantiven ohne erkennbaren Kasus. In: DaF 5, H. 6.
Hackel, Werner. 1969. Zum Problem der Ausrahmung. In: DU 22, H. 2.
Hackel, Werner. 1970. Zum engen appositionellen Syntagma in der deutschen Gegenwartssprache. Diss. A. Jena.
Hackel, Werner. 1972a. Zu einem jüngeren Typ des engen appositionellen Syntagmas. In: DaF 9, H. 6.
Hackel, Werner. 1972b. Zur Motivation der deutschen Satzgliedstellung. In: DaF 9, H. 1.
Hackel, Werner. 1973. Appositionelle Syntagmen mit gekoppelten Substantiven. In: DaF 11, H. 1.
Hackel, Werner. 1995. Enge appositionelle Syntagmen in der deutschen Gegenwartssprache. Mehr als ein marginales grammatisches Problem. Frankfurt am Main, Berlin, Bern, New York, Paris, Wien.
Hackel, Werner. 1996. Verfahrensgrammatik. Eine alternative Grammatikbeschreibung für den Sprachunterricht. Frankfurt am Main, Berlin, Bern, New York, Wien.
Haftka, Brigitta. 1977. Einige Überlegungen zu Mitteilungswert, „semantischer Wortfolge" und Satzgliedstellung. In: LS/ZISW/A 35. Berlin.
Haftka, Brigitta. 1978. Bekanntheit und Neuheit als Kriterium für die Anordnung von Satzgliedern. In: DaF 15, H. 3.
Haftka, Brigitta. 1980. Bewußtseinspräsenz und aktuelle Gliederung von Äußerungen. In: LS/ZISW/A 68. Berlin.
Handwörterbuch der deutschen Gegenwartssprache. 1984. Von einem Autorenkollektiv unter der Leitung von Günter Kempcke. 2 Bde. Berlin.
Hänel, Johannes. 1975. Zum Problem der grammatischen Bedeutung. Diss. A. Potsdam.
Happe, Claudia. 1983. Semantik und Valenz deutscher Verben des Produzierens. Diss. A. Güstrow.
Heinemann, Wolfgang und Dieter Viehweger. 1991. Textlinguistik. Eine Einführung. Tübingen.
Helbig, Gerhard. 1967. Die Bedeutung syntaktischer Modelle für den Fremdsprachenunterricht. In: DaF 4, H. 4.
Helbig, Gerhard. 1973. Die Funktionen der substantivischen Kasus in der deutschen Gegenwartssprache. Halle (Saale).
Helbig, Gerhard. 1978a. Was sind „zusammengezogene Sätze"? In: DaF 15, H. 3.
Helbig, Gerhard. 1978b. Zum Status der Satzglieder und zu einigen sekundären Satzgliedern im Deutschen. In: Beiträge zu Problemen der Satzglieder. Hrsg. von G. Helbig. Leipzig.
Helbig, Gerhard. 1979. Zum Status der Valenz und der semantischen Kasus. In: DaF 16, H. 2.
Helbig, Gerhard. 1980. Zur Stellung und zu Problemen der Textlinguistik. In: DaF 17, H. 5.

Helbig, Gerhard. 1982a. Valenz – Satzglieder – semantische Kasus – Satzmodelle. Leipzig.
Helbig, Gerhard. 1982b. Valenz und Sprachebenen. In: Zeitschrift für Germanistik 3, H. 2.
Helbig, Gerhard. 1983a. Geschichte der neueren Sprachwissenschaft. Leipzig.
Helbig, Gerhard. 1983b. Prädikate als Aktanten (im Deutschen). In: Helbig, G.: Studien zur deutschen Syntax. Bd. 1. Leipzig.
Helbig, Gerhard. 1983c. Was sind „weiterführende Nebensätze"? In: Helbig, Gerhard: Studien zur deutschen Syntax. Bd. 1. Leipzig.
Helbig, Gerhard. 1985. Valenz und Kommunikation. In: Wissenschaftliche Zeitschrift der Pädagogischen Hochschule Zwickau 21, H. 1.
Helbig, Gerhard. 1986. Kommunikativer Grammatikunterricht – Ziel, Möglichkeiten und Grenzen. In: DaF 23, H. 1.
Helbig, Gerhard. 1988. Lexikon deutscher Partikeln. Leipzig.
Helbig, Gerhard. 1992. Probleme der Valenz- und Kasustheorie. Tübingen.
Helbig, Gerhard. 1995. Erweiterungen des Valenzmodells? In: Dependenz und Valenz. Hrsg. von Ludwig M. Eichinger und Hans-Werner Eroms. Hamburg.
Helbig, Gerhard und Joachim Buscha. [16]1994. Deutsche Grammatik. Ein Handbuch für den Ausländerunterricht. Leipzig.
Helbig, Gerhard und Agnes Helbig. 1990. Lexikon deutscher Modalwörter. Leipzig.
Heller, Klaus und Jürgen Scharnhorst. 1983. Zu den Begriffen Zentrum und Peripherie. In: LS/ZISW/A 113/II. Berlin.
Herberg, Dieter. 1987. Getrennt- und Zusammenschreibung. In: Deutsche Orthographie. Von einem Autorenkollektiv unter Leitung von Dieter Nerius. Leipzig.
Heringer, Hans Jürgen; Burkhard Strecker; Rainer Wimmer. 1980. Syntax. München.
Homberger, Dietrich. 1989. Sachwörterbuch zur deutschen Sprache und Grammatik. Frankfurt am Main.
Hösselbarth, Lutz. 1983. Die Konfrontation der englischen of-Konstruktion mit ihren Entsprechungen im Deutschen. Diss. A. Berlin.
Hösselbarth, Lutz. 1984. Zur Beschreibung semantischer Verhältnisse beim attributiven Genitiv im Deutschen. In: Sprachpflege 33, H. 1.
Isenberg, Horst. 1974. Texttheorie und Gegenstand der Grammatik. In: LS/ZISW/A 11, Berlin.
Isenberg, Horst. 1976. Einige Grundbegriffe für eine linguistische Texttheorie. In: Probleme der Textgrammatik (Studia grammatica XI). Berlin.
Jung, Walter. [8]1988. Grammatik der deutschen Sprache. Bearb. von Günter Starke. Leipzig.
Jürgens, Frank. 1993. Pragmatische Valenz in Satz und Wortgruppe. In: Wortschatz – Satz – Text. Hrsg. von Gerhard Bartels und Inge Pohl. Frankfurt am Main, Berlin, Bern, New York, Paris, Wien.
Kaznelson, Salomon D. 1974. Sprachtypologie und Sprachdenken. Berlin.
Klein, Wolfgang und Christiane von Stutterheim. 1987. Quaestio und referentielle Bewegung in Erzählungen. In: Linguistische Berichte 109.
Kliche, Dieter: Georg Michel; Karl-Ernst Sommerfeldt. 1996. Wörterbuch für den Deutschunterricht. Begriffe und Definitionen. Berlin.
Klix, Friedhart. 1976. Über Grundstrukturen und Funktionsprinzipien kognitiver Prozesse. In: Psychologische Beiträge zur Analyse kognitiver Prozesse. Berlin.
Klug, Anneliese. 1984a. Überlegungen zur Arbeit mit semantischen Feldern – vorgestellt am Feld „Trennen". In: Greifswalder Germanistische Forschungen 5.
Klug, Anneliese. 1984b. Feld der Temporalität. In: Grammatisch-semantische Felder der deutschen Sprache der Gegenwart. Hrsg. von K.-E. Sommerfeldt und G. Starke. Leipzig.
Koller, Erwin. 1995. Valenz und Funktionale Satzperspektive. In: Dependenz und Valenz. Hrsg. von Ludwig M. Eichinger und Hans-Werner Eroms. Hamburg.

Kolschanski, Gennadi W. 1985. Kommunikative Funktion und Struktur der Sprache. Leipzig.
Korhonen, Jarmo. 1977. Studien zu Dependenz, Valenz und Satzmodell. T. 1. Bern, Frankfurt/M., Las Vegas.
Korhonen, Jarmo. 1979. Zum morphosyntaktischen Markieren der Valenzbeziehungen im heutigen Deutsch. Veröffentlichungen des Instituts für Germanische Philologie der Universität Oulu. Oulu.
Korhonen, Jarmo. 1981. Zum Verhältnis von verbaler und nominaler Valenz am Beispiel des heutigen Deutsch. In: Neuphilologische Mitteilungen. H. 1.
Kühnl, Rudolf. 1977. Zu einigen speziellen Problemen der Satzmodalität. In: Potsdamer Forschungen. Reihe A, H. 29.
Kürschner, Wilfried. ²1993.. Grammatisches Kompendium. Tübingen.
Küttel, Hartmut. 1997. Eine kleine Komma-Schule. In: DU 50, H. 2.
Lang, Ewald. 1975. Semantische Analyse der koordinativen Verknüpfung. In: LS/ZISW/A 18. Berlin.
Lang, Ewald. 1982. Die Konjunktionen im einsprachigen Wörterbuch. In: Wortschatzforschung heute. Hrsg. von Erhard Agricola, Joachim Schildt und Dieter Viehweger. Leipzig.
Lang, Ewald. 1983a. Die logische Form des Satzes als Gegenstand der linguistischen Semantik. In: Richtungen moderner Semantikforschung. Berlin.
Lang, Ewald. 1983b. Einstellungsausdrücke und ausgedrückte Einstellungen. In: Untersuchungen zur Semantik. Hrsg. von Rudolf Ružička und Wolfgang Motsch. (Studia grammatica XXII) Berlin.
Lawrenz, Birgit. 1993. Apposition. Begriffsbestimmung und syntaktischer Status. Tübingen. (Studien zur deutschen Grammatik 44)
Levinson, Stephen C. ²1994. Pragmatik. Tübingen.
Lewandowski, Theodor. ³1990. Linguistisches Wörterbuch. 3 Bde. Heidelberg.
Lexikon der germanistischen Linguistik. ²1980. Hrsg. von Peter Althaus, Helmut Henne, Herbert Ernst Wiegand. Tübingen.
Lexikon sprachwissenschaftlicher Termini. 1985. Hrsg. von Rudi Conrad. Leipzig. (= Lexikon)
Lorenz, Wolfgang und Gerd Wotjak. 1977. Zum Verhältnis von Abbild und Bedeutung. Berlin.
Ludwig, Klaus-Dieter. 1978. Zur begrifflichen und sogenannten nicht-begrifflichen Komponente der Wortbedeutung. In: DaF 15, H. 5.
Ludwig, Klaus-Dieter. 1983. Zum Status des Nichtdenotativen und seiner Darstellung in einsprachigen Wörterbüchern der deutschen Gegenwartssprache. In: LS/ZISW/A 109. Berlin.
Lutz, Luise. 1981. Zum Thema „Thema". Einführung in die Thema-Rhema-Theorie. Hamburg.
Lutzeier, Peter Rolf. 1981. Wort und Feld. Tübingen.
Lutzeier, Peter Rolf. 1993. Wortfelder als kognitive Orientierungspunkte. In: Studien zur Wortfeldtheorie. Hrsg. von Peter Rolf Lutzeier. Tübingen.
Mackeldey, Roger. 1987. Alltagssprachliche Dialoge. Leipzig.
Meibauer, Jörg (Hrsg.). 1987. Satzmodus zwischen Grammatik und Pragmatik. Tübingen.
Meier, Georg Friedrich. 1976. Die historischen Wurzeln der Bedeutungsproblematik. In: ZPSK 29, H. 5/6.
Meier, Helga. 1983. Partizipiale Wortgruppen in der deutschen Sprache der Gegenwart. In: Sprachpflege 32, H. 1.
Meier, Helga. 1984a. Entwicklungstendenzen in der Satzgliedfolge. In: Sprachpflege 33, H. 6.
Meier, Helga. 1984b. Feld der Modalität (Aufforderung). In: Grammatisch-semantische Felder der deutschen Sprache der Gegenwart. Hrsg. von K.-E. Sommerfeldt und G. Starke. Leipzig.

Meier, Helga. 1984c. Feld der Modalität (Geltungsgrad). In: Grammatisch-semantische Felder der deutschen Sprache der Gegenwart. Hrsg. von K.-E. Sommerfeldt und G. Starke. Leipzig.
Meier, Helga. 1985. Zur Verwendung von „würde" in der deutschen Sprache der Gegenwart. In: Sprachpflege 34, H. 5.
Meier, Helga. 1986. Zur Stellung der Modalbestimmungen. In: Sprachpflege 35, H. 11.
Meinhold, Gottfried und Eberhard Stock. ²1982. Phonologie der deutschen Gegenwartssprache. Leipzig.
Mettke, Heinz. ⁵1983. Mittelhochdeutsche Grammatik. Leipzig.
Michel, Georg; Adelbert Schübel; Günter Starke. 1992. Grammatik braucht der Mensch. Reflexionen über Sprache – was und wie? In: DU 45, H. 9.
Moskalskaja, Olga. ²1975, ³1983. Grammatik der deutschen Gegenwartssprache. Moskau.
Moskalskaja, Olga. 1978. Probleme der systemhaften Beschreibung der Syntax. Leipzig.
Moskalskaja, Olga. 1981. Grammatika teksta. Moskva.
Moskalskaja, Olga. 1984. Textgrammatik. Leipzig.
Moskalskaja, Olga. ³1985. Deutsche Sprachgeschichte. Moskau.
Mühlner, Werner. 1974. Zu einigen logischen Problemen der Syntax. In: Deutsche Zeitschrift für Philosophie 22, H. 9.
Mühlner, Werner. 1975. Probleme der Satzsemantik und Satzstruktur. In: LS/ZISW/A 14. Berlin.
Mühlner, Werner. 1978. Zum Wesen des Fragesatzes auf der Grundlage der Valenz des Prädikats. In: ZPSK 31, H. 4.
Mühlner, Werner. 1982. Nomination und Prädikation. In: ZPSK 35, H. 5.
Mühlner, Werner und Dieter Radtke. 1973. Zur syntaktischen Synonymie einfacher russischer Sätze auf der Grundlage der Valenz des Prädikats und zur Problematik der Satzbedeutung. In: Zeitschrift für Slawistik 18, H. 2.
Mühlner, Werner und Dieter Radtke. 1984. Zur Synonymie einfacher russischer Sätze. Leipzig.
Mühlner, Werner und Karl-Ernst Sommerfeldt (Hrsg.). 1993. Wortarten und Satztypen des Deutschen und Russischen. Frankfurt am Main, Berlin, Bern, New York, Paris, Wien.
Müller, Oskar. 1978. Der russische Substantivverband in syntaktischer und semantischer Sicht. In: Struktur und Funktion russischer Substantivverbände. H. 1. Rostock.
Naumann, Horst. 1982. Das Genus der Gewässernamen. In: Sprachpflege 33, H. 7.
Nerius, Dieter und Jürgen Scharnhorst. 1975. Sprachwissenschaftliche Grundlagen einer Reform der deutschen Orthographie. In: LS/ZISW/A 23. Berlin.
Nerius, Dieter und Jürgen Scharnhorst. 1980. Grundpositionen der Orthographie. In: Theoretische Probleme der deutschen Orthographie. Hrsg. von Dieter Nerius und Jürgen Scharnhorst. Berlin.
Neuendorf, Dagmar. 1988. Textsorte als Handlung – Zu einigen Aspekten einer prozeduralen Textsortenbeschreibung. In: Forschungen zum Text. Neuphilologische Mitteilungen LXXXIX, H. 4.
Nieder, Lorenz. 1987. Lernergrammatik für Deutsch als Fremdsprache. München.
Nikula, Henrik. 1986. Valenz und Text. In: DaF 23, H. 5.
Ortner, Hanspeter. 1985. Welche Rolle spielen die Begriffe „Ellipse", „Tilgung", „Ersparung" usw. in der Sprachbeschreibung? In: Ellipsen und fragmentarische Ausschnitte. Hrsg. von Reinhard Meyer-Herrmann und Hannes Rieser. Tübingen.
Pasch, Renate. 1977. Zum Status der Valenz. In: LS/ZISW/A 42. Berlin.
Pasch, Renate. 1982. Untersuchungen zu den Gebrauchsbedingungen der deutschen Kausalkonjunktionen *da, denn* und *weil*. In: LS/ZISW/A 104. Berlin.
Pasch, Renate. 1983. Mechanismen der inhaltlichen Gliederung von Sätzen. In: Untersuchungen zur Semantik. Hrsg. von Rudolf Ružička und Wolfgang Motsch (Studia grammatica XXII). Berlin.

Paul, Hermann. ⁵1954. Deutsche Grammatik. Bd. 3. Halle (Saale).
Pfütze, Max. 1965. Satz und Kontext in der deutschen Sprache der Gegenwart. Habilitationsschrift. Potsdam.
Pohl, Inge. 1991. Identifikation und Wirkungsweise der semantischen Implikation soziokulturelles Hintergrundwissen. In: Sprachsystem und sprachliche Tätigkeit. Hrsg. von Inge Pohl und Gerhard Bartels. Frankfurt am Main, Berlin, Bern, New York, Paris, Wien.
Pohl, Inge. 1997. Produktive Einbeziehung kognitiver Aspekte zur Erklärung des Textverstehens – Mechanismen der Inferenzsteuerung. In: Funktionale Sprachbeschreibung in der DDR zwischen 1960 und 1990. Hrsg. von Karl-Heinz Siehr, Horst Ehrhardt, Elisabeth Berner. Frankfurt am Main, Berlin, Bern, New York, Paris, Wien.
Polenz, Peter von. 1985. Deutsche Satzsemantik. Grundbegriffe des Zwischen-den-Zeilen-Lesens. Berlin, New York.
Probleme der semantischen Analyse. 1977. Von einem Autorenkollektiv unter Leitung von Dieter Viehweger. Berlin.
Radecker, Joachim und Karl-Ernst Sommerfeldt. 1974. Zur Rolle und zu den Prinzipien der Wortfolge des Aussagesatzes im Deutschen und Russischen. In: ZPSK 27, H.1 – 3.
Reiher, Ruth und Rüdiger Lazer. 1996. Von „Buschzulage" und „Ossinachweis". Ost-West-Deutsch in der Diskussion. Berlin.
Riesel, Elise. 1978. Graphostilistische Mittel im Wortkunstwerk. In: LS/ZISW/A 50. Berlin.
Riesel, Elise und Evgenia Schendels. 1975. Deutsche Stilistik. Moskau.
Römer, Christiane. 1989. Wortarten – ein grammatisches Problem. In: DaF 26, H. 2.
Rösler, Irmtraud und Karl-Ernst Sommerfeldt (Hrsg.) 1997. Probleme der Sprache nach der Wende. Frankfurt am Main, Berlin, Bern, New York, Paris, Wien.
Sachwörterbuch für die deutsche Sprache. 1989. Von einem Autorenkollektiv unter Leitung von Karl-Ernst Sommerfeldt und Wolfgang Spiewok. Leipzig.
Sandau, Hanne und Karl-Ernst Sommerfeldt. 1981. Zur Aufstellung lexikalischer Paradigmata. In: Beiträge zur Erforschung der deutschen Sprache 1. Leipzig.
Schanen, François. 1995. Grammatik Deutsch als Fremdsprache. München.
Scharnhorst, Jürgen. 1993. Der Wortschatz unter dem Aspekt von Zentrum und Peripherie. In: Wortschatz – Satz – Text. Hrsg. von Gerhard Bartels und Inge Pohl. Frankfurt am Main, Berlin, Bern, New York, Paris, Wien.
Schendels, Evgenia. 1979. Deutsche Grammatik. Morphologie – Syntax – Text. Moskau.
Schenkel, Wolfgang. 1976. Zur Bedeutungsstruktur deutscher Verben und ihrer Kombinierbarkeit mit Substantiven. Leipzig.
Schenkel, Wolfgang. 1977. Zur semantischen Kombinierbarkeit deutscher Verben mit Substantiven. In: Probleme der Bedeutung und Kombinierbarkeit im Deutschen. Leipzig.
Schippan, Thea. 1980. Arten der lexikalischen Bedeutung. In: LS/ZISW/A 109. Berlin.
Schippan, Thea. 1983a. Konnotationen. In: LS/ZISW/A 108. Berlin.
Schippan, Thea. 1983b. Lexisch-semantische Relationen als Gegenstand einer funktional orientierten Semasiologie. In: LS/ZISW/A 107/II. Berlin.
Schippan, Thea. 1989. Probleme einer Bedeutungskonzeption aus funktional-kommunikativer Sicht. In: Potsdamer Forschungen A, H. 102.
Schippan, Thea. 1992. Lexikologie der deutschen Gegenwartssprache. Tübingen.
Schmidt, Jürgen Erich. 1993. Die deutsche Substantivgruppe und die Attribuierungskomplikation. Tübingen.
Schmidt, Wilhelm. ⁴1967. Lexikalische und aktuelle Bedeutung. Berlin.
Schmidt, Wilhelm. 1969. Zum gegenwärtigen Stand der funktionalen Grammatik. In: Deutschunterricht 22, H. 4.
Schmidt, Wilhelm. ⁶1983. Grundfragen der deutschen Grammatik. Berlin.
Schmidt, Wilhelm. ¹⁰1985. Deutsche Sprachkunde. Berlin.
Šendel's, Evgenia I. 1970. Mnogoznačnost' i sinonimija v grammatike. Moskva.

Šendel's, Evgenia I. 1985. Pragmatik, Semantik und Konnotation in der Grammatik. In: DaF 22, H. 2.
Schreiber, Herbert; Karl-Ernst Sommerfeldt; Günter Starke. ²1990. Deutsche Wortfelder für den Sprachunterricht. Verbgruppen. Leipzig.
Schreiber, Herbert; Karl-Ernst Sommerfeldt; Günter Starke. 1991. Wortfelder für den Sprachunterricht. Deutsche Adjektive. Berlin, München, Leipzig, Wien, Zürich, New York.
Schröder, Jochen. 1986. Lexikon deutscher Präpositionen. Leipzig.
Schumacher, Helmut (Hrsg.). 1986. Verben in Feldern. Berlin, New York.
Schwarz, Monika und Jeannette Chur. 1993. Semantik. Ein Arbeitsbuch. Tübingen.
Siehr, Karl-Heinz; Horst Ehrhard; Elisabeth Berner (Hrsg.). 1997. Funktionale Sprachbeschreibung in der DDR zwischen 1960 und 1990. Beiträge zur Bilanz und Kritik der „Potsdamer Richtung". Frankfurt am Main, Berlin, Bern, New York, Paris, Wien.
Simmler, Franz. 1995. Textsortengebundene Valenz im Kommunikationsbereich des Sports. In: Dependenz und Valenz. Hrsg. von Ludwig M. Eichinger und Hans-Werner Eroms. Hamburg.
Skibitzki, Bernd. 1984. Zum Verhältnis von funktional-semantischem Feld (der Modalität) und funktional-kommunikativen Feldern/Kommunikationsverfahren. In: Wissenschaftliche Zeitschrift der Pädagogischen Hochschule Leipzig III.
Skibitzki, Bernd. 1985. Modalität in der deutschen Gegenwartssprache. Diss. B. Leipzig.
Sommerfeldt, Karl-Ernst. 1970. Form und Bedeutung der Attribute beim Substantiv in der deutschen Sprache der Gegenwart. In: ZPSK 23, H. 6.
Sommerfeldt, Karl-Ernst. 1973. Satzsemantik und Modalität. In: ZPSK 26, H. 3/4.
Sommerfeldt, Karl-Ernst. 1980a. Zur Klassifizierung des lexikalischen Teilsystems. In: DaF 17, H. 2.
Sommerfeldt, Karl-Ernst. 1980b. Zur Semantik von Sätzen und ihnen entsprechender substantivischer Wortgruppen. In: Linguistica XII. Tartu.
Sommerfeldt, Karl-Ernst. 1980c. Zur Semantik adjektivischer Wortgruppen. In: Zeitschrift für Germanistik 1, H. 4.
Sommerfeldt, Karl-Ernst. 1981. Zu den Kontextsemen des Adjektivs. In: Semantik, Valenz und Sprachkonfrontation des Deutschen mit dem Russischen. Hrsg. von Werner Mühlner und Karl-Ernst Sommerfeldt. Leipzig.
Sommerfeldt, Karl-Ernst. 1982a. Die erweiterten Infinitive in der deutschen Sprache der Gegenwart. In: Sprachpflege 31, H. 6.
Sommerfeldt, Karl-Ernst. 1982b. Erweiterte Infinitive mit „um zu", „ohne zu" und „anstatt zu" als Mittel der Verdichtung. In: Sprachpflege 31, H. 11.
Sommerfeldt, Karl-Ernst. 1982c. Probleme der semantischen Syntax. Zur Konversität deutscher Verben unter Berücksichtigung ihrer Valenz. In: LS/ZISW/A 99 Berlin.
Sommerfeldt, Karl-Ernst. 1982d. Zu den Arten grammatischer Bedeutung. In: ZPSK 35, H. 1.
Sommerfeldt, Karl-Ernst. 1982e. Zu den Erweiterungen des Adjektivs. In: Wissenschaftliche Zeitschrift der Pädagogischen Hochschule Güstrow. H. 2.
Sommerfeldt, Karl-Ernst. 1983a. Die Struktur des zusammengezogenen Satzes in der deutschen Sprache der Gegenwart. In: Sprachpflege 32, H. 10.
Sommerfeldt, Karl-Ernst. 1983b. Zur Darstellung von Beziehungen zwischen Wortfeldern. In: LS/ZISW/A 107 / I. Berlin.
Sommerfeldt, Karl-Ernst. 1983c. Zu den Nebensätzen ohne Satzgliedwert in der deutschen Sprache der Gegenwart. In: ZPSK 36, H. 4.
Sommerfeldt, Karl-Ernst. 1984a. Zum Verhältnis von funktional-semantischer und funktional-kommunikativer Sprachbetrachtung. In: Greifswalder Germanistische Forschungen 5.
Sommerfeldt, Karl-Ernst. 1984b. Zu Verdichtungserscheinungen im Satzbau der deutschen Sprache der Gegenwart (unter besonderer Berücksichtigung der Parenthesen). In: ZPSK 37, H. 2.

Sommerfeldt, Karl-Ernst. 1985. Entwicklungstendenzen im Bereich der Wortgruppen der deutschen Sprache der Gegenwart. In: LS/ZISW/A 127. Berlin.
Sommerfeldt, Karl-Ernst. 1986a. Probleme einer semantisch orientierten Satzmodellierung. In: Beiträge zu einer funktional-semantischen Sprachbetrachtung. Hrsg. von Karl-Ernst Sommerfeldt und Wolfgang Spiewok. Leipzig.
Sommerfeldt, Karl-Ernst. 1986b. Zur Semantik bilateraler Einheiten des Sprachsystems. In: Aktuelle Aufgaben und Probleme der Entwicklung muttersprachlichen Könnens. Güstrow.
Sommerfeldt, Karl-Ernst. 1988. Zur Wortartklassifikation des Deutschen – Untersuchungen zur Wortartzugehörigkeit partizipialer Bildungen. In: ZPSK 41, H. 2.
Sommerfeldt, Karl-Ernst. 1989. Textsorte – Geschehenstyp – semantisches Satzmodell. In: Sprachpflege 38, H. 6.
Sommerfeldt, Karl-Ernst. 1990. Zum System der deutschen Wortarten – Kern und Peripherie der Wortart Substantiv. In: Zeitschrift für Germanistik 11, H. 1.
Sommerfeldt, Karl-Ernst. (Hrsg.). 1991a. Sprachwissenschaft und Sprachkultur. Frankfurt, Bern, New York, Paris.
Sommerfeldt, Karl-Ernst. 1991b. Zur Integration von Lexik und Grammatik. Probleme einer funktional-semantischen Beschreibung des Deutschen. Frankfurt, Bern, New York, Paris.
Sommerfeldt, Karl-Ernst und Herbert Schreiber. ³1983. Wörterbuch zur Valenz und Distribution der Substantive. Leipzig.
Sommerfeldt, Karl-Ernst. 1993. Operationale Grammatik des Deutschen. Eine Skizze. München.
Sommerfeldt, Karl-Ernst und Herbert Schreiber. 1996. Wörterbuch zur Valenz etymologisch verwandter Wörter. Tübingen.
Spiewok, Wolfgang. 1969. Vom Stilwert der Satzgliedstellung. Zur Satzgliedfolge im Nachfeld des deutschen Kernsatzes. In: Deutschunterricht 22, H. 1.
Spiewok, Wolfgang. 1980. Zur Typologie der Seme. In: LS/ZISW/A 65. Berlin.
Spiewok, Wolfgang. 1989. Sprachliche Mittel und sprachliche Ebenen – Möglichkeiten und Grenzen der linguistischen Applikation des Systembegriffes. In: Zum Verhältnis von Lexik und Grammatik. Hrsg. von Karl-Ernst Sommerfeldt und Wolfgang Spiewok. Leipzig.
Sprachliche Kommunikation. 1986. Von einem Autorenkollektiv unter Leitung von Georg Michel. Leipzig.
Starke, Günter. 1973. Satzmodelle mit prädikativem Adjektiv im Deutschen. In: DaF 10, H. 3.
Starke, Günter. 1976. Zum normgerechten Gebrauch von Aufzählungen in der Gegenwartssprache. In: Sprachpflege 25, H. 10–12.
Starke, Günter. 1977. Zur Abgrenzung und Subklassifizierung der Adjektive und Adverbien. In: Beiträge zur Klassifizierung der Wortarten. Hrsg. von G. Helbig. Leipzig.
Starke, Günter. 1982. Weiterführende Nebensätze, eingeleitet mit Pronominaladverbien. In: DaF 19, H. 4.
Starke, Günter. 1983a. Der Superlativ „nächst" bei Zeit- und Ortsangaben. In: Sprachpflege 32, H. 2.
Starke, Günter. 1983b. Sätze mit abgesonderten Wortgruppen in der deutschen Sprache der Gegenwart. In: Sprachpflege 32, H. 7.
Starke, Günter. 1983c. Sprachliche Mittel zum Ausdruck konditionaler Beziehungen. In: Deutschunterricht 36, H. 11.
Starke, Günter. 1984a. Untersuchungen zu einer funktional-semantischen Beschreibung deutscher Subjektsätze. In: Beiträge zur Erforschung der deutschen Sprache 4.
Starke, Günter. 1984b. Aktantensätze – Ergänzungssätze – Inhaltssätze. In: DaF 21, H. 6.
Starke, Günter. 1984c. Wie entwickelt sich die Deklination der Substantive? In: Sprachpflege 33, H. 5.
Starke, Günter. 1984d. Zu einigen semantischen Kasus (Agens, Patiens, Adressat, Instrument). In: Grammatisch-semantische Felder der deutschen Sprache der Gegenwart.

Hrsg. von Karl-Ernst Sommerfeldt und Günter Starke. (Linguistische Studien) Leipzig.
Starke, Günter. 1985a. Was ist ein unpersönliches Passiv? In: Sprachpflege 34, H. 5.
Starke, Günter. 1985b. Zum Modusgebrauch bei der Redewiedergabe in der Presse. In: Sprachpflege 34, H. 11.
Starke, Günter. 1986. Semantische Strukturen unter besonderer Berücksichtigung semtypologischer Fragen. In: Arbeitsstandpunkte und Beiträge zur Forschung 1986–1990. Linguistische Untersuchungen zu Wortschatz und Grammatik in der sprachlichen Kommunikation als Beitrag zur muttersprachlichen Bildung und Erziehung. Hrsg. von Hanna Harnisch und Ludwig Wilske (Potsdamer Forschungen, Reihe A, H. 82). Potsdam.
Starke, Günter. 1989. Valenzbindung und Nebensatzstellung. In: DaF 26, H. 6.
Starke, Günter. 1990. Untersuchungen zu Komplementsätzen (Einbettungen) im Deutschen. Zielona Góra.
Starke, Günter. 1991. Gefährdete Brücken. In: Sprachpflege und Sprachkultur 40, H. 1.
Starke, Günter. 1992. Zum sprachlichen Ausdruck reziproker Verhältnisse. In: DaF 29, H.4.
Starke, Günter. 1994. Die sogenannte Satzapposition – ein textlinguistisches Phänomen. In: Muttersprache 104, H. 4.
Stepanowa, Maria und Irina Černyšewa. 1975. Lexikologie der deutschen Gegenwartssprache. Moskau.
Stepanowa, Maria und Gerhard Helbig. 1978. Wortarten und das Problem der Valenz in der deutschen Gegenwartssprache. Leipzig.
Steube, Anita. 1980. Temporale Bedeutung im Deutschen. (Studia grammatica XX) Berlin.
Suchsland, Peter. 1984. Germanistische Grammatikforschung in der DDR – Versuch eines historischen Überblicks. In: DaF 21, H. 1.
Suščinskij, I.J. 1985. Die Steigerungsmittel im Deutschen. In: DaF 22, H. 2.
Tarvainen, Kalevi. 1986. Deutsche Satzstruktur und ihre Entwicklung. Jyväskylä.
Theoretische Probleme der deutschen Orthographie. 1980. Hrsg. von Dieter Nerius und Jürgen Scharnhorst. Berlin.
Vater, Heinz. 1992. Einführung in die Textlinguistik. München.
Viehweger, Dieter. 1976. Semantische Merkmale und Textstruktur. In: Probleme der Textgrammatik I. (Studia grammatica XI). Berlin.
Viehweger, Dieter. 1978. Struktur und Funktion nominaler Ketten im Text. In: Kontexte der Grammatiktheorie. (Studia grammatica XVII). Berlin.
Viehweger, Dieter. 1980. Methodologische Probleme der Textlinguistik. In: Zeitschrift für Germanistik 1, H. 1.
Viehweger, Dieter. 1983a. Sprachhandlungsziele von Aufforderungstexten. In: LS/ZISW/ A 112. Berlin.
Viehweger, Dieter. 1983b. Texttypologie. In: Deutsche Sprache. Kleine Enzyklopädie. Hrsg. von W. Fleischer, W. Hartung, J. Schildt, P. Suchsland. Leipzig.
Viehweger, Dieter. 1988. Illokutionswissen und Handlungsstrukturen. In: Forschungen zum Text. Neuphilologische Mitteilungen LXXXIX, H. 4.
Viehweger, Dieter und Gottfried Spies. 1987. Struktur illokutiver Handlungen in Anordnungstexten. In: Satz, Text, sprachliche Handlung. Hrsg. von Wolfgang Motsch. (Studia grammatica XXV). Berlin.
Vuillaume, Marcel; Jean-François Marillier; Irmtraud Behr (Hrsg.). 1993. Studien zur Syntax und Semantik der Nominalgruppe. Tübingen.
Wawrzyniak, Zdislaw. 1980. Einführung in die Textwissenschaft. Warschau.
Weber, Heinz J. 1992. Dependenzgrammatik. Ein Arbeitsbuch. Tübingen.
Weinrich, Harald. 1993. Textgrammatik der deutschen Sprache. Mannheim, Leipzig, Wien, Zürich.
Welke, Klaus. 1988. Einführung in die Valenz- und Kasustheorie. Leipzig.
Welke, Klaus. 1989. Pragmatische Valenz: Verben des Besitzwechsels. In: Zeitschrift für Germanistik 10, H. 1.

Welke, Klaus. 1990. Kontroverses in der Valenztheorie. Eine Erwiderung auf Gerhard Helbig. In: DaF 27, H. 3.
Welke, Klaus. 1992. Funktionale Satzperspektive. Ansätze und Probleme einer funktionalen Grammatik. Münster.
Welke, Klaus. 1995. Dependenz. Valenz und Konstituenz. In: Dependenz und Valenz. Hrsg. von Ludwig M. Eichinger und Hans-Werner Eroms. Hamburg.
Werlich, Egon. 1975. Typologie der Texte. Heidelberg.
Wolf, Norbert Richard. 1997. Funktionale Grammatik und Korpus. Notizen nach erneutem Lesen. In: Funktionale Sprachbeschreibung in der DDR zwischen 1960 und 1990. Hrsg. von Karl-Heinz Siehr, Horst Ehrhard und Elisabeth Berner. Frankfurt am Main, Berlin, Bern, New York, Paris, Wien.
Wörterbuch der deutschen Gegenwartssprache. 1964ff. Hrsg. von Ruth Klappenbach und Wolfgang Steinitz. Berlin (= WdG)
Wörterbuch der Sprachschwierigkeiten. 1984. Hrsg. von Joachim Dückert und Günter Kempcke. Leipzig.
Wörterbuch grammatischer Termini. 1976. Hrsg. von einem Autorenkollektiv unter Leitung von Wolfgang Spiewok. Greifswald (= Wörterbuch gramm. Termini)
Wotjak, Barbara. 1982. Zur Darstellung der Zuordnungsbeziehungen zwischen formalgrammatischer Ausdrucksstruktur und propositional-semantischer Inhaltsstruktur. In: DaF 19, H. 2.
Wotjak, Gerd. 1983. Zum Verhältnis von Bedeutung und Abbild im Lichte semantischer Analysen. In: ZPSK 36, H. 5.
Wotjak, Gerd. 1988. Verbbedeutung, Szenenwissen und Verbvalenz. In: Valenz, semantische Kasus und/oder Szenen. LS/ ZISW/ A 180. Berlin.
Zimmermann, Ilse. 1978. Substantivverbände als Satzentsprechungen und ihre referentielle Bedeutung. In: Struktur und Funktion russischer Substantivverbände. H. 1. Rostock.
Zschunke, Siegfried. 1970. Untersuchungen zur Bedeutung und Verwendung der subordinierenden temporalen Konjunktionen in der deutschen Schriftsprache der neueren und neuesten Zeit. Diss. A. Potsdam.

Sachregister

Abhängigkeitsgrammatik 204f.
absolute Zeitbedeutung 66ff.
Abtönungspartikel 142, 171
Abstraktum 93f., 97f.
Adjektiv 18ff., 22, 123ff., 198ff.
   Deklination 128ff.
   Genus 129f.
   Graduierung 132ff.
   Klassifikation 123ff.
   Komparation 132ff.
   Numerus 129ff.
   Orthographie 136f.
   Peripherie 126f.
   Valenz 19ff., 127f.
Adjektivgruppe 198ff.
Adjunktion 35
Adressat 20, 104, 173, 203, 211
Adressatenpassiv 86
Adverb 137ff.
Adverbgruppe 183
Adverbialbestimmung 198, 211f., 213ff.
Adverbialsatz 214ff., 239f.
Agens 20, 81, 175, 203, 211
Aktant 20ff., 54, 169f., 173ff., 236
Aktionsart 55f., 57
Aktiv 63, 80ff.
anaphorisch 263, 275
Antithese 284
Antonym 133, 276, 284
Appellativum 93
Apposition 101, 104, 154, 227ff.
Arbeitsverfahren 29ff.
   Elimination 34
   Permutation 30f.
   Substitution 32ff.
   Transformation 30, 35ff.
Artikel 44, 90, 109ff., 120, 130
   Formen 109f.
   Funktionen 110ff.
asyndetisch 153, 229
Attribut 18, 36, 90, 101ff., 191ff., 199f., 225ff.
   Abhängigkeitsgrad 192, 226
   prädikatives 48, 212f.
   Stellung 192ff., 200ff., 226f.

Attributsatz 162, 234, 240f.
Ausrahmung 187, 249ff.
   gebräuchliche 249ff.
   gelegentliche 250f.
   notwendige 250

Bedeutung/Semantik 1, 3ff., 12ff., 17ff., 39f., 43
   grammatische B. 5ff., 12f.
   lexikalische B. 5ff., 9f.

Demonstrativpronomen 117, 120, 258
Dependenzgrammatik 204f.
Determinationsgrad 258f.
   determinierte Glieder 258f.
   gleicher Determinierungsgrad 258f.
   signalisierte Glieder 258f.
   undeterminierte Glieder 258f.
   ungleicher Determinierungsgrad 259

Ebene 2ff.
   graphische E. 4
   lexikalische E. 4f., 8ff.
   morphematische E. 4f.
   phonologische E. 4
   semantische E. 4
   syntaktische E. 4, 6, 10ff.
   textuale E. 4, 10, 14
Eigennamen 93, 97, 107ff.
Einschränkung (Restriktion) 218, 240f.
Elimination 34
Ellipse 163f., 277, 284
Emotionalität 141, 149, 172, 254

Feld 24ff.
   einfache/komplexe Felder 26
   funktional-semantisches F. 24ff.
   grammatisch-lexikalisches F. 27ff.
   Kausalfeld 219ff.
   lexikalisches F. 26f.
   Temporalfeld 28f., 213ff.
Finalsatz 221f., 239.
Flexion 60ff., 99f., 128ff., 153
Folge 78f., 189, 222f.
Formativ/Form 3, 9, 13, 153f., 161ff.
Frageadverbien 122, 139, 224

Fragesatz 165, 177
freie Angabe 21, 199, 204f.
Fügewort 49, 143
Funktionsverbgefüge 56, 86

Ganzsatz 13, 158, 275
Gattungsbezeichnung s. Appellativum
Genus verbi 52, 80ff.
    Aktiv 63, 80ff.
    Passivsynonyma 86ff.
    Vorgangspassiv 81ff.
    Zustandspassiv 81ff.
Getrennt- und Zusammenschreibung 88f.
Gliederung des Satzes 203ff.
    aktuelle G. 206
    hierarchische G. 204ff.
    kommunikative G. 206, 255ff.
    lineare G. 203f.
Gradation 278, 284
Gradpartikel 142
Grammatik 1, 150
    Abhängigkeitsgrammatik 204f.
    Dependenzgrammatik 204f.
    Konstituentengrammatik 205f.
    Phrasenstrukturgrammatik 205f.
grammatische Kongruenz 152, 153f.
Groß- und Kleinschreibung 113ff., 136f.
Grund 220ff, 278

Hauptsatz 162, 234
Hervorhebung 142, 170, 172, 195, 239, 250
Hyperonym 276, 284
Hyponym 276, 284
Hypotaxe 152, 234ff.

Imperativ 79f.
Indefinitpronomen 117, 122, 131, 136
Indikativ 63, 74
Indikator 279ff.
indirekte Rede 76, 78, 178f.
infinite Verbformen 64f.
    Infinitiv 53, 64f.
    Partizip 53, 64, 126
Infinitivgruppe 11, 18, 185ff., 237
Infinitivpartikel 142, 186
Instrument 203, 211, 217
Interjektion 149
Interpunktion 157f., 167f., 189, 206f., 281
Interrogativpronomen 121f., 234
Intonation 155ff., 164ff., 280f.
Intonationstypen 164ff.
Isotopie(ketten) 276f., 282

kataphorisch 275, 283
Klimax 278, 284
Komma 167f., 184, 189, 233, 249f.
Kommunikation 1, 265, 267
Komparativsatz 77, 217
Komplementsatz 236ff.
Konditionalsatz 77f., 221f., 233
Konjunkt 229ff.
Konjunktion 146ff., 231ff.
Konjunktionaladverb 139, 231, 277f., 283
Konjunktiv 74ff., 279
Konkretum 93f.
Konnektor 224, 277ff.
Konnotation 9f., 13
Konstituente 205
Konstituentengrammatik 205f.
Koordination 152f., 229
Korrelat 118, 235f.

Lexem 2, 5, 8, 13, 17ff.
lexikalische Ebene 4f., 8ff.

Mitteilungswert 155, 187, 205, 254ff.
Modalität 14, 28, 67, 73, 141, 151, 171, 196f.
Modalwort 47, 49, 139ff.
Modell 24, 161
    Satzmodell 24, 161ff., 173
    Wortgruppenmodell 24, 184, 188, 197f.
Modus 73ff.
    Imperativ 79f.
    Indikativ 74
    Konjunktiv 74ff.
monosyndetisch 153
Morphem 2, 5f.
morphematische Ebene 5
Morphologie 39

Nachfeld 191, 245f.
    Klammerfeld 245f.
    Nachstellungsfeld 245f.
    Rahmenendfeld 245f.
Nachtrag 249f.
Nebenordnung s. Koordination
Nebensatz 162f., 234ff.
    Einteilung 162f., 234ff.
    syntaktisch-semantische Beziehungen 236ff.
    weiterführender N. 241f.
Negation 43, 46, 140
Nominalgruppe s. Substantivgruppe
Norm 15f.
    Sprachsystemnorm 15

299

kommunikative Norm 16
Numerale 43, 45, 135f.

Objekt 30, 33, 102ff., 202f., 211
Objektsatz 234, 236ff.
Orthographie 88f., 113ff., 136f.

paradigmatisch 29, 151
Parenthese 164, 167
Partikel 47, 141f., 279
Partizipialgruppe 11f., 185ff.
Passiv 63, 81ff.
Passivsynonyme 86ff.
Patiens 20, 22, 81, 173, 203, 211
Peripherie 15, 41, 53, 91f., 126f., 183
Permutation 30ff.
Personalpronomen 117ff.
Phrasenstrukturgrammatik 205f.
Polarisierung 278, 284
polysyndetisch 153
Possessivpronomen 119
Prädikat 202, 205, 208, 209f.
Prädikativ 18, 210
prädikatives Attribut 48, 212
Präposition 44, 46, 49, 50, 51, 142ff.
Präsupposition 23, 173
Prolepse 100, 283
Pronomen 44, 45, 49, 116ff.
    Demonstrativpronomen 117, 120, 258
    Indefinitpronomen 122
    Interrogativpronomen 121f.
    Personalpronomen 117ff.
    Possessivpronomen 119
    Reflexivpronomen 118f.
    Relativpronomen 120f.
Pronominaladverb 50, 138f.
Pronominalität 117
Proportionalsatz 217
Proposition 14, 170

Rahmen 246ff.
    nominaler Rahmen 113, 190f., 226
    potentieller Rahmen 248
    prädikativer/verbaler Rahmen 245ff.
    Rahmenöffnung 247f.
    Rahmenschließung 247f.
    Spannsatzrahmen 246f.
    verkürzter Rahmen 248
    voller Rahmen 248
Redewiedergabe 76f., 237f., 279
Reflexivpronomen 118f.
Reihe 152f., 182, 209
Rektion 57f., 127f., 144f., 154, 211
relative Zeitbedeutung 71ff., 188, 214ff.

Gleichzeitigkeit 71ff., 188, 214ff.
Nachzeitigkeit 71ff., 188, 214ff.
Vorzeitigkeit 71ff., 188, 214ff.
Relativpronomen 120f., 234, 240ff.
Relativsatz 234, 238, 240ff.
Restitution 36f.
Restriktion 218, 240f.
reziprok 118f.
Rhema 206, 255ff., 273ff.
Rhythmus 156, 254

Sachverhalt 7, 12, 13, 28, 169f.
Satz 10f., 158ff.
    Ganzsatz 13, 158
    Merkmale 158ff.
    Teilsatz 158
Satzarten 176ff.
    Aufforderungssatz 177, 178, 179
    Aussagesatz 176ff.
    Fragesatz 176ff.
Satzformen 161ff.
    einfacher S. 161f.
    zusammengesetzter S. 162, 229ff.
    Satzgefüge 162f., 234ff.
    Satzreihe 152, 159, 229ff.
    zusammengezogener S. 229f., 233
Satzglied 202ff.
Satzgliedstellung 155, 244ff.
Satzminimum 34
Satzmodell 11, 24
Satzreihe 152, 159, 229ff.
Satzsemantik 13f., 168ff.
Satzverflechtung 275ff.
Schaltsatz s. Parenthese
Sem 4, 12, 18f., 26, 67, 70f., 93
Semantik s. Bedeutung
    Satzsemantik 13f., 168ff.
    Semantik substantivischer Wortgruppen 196ff.
semantische Ebene 4, 168ff.
semantischer Satztyp 173ff.
sozialkulturelles Wissen 269f.
Sprache 1, 22f.
sprachliches Zeichen 1ff.
Sprachsystem 1ff., 15f., 24
Steigerungspartikel 142
Strukturtypen des Satzes 164
Subjekt 30, 33, 100, 202f., 210f.
Subjektsatz 234, 236f.
Subordination 152, 234ff.
Substantiv 40f., 44ff., 90ff.
    Genus 94f.
    grammatische Kategorien 94ff.
    Kasus und Kasusbedeutungen 98ff.

Klassikation 92ff.
Numerus 96ff.
Orthographie 113ff.
Peripheriegruppen 91f.
Pluralbildung 96, 100
Valenz 94, 196ff.
Substantivgruppe 11f., 189ff.
Substitution 32ff.
Substitutionsrahmen 48
Synkretismus 106f., 110
Synonym 86ff., 276, 284
syntagmatisch 29, 151
syntaktische Beziehungen 151ff.
    Koordination 152f., 229ff.
    Subordination 152, 234ff.
    Zuordnung 151f.
syntaktische Ebene 4, 10ff.
Syntax 150

Teilsatz 158, 162, 229ff.
Teilsysteme s. Ebene
Temporalität 28, 65f.
Tempus 65ff.
    Futur I 29, 66f., 70
    Futur II 29, 66f., 70
    Perfekt 29, 66, 69f.
    Plusquamperfekt 66, 70
    Präsens 29, 66f., 68f.
    Präteritum 66, 69
Text 2f., 14f., 262ff.
Textbildung 264f., 267f.
Textfunktionen 267
Textlinguistik 260ff.
Textproduktion 267f.
Textrezeption 268
Textsorte 271ff.
Textthema 270
Texttypologie 271ff.
Textverflechtung 275ff.
    Verflechtungsabstand 276
    Verflechtungsart 284
    Verflechtungsmittel 276ff., 284
    Verflechtungsrichtung 275, 284
Thema-Rhema-Gliederung 206, 255ff., 273ff.
Topik(kette) 276f.
Transformation 29ff., 103
    Einbettungstransformation 37f.
    Konjunktionstransformation 37f.
    Nominalisierungstransformation 36
    Passivtransformation 35
    Wortgruppentransformation 37
    Wortstellungstransformation 30f.

undeterminierte Glieder 258f., 283
Unterordnung s. Subordination
Ursache 220ff.
Usus 15

Valenz 18ff.
    Adjektiv 19ff., 127f.
    Substantiv 94, 196ff.
    Verb 20ff., 54f.
Valenzmodelle 54, 167, 173ff.
Verb 20ff., 40f., 44ff., 52ff.
    verbal-prädikativer Rahmen 245ff.
    Genus verbi 52, 80ff.
    grammatische Kategorien 52, 65ff.
    Klassifikation 53ff.
    Modus 52, 73ff.
    Numerus 65
    Orthographie 88f.
    Person 65
    Rektion 57f.
    Tempus 65ff.
    Valenz 20ff., 54f.
verbale Wortgruppe 185ff.
Verflechtung s. Textverflechtung
Verhältnissatz 239f.
Vorfeld 191, 245f.

Wiederholung 260, 276, 284
Wirkung 220ff.
Wissenskomponenten 268f.
Wort 5ff., 39
Wortart 39ff., 154f.
Wortgruppe 11ff., 180ff.
    Adjektivgruppe 11f., 198ff.
    Adverbgruppe 183
    Infinitivgruppe 11f., 185ff.
    Partizipialgruppe 11f., 185ff.
    satzwertige W. 185
    Substantivgruppe 11f., 189ff.
    verbale W. 183, 185ff.
Wortklasse s. Wortart
Wortgruppenreihe 152
Wortreihe 152f.
Wortstellung 155, 191ff., 200ff., 244ff.
    im Satz 155, 244ff.
    in der Wortgruppe 191ff., 200ff.

Zentrum 15
Zuordnung 151f.
Zustandsform 84f.
Zustandspassiv 63, 81ff.
Zustandsreflexiv 85

www.ingramcontent.com/pod-product-compliance
Lightning Source LLC
Chambersburg PA
CBHW060817100426
42813CB00004B/1105